RETOURNEZ-LE DANS SA TOMBE

“

Monsieur,

J’ai pris un sacré pied en lisant l’article du *Time Magazine* paru cette semaine dans le *Sun*, c’est pourquoi, en plus de vous souhaiter une excellente continuation, j’aimerais également vous proposer mes services.
Puisque je n’ai pas encore eu l’occasion de lire un numéro du “nouveau” *Sun*, je ne peux que vous faire cette offre provisoire. J’ai foutu les pieds dans un vrai merdier la dernière fois qu’on m’a embauché dans un journal sur lequel j’avais oublié de me renseigner (voir coupures ci-jointes) et je ne suis pas tout à fait prêt à refoncer dans le mur tête baissée. Le temps que vous receviez cette lettre, j’aurais réussi à me procurer des numéros récents du *Sun*. À moins que ces derniers ne vaillent absolument rien, mon offre tiendra toujours. Et n’allez pas croire que mon arrogance est involontaire mais :

si je dois vous vexer, je préfèrerais le faire maintenant plutôt qu'après avoir commencé à travailler pour vous.

Je n'étais moi-même pas vraiment franc avec mon précédent employeur, jusqu'à ce qu'il m'embauche. Puis, c'est comme si le Marquis de Sade s'était brusquement rendu compte qu'il travaillait pour Billy Graham. Cet homme me haïssait, bien évidemment. Pour lui comme pour tout ce qu'il représentait, je n'avais que du dédain. Si vous deviez l'interroger, il vous dirait que je "ne suis pas très aimable, [que je] déteste les gens, [que je] veux simplement qu'on me fiche la paix et [que je] me sens trop supérieur pour me mêler à la plèbe". (Ceci est une citation authentique d'un mémo qu'il a envoyé à son éditeur.)

Rien ne vaut de bonnes références.

Bien sûr, si vous interrogez d'autres personnes pour qui j'ai travaillé, vous obtiendrez un panel de réponses plus variées. Si cette lettre vous intéresse suffisamment pour y répondre, je serai ravi de vous fournir une liste de références, y compris celle du type pour qui je travaille en ce moment.

Les coupures ci-jointes vous donneront un bref aperçu de qui je suis. Cependant, elles datent d'il y a un an et j'ai un peu changé depuis leur parution. Entre-temps, j'ai pris des cours d'écriture à l'Université de Columbia pendant mon temps libre ; j'ai appris vachement de trucs sur le monde de la presse et j'ai développé un vif mépris pour la profession de journalisme.

En ce qui me concerne, je trouve ça vraiment trop bête qu'un milieu aussi potentiellement dynamique et vital que le journalisme soit envahi par des raseurs, des feignasses et autres écrivaillons frappés de myopie, d'apathie, de suffisance et qui se débattent généralement dans un bourbier de médiocrité stagnante. Si c'est bien de cela que vous essayez de préserver le *Sun,* alors je pense qu'il me plairait de travailler pour vous.

Au niveau de mon expérience, j'ai essentiellement tenu des rubriques sportives, mais je peux écrire sur tout, allant de la propagande militariste à la critique littéraire savante.

Je peux travailler vingt-cinq heures par jour si nécessaire, vivre d'un salaire raisonnable et je me contrefous de la sécurité de l'emploi, de la politique administrative et des mauvaises relations publiques.

Je préfèrerais toucher le chômage plutôt que de travailler pour un journal dont j'aurais honte.

Ça fait une trotte d'ici jusqu'à la Colombie-Britannique mais je pense que j'apprécierais le voyage.

Si vous pensez pouvoir vous servir de moi, n'hésitez pas à m'envoyer un petit mot.

Sinon, bonne chance quand même.

Bien à vous,

Hunter S. Thompson »

HUNTER S. THOMPSON 1958 | LETTRE AU *VANCOUVER SUN* | TRAD. HUGUES DE VERDELHAN

ARMAGNAC

LE CERCLE DES ESPIONS DISPARUS

FABRICE ARFI | ILL. PIERRE PIECH

La ville de Karachi prête son nom à l'une des affaires politico-financières les plus graves de ces dernières années. Apparaissent dans le dossier d'instruction des personnalités politiques de premier plan, tel que Nicolas Sarkozy. A l'origine du scandale : le rapport "Nautilus". Son auteur, écrivain et ancien de la D.S.T., est membre du cercle Caron, un club littéraire fondé par Percy Kemp, dandy passé maître en roman d'espionnage. Journaliste à Mediapart, Fabrice Arfi interroge les liens troubles qu'entretiennent littérature et renseignement.

C'est un club fermé, sans enseigne ni statuts. Il est réservé aux écrivains et aux espions, aux espions-écrivains et *vice versa*. Ses créateurs voulaient lui donner le nom d'un grand homme de lettres qui fut aussi un homme d'affaires prospère. Ce sera Caron, comme Pierre-Augustin Caron de Beaumarchais (1732-1799), l'insolent touche-à-tout du siècle des lumières. Au cercle Caron, on aime à fumer le cigare, à bien boire et à bien manger, avec la "sainte mission de toujours refaire le monde" au prix d'une langue "sévère" et d'un "message politique et humaniste", *dixit* le site Internet.
Le cercle Caron a été créé en 2002 et, pour en être, il faut avoir publié un roman d'espionnage ou, passe encore, un polar. Ses membres, des hommes pour l'essentiel, dont un ancien patron de la Direction de la surveillance du territoire, Yves Bonnet (l'un de ceux qui ont supervisé la célèbre affaire Farewell), se réunissent à intervalles peu réguliers au Saint James Club, un salon parisien très sélect. L'endroit, situé dans un château néoclassique du 16e arrondissement, derrière l'Arc de triomphe, n'est accessible qu'à quelques privilégiés cooptés. On y cultive, dans le confort des sièges en cuir et du vieux bois de la bibliothèque, une certaine idée du secret. Et de l'élite. "C'est avant tout une histoire de copains", suggère la journaliste et éditrice Véronique Anger, cofondatrice du cercle, sa seule femme.

Percy Kemp, l'autre fondateur du cercle Caron, est considéré comme un maître actuel du roman d'espionnage. Claude Thévenet, l'un de ses membres assidus, est un bon ami à lui. Avant de devenir celui que *Le Monde* présentait, dès 2002, comme un "digne héritier de John le Carré", Percy Kemp dirigeait depuis plusieurs années déjà un cabinet de renseignements privés, dont les clients directs ou indirects sont des multinationales aux chiffres d'affaires mafflus. Claude Thévenet, avant d'écrire des romans aux intrigues à tiroir entre Taïwan et la Guyane, a été un agent de la D.S.T., spécialiste de la lutte antiterroriste, puis il s'est reconverti dans le privé. Les deux hommes, dont la plume trempe un jour dans le réel, un autre dans la fiction, au risque parfois de l'effacement des frontières, ont un point commun : l'affaire de l'attentat de Karachi.

un point commun : l'affaire de l'attentat de Karachi

Opération Nautilus

Claude Thévenet appartient à une génération d'anciens agents secrets dont la grille de lecture du monde a explosé, un jour, avec l'Histoire. Pour lui, comme pour des milliers de fonctionnaires du secret en Occident, il y a eu, dans la conception même de leur métier, un avant et un après la chute du mur de Berlin. Dès ce jour-là, dans la poussière du mois de novembre 1989, les règles du jeu ont changé. Une nouvelle guerre est née, moins binaire. Une guerre plus silencieuse, plus complexe aussi. Le terrain des affrontements ne fait pas de blessés ni de morts. Il est invisible. Le combat est économique. Le renseignement se doit donc de l'être également, non plus au service des Etats mais de ceux qui ont réellement le pouvoir : les intérêts privés. Soit les banques, les groupes pétroliers, les entreprises d'armement, etc., privatisés à tour de bras. Le "rideau de fer" s'est désintégré et, pour beaucoup, le sens de l'Etat avec. C'est ainsi qu'à partir du début des années 1990 des flottes d'agents secrets ont quitté leur service pour rejoindre des cabinets privés dit d'"intelligence économique", quand ils ne créaient pas tout simplement les leurs.
Claude Thévenet est de ceux-là. Le parcours du personnage central de ses livres, Dormanges, ressemble d'ailleurs étrangement au sien. Dans *Les Loups de Mindanao* (Flammarion), son deuxième roman publié en 2000, le narrateur le présente ainsi : "Dormanges avait quitté la D.S.T., après de nombreuses années passées dans la lutte antiterroriste, pour échapper à une démoralisation générale."
Loin des secrets d'Etat, Claude Thévenet a débuté sa carrière professionnelle à dix-huit ans, en 1968, à la Société générale. Simple employé de banque. S'ensuivront deux années au ministère de la Culture, dans l'administration. C'est au début des années 1970 qu'il passe de "l'autre côté". Lors de son service national, il fait ses classes comme officier de renseignements au sein d'un escadron de chasse de légende, le 2/30 "Normandie-Niémen". Il rejoint ensuite la Marine, où les "marsouins" de l'armée l'initient aux intrusions clandestines et aux meilleures techniques de sabotage. En 1976, Thévenet intègre l'Ecole nationale supérieure des inspecteurs de police de Cannes-Ecluse. Il en ressort avec une affectation à la D.S.T., le contre-espionnage français. Bon pour la division B, chargée de la "sécurité et protection du patrimoine", puis pour la division T, celle de l'antiterrorisme. En 1988, il atteint le grade de capitaine. Spécialiste du "monde musulman", il participe à plusieurs reprises à la cellule de crise interministérielle française pendant la guerre du Golfe, en 1991. Un an plus tard, il démissionne pour "convenances personnelles". C'est, du moins, ce qu'il m'a raconté, en 2009, au bar d'un grand hôtel parisien, à l'heure des premières révélations de Mediapart sur l'affaire Karachi. Je le rencontrerai à quatre ou cinq reprises au long de ces trois dernières années.

PAUSE SUR...

FABRICE ARFI

Journaliste autodidacte, il intègre à dix-huit ans, le baccalauréat en poche, le quotidien *Lyon Figaro*; comme rédacteur pour la rubrique "culture" tout d'abord, puis en tant que chroniqueur judiciaire. Fabrice Arfi travaille ensuite pour l'A.F.P. avant de cofonder l'hebdomadaire *Tribune de Lyon*. Après un passage par les rédactions du *Parisien/Aujourd'hui en France* et du *Monde*, il rejoint le service "enquête" de Mediapart. A l'origine de nombreuses révélations sur les affaires Woerth-Bettancourt et Karachi, il a publié, en collaboration avec Fabrice Lhomme, *Le Contrat. Karachi, l'affaire que Sarkozy voudrait oublier* (Stock, 2010).

La porosité biographique entre Claude Thévenet et son double Dormanges est décidément frappante. "Je me suis occupé une quinzaine d'années de lutte antiterroriste, puis j'ai quitté cette noble maison pour des raisons de convenances personnelles après la guerre du Golfe", fait-il dire à celui-ci dans *Les Loups de Mindanao*. Reconverti dans le privé, Claude Thévenet devient l'un des espions privés préférés de la Direction des constructions navales, la D.C.N., l'entreprise d'armement française spécialiste du navire de guerre au cœur de tous les volets de l'affaire Karachi – et de nombreux autres scandales. Entre 2005 et 2010, la D.C.N. a assuré à Claude Thévenet de solides revenus : cinq cent mille euros en cinq ans. Les missions qui lui sont confiées sont sensibles. Il lui faut corrompre des officiels étrangers pour récupérer des documents classés secret défense, savoir ce qu'un juge a découvert dans telle affaire, découvrir ce que l'Elysée pense de telle autre… Chaque dossier, chaque source, chaque cible possède un nom de code. Les rendez-vous de Thévenet avec ses clients ont lieu le plus souvent dans des hôtels de luxe.

Les méthodes utilisées pour que les dirigeants de la D.C.N. et Thévenet se croisent sans être vus relèvent du roman d'espionnage. "Je louais une suite à l'hôtel Sofitel, porte de Sèvres, où nous arrivions à des horaires décalés afin de ne pas être vus ensemble", a expliqué l'ancien agent secret aux policiers de la Division nationale des investigations financières (D.N.I.F.) le 24 juin 2008, sur le procès-verbal. Ainsi, son principal contact à la D.C.N. se fait-il appeler "Victor" à la réception de l'hôtel, quand Thévenet devient "Jérémy".

Au début de l'année 2007, une escouade de policiers chargés d'une enquête sur des soupçons de corruption visant la D.C.N. a débarqué au siège de l'entreprise d'armement pour une perquisition. Comme souvent dans pareilles circonstances, les enquêteurs découvrent ce qu'ils ne cherchent pas. En l'occurrence, une série de rapports anonymes, frappés d'un étrange nom de code : Nautilus. Comme le sous-marin de *Vingt mille lieues sous les mers* de Jules Verne. L'opération Nautilus présente six rapports, rédigés entre le 13 mai et le 12 novembre 2002, sur les causes de l'attentat de Karachi. Le 8 mai 2002, un bus transportant des ouvriers de la D.C.N. travaillant à la construction de sous-marins vendus par la France au Pakistan avait explosé en pleine rue : quinze morts, dont onze Français.

La D.C.N. charge Claude Thévenet de découvrir ce que cache cette attaque, rapidement attribuée par les gouvernements français et pakistanais à Al-Qaida. Selon l'ancien agent secret, la direction de la D.C.N. "avait des doutes quant aux informations qu'elle recevait des services officiels". "Elle craignait que, pour des raisons que j'ignore, elles ne soient déformées ou tronquées. A la réflexion, aujourd'hui, je me demande si la hiérarchie [de la D.C.N. (N.D.A.)] n'était pas consciente des véritables causes du drame", me confie-t-il. A chacun de nos rendez-vous, Claude Thévenet me demande d'éteindre mon téléphone portable et d'en retirer la carte S.I.M. "On ne sait jamais."

Dans son premier rapport, le doute sur les versions officielles qui circulent est déjà là : "Il ne faut s'attendre à aucun résultat probant quant aux investigations menées par les services officiels pakistanais […]. Il est donc à craindre que des contrevérités et des éléments de désinformation circulent, en particulier à destination des médias mais aussi vers la D.C.N."

Ce que Thévenet appelle les "véritables causes du drame" sera résumé sous sa plume dans un rapport rédigé en collaboration avec un journaliste ami, le

11 septembre 2002. On y lit ceci: "Après de nombreux contacts, tant en Europe qu'au Pakistan, nous parvenons à la conclusion que l'attentat de Karachi du 8 mai 2002 a été réalisé grâce à des complicités au sein de l'armée et au sein des bureaux de soutien aux guérillas islamistes de l'I.S.I.", les redoutables services secrets pakistanais. Le rapport précise: "Les personnalités militaires ayant instrumentalisé le groupe islamiste qui a mené à bien l'action poursuivent un but financier. Il s'agissait d'obtenir le versement de commissions non honorées et promises par le réseau El-Assir [un des intermédiaires de la vente des sous-marins (N.D.L.R.)] lors de la signature du contrat de septembre 1994. L'annulation de ces commissions avait été décrétée en 1995, à la suite de l'alternance politique en France, et visait à assécher les réseaux de financement occulte de l'Association pour la réforme d'Edouard Balladur." En un mot, l'attentat de Karachi ne serait pas le fait du terrorisme islamiste mais d'un règlement de comptes impliquant une frange radicale de l'Etat pakistanais, sur fond de commissions occultes non versées par la France.

Ce rapport, dont les conclusions brisent toutes les versions officielles sur les causes de l'attentat de Karachi, sera tenu secret par la D.C.N. pendant six ans, jusqu'à ce que Mediapart le dévoile en septembre 2008. Pour Nicolas Sarkozy, il s'agit d'une "fable". Pour le juge antiterroriste Marc Trévidic, d'une "piste cruellement logique". Quatre ans plus tard, l'enquête judiciaire a permis d'établir que les coupables désignés par le Pakistan – des islamistes liés à Al-Qaida – n'étaient pas les bons. Une incroyable construction judiciaire les a amenés à être condamnés à mort, avant d'être acquittés *in extremis*...

Pour autant, l'hypothèse d'un lien entre les arrière-plans financiers du contrat de vente des sous-marins Agosta (en 1994) et l'attentat qui a causé la mort de ceux qui les fabriquaient (en 2002) n'est pas documentée par la justice française, loin s'en faut. Ce qui est "cruellement logique" peut parfois être cruellement difficile à démontrer.

Dans les mois qui ont suivi les révélations de l'opération Nautilus, Claude Thévenet s'est fait le plus discret possible dans l'opinion publique. Une interview à Mediapart, une autre au *Point*, quelques contacts avec des journalistes amis. Jamais aucune photo. Un jour que nous échangions sur l'affaire, Thévenet, qui habite en Suisse, m'assura qu'il avait été victime, la semaine précédente, d'un cambriolage à son domicile. Un cambriolage "invisible", me dit cet homme qui parle bas. Une œuvre des services, selon lui. Comment sait-il qu'il a été visité si le cambriolage est "invisible"? Claude Thévenet me révèle alors qu'avant chacun de ses déplacements à l'étranger, il prend soin de placer des pièges artisanaux dans sa maison. Il dispose, par exemple, un bloc de feuilles, rangées dans un ordre spécial, à un nombre précis de millimètres du bord de la table. Pour les stylos, pareil. Le moindre déplacement de documents sera découvert et ce fut le cas, m'assure-t-il. Je n'ai trouvé aucune référence à ces méthodes dans ses deux livres, *Les Loups de Mindanao* et *Opération Dédale*. Mais c'est dans ce dernier, qui s'inspire de choses vécues à Kourou, en Guyane, que Thévenet fait dire cette phrase étonnante à un certain Michel Lejars, commissaire à la D.S.T., son ancien service: "Le mensonge est le seul moyen de connaître la vérité."

"Le mensonge est le seul moyen de connaître la vérité"

Le rapport Kemp

Trois ans après leur premier passage surprise au siège de la D.C.N., où ils avaient mis la main sur les rapports Nautilus de Claude Thévenet, les policiers ont récidivé pour une nouvelle perquisition. La scène se passe le 26 mai 2010 dans les locaux ultrasécurisés du 2, rue Sextius-Michel, dans le 15e arrondissement de Paris. La lecture du "procès-verbal de perquisition et de saisie", rédigé le jour même par un vice-procureur du tribunal de Paris, laisse deviner le type de palais aux secrets

auquel les flics viennent de s'attaquer. Le magistrat note, avec ce style si particulier qui fait toute la poétique d'un P.V.: "Après avoir présenté à Monsieur D. notre certificat de sécurité, ainsi que ceux de Mesdames Christine D. et Anne-Sophie C., attestant notre habilitation secret défense, disons nous rendre en présence de M. Claude D., de Monsieur Alain F. dans une première zone protégée, située au troisième étage. Cette pièce forte est accessible par un bureau, constatons qu'aucune inscription 'zone protégée' ne figure dans ce lieu ni sur la porte codée. Cette pièce forte abrite quatre armoires fortes, toutes marquées 'DCNS 5', '6' ,'7' et '249'."

Quatre paragraphes plus bas, le magistrat poursuit sa froide description de son aventure au royaume du secret défense. "M. Alain F., écrit-il, nous ouvre l'armoire 'DCNS 7', qui ne contient pas de documents classifiés mais de nombreux documents provenant de plusieurs sociétés. Saisissons et plaçons sous scellé 'DCNS/K/COFFRE/UN': un document à l'en-tête de Middle East Tactical Studies et un document intitulé 'PAKISTAN', dans une pochette intitulée 'METS'." Le vice-procureur de Paris ajoute une mention entre parenthèses, "P. KEMP". Le mystérieux scellé "DCNS/K/COFFRE/UN" fera l'objet d'un procès-verbal d'examen plus d'un an plus tard, le 18 juillet 2011. Son contenu n'est pas anodin. Il s'agit, d'une part, d'une lettre à l'en-tête de la société Middle East Tactical Studies (M.E.T.S.), datée du 20 novembre 2002 et adressée à l'un des hommes clés du volet financier de l'affaire Karachi, Jean-Marie Boivin. Ce dernier est l'ancien dirigeant d'une société-écran luxembourgeoise de la D.C.N., Heine, par laquelle ont transité dans les années 1990 toutes les commissions occultes et, pour certaines, illégales, du contrat des sous-marins Agosta. D'après un rapport de la police luxembourgeoise, qui a fait grand bruit à l'été 2010, la création de la *shadow company* Heine a été supervisée et validée fin 1994 par le ministre du Budget français de l'époque, un certain Nicolas Sarkozy. La lettre de la société M.E.T.S., découverte par les policiers, est rédigée en anglais et semble annoncer l'envoi prochain d'un rapport trimestriel de consultant. L'autre document du scellé est intitulé "DC021016PAKISTAN". C'est un rapport de quelques lignes. Il est daté du 16 octobre 2002. Et on y lit cette chose déjà connue : "Plusieurs sources, dont certaines administratives françaises, estiment que les services spéciaux pakistanais – l'I.S.I. – savaient et ont laissé faire pour se venger de la D.C.N. qui n'avait pas tenu ses engagements en termes de commissions.

Pour la D.S.T., cette piste est considérée comme de plus en plus vraisemblable. Et, dans ce contexte, ils estiment que le risque pour la communauté française demeure élevé." Ce que les services spéciaux pakistanais ont "laissé faire", c'est l'attentat de Karachi, bien entendu. La lettre et le petit rapport sont tous deux signés par la même personne : Percy Kemp. L'écrivain, ami de Claude Thévenet, celui-là même qu'il fera entrer la même année (2002) au cercle Caron, le club des espions littéraires. Les deux hommes, à quelques semaines d'intervalle, livrent donc à la D.C.N. deux rapports distincts qui développent la même hypothèse de travail sur les causes de l'attentat de Karachi : celle du règlement de comptes des services secrets pakistanais sur fond de ventes d'armes et d'argent sale.

Ce que les services spéciaux pakistanais ont "laissé faire", c'est l'attentat de Karachi, bien entendu

Tout comme pour Claude Thévenet, les policiers découvrent que la société de renseignements privés de Percy Kemp est cliente de la D.C.N. Entre 2001 et 2002, elle percevra quelque quatre cent quinze mille euros d'honoraires pour diverses prestations d'"intelligence économique". La liste des pays concernés par les travaux de renseignements de Percy Kemp au profit de la D.C.N. est longue : Turquie, Emirats arabes unis, Malaisie, Oman, Koweït, Portugal, Brésil, Arabie Saoudite, etc.

Avant de publier, le 30 janvier dernier, mon premier article dans Mediapart sur l'irruption inattendue de ce maître du roman d'espionnage dans l'affaire Karachi, j'ai contacté le principal intéressé pour recueillir son point de vue. Au téléphone, Percy Kemp prend la chose avec une ironie qui dissimule mal un embarras certain. "Ça me fait plaisir que la D.C.N. ait conservé les rapports que j'ai établis", me lance-t-il. Puis il minimise ses "compétences sur le Pakistan". "Il ne faut pas prendre au pied de la lettre ce que j'ai écrit, poursuit-il. J'ai peut-être parlé avec quelqu'un qui connaissait quelqu'un de la D.S.T... A l'époque, tout le monde pensait que l'attentat de Karachi était une vengeance. Même les Américains pensent qu'il existe des liens inavouables entre certains éléments des services pakistanais et les terroristes. Mais vous savez bien qu'entre la vérité et la logique, il y a tout un monde."

Percy Kemp est connu pour au moins deux choses : ses romans – il en a écrit sept, dont les deux plus célébrés sont *Le Système Boone* (Albin Michel) et *Noon Moon* (Le Seuil) – et ses costumes trois-pièces. Où qu'il aille, Percy Kemp est en effet toujours habillé du dernier chic. Sur certaines photos, il fait presque penser à Paul Bowles lors de son exil littéraire à Tanger. Il y a quelques années, au festival du polar de Frontignan (Hérault), qui n'est pourtant pas réputé pour être une réplique de la montée des marches de Cannes, il a déboulé à bord d'une décapotable en smoking, nœud papillon dénoué. Succès garanti. D'autant qu'il venait vêtu de la sorte pour une "brasucade", une grande dégustation de moules, avec les mains évidemment.

La vie de Percy Kemp paraît être une éternelle histoire de frontières, plus ou moins floues. Entre le Liban, le pays de sa mère, l'Angleterre, celui de son père, et la France, où il a étudié, travaillé et où il vit une partie de l'année. Mais aussi entre la littérature et le renseignement, ses deux métiers.

Après la publication de mon premier article le concernant, Percy Kemp m'a envoyé un e-mail qui ne contenait que quelques mots. C'était une énigmatique citation d'Oscar Wilde : "La vérité est rarement pure et jamais simple." Rendez-vous fut donc pris quelques jours plus tard au Phénicia, un restaurant libanais du 17e arrondissement, dans la perspective de la publication d'un entretien pour percer à jour les mystères de cet homme aux vies plurielles. L'exercice, bien évidemment, fut vain. Donc passionnant. J'ai découvert un homme complexe comme les intrigues de ses livres, qui soigne chacun de ses gestes, choisit chacun de ses mots et réussit à citer Shakespeare et Plutarque entre l'entrée et le café. Percy Kemp m'apprend, pour commencer, qu'il est, d'un point de vue littéraire, un enfant de *Kim* de Rudyard Kipling, et de *L'espion qui venait du froid* de John le Carré.

Docteur en histoire, spécialiste de l'Irak du XVIIIe siècle, il a versé dans le renseignement privé au début des années 1980. "Au moment de la guerre Iran-Irak, j'étais chercheur universitaire et je publiais des articles de recherche. Beaucoup de journalistes venaient me questionner pour avoir des éclairages sur l'Irak. Je me suis dit : pourquoi ne pas en faire ma profession ? explique-t-il. C'est ainsi que je me suis coulé dans une tendance qui a pris de plus en plus d'ampleur. Plus l'État se désengageait, après la guerre froide, plus les prés carrés disparaissaient. Plus les vecteurs du passé s'effaçaient, plus les gens avaient besoin de renseignements pour s'orienter dans un monde déboussolé." Percy allait être leur boussole dans ce nouveau maquis mondial.

Percy allait être leur boussole dans ce nouveau maquis mondial

Il commence à travailler pour la D.C.N. en 1997. Les centaines de milliers d'euros qu'il a touchés de l'entreprise d'armement, il ne s'en cache pas et les assume. "Je ne suis pas sûr que ce soit beaucoup d'argent. Un avocat, dont la notoriété est un peu au-dessus de la

CONFIDENTIEL
RAPPORT:
DOCUMENT
SECRET DEFENSE
ROYAL
PERCY KEMP
ROMAN
CLAUDE THEVENET
DCNS
KARACHI
PIA
PASSAGER TICKET
PAKISTAN INTERNATIONAL AIRLINES

moyenne, va faire payer ses honoraires cinq cents euros de l'heure. Divisez quatre cent mille euros par cinq cents, ça va vite…" L'écrivain-espion m'assure que jamais la D.C.N. ne lui demandera de récupérer des documents confidentiels en graissant la patte de quelques officiels, en France ou à l'étranger. "Les limites de ma coopération ont dû être suffisamment claires pour qu'on ne me demande pas ce type de choses."

Hormis pour des raisons bassement financières, je ne comprends pas pourquoi Kemp n'a pas choisi de travailler pour un service de renseignements d'Etat, comme certains de ses illustres prédécesseurs, John le Carré ou Graham Greene. Il me répond : "Parce que je suis une chose culturellement plurielle. Je suis anglais et libanais mais de culture française. Pour les services, je suis ingérable. Se mettre au service d'un Etat, cela signifie s'identifier totalement à celui-ci. J'en suis incapable. Ma liberté réside précisément dans cet entre-deux."

J'en viens à lui poser la question qui m'obsède : Claude Thévenet, son ami, son partenaire du cercle Caron, qui travaille comme lui pour la D.C.N., qui, comme lui, évolue dans le renseignement privé, est-il sa source concernant l'attentat de Karachi ? Quelle est la probabilité pour que deux hommes qui se connaissent bien et se fréquentent écrivent à moins d'un mois d'intervalle, entre septembre et octobre 2002, que le mobile de l'attentat de Karachi est financier sans qu'ils aient échangé sur le sujet au préalable ? En somme, est-ce la même thèse qui circule en vase clos, ce qui donne l'illusion du recoupement, ou est-ce le début d'une possible confirmation ? La D.C.N. a-t-elle acheté deux fois la même info provenant de la même source ? Percy Kemp est catégorique : "Non, Claude Thévenet n'est pas ma source. Je peux vous l'assurer." Il ajoute toutefois : "Je ne sais plus qui est cette source administrative, que je cite. Et, très sincèrement, si je m'en souvenais, je ne vous le dirais pas." Je ne parviens pas à être complètement convaincu.

A la fin du repas, Percy Kemp sort d'un petit sac en carton un exemplaire de son dernier livre, *Noon Moon*, et me l'offre. Nous nous quittons. Sur le chemin du métro, je lis sa dédicace : "La vérité ne se confond jamais avec la somme des faits avérés. Bonne cause ou pas, dès lors qu'on l'instrumentaliserait, la vérité finit immanquablement par disparaître, recouverte qu'elle est alors par un mensonge travesti en vrai."

Le mystère insoluble

Le renseignement est la clé de voûte de toute décision stratégique. La connaissance de l'ennemi représente une condition nécessaire du succès dans tous les cas et à tous les échelons du commandement. Le renseignement n'est pas seulement une accumulation d'informations brutes mais relève d'une information contrôlée et interprétée. Il rassemble toute donnée qui, par sa nature, est susceptible de peser sur les conceptions et sur les décisions à élaborer par une autorité, dans le cadre de sa mission. Les investigations du renseignement s'intègrent ainsi dans un ensemble complexe englobant aussi bien la connaissance de l'ennemi, l'action sur son moral, l'activité subversive et le sabotage. Dans la dissuasion, il prend le pas sur l'action. La pratique du renseignement a subi de nombreuses évolutions en fonction des époques et de leurs enjeux. Aujourd'hui, il s'est dissous dans l'information publique afin de mieux la contrôler et, pour ce faire, tous les moyens sont permis. Il s'agit moins de violenter les hommes que de les désarmer, de comprimer leurs passions politiques que de les effacer, de combattre leurs instincts que de les tromper, de proscrire leurs idées que de leur donner le change en se les appropriant. Les grandes affaires du renseignement sont à titre d'exemple : le terrorisme, le renseignement économique, la mafia et l'information. Et de nombreuses affaires d'envergure restent inexpliquées. Pourtant, la direction à prendre pour enquêter est souvent délibérément négligée. On pense à Edgar Poe et à son *Double assassinat dans la rue Morgue* : Il me semble que le mystère est considéré comme insoluble, par la raison même qui devrait le faire regarder comme facile à résoudre, je veux parler du caractère excessif sous lequel il apparaît.

Philby, portrait de l'espion en jeune homme
ROBERT LITTELL
TRADUCTION DE L'ANGLAIS (ETATS-UNIS) PAR CÉCILE ARNAUD
Baker Street éditions

"L'Anglais est arrivé d'une autre planète, en quête d'aventure, sans aucun doute, d'une cause à laquelle croire, de camaraderie, d'affection, d'amour, de sexe." Dans *Philby. Portrait de l'espion en jeune homme*, Robert Littell ne tourne pas le dos à ses œuvres antérieures mais se démarque toutefois de ses romans d'espionnage de facture plus classique. Certes, l'écrivain s'empare à nouveau du cadre historique du siècle passé. Mais il se plaît ici à saisir l'Histoire par le prisme d'une de ses singulières figures. De sa jeunesse anglaise à sa fuite vers Moscou en 1963, Robert Littell sonde la personnalité complexe de "Kim" Philby, un des célèbres "Cinq de Cambridge", certainement l'agent le plus fascinant qu'ait produit le contre-espionnage anglais.

C'est au cours d'un voyage dans l'effervescence révolutionnaire de la Vienne des années 1930 que la vie du jeune diplômé de Cambridge, farouche socialiste, prend une tournure inattendue. Fils de St John Philby - agent secret et homme excentrique surnommé "le Hajj" depuis sa conversion à l'Islam — "Kim" Philby y fait la rencontre d'une jeune Autrichienne juive et communiste qui deviendra un temps sa femme. De retour à Londres, hésitant à prendre sa carte au P.C., Philby est approché par un membre du N.K.V.D. qui fait de lui sa recrue. Envoyé sur le front espagnol, il écrit, pour le *Times*, des articles pro-franquistes tout en servant Moscou. Puis, intégré aux services secrets anglais pendant la Seconde Guerre mondiale, il fournira au N.K.V.D. de précieuses informations sur l'ennemi allemand. Chaque geste de l'"Anglais", agent double (triple ?), amplifie l'ambiguïté du personnage. En reconstituant le portrait de Philby à partir de témoignages de personnes l'ayant croisé, qui sont autant de narrateurs successifs, Littell multiplie les lieux et les points de vue, ajoutant ainsi au trouble qu'inspire le mystérieux homme-puzzle. En effet, la biographie de Philby déconcerte. Manquant de se faire démasquer à de multiples reprises, l'homme est néanmoins parvenu à traverser un siècle où la guerre et les purges étaient le théâtre privilégié de l'affrontement des idées. Aujourd'hui, "le mystère de l'allégeance de Philby demeure". (Sébastien Coffy)

Les Trois Jours du Condor
UN FILM DE SYDNEY POLLACK

Les Trois Jours du Condor de Sydney Pollack avec Robert Redford et Faye Dunaway sorti sur les écrans en septembre 1975, a été tourné seulement trois mois après le scandale du Watergate. Le Président des Etats-Unis, Richard Nixon, candidat à sa réélection en 1972, fait procéder à des écoutes téléphoniques au siège du Parti Démocrate dans l'immeuble du Watergate à Washington. Les policiers découvrent que les cambrioleurs entretiennent des liens avec le comité pour la réélection de Nixon. Deux reporters du *Washington Post*, Carl Bernstein et Bob Woodward jouèrent un rôle déterminant dans la révélation de ce scandale, qui accula Nixon à la démission en 1974. Ce film d'investigation avec Robert Redford dans le rôle d'un jeune écrivain, Joseph Turner, qui pour gagner sa vie est employé par la C.I.A. pour lire la littérature d'espionnage mondiale afin d'y débusquer des messages codés qui menaceraient la sécurité des Etats-Unis, est tiré du roman *Les Six Jours du Condor* de James Grady. Parti faire des courses pour le déjeuner, Turner trouve, à son retour, tous ses collègues assassinés, et ce apparemment froidement. Mené au pas de course, ce *thriller* efficace utilise les ficelles du film à grand spectacle avec romance à la clé. Courses-poursuites, filatures, le tout dans un suspence réel qui tient le spectateur en haleine. Il n'empêche que Sydney Pollack réussit le tour de force de démêler le faux et enquêter sur les agissements de la C.I.A. et finit par démontrer que le complot et les assassinats sont le fait même de la C.I.A. Supprimer ceux qui auraient éventuellement découvert des secrets alors qu'ils sont précisément payés pour les découvrir. Ou comment le rôle des services de renseignements est montré sous son véritable jour. Maintenir à n'importe quel prix une caste au pouvoir et pour ce faire ne reculer devant aucun moyen. Mensonges, assassinats, manipulations en tous genres et comme dirait Nietzsche, "l'Etat, ce monstre froid".

Enigmes et complots
LUC BOLTANSKI
Gallimard, coll. NRF

De quoi le romancier d'espionnage est-il le nom ? Partant du postulat d'une littérature symbole d'une charnière historique, le passage du XIXe siècle au XXe siècle, le sociologue Luc Boltanski livre dans *Enigmes et complots* une analyse de ces "mauvais genres". Pathologie d'un siècle, le roman policier et roman d'espionnage, la théorie du complot et la sociologie, sont le symptôme d'un changement de paradigme : la recherche de l'explication et la remise en cause constante de la réalité au profit d'une vérité cachée et "officieuse". L'essai passe en revue quatre types d'enquêtes à même de mettre en lumière ce lien entre la littérature et le contexte historique, ainsi du roman policier, du roman d'espionnage, de la paranoïa et de l'enquête sociologique elle-même. Le sociologue prend *in fine* comme objet d'étude sa matière même, et y relève son contexte d'apparition. A travers les figures du commissaire Maigret ou de Sherlock Homes, Luc Boltanski retrace les caractéristiques de la société française pour l'un (société de tensions aux classes sociales marquées) et le Royaume-Uni du XIXe siècle (société du calcul et du cloisonnement). Le roman d'espionnage, symbole de l'obsession des causes invisibles et de la vérité tue, sera, quant à lui, lié à l'émergence du nationalisme et de l'antisémitisme. Le roman d'espionnage, littérature de notre temps, questionne nos fixations, nos peurs, nos aveuglements. Et c'est là la grande force d'un essai qui, au travers d'une analyse universitaire, soulève des questionnements sous-jacents au fonctionnement même de la société. Finalement de quoi Kemp, Le Carré, Littell, Larsson sont-ils le nom ? (Adrien Bosc)

HORRIBLE MÉDITERRANÉE

JONATHAN FRANZEN | TRAD. ANNE WICKE | ILL. GWENDAL LE BEC

Chemin céleste privilégié pour de nombreuses espèces d'oiseaux migrateurs, le bassin méditerranéen est aussi un immense terrain de chasse sauvage. Surprendre le chant du bruant mélanocéphale et observer le vol d'une pie-grièche risque ainsi de devenir une expérience rare. Au nom de la tradition et au mépris des lois, les chasseurs-braconniers déciment les populations d'oiseaux. Passionné d'ornithologie, l'écrivain Jonathan Franzen est allé à leur rencontre. Un reportage saisissant au cœur du conflit que se livrent chasseurs et défenseurs des oiseaux.

La partie sud-est de la république de Chypre connaît, depuis ces dernières années, un intense développement visant le tourisme international. De grands hôtels de taille moyenne, spécialisés dans les "séjours tout compris" pour Allemands et Russes, dominent des plages où s'alignent des rangées bien régulières de chaises longues et de parasols et où la Méditerranée est partout d'un bleu profond. Vous pouvez très bien passer là une semaine très agréable, à rouler sur des routes neuves et à boire la bonne bière locale, sans vous douter un seul instant que dans cette région se déroule le massacre d'oiseaux chanteurs le plus violent de la Communauté européenne.

Le dernier jour d'avril, je me suis rendu dans la florissante ville touristique de Protaras pour y rencontrer quatre membres d'une organisation allemande de protection des oiseaux, le Committee Against Bird Slaughter, ou C.A.B.S. ("Comité contre le massacre des oiseaux"), qui organise des "camps" saisonniers de volontaires dans certains pays méditerranéens. A Chypre, l'automne étant la meilleure saison pour piéger les oiseaux chanteurs – les migrateurs en route vers le sud ont fait des réserves de graisse pendant un été nordique de festins –, j'avais peur de n'assister à aucune action mais le premier verger dans lequel nous avons pénétré, au bord d'une route très fréquentée, était couvert de gluaux : de petits bâtons bien droits d'environ quatre-vingts centimètres de long, recouverts de résine collante de prunier et installés judicieusement dans les branches des arbres les plus bas, de façon à offrir de tentants perchoirs. L'équipe du C.A.B.S., dirigée par Andrea Rutigliano, un jeune Italien très maigre à la barbe fournie, se déploya dans le verger, attrapant les bâtons et les frottant dans la terre pour ôter les résidus de résine, avant de les casser en deux. Des plumes d'oiseaux étaient restées collées sur tous les bâtons. Dans un citronnier, nous avons trouvé un gobe-mouches à collier mâle, suspendu la tête en bas comme une sorte de petit fruit animal, avec la queue, les pattes et les ailes noir et blanc engluées dans la résine. Tandis que l'oiseau s'agitait et tournait inutilement la tête dans tous les sens, Rutigliano le filma avec sa caméra sous tous les angles possibles ; pendant ce temps, un volontaire italien plus âgé, Dino Mensi, prenait des photographies. "Les photos sont importantes, expliqua Alex Heyd, le secrétaire général de l'organisation, un Allemand au visage austère. C'est dans les journaux qu'on gagne la guerre, pas dans les champs." Sous un soleil de plomb, les deux Italiens s'employèrent à libérer le gobe-mouches : ils dégagèrent tout doucement les plumes une par une puis appliquèrent quelques gouttes de savon dilué pour ramollir la glu résistante, grimaçant lorsqu'une plume était perdue. Ensuite, Rutigliano retira la glu restée sur les minuscules pieds de l'oiseau. "Il faut en enlever la moindre particule, dit-il. La première année, quand j'ai commencé à faire ça, j'en avais laissé un petit bout sur le pied d'un oiseau, je l'ai vu s'envoler et puis se retrouver de nouveau collé. J'ai dû grimper dans l'arbre." Rutigliano déposa le gobe-mouches dans mes mains, je les ouvris et il s'envola sans s'élever trop au-dessus du verger, avant de reprendre son voyage vers le nord. Nous étions entourés de champs de melons, de nouveaux lotissements, de complexes hôteliers et nous entendions le bruit de la circulation. David Conlin, un ancien militaire anglais assez costaud, jeta une poignée de bâtons brisés dans les mauvaises herbes. "C'est un scandale, dit-il, quel que soit l'endroit où on s'arrête, on en trouve." J'ai regardé Rutigliano et Mensi libérer un autre oiseau, un pouillot siffleur, une adorable petite créature à la gorge jaune. Il semblait étrange de voir de si près un oiseau qui exige d'ordinaire une observation minutieuse aux jumelles, si on veut en avoir un aperçu correct. C'était un véritable désenchantement. Je voulais répéter à ce pouillot siffleur les paroles de saint François d'Assise – en tout cas celles qui nous sont rapportées – face à un animal sauvage capturé : "Pourquoi t'es-tu laissé prendre ?"

Je voulais répéter à ce pouillot siffleur les paroles de saint François d'Assise: "Pourquoi t'es-tu laissé prendre ?"

Comme nous quittions le verger, Rutigliano suggéra à Heyd de mettre son T-shirt C.A.B.S. à l'envers, pour que nous ayons davantage l'air de touristes ordinaires en balade. A Chypre, il est permis d'entrer sur un terrain privé non clôturé et, même si toutes les formes de capture d'oiseaux chanteurs sont des délits depuis 1974, il n'empêche que ce que nous étions en train de faire me semblait assez cavalier, voire dangereux. Le groupe, avec ses tenues noires et ternes, ressemblait plus à un commando qu'à une bande de touristes. Une femme du coin, peut-être la propriétaire du verger, nous regarda d'un air impassible tandis que nous nous avancions sur un chemin de terre. Puis un homme au volant d'un *pick-up* nous dépassa et le groupe, craignant qu'il ait l'intention d'aller enlever des bâtons englués, le suivit au petit trot.

Dans le jardin, derrière la maison de l'homme, nous avons trouvé deux paires de tuyaux de métal de six mètres de long calés en parallèle sur des fauteuils de jardin : il s'agissait d'une petite manufacture de gluaux, du genre qui peut apporter un revenu confortable aux Chypriotes, en général plutôt âgés, qui connaissent la combine. "Il les fabrique et il en garde un peu pour lui", dit Rutigliano. Avec les autres, il se promena sans se gêner autour du poulailler et des clapiers de l'homme, attrapant quelques bâtons au passage pour les poser sur les tuyaux. Puis nous avons remonté un terrain privé pentu et sommes redescendus jusqu'à un autre verger zébré de tuyaux d'irrigation et couvert d'oiseaux piégés. "*Questo giardino è un disastro !*" s'exclama Mensi, qui ne parlait qu'italien.

Une fauvette à tête noire femelle s'était presque totalement déchiré la queue et était encore collée, non seulement par les deux pattes et les deux ailes, mais aussi par le bec, qui s'ouvrit brutalement dès que Rutigliano le décolla ; l'oiseau se mit à crier furieusement. Une fois la fauvette complètement libérée, Rutigliano lui fit glisser un peu d'eau dans le bec et la posa à terre. Elle tomba en avant et battit des ailes piteusement tout en s'enfonçant la tête dans la boue.

> *"Questo giardino è un disastro !"*

"Elle est restée suspendue trop longtemps, les muscles de ses pattes sont trop tendus, dit-il. On va la garder ce soir et demain elle pourra voler.

– Même sans sa queue ? demandai-je.

– Bien sûr."

Il prit l'oiseau et le déposa dans une des poches extérieures de son sac à dos. La fauvette à tête noire est un des oiseaux chanteurs les plus communs d'Europe mais elle constitue aussi le mets national traditionnel à Chypre, connu sous le nom d'*ambelopoulia*. Elle est donc la cible principale des braconniers chypriotes. Mais les prises annexes d'autres espèces sont également énormes : des pies-grièches rares, diverses sortes de pouillots, des oiseaux plus gros comme les coucous ou les loriots et même de petites chouettes ou de petits faucons. Dans le deuxième potager, nous avons trouvé, prisonniers de la glu, cinq gobe-mouches à collier, un moineau et un gobe-mouches gris (oiseau auparavant très répandu mais qui se fait rare de nos jours dans la majeure partie du nord de l'Europe), ainsi que trois autres fauvettes à tête noire. Après les avoir tous libérés, les membres de l'équipe se disputèrent sur le nombre de bâtons englués trouvés sur le site et finirent par tomber d'accord sur le chiffre cinquante-neuf.

Un peu plus loin dans les terres, dans un bosquet sec et touffu avec vue sur la mer bleue et sur les deux arches dorées d'un nouveau McDonald's, nous avons trouvé un gluau auquel pendait un oiseau encore vivant. Il s'agissait d'un rossignol progné, une espèce au plumage gris, et je n'en avais vu qu'un seul dans ma vie. Il était complètement englué et s'était brisé une aile. "La fracture est située entre deux os, il ne pourra pas guérir, dit Rutigliano en palpant la jointure sous les plumes. Malheureusement, nous devons tuer cet oiseau."

Il y avait de fortes chances que le rossignol progné s'était fait prendre sur un bâton que le braconnier n'avait pas vu au moment où il avait retiré ses pièges ce matin-là. Tandis que Heyd et Conlin se demandaient s'il fallait se lever avant l'aube le lendemain pour essayer de prendre le braconnier en "embuscade", Rutigliano caressait la tête du rossignol progné.

"Il est si beau, dit-il, comme un petit garçon. Je ne peux pas le tuer.

– Qu'est-ce qu'on va faire ? demanda Heyd.

– Peut-être qu'on peut lui laisser sa chance de clopiner à terre et d'aller mourir dans son coin.

– Je ne crois pas qu'il ait de grandes chances", dit Heyd.

Rutigliano posa l'oiseau à terre et le regarda filer à petits pas rapides, plus comme une souris que comme un oiseau, sous un petit buisson d'épineux.

"Peut-être que d'ici quelques heures il

marchera mieux, dit-il contre toute vraisemblance.

– Tu veux que je prenne la décision ?" demanda Heyd.

Rutigliano,

sans répondre, grimpa en haut de la colline et disparut.

"Où s'est-il caché ?" me demanda Heyd.

Je lui ai montré le buisson. Heyd a tendu un bras de chaque côté et a capturé l'oiseau ; tout en le tenant dans ses mains avec douceur, il a levé les yeux vers Conlin et moi.

"On est d'accord ?" dit-il, en allemand. J'ai fait oui de la tête et, d'une torsion du poignet, il a brisé le cou de l'oiseau. Le soleil avait alors étendu ses rayons dans le ciel bleu et l'inondait de sa blancheur. Comme nous cherchions une manière d'attaquer le bosquet par surprise, il était difficile de dire depuis combien d'heures nous marchions. Chaque fois que nous voyions un Chypriote dans un camion ou dans un champ, nous devions nous baisser et reculer sur des rochers et des chardons dont les épines transperçaient nos pantalons, de peur que quelqu'un ne prévienne le propriétaire du terrain piégé. Le seul enjeu était la vie de petits oiseaux chanteurs, il n'y avait pas de mines antipersonnel enterrées dans la colline et pourtant, le calme étincelant de l'endroit avait le parfum d'une menace guerrière.

Les gluaux sont un type de piège traditionnel très répandu à Chypre depuis au moins le XVIIe siècle. Les oiseaux migrateurs constituaient alors une importante source saisonnière de protéines disponible dans la campagne et les Chypriotes les plus âgés se souviennent encore aujourd'hui de l'époque où ils entendaient leur mère leur demander d'aller au jardin chercher le dîner.

Durant ces dernières dizaines d'années, les *ambelopoulia* sont devenus un genre de gourmandise nostalgique très populaire chez les Chypriotes citadins aisés – on peut offrir à un ami un bocal de ces oiseaux marinés ou bien commander un plateau de ces petits oiseaux frits au restaurant, pour une occasion spéciale. Au milieu des années 1990, vingt ans après que le pays avait interdit toute forme de pièges à oiseaux, on tuait encore dix millions de ces oiseaux par an. Pour satisfaire la demande des restaurants, on a ajouté aux traditionnels bâtons englués des opérations à grande échelle avec des filets et le gouvernement chypriote, qui tentait de redorer son blason pour pouvoir devenir membre de la Communauté européenne, se montra fort sévère envers les chasseurs utilisant des filets. En 2006, la prise annuelle avait chuté à environ un million d'oiseaux.

PAUSE SUR...

JONATHAN FRANZEN

L'auteur des *Corrections* est aussi essayiste et un contributeur fréquent au *New Yorker*, au *Harpers magazine* et au *Paris Review*. Connu pour écrire depuis une pièce sombre et glaciale de la deuxième avenue à New York, "le frigo", c'est pourtant aux oiseaux que Jonathan Franzen voue une véritable passion. Membre de l'*American Bird Conservancy*, il évoque son militantisme dans *My bird problem*, un article du *New Yorker* repris dans *La Zone d'inconfort* (éd. de L'Olivier, 2007). *Freedom*, son dernier livre, renoue avec ce thème et souligne, chez le personnage de Walter, un passionné d'ornithologie, les contradictions et les écueils du combat écologiste contemporain.

Néanmoins, maintenant que Chypre est confortablement installée dans la Communauté européenne, des panneaux vantant les *ambelopoulia* illégaux ont recommencé à apparaître dans les restaurants ces dernières années et le nombre de sites de chasse actifs est en augmentation. Le groupe de pression des chasseurs chypriotes, qui représente les cinquante mille chasseurs du pays, soutient cette année deux propositions parlementaires visant à adoucir les lois antibraconnage. La première réduirait l'usage de gluau à un délit mineur, la seconde décriminaliserait l'utilisation d'enregistrements électroniques pour attirer les oiseaux. Les sondages d'opinion montrent que, si la plupart des Chypriotes sont contre la chasse aux oiseaux, ils ne

pensent pas non plus que ce soit un grave problème et ils sont nombreux à aimer déguster les *ambelopoulia*. Lorsque le Game Fund du pays organisa des descentes dans les restaurants qui servaient ces oiseaux, la couverture médiatique fut dans l'ensemble négative, à commencer par la diffusion d'une vidéo montrant une femme enceinte à qui on arrachait de force son repas.

"La nourriture, c'est sacré, ici", a dit Martin Hellicar, le directeur de campagne de BirdLife Cyprus, une organisation locale encore plus hostile à la provocation que ne l'est le C.A.B.S. "Je ne crois pas qu'on pourra faire arrêter quelqu'un parce qu'il mange ces trucs-là."

Hellicar et moi avons passé une journée à faire le tour des sites de chasse au filet dans le sud-est du pays. On peut se servir d'un petit bosquet d'oliviers pour poser les filets mais les sites les plus grands se trouvent dans les plantations d'acacias, une espèce exotique qu'on n'a aucune raison d'irriguer si on ne compte pas piéger des oiseaux. Nous avons vu ce type de plantations partout. De longues bandes de moquette bon marché sont posées entre les rangées d'acacias ; des centaines de mètres de filets quasiment invisibles sont tendus entre des poteaux généralement plantés dans de vieux pneus de voiture remplis de béton et ensuite, quand vient la nuit, les braconniers montent le son de leurs radios jouant des chants d'oiseaux pour attirer les migrateurs qui viennent alors se reposer dans le riche feuillage des acacias. Au matin, aux premières lueurs de l'aube, les braconniers lancent des poignées de petits cailloux dans les arbres pour effrayer les oiseaux qui vont alors se jeter dans leurs filets. (Un signe révélateur de ce type de chasse : le petit tas de cailloux laissé sur le bord de la route.) Dans la mesure où les braconniers superstitieux pensent que libérer des oiseaux pourrait menacer de détruire le site, les espèces invendables sont arrachées et jetées au sol ou laissées pour mortes dans les filets. Les prises peuvent se vendre jusqu'à cinq euros pièce et un site efficace peut rapporter jusqu'à mille oiseaux et plus par jour.

A Chypre, le meilleur endroit pour ce genre de braconnage est la base militaire britannique du cap Pyla. Les Anglais sont peut-être le peuple d'Europe qui aime le plus les oiseaux mais la base, qui loue ses vastes zones de tir aux fermiers chypriotes, se trouve dans une position délicate sur le plan diplomatique ; à la suite d'une opération récente menée par l'armée visant à faire respecter la loi, vingt-deux panneaux indiquant la base militaire ont été détruits par des gens du coin en colère. En dehors de la base, le respect de la loi est entravé par des questions logistiques et politiques. Les braconniers utilisent des postes de guet, des gardes de nuit et ils ont appris à construire de petites cabanes sur leurs sites, car les vigiles du Game Fund doivent avoir un mandat pour pouvoir fouiller tout "domicile". Pendant le temps nécessaire à l'obtention de ce mandat, les braconniers peuvent donc retirer leurs filets et cacher leurs appareils électroniques. Les membres du Game Fund ont peur des attaques violentes parce que les braconniers, de plus en plus nombreux, sont devenus de nos jours de vrais criminels. "Le problème majeur, c'est que personne à Chypre, pas même les hommes politiques, n'ira déclarer publiquement qu'il ne faut pas manger d'*ambelopoulia*", m'a dit Pantelis Hadjigerou, le directeur du Game Fund. D'ailleurs, le détenteur du record de la plus grande quantité d'*ambelopoulia* engloutie en une seule fois (cinquante-quatre oiseaux) est un homme politique populaire du nord de l'île.

"L'idéal pour nous serait de trouver une personnalité célèbre qui viendrait dire : 'Je ne mange pas d'*ambelopoulia*, il ne faut pas le faire', m'a expliqué la responsable de BirdLife Cyprus, Clairie Papazoglou. Mais il y a ici comme un pacte, qui dit que si quelque chose de mal se produit sur l'île, cela doit rester sur l'île, parce qu'on ne peut pas se permettre une mauvaise image extérieure."

"Juste avant que Chypre rejoigne l'Union européenne, dit Hellicar, les braconniers ont déclaré : 'On va se restreindre un peu pendant un moment.' Mais maintenant, depuis dix-huit ou dix-neuf ans, le braconnage a pris une dimension de machisme patriotique. Comme un symbole de résistance à l'Union européenne, à Big Brother."

Ce qui me paraissait digne d'un roman d'Orwell, c'était avant tout la politique intérieure chypriote. La Turquie occupe la partie nord de l'île depuis trente-six ans et le Sud, ethniquement grec, connaît une très grande prospérité depuis lors mais les informations nationales sont toujours dominées, sept jours sur sept, par le "problème chypriote". "Toutes les autres questions sont balayées sous le tapis, m'a expliqué l'anthropologue social chypriote Yannis Papadakis. Ils vous diront : 'Comment osez-vous nous traîner devant la Cour européenne pour une chose aussi insignifiante que des oiseaux ? Nous, c'est la Turquie qu'on traîne en justice !' Il n'y a jamais eu de vrai débat sur l'adhésion à la communauté européenne… Pour nous, c'était par ce moyen que nous allions régler le 'problème chypriote'."

Ce qui me paraissait digne d'un roman d'Orwell, c'était avant tout la politique intérieure chypriote

L'arme la plus efficace de l'Union européenne pour la préservation des oiseaux est sa fameuse "directive oiseaux", mesure prise en 1979, qui stipule que les Etats membres doivent protéger toutes les espèces d'oiseaux d'Europe et aussi leur préserver un habitat suffisant. Depuis qu'elle a rejoint l'Union européenne en 2004, Chypre a reçu de multiples avertissements de la Commission pour des transgressions à la directive mais, jusqu'à présent, elle a réussi à éviter jugements et amendes ; même si, sur le papier, les lois environnementales d'un Etat membre sont en accord avec la directive, la Commission hésite à interférer dans l'application de la loi par cet Etat souverain.

Le parti actuellement au pouvoir à Chypre, qui se dit communiste, est pourtant un fervent partisan de l'économie privée. Le ministère du Tourisme vante des projets pour la construction de quatorze nouveaux complexes résidentiels avec golf (l'île en compte déjà trois), alors que Chypre ne dispose que de quantités très limitées d'eau douce. Quiconque possède des terres qu'on peut atteindre par la route peut construire, si bien que la campagne est aujourd'hui particulièrement morcelée. J'ai visité quatre des plus importants parcs naturels du sud-est, qui sont tous théoriquement sous la protection des règles européennes, et leur état m'a chaque fois déprimé. Le grand lac Paralimni, par exemple, près de la zone où je patrouillais avec les gens du C.A.B.S., est une grande cuvette poussiéreuse et bruyante transformée d'office en champ de tir et en terrain de motocross clandestin, dont le fond est jonché de cartouches vides et totalement souillé de gravats, de gros matériel abandonné et d'ordures ménagères.

quatre gobe-mouches à collier et un pouillot siffleur

Et pourtant, les oiseaux continuent à venir à Chypre ; ils n'ont pas le choix. En regagnant la ville à une heure où le ciel était moins blanc, la patrouille du C.A.B.S. s'est arrêtée pour admirer un bruant mélanocéphale, un joyau de noir, de doré et de marron, qui chantait à la cime d'un buisson. Durant un moment, notre tension s'est apaisée, nous n'étions plus que des amoureux des oiseaux, chacun s'exclamant dans sa langue maternelle.

"*Ah, che bello !*"

"*Fantastic !*"

"*Unglaublich schön !*"

Avant de terminer la journée, Rutigliano voulait faire un dernier arrêt, dans un verger où, l'année précédente, un volontaire du C.A.B.S. avait été brutalisé par des braconniers. Alors que nous quittions la grande route avec la voiture de location de l'équipe pour prendre un chemin de terre, un *pick-up* rouge à quatre places s'approcha sur le chemin et son conducteur nous mima le signe d'un égorgement. Une fois le *pick-up* engagé sur la grande route, deux de ses passagers se sont penchés par les fenêtres pour nous faire des doigts d'honneur. Heyd, l'austère Allemand, voulait faire demi-tour et partir immédiatement mais les autres avancèrent qu'il n'y avait aucune raison de penser que ces hommes allaient revenir. Nous poursuivîmes jusqu'au verger, où nous avons trouvé suspendus quatre gobe-mouches à collier et un pouillot siffleur, que Rutigliano me confia parce qu'il ne pouvait plus voler, afin que je le mette dans mon sac à dos. Une fois tous les gluaux détruits, Heyd, toujours plus nerveux, suggéra à nouveau qu'on s'en aille. Mais il y avait un peu plus loin un autre bosquet que les deux Italiens voulaient examiner.

"Je n'ai pas de mauvais pressentiment, dit Rutigliano.

– Il y a cette expression qui dit qu'il ne faut pas tenter le diable", dit Conlin.

A ce moment-là, le *pick-up* rouge réapparut à toute vitesse, une cinquantaine de mètres un peu plus loin dans la pente et il s'arrêta brusquement. Trois hommes en sortirent d'un bond et se mirent à courir vers nous, tout en ramassant des pierres grosses comme des balles de base-ball qu'ils jetaient sur nous, sans cesser de courir. J'aurais eu tendance à penser qu'il était aisé d'éviter un ou deux cailloux volants mais ce n'était pas si facile que ça et Heyd et Conlin furent touchés. Rutigliano filmait avec sa caméra, Mensi prenait des photos, il y avait beaucoup de cris confus : "Continue à filmer ! Continue à filmer !", "Appelle la police !", "Putain, c'est quoi, le numéro ?" Tout en faisant attention au pouillot siffleur qui se trouvait dans mon sac à dos et en ne souhaitant pas vraiment être pris pour un militant du C.A.B.S., j'ai suivi Heyd qui battait en retraite et remontait la colline. A une distance encore peu sûre, nous nous arrêtâmes pour regarder deux hommes qui attaquaient Mensi, pour lui arracher son sac à dos des épaules et lui prendre son appareil photo. Les hommes, environ la trentaine, très bronzés, criaient: "Mais pourquoi vous faites ça? Pourquoi vous prenez des photos?" Mensi, tout en poussant des gémissements effroyables, les muscles gonflés, tenait son appareil photo bien serré contre son estomac. Les hommes le soulevèrent, le jetèrent à terre et lui tombèrent dessus; il s'ensuivit un combat désordonné. Je ne voyais pas Rutigliano mais j'ai appris par la suite qu'il avait été frappé au visage, qu'il avait été assommé et qu'il avait reçu des coups de pied dans les jambes et dans les côtes. Sa caméra avait été fracassée contre un bloc de roche; Mensi avait également été frappé à la tête. Conlin dominait la bagarre avec une allure militaire formidable et

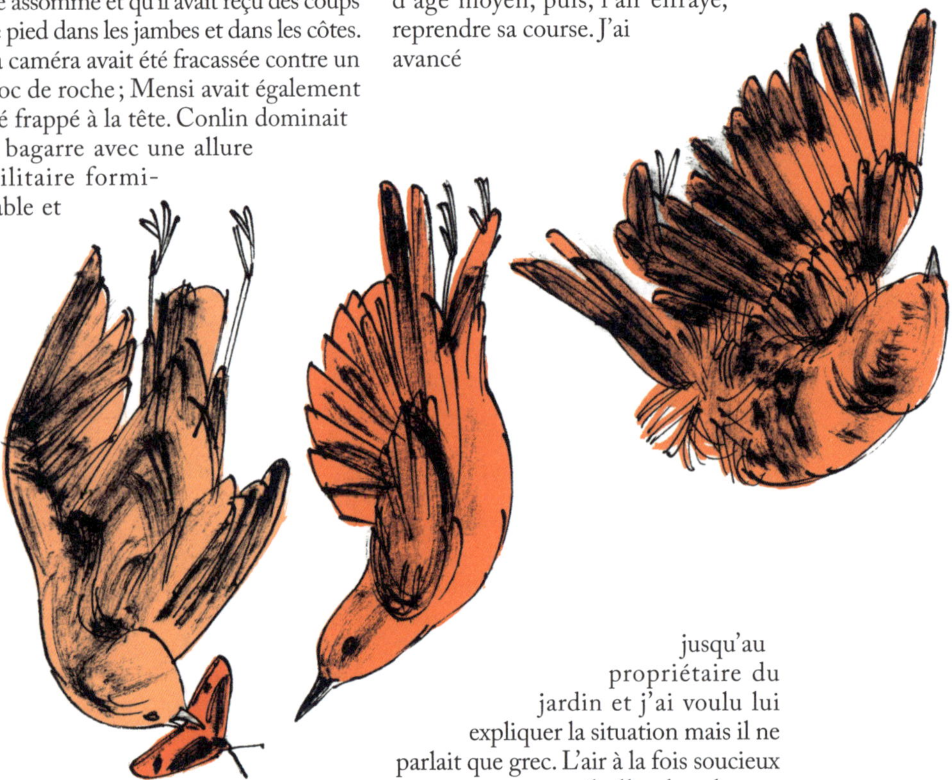

tentait d'appeler la police sur ses deux téléphones portables. Il me raconta, plus tard, qu'il avait dit aux agresseurs qu'il les traînerait devant tous les tribunaux du pays s'ils le touchaient.

Heyd avait continué à battre en retraite, ce qui me semblait une bonne idée. Lorsque je l'ai vu se retourner, devenir tout pâle et partir ventre à terre, j'ai également paniqué.

Courir pour fuir un danger ne ressemble à aucun autre type de course – il est difficile de regarder où on va. J'ai sauté par-dessus un petit muret de pierre puis j'ai foncé dans un champ plein de ronces, je suis tombé dans un fossé, j'ai été touché au menton par un bout de clôture métallique et j'ai décidé que je m'étais suffisamment éloigné comme ça. Je m'inquiétais pour le pouillot siffleur que je transportais. J'ai vu Heyd continuer et traverser en courant un grand jardin, parler à un homme d'âge moyen, puis, l'air effrayé, reprendre sa course. J'ai avancé jusqu'au propriétaire du jardin et j'ai voulu lui expliquer la situation mais il ne parlait que grec. L'air à la fois soucieux et soupçonneux, il alla chercher sa fille qui, en anglais, a pu me dire que je m'étais aventuré par erreur sur le terrain du responsable local de Greenpeace. Elle me donna de l'eau et deux plats de biscuits, puis elle raconta mon histoire à son père, qui ne réagit qu'avec un seul mot furieux. “Barbares !”, me traduisit sa fille.

De retour à la voiture de location, sous des nuages annonçant la pluie, Mensi se tâtait doucement les côtes et tapotait les coupures et les écorchures qui lui couvraient les bras ; son appareil photo, tout comme son sac à dos, avaient été volés. Conlin me montra la caméra fracassée et Rutigliano, qui avait perdu

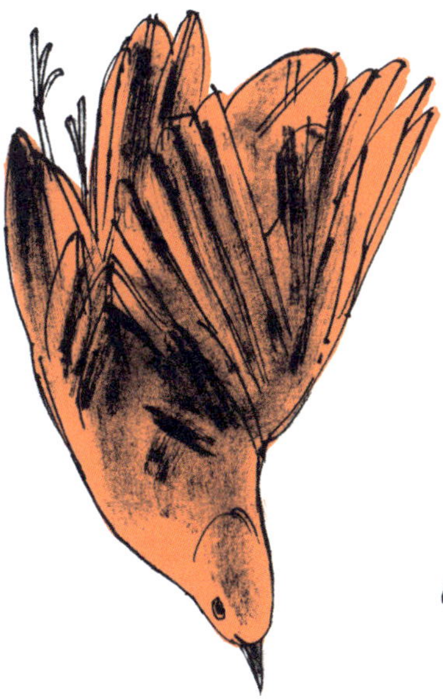

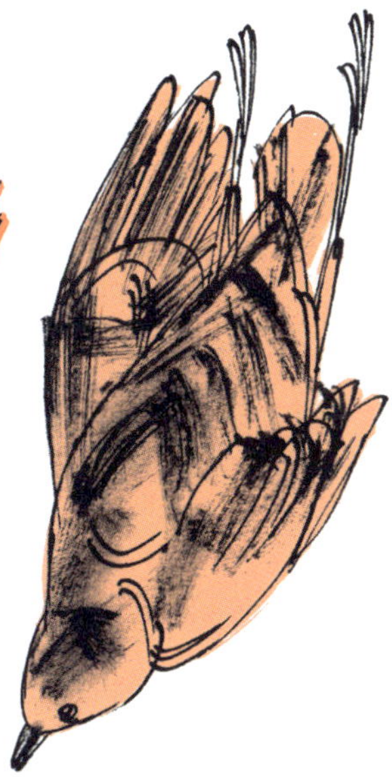

ses lunettes et qui boitait sévèrement, m'avoua, avec une sorte de fanatisme calme : “Je voulais que quelque chose de ce genre se produise. Mais pas si violent, quand même.”

Une seconde équipe du C.A.B.S. était arrivée et s'activait, tout en affichant des mines lugubres. Dans leur voiture se trouvait un carton de vin vide dans lequel j'ai pu installer le pouillot siffleur, tandis qu'un véhicule de police s'arrêtait près de nous. L'oiseau avait l'air très abattu mais il tenait le choc. Je me serais senti assez fier de son sauvetage s'il n'y avait pas au même moment, sur mon téléphone portable, un nouveau texto d'un de mes amis chypriotes, confirmant notre rendez-vous clandestin pour aller manger les *ambelopoulia* le lendemain soir. J'essayais plus ou moins de me convaincre que je pourrais me contenter d'observer et ainsi ne pas avoir à en manger ; mais je n'avais pas une idée très claire de la façon dont j'allais pouvoir l'éviter.

Chaque printemps, quelque cinq milliards d'oiseaux arrivent

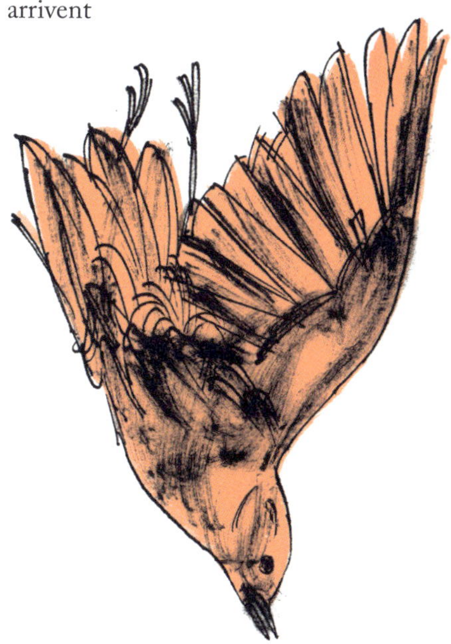

en masse d'Afrique pour se reproduire en Eurasie et, chaque année, environ un milliard d'entre eux est délibérément tué par des humains et ce plus particulièrement sur les routes migratoires de la Méditerranée. Tout comme les eaux de cette mer sont vidées de tout poisson par des chalutiers équipés de sonars et de filets performants, les cieux méditerranéens sont également vidés de leurs oiseaux migrateurs par la technologie terriblement efficace des enregistrements de chants d'oiseaux. Depuis les années 1970, grâce à la “directive oiseaux” et à divers traités relatifs à l'environnement, la situation de certaines espèces d'oiseaux en voie de disparition s'est quelque peu améliorée. Mais il y a, partout dans le monde méditerranéen, des chasseurs qui s'attaquent à cette légère amélioration et qui la font régresser. Chypre a ainsi récemment expérimenté une saison de chasse de printemps pour la caille et la tourterelle ; Malte, en avril, a ouvert sa propre saison de printemps ; et le Parlement italien, en mai, a voté une loi prolongeant la saison de chasse automnale. Si les Européens se considèrent comme le modèle à suivre en matière d'écologie – et ils font d'ailleurs la leçon aux Etats-Unis et à la Chine sur les émissions de carbone comme s'ils l'étaient –, les rangs de nombreux oiseaux résidents ou migrateurs en Europe se sont clairsemés de manière alarmante ces dix dernières années. Il n'est pas besoin d'être un fin observateur d'oiseaux pour regretter l'appel du coucou, les cercles décrits par le vanneau huppé au-dessus des champs, la mélodie du bruant proyer perché sur les poteaux électriques. Tout un monde d'oiseaux déjà mis à mal par la perte de l'habitat et par l'agriculture intensive est poussé vers l'extinction par les chasseurs et les braconniers. Le printemps, dans la Vieille Europe, court le risque de devenir totalement silencieux bien avant le printemps du Nouveau Monde.

Le printemps, dans la Vieille Europe, court le risque de devenir totalement silencieux bien avant le printemps du Nouveau Monde

La république de Malte, constituée de plusieurs rochers de calcaire abritant une population très dense, avec une surface globale à peine deux fois plus grande que celle du district de Columbia, est l'endroit d'Europe le plus sauvagement hostile aux oiseaux. Il y a douze mille chasseurs sous licence (environ trois pour-cent de la population du pays), dont un grand nombre considère que c'est leur droit de Maltais d'abattre tout oiseau assez malchanceux pour migrer au-dessus de Malte, quelle que soit la saison ou quel que soit le statut protégé de l'oiseau. Les Maltais tirent sur les guêpiers, les huppes fasciées, les loriots, les puffins, les cigognes et les hérons. Ils se plantent derrière les clôtures de l'aéroport international et tirent sur des hirondelles pour s'entraîner. Ils tirent des toits des maisons en ville ou du bord de routes très fréquentées. Ils se regroupent à flanc de falaise dans des *bunkers* construits très près les uns des autres et anéantissent des volées entières de faucons migrateurs. Ils tirent sur des prédateurs en voie de disparition comme les aigles pomarins ou les busards pâles, des oiseaux pour lesquels des gouvernements, plus au nord en Europe, dépensent des millions d'euros afin d'assurer la préservation. Les plus rares sont empaillés et ajoutés à des collections de trophées ; les plus communs sont abandonnés sur le sol ou enterrés sous des rochers, pour ne pas compromettre les tireurs. En Italie, lorsque les observateurs d'oiseaux voient un migrateur auquel il manque un bout d'aile ou la queue, ils appellent ça le "plumage maltais". Dans les années 1990, emporté par l'élan de l'adhésion à l'Union européenne, le gouvernement maltais a entrepris de faire appliquer une loi déjà existante contre la chasse aux oiseaux non classés comme gibier et Malte est devenue une cause célèbre pour des groupes pourtant lointains comme la Société royale de protection des oiseaux, une association anglaise qui a même envoyé des volontaires pour aider à l'application de la loi. A la suite de quoi, pour reprendre les mots d'un volontaire britannique auquel j'ai parlé, "la situation est passée d'infernale à tout simplement atroce". Mais les chasseurs maltais, qui avancent que leur pays est trop petit pour que leurs tirs aient un impact significatif sur les populations d'oiseaux européens, vivent très mal ce qu'ils ressentent comme une ingérence étrangère dans leurs "traditions". L'organisation nationale des chasseurs, la Federazzjoni Kaċċaturi Nassaba Konservazzjonisti, a déclaré dans son bulletin d'avril 2008 : "La F.K.N.K. pense que le travail de la police ne devrait être fait que par la police maltaise et non par d'arrogants extrémistes étrangers qui croient que Malte leur appartient parce qu'elle se trouve dans l'Union européenne."

Lorsqu'en 2006 le groupe local BirdLife Malta engagea un ressortissant turc et ancien directeur de campagne de Greenpeace, Tolga Temuge, pour lancer une campagne agressive contre la chasse illégale, cela rappela aux chasseurs locaux le siège de Malte par les Turcs en 1565 et ils réagirent de manière explosive. Le secrétaire général de la F.K.N.K., Lino Farugia, fulmina contre le "Turc" et ses "laquais maltais" et il s'ensuivit une série de menaces et d'attaques contre les biens et le personnel de BirdLife. Un membre de l'association a reçu une balle en plein visage ; trois voitures appartenant à des volontaires de BirdLife furent incendiées ; et plusieurs milliers de jeunes arbres furent déracinés sur un site de reforestation que les chasseurs n'acceptaient pas parce qu'il concurrençait l'unique autre forêt de l'île principale, qu'ils contrôlaient et dans laquelle ils tiraient sur les oiseaux qui s'y trouvaient. Comme l'a expliqué en août 2008 un magazine de chasse très lu : "Il y a une limite à ce qu'on peut faire subir aux valeurs et aux solides liens moraux des familles maltaises, il est difficile d'empêcher leur sang latin de bouillir et de s'attendre à ce qu'elles abandonnent lâchement leur terre et leur culture."

Et pourtant, contrairement à ce qui se passe à Chypre, l'opinion publique maltaise est fortement hostile à la chasse. Avec la finance, le tourisme est l'industrie principale de Malte et les journaux publient fréquemment des lettres furieuses de touristes ayant été menacés par des chasseurs ou ayant été témoins d'atrocités commises envers des oiseaux. La classe moyenne maltaise n'est pas satisfaite de voir l'espace très limité de l'île dirigé par des chasseurs à la gâchette facile qui plantent des panneaux "DÉFENSE D'ENTRER" sur des terres appartenant à l'Etat. Contrairement à BirdLife Cyprus, BirdLife Malta a réussi à rallier à sa cause des notables, dont le propriétaire du groupe des hôtels Radisson, pour une campagne médiatique intitulée "Reprenez possession de votre campagne".

Malte est un pays qui pratique le bipartisme, cela dit, et parce que les élections nationales y sont généralement déterminées par quelques milliers de votes, ni le Parti travailliste, ni les nationalistes ne peuvent se permettre de se mettre à dos leurs électeurs chasseurs au point qu'ils ne se rendraient pas aux urnes. L'application des lois sur la chasse continue donc d'être laxiste : peu de personnel y est affecté, de nombreux policiers locaux sont amis avec les chasseurs et les meilleurs policiers peuvent réagir lentement aux plaintes. Même lorsque les coupables sont poursuivis, les tribunaux maltais hésitent toujours à infliger des amendes de plus de quelques centaines d'euros.

Cette année, le gouvernement nationaliste a ouvert la saison de la chasse du printemps à la caille et à la tourterelle au mépris total d'un décret de la cour européenne de justice passé l'automne dernier. La "directive oiseaux" de l'Union européenne permet aux Etats membres d'appliquer des "dérogations" autorisant la chasse de certaines espèces protégées pour un "usage judicieux", comme le contrôle des oiseaux autour des aéroports ou la chasse pour se nourrir dans les communautés rurales traditionnelles. Le gouvernement maltais avait demandé une dérogation afin de pouvoir perpétuer la "tradition" de la chasse du printemps, que la directive interdit normalement, et la cour de justice avait décidé que la proposition de Malte ne remplissait pas trois des quatre conditions stipulées par la directive : application stricte de la loi, petit nombre d'oiseaux et parité avec d'autres Etats membres de l'Union. En ce qui concernait la quatrième condition, cela dit – est-ce qu'il existe une "alternative" ? –, Malte présenta des preuves, sous la forme de décomptes d'oiseaux tués, que la chasse automnale à la caille et à la tourterelle n'était pas une alternative satisfaisante à la chasse de printemps. Bien que le gouvernement fût conscient que les décomptes n'étaient pas fiables (le secrétaire général de la F.K.N.K. en personne a un jour admis en public que le bilan réel pourrait bien être dix fois plus élevé que le bilan annoncé), la Commission européenne a comme politique de faire confiance aux données présentées par les gouvernements d'Etats membres. Malte a par ailleurs argumenté que, dans la mesure où la caille et la tourterelle ne sont pas des espèces menacées sur le plan mondial (il y en a encore beaucoup en Asie), elles n'avaient pas besoin d'une protection absolue et les juristes de la Commission n'ont pas réussi à démontrer que ce qui comptait était le statut de ces espèces au sein de l'Union européenne où, de fait, elles sont sérieusement en déclin. Et la cour, donc, tout en n'accédant pas à la demande de Malte et en interdisant la chasse de printemps, a bien reconnu qu'une des quatre conditions était remplie. Le gouvernement maltais proclama la "victoire" et entreprit, début avril, d'autoriser la chasse.

A l'aube du premier jour de la saison, j'ai accompagné en patrouille Tolga Temuge, un homme portant une queue-de-cheval et jurant volontiers. Nous ne nous attendions pas à entendre beaucoup de tirs parce que la F.K.N.K., furieuse des termes imposés par le gouvernement – la saison ne durerait que six demi-journées, au lieu des traditionnelles six à huit semaines, et seulement deux mille cinq cents permis seraient accordés –, avait organisé un *boycott* de la saison, menaçant de "livrer à la vindicte publique" les noms de tous les chasseurs qui demanderaient un permis. "La Commission européenne a vraiment échoué, me dit Temuge, tandis que nous roulions sur le labyrinthe sombre et poussiéreux du système routier maltais. L'Organisation européenne de la chasse et BirdLife International ont travaillé dur pour obtenir des limites durables à la chasse et puis Malte rejoint l'Union européenne, dont elle est le plus petit Etat membre, et menace de faire capoter tout l'édifice de l'excellente 'directive oiseaux'. Le mépris de Malte pour la directive instaure un mauvais précédent pouvant inciter d'autres Etats membres, tout spécialement dans le monde méditerranéen, à se comporter de la même façon."

Lorsque le jour se leva, nous nous arrêtâmes dans un vague sentier de terre calcaire, au milieu de champs ceints de murs où poussait un foin doré, et nous attendîmes les coups de feu. J'ai entendu des chiens aboyer, un coq chanter, des camions changer de vitesse et, pas très loin de nous, l'enregistrement électronique d'un chant de caille. Six autres équipes de Temuge patrouillaient ailleurs dans l'île, composées principalement de volontaires étrangers, avec quelques vigiles maltais qu'il avait engagés pour l'occasion. A mesure que le soleil s'élevait dans le ciel, nous avons commencé à entendre des coups de feu dans le lointain, mais pas tant que ça ; le paysage semblait vide de tout oiseau, en cette matinée. Nous avons traversé un village dans lequel un ou deux coups de feu ont retenti – "Mais j'y crois pas, putain ! cria Temuge. C'est une zone résidentielle, putain ! J'y crois pas !" – et nous avons retrouvé le dédale de murs de pierre qui tient lieu de campagne à Malte. D'autres coups de feu nous ont conduits vers un petit champ dans lequel se trouvaient deux hommes d'une trentaine d'années avec une radio portable. Dès qu'ils nous ont vus, ils ont pris des binettes et se sont mis à s'occuper de plants luxuriants de haricots et d'oignons. "Dès qu'on est dans le coin, ils le savent, dit Temuge. Tout le monde le sait. S'ils ont des radios, y a quatre-vingt-dix pour-cent de chances que ce soient des chasseurs." Il semblait en effet être terriblement tôt pour faire du jardinage et tant que nous sommes restés près du champ, nous n'avons plus entendu de coups de feu. Quatre loriots au plumage flamboyant sont passés au-dessus de nous, ayant la malchance d'avoir choisi Malte comme étape dans leur migration mais la chance de l'avoir fait au moment où nous nous trouvions dans les parages. Dans un arbre peu élevé, j'ai repéré un pinson femelle, qui est un des oiseaux les plus communs en Europe mais pratiquement inexistant à Malte, à cause du très grand nombre de pièges illégaux posés dans le pays. Temuge s'est montré enthousiaste quand j'ai appelé l'oiseau. "Un pinson ! dit-il. Ce serait incroyable si on commençait à avoir de nouveau des pinsons qui se reproduisent ici !" Il était un peu comme quelqu'un qui, en Amérique, serait très surpris de voir un merle à gorge rouge.

Les chasseurs maltais se retrouvent dans une position de faiblesse parce qu'ils défendent quelque chose qui pourrait causer au pays de graves problèmes face à l'Union

européenne, avec des mesures punitives à la clé : ils veulent obtenir le droit légal de tuer des oiseaux qui sont en train de regagner leurs sites de reproduction. Leurs meneurs à la F.K.N.K. n'ont donc pas vraiment d'autre choix que d'adopter des positions refusant tout compromis, comme le *boycott* de ce printemps, ce qui suscite de faux espoirs dans leurs rangs, nourrissant de la frustration et des sentiments de trahison quand, et c'est inévitable, le gouvernement les décevra. Dans les quartiers généraux exigus et encombrés de l'organisation, j'ai rencontré le porte-parole de la F.K.N.K., Joseph Perici Calascione, un homme nerveux mais très cohérent. "Comment quelqu'un, même avec l'imagination la plus débridée, pourrait-il s'attendre à ce que nous soyons satisfaits d'une saison de printemps qui a empêché quatre-vingt pour-cent des chasseurs d'avoir un permis ? m'a dit Calascione. Cela fait déjà deux ans que nous sommes privés d'une saison digne de ce nom, qui fait partie de nos traditions, de notre vie. Nous n'espérions pas une saison comme celle d'il y a trois ans mais une saison raisonnable malgré tout, c'est ce que le gouvernement nous avait promis en termes tout à fait clairs avant l'adhésion à l'Union européenne."

J'ai évoqué la question des tirs illégaux et Perici Calascione m'a proposé un scotch. J'ai décliné l'offre, il s'en est servi un. "Nous sommes totalement contre la chasse illégale d'espèces protégées, dit-il. Nous sommes prêts à avoir des gardes-chasse sur place pour repérer ces individus et leur reprendre leur carte de membre. Et ç'aurait pu être mis en place si nous avions eu droit à une vraie saison." Perici Calascione a admis que les déclarations incendiaires du secrétaire général de la F.K.N.K. le mettaient plutôt mal à l'aise mais il s'est montré carrément bouleversé quand il a voulu dire combien la chasse était importante pour lui ; étrangement, il avait un peu l'air d'un écologiste persécuté. "Tout le monde est frustré, dit-il avec des tremblements dans la voix. Les incidents psychiatriques se sont multipliés, nous avons eu des suicides dans nos rangs… Notre culture est menacée."

Dans quelle mesure la chasse à la maltaise est une "culture" et une "tradition", cela reste une question discutable. Si la chasse de printemps, l'abattage et l'empaillage d'oiseaux rares sont indéniablement des traditions anciennes, le phénomène des massacres à l'aveugle ne semble pas être apparu avant les années 1960, lorsque Malte est devenue indépendante et a commencé à prospérer. De fait, Malte représente une imparable réfutation de la théorie qui veut que la richesse d'une société mène à une meilleure politique environnementale. La richesse a apporté à Malte des armes plus sophistiquées, plus d'argent pour payer les taxidermistes, plus de voitures et de meilleures routes, ce qui a rendu la campagne plus accessible aux chasseurs. Alors que la chasse avait jadis été une tradition transmise de père en fils, elle était maintenant devenue le passe-temps des bandes de jeunes désœuvrés.

Malte représente une imparable réfutation de la théorie qui veut que la richesse d'une société mène à une meilleure politique environnementale

Sur un terrain appartenant à un hôtel qui compte y construire un parcours de golf, j'ai rencontré un chasseur à l'ancienne, écœuré par le mauvais comportement de ses compatriotes et par la tolérance de la F.K.N.K. à leur égard. Il m'a dit que la chasse sans aucune discipline, c'était dans le "sang" maltais et qu'il n'était pas raisonnable d'espérer que les chasseurs allaient soudain changer une fois que leur pays avait rejoint l'Union européenne. ("Quand on naît d'une prostituée, dit-il, on ne devient pas bonne sœur.") Mais il rendait également responsables les chasseurs les plus jeunes et a ajouté que le fait que Malte ait abaissé l'âge légal de la chasse de vingt et un à dix-huit ans n'avait fait qu'aggraver les choses. "Et maintenant qu'ils ont changé la loi sur la chasse de printemps, ajouta-t-il, les honnêtes

citoyens ne peuvent plus sortir mais ceux qui tirent n'importe comment sur n'importe quoi sortent quand même car il n'y a pas assez de moyens pour appliquer la loi. Je suis à la campagne depuis trois semaines ce printemps et je n'ai vu qu'un seul véhicule de police."
Le printemps a toujours été la grande saison de chasse à Malte et le chasseur m'a dit que si cette saison était fermée de manière définitive, il continuerait sans doute à chasser à l'automne tant que vivraient ses deux chiens, puis il arrêterait pour se contenter d'observer les oiseaux. "Mais il se passe autre chose, dit-il. Où sont les tourterelles ? Quand j'étais jeune et que je sortais avec mon père, on levait les yeux vers le ciel et on en voyait des milliers. On est en pleine haute saison, j'ai passé toute la journée d'hier dehors et j'en ai vu douze. Cela fait deux ans que je n'ai pas vu d'engoulevent. Cinq ans que je n'ai pas vu de monticole de roche. L'automne dernier, je suis sorti tous les matins et tous les après-midi pour chercher des bécasses, avec mes chiens, j'en ai vu trois et je n'ai pas tiré une seule fois. Et ça, ça fait partie du problème : les gens sont frustrés. 'Je ne trouve pas de bécasse, alors je vais tirer un faucon crécerelle.'"

Cela fait deux ans que je n'ai pas vu d'engoulevent

Un dimanche en fin d'après-midi, d'une hauteur isolée, Tolga Temuge et moi-même avons pris un télescope pour espionner deux hommes qui examinaient le ciel et les champs avec des jumelles. "C'est sûr que ce sont des chasseurs, m'a dit Temuge. Ils cachent leurs armes jusqu'à ce qu'une proie passe, n'importe laquelle." Mais, au bout d'une heure, comme rien ne passait par là, les deux hommes ont pris des râteaux et se sont mis à nettoyer le jardin, ne reprenant leurs jumelles que de temps à autre ; puis une autre heure s'est écoulée et ils ont travaillé avec encore plus d'ardeur dans le jardin, puisqu'aucun oiseau ne se montrait.

L'Italie est un long couloir étroit pour tous les migrateurs ailés qui doivent la survoler. Les braconniers de la région de Brescia, dans le Nord, piègent chaque année un million d'oiseaux pour les vendre aux restaurants proposant la *polenta e osei* – de la *polenta* accompagnée de petits oiseaux. Les bois de Sardaigne sont truffés de collets, les terres humides de Vénétie sont un lieu de massacre pour les canards qui viennent hiberner et l'Ombrie, terre d'origine de saint François d'Assise, compte plus de chasseurs licenciés par habitant qu'aucune autre région. En Toscane, les chasseurs cherchent à atteindre leurs quotas de bécasses, de pigeons ramiers et de quatre espèces d'oiseaux chanteurs dont la chasse est autorisée, la grive musicienne et l'alouette des champs, entre autres ; mais à l'aube, dans la brume, il est difficile de distinguer les cibles légales des illégales et, de toute façon, qui va aller surveiller tout ça ? Dans le sud, en Campanie, l'habitat le plus propice pour le gibier d'eau et les échassiers migrateurs se trouve dans les champs inondés par la Camorra – la mafia locale qui contrôle une grande partie de la région – et loués aux chasseurs jusqu'à mille euros par jour ; des grossistes en oiseaux chanteurs de Brescia descendent avec des camions réfrigérés pour collecter les prises des petits braconniers ; des parties entières de la Campanie sont couvertes de pièges à destination de sept espèces de pinsons européens au chant mélodieux et de riches membres de la Camorra paient sur les marchés d'oiseaux illégaux de la région des sommes confortables pour des oiseaux chanteurs bien entraînés. Plus au sud, en Calabre et en Sicile, la chasse de printemps très annoncée des bondrées apivores en migration a été réduite grâce à une application intensive de la loi et à des contrôles effectués par des volontaires mais la Calabre, en particulier, compte toujours de très nombreux braconniers qui, s'ils peuvent s'en sortir sans ennuis, tirent sur tout ce qui vole.
Un vieux décret étrange du code civil italien, mis en place par les fascistes pour

encourager la familiarité avec les armes à feu, donne aux chasseurs, et seulement aux chasseurs, le droit de pénétrer sur des propriétés privées, quel qu'en soit le propriétaire, pour chasser du gibier. Dans les années 1980, il y avait plus de deux millions de chasseurs licenciés laissés la bride sur le cou dans la campagne italienne, qui s'était vidée à mesure que la population se déversait dans les villes. Néanmoins, la plupart des citadins italiens détestent la chasse et, en 1992, le Parlement italien a voté une des lois sur la chasse les plus restrictives d'Europe, qui stipulait, mesure très radicale, que toute la faune sauvage appartient exclusivement à l'Etat, réduisant ainsi la chasse à une concession spéciale. Dans les deux décennies qui ont suivi, le nombre de certains des animaux préférés des Italiens, comme les loups, a augmenté de manière spectaculaire, tandis que celui des chasseurs licenciés tombait sous les huit cent mille. Ces deux tendances ont poussé Franco Orsi, un sénateur ligure du parti de Silvio Berlusconi, à proposer une loi libéralisant l'utilisation de leurres et étendant les lieux et dates ouverts à la chasse. Une autre loi, "communautaire", visant à placer l'Italie en conformité avec la "directive oiseaux" et par là même à éviter d'avoir à payer des centaines de millions d'euros en amendes, vient d'être votée par le Parlement et apporte au moins une victoire claire aux chasseurs : un déplacement de la saison de la chasse de certaines espèces d'oiseaux au mois de février.

J'ai rencontré Orsi dans les bureaux de son parti à Gênes, à la veille d'élections régionales qui ont apporté de nouveaux gains pour la coalition de Berlusconi. Orsi, un bel homme d'une quarantaine d'années au regard doux, est un chasseur passionné qui choisit ses lieux de vacances en fonction de ce qu'il peut aller y chasser. Ses arguments en faveur d'une révision de la loi de 1992 sont qu'elle a entraîné une augmentation explosive de certaines espèces nuisibles ; que les chasseurs italiens devraient avoir le droit de faire la même chose que les chasseurs français ou espagnols ; que les propriétaires privés pourraient mieux s'occuper de leur terre par rapport au gibier que ne le fait l'État ; et que la chasse est une activité socialement et spirituellement bénéfique. Il m'a montré une photo de presse d'un sanglier sauvage errant dans une rue de Gênes ; il m'a décrit la menace causée par les étourneaux dans les aéroports et dans les vignes. Mais lorsque je lui ai dit que j'étais d'accord sur le fait que le contrôle des sangliers et des étourneaux était une bonne idée, il a ajouté que les chasseurs n'aiment pas tuer le sanglier à la saison que les autorités veulent imposer. "Et de toute façon, je ne peux pas accepter que la chasse soit limitée aux sangliers, aux

ragondins et aux étourneaux, dit-il. Ça, c'est quelque chose que l'armée peut faire."

J'ai demandé à Orsi s'il cautionnait le fait de chasser toutes les espèces d'oiseaux possibles jusqu'au quota maximum autorisé.

"Imaginons que la faune soit comme un capital qui produit des intérêts chaque année, dit-il. Si je dépense l'intérêt, il me reste le capital et l'avenir de l'espèce et de la chasse sera ainsi préservé.

– Oui, mais il y a aussi la stratégie d'investissement qui consiste à investir une partie des intérêts pour grossir le capital, dis-je.

– Ça varie pour chaque espèce. Il y a une densité optimale pour chacune, certaines ont une densité qui est plus qu'optimale, d'autres moindre. La chasse doit donc maintenir l'équilibre."

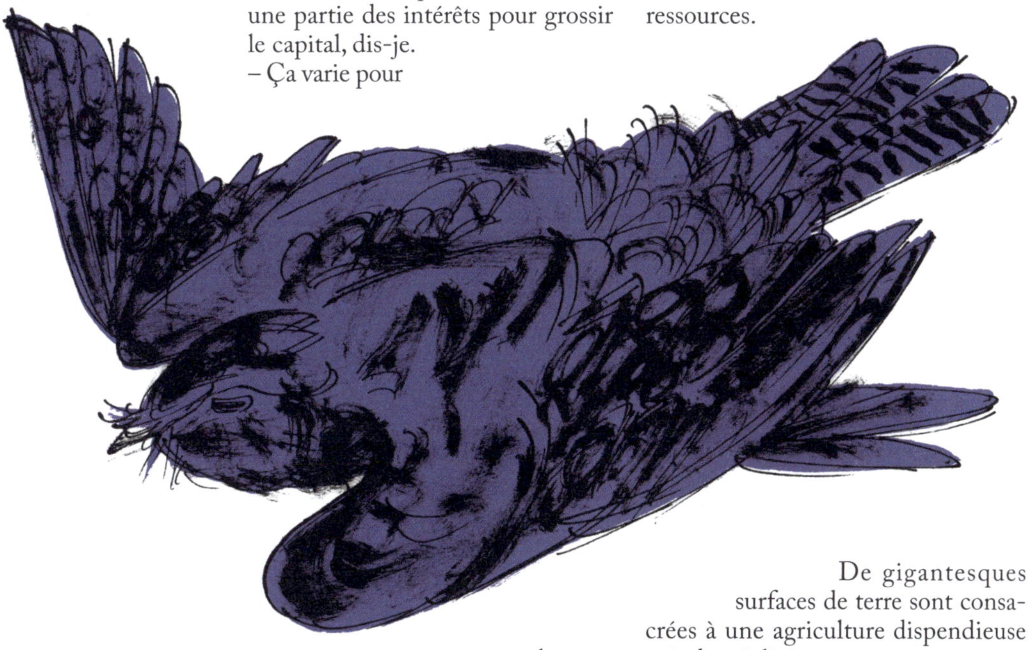

Mon impression, fondée sur de précédents séjours en Italie, était que les populations aviaires italiennes n'étaient pas vraiment optimales. Dans la mesure où Orsi ne semblait pas partager cette impression, je lui ai demandé comment il pouvait penser que chasser des espèces inoffensives pouvait être bénéfique à la société. A ma grande surprise, il a cité Peter Singer, l'auteur de *La Libération animale*, pour avancer que, si chacun de nous devait tuer les animaux qu'il mange, nous serions tous végétariens. "Dans notre société urbaine, nous avons perdu cette relation entre l'homme et l'animal, qui est par essence violente, dit Orsi. Quand j'avais quatorze ans, mon grand-père m'a fait tuer un poulet, ce qui était la tradition familiale, et maintenant, chaque fois que je mange du poulet, je me souviens que c'était un animal. Pour revenir à Peter Singer, la surconsommation d'animaux dans notre société correspond à une surconsommation des ressources. De gigantesques surfaces de terre sont consacrées à une agriculture dispendieuse et industrialisée, parce que nous avons perdu le sens de l'identité rurale. Nous ne devrions pas penser que la chasse est la seule forme de violence humaine perpétrée contre l'environnement. Et la chasse, dans ce sens, a des vertus éducatives."

Je trouvais qu'Orsi n'avait pas tort mais, pour les écologistes italiens avec lesquels j'ai parlé, sa rhétorique ne faisait que prouver qu'il savait bien manipuler les journalistes. Derrière l'élan national en faveur d'une libéralisation des lois sur la chasse, les *ambientalisti* voient tous la main de la puissante industrie italienne des armes et des munitions.

Comme l'un d'eux a pu me le dire : "Lorsque quelqu'un vous demande ce que votre entreprise produit, est-ce que vous dites : 'Des mines antipersonnel qui déchiquettent les enfants bosniaques' ou alors vous dites : 'Des fusils traditionnels pour des gens qui aiment attendre à l'aube dans un marais que les canards arrivent'?"

Il est impossible de savoir combien d'oiseaux sont tués en Italie. Le chiffre annuel officiel pour les grives musiciennes, par exemple, va de trois à sept millions mais Fernando Spina, un scientifique renommé travaillant dans une agence italienne de protection de l'environnement, trouve ces chiffres "excessivement modestes", dans la mesure où seuls les chasseurs les plus consciencieux remplissent correctement leurs carnets de chasse, où les autorités locales de protection du gibier manquent de personnel pour contrôler les chasseurs, où les données, au niveau de la province, ne sont quasiment pas informatisées et où la plupart des autorités locales en matière de chasse ignorent généralement les demandes qui leur sont faites de ces données. Ce que tout le monde sait, c'est que l'Italie est une voie migratoire essentielle. On y a retrouvé des oiseaux bagués venus de tous les pays d'Europe, de trente-huit pays d'Afrique et de six pays d'Asie. Et la migration de retour commence très tôt en Italie, dans certains cas dès la fin décembre. La "directive oiseaux" de l'Union européenne protège tous les oiseaux sur leur route de retour, n'autorisant la chasse que dans les limites de la mortalité naturelle automnale, si bien que les chasseurs les plus responsables pensent que la saison devrait se terminer le 31 décembre. Pourtant, la nouvelle loi communautaire italienne va dans l'autre sens et prolonge la saison jusqu'en février. Dans la mesure où les premiers migrateurs à revenir semblent être les plus forts de leurs espèces, la nouvelle loi fait précisément des cibles de ces oiseaux qui ont les meilleures chances de se reproduire. Une saison plus longue aide également les braconniers d'espèces protégées, parce qu'un coup de feu illégal ressemble à un coup de feu légal. Et sans données fiables, personne ne peut dire si la limite annuelle des prises dans une région pour une espèce précise tombe dans le cadre de la mortalité naturelle. "La limite des prises est un chiffre arbitraire, fixé par les autorités locales, a dit Spina. Sans aucune relation avec les chiffres réels des recensements."

Bien que la perte de l'habitat soit la principale raison de l'effondrement des populations de certains oiseaux européens, la chasse à l'italienne (*caccia selvaggia*, la "chasse sauvage", comme l'appellent ses détracteurs) ne fait qu'aggraver la situation. Lorsque j'ai demandé à Fulco Pratesi, ancien chasseur de gros gibier qui a fondé le W.W.F. italien et qui considère aujourd'hui que la chasse est une "forme de folie", pourquoi les chasseurs italiens aiment tant tirer sur les oiseaux, il a évoqué l'amour de ses compatriotes pour les armes, leur attachement à une "certaine forme de virilité", le plaisir qu'ils prennent à transgresser les lois et, étrangement, leur joie à se trouver dans la nature. "C'est comme un violeur qui aime les femmes mais qui exprime cet amour de manière violente et perverse, a dit Pratesi. Des oiseaux qui pèsent vingt-deux grammes sont abattus avec des balles de vingt-deux grammes." Les Italiens, ajouta-t-il, ressentent plus facilement de l'affection pour des animaux "symboliques" comme les loups ou les ours et se sont en fait bien mieux débrouillés que le reste de l'Europe pour les protéger. "Mais les oiseaux sont invisibles, dit-il. Nous ne les voyons pas, nous ne les entendons pas. Dans le nord de l'Europe, on peut entendre et voir l'arrivée des oiseaux migrateurs et cela émeut les gens. Ici, les gens vivent dans des villes ou dans de grands complexes résidentiels et les oiseaux sont littéralement perdus dans les airs."

Des oiseaux qui pèsent vingt-deux grammes sont abattus avec des balles de vingt-deux grammes

Durant la majeure partie de son histoire, l'Italie a été visitée chaque printemps et chaque automne par des quantités inimaginables de paquets de protéines volantes et, contrairement à ce qui se passe dans le nord de l'Europe, où les gens ont appris à voir la corrélation entre des récoltes excessives et des rendements qui diminuent, les ressources semblaient sans limites dans le monde méditerranéen. Un braconnier de Reggio di Calabria, toujours en colère de ne pas avoir le droit de tirer sur les bondrées apivores, m'a dit : "Nous n'en tuions que deux mille cinq cents chaque printemps, à Reggio, sur un passage total de soixante à cent mille... C'était pas grand-chose." La seule explication qu'il pouvait imaginer à l'interdiction de son sport, c'était des questions d'argent. Il m'a dit, avec le plus grand sérieux, que certaines organisations, qui voulaient puiser dans l'argent de l'Etat, s'étaient déclarées contre les braconniers et que, comme il fallait que les braconniers s'y opposent d'une manière ou d'une autre, cela avait conduit au vote des lois antibraconnage. "Et maintenant, ces gens s'enrichissent avec l'argent de l'Etat", expliqua-t-il.

"Si tu veux de la viande à plumes, mange du corbeau, si tu veux que ça soit tendre à cœur, mange de la charogne"

Dans une des provinces du sud, j'ai fait la connaissance de Sergio, un ex-braconnier au visage espiègle et enfantin. Il avait déjà dépassé la quarantaine quand il a abandonné le braconnage, se disant qu'il était temps de passer à autre chose, et maintenant, il raconte des histoires amusantes sur ses "péchés de jeunesse". Aller chasser la nuit a toujours été illégal mais ça n'a jamais été un problème, a dit Sergio, tant que vos compagnons de braconnage étaient le curé du village et le brigadier des carabiniers locaux. Le brigadier était particulièrement utile pour ce qui était de décourager les gardes forestiers qui voulaient patrouiller dans leur secteur. Une nuit, alors que Sergio était parti chasser avec lui, ils ont tétanisé une chouette dans les phares de la Jeep du brigadier. Le brigadier a dit à Sergio de tirer. Comme Sergio hésitait, le brigadier a pris une pelle, il a fait le tour pour se placer derrière la chouette et lui a filé un bon coup sur la tête. Puis il l'a déposée dans le compartiment arrière de la Jeep.

"Pourquoi ? ai-je demandé à Sergio. Pourquoi voulait-il tuer la chouette ?
– Mais parce qu'on était en train de braconner !"

En fin de nuit, lorsque le brigadier a ouvert le compartiment arrière, la chouette, qui n'avait été qu'assommée, s'est envolée et l'a attaqué – et Sergio d'écarter les bras et de faire une grimace monstrueuse pour me montrer comment. Pour Sergio, la raison d'être du braconnage avait toujours été le besoin de manger. Il m'a appris un adage, dans son dialecte natal, qu'on pourrait traduire approximativement ainsi : "Si tu veux de la viande à plumes, mange du corbeau, si tu veux que ça soit tendre à cœur, mange de la charogne." "Tu peux faire cuire un corbeau pendant six jours, ça sera toujours dur, me dit-il. Mais c'est pas mauvais dans le bouillon. J'ai aussi mangé du castor et du renard... J'ai mangé de tout." Le seul oiseau que les Italiens ne semblent pas avoir envie de manger, c'est la mouette. Même la bondrée apivore, bien que les familles du sud en aient traditionnellement un spécimen empaillé et exposé dans la plus belle pièce de leur maison (le surnom local est *adorno*, l'ornement), était dégustée comme gourmandise de printemps ; le braconnier de Reggio m'a donné sa recette pour en faire une fricassée au sucre et au vinaigre.

Les chasseurs italiens irresponsables, qui, contrairement à Sergio, n'ont pas dépassé ce stade et qui se retrouvent frustrés devant les populations de gibier déclinantes et les restrictions officielles toujours plus nombreuses, ont appris à aller ailleurs dans le monde méditerranéen pour s'amuser. Sur la côte campanienne, j'ai parlé avec un jeune braconnier d'expérience à qui il manquait des dents, absolument pas repentant et heureux de ne pas

l'être et qui, maintenant qu'il ne pouvait plus installer d'abri sur la plage et tuer des quantités illimitées de migrateurs dès leur arrivée, se contente d'attendre avec impatience ses vacances en Albanie, où on peut tirer autant qu'on veut sur tout ce qu'on veut, quand on le veut, pour une somme très modeste. S'il est vrai que les chasseurs de tous les pays se rendent à l'étranger, les Italiens sont de loin vus comme les pires. Les plus riches vont en Sibérie tuer les bécasses lors de leurs envols de printemps ou bien en Egypte où, m'a-t-on dit, vous pouvez embaucher un policier local pour aller chercher vos prises tandis que vous tirez sur les ibis et sur des espèces de canards menacées partout dans le monde jusqu'à ce que vos bras n'en puissent plus ; on trouve sur Internet des photos de chasseurs de passage posant à côté de tas de carcasses d'oiseaux parfois hauts de plus d'un mètre.

Les chasseurs italiens responsables détestent ces chasseurs-là, ils détestent Franco Orsi. "Nous avons en Italie un choc culturel entre deux conceptions de la chasse, m'a dit Massimo Canale, un jeune chasseur de Reggio di Calabria. Un clan, celui d'Orsi, dit : 'Il suffit de desserrer l'étau.' Dans l'autre clan, il y a des gens qui se sentent responsables de l'endroit dans lequel ils vivent. Pour devenir un chasseur sélectif, il vous faut plus qu'un permis. Vous devez étudier la biologie, la physique, la balistique. Vous devenez alors sélectif envers le sanglier et le cerf… Vous avez un rôle à jouer."

Canale avait découvert son instinct de prédateur quand, enfant, il chassait sans aucune discrimination avec son grand-père et il se considère comme chanceux d'avoir rencontré des gens qui lui ont appris une meilleure façon de faire. "Cela ne me gêne pas de ne rien tuer certains jours, dit-il, mais tuer reste le but et je mentirais si je disais que cela ne l'est pas. Je vis un conflit entre mon instinct de prédateur et ma rationalité et ma façon de tenter d'apprivoiser mon instinct, c'est de chasser de manière sélective. Selon moi, c'est la seule façon de chasser en 2010. Et ça, Orsi ne le sait pas ou bien il s'en fiche."

Ces deux visions de la chasse correspondent à peu près aux deux visages de l'Italie. Il y a bien l'Italie franchement criminelle de la Camorra et de ses alliés et l'Italie quasi criminelle de Berlusconi et de sa bande mais il y a aussi, toujours, *l'Italia che lavora* : l'Italie qui travaille. Les Italiens qui luttent contre le braconnage sont poussés par le dégoût que leur inspire le côté hors-la-loi de leur pays et ils s'appuient en grande partie sur des renseignements fournis par des chasseurs responsables, comme Canale, qui sont à leur tour frustrés quand, par exemple, ils ne trouvent plus de cailles à tuer parce qu'elles ont toutes été attirées par des enregistrements illégaux. A Salerne, dans la région la moins chaotique de Campanie, j'ai accompagné un groupe de gardes du W.W.F. qui m'ont emmené jusqu'à une mare artificielle, maintenant vidée, où ils avaient récemment suivi le président d'une association régionale de chasseurs et l'avaient surpris à utiliser illégalement des enregistrements électroniques pour attirer des oiseaux. Près de la mare, parmi des champs auxquels les tunnels de forçage en plastique blanc donnaient un air désolé, se dressait une montagne en désintégration d'"écoballots"– des ballots d'ordures napolitaines, enveloppés de plastique et compressés, déposés dans toute la campagne de la région et devenus des symboles de la crise environnementale italienne. "C'était la deuxième fois en deux ans qu'on coinçait le type, m'a dit le chef de l'équipe. Il faisait partie du comité qui contrôle la chasse dans la région et il était resté président malgré les charges qui pesaient contre lui. Il y a d'autres présidents régionaux qui font la même chose mais ils sont plus difficiles à attraper."

Un exemple éclatant de l'Italie qui fonctionne a été la suppression du braconnage des bondrées apivores dans le détroit de Messine. Chaque année depuis 1985, la police forestière nationale assigne une équipe supplémentaire avec hélicoptères à la surveillance du côté calabrais du détroit. Bien que la situation en Calabre se soit quelque peu détériorée ces derniers temps – l'équipe de cette année était plus réduite que par le passé, elle est restée moins de jours sur place et le nombre estimé d'oiseaux morts est grimpé à quatre cents, le double des années précédentes –, le côté sicilien du détroit est le fief d'une croisée célèbre, Anna Giordano, et demeure pour ainsi dire libre de tout braconnage. Giordano a commencé ses activités à quinze ans, en 1981, et a entrepris la surveillance des abris de béton d'où les oiseaux prédateurs étaient abattus par milliers alors qu'ils approchaient en volant bas au-dessus des montagnes surplombant Messine. Contrairement aux Calabrais, qui mangeaient les bondrées, les Siciliens ne les tuaient que par tradition, par esprit de compétition, comme trophées. Certains tiraient sur tout ; d'autres se limitaient à la bondrée apivore ("L'Oiseau", comme ils l'appelaient), sauf s'ils tombaient sur une vraie rareté, comme l'aigle royal. Giordano courait des abris à la cabine téléphonique la plus proche, d'où elle appelait la police forestière, puis elle repartait vers les abris. Ses voitures ont certes été vandalisées, elle a été constamment menacée et insultée mais elle n'a jamais subi de violences physiques, probablement parce qu'elle était une jeune femme. (Le mot italien pour oiseau est *ucello* qui, en argot, veut aussi dire "pénis", ce qui entraîna des plaisanteries salaces à propos de Giordano, mais j'ai vu sur le mur de son bureau un poster qui renvoyait la plaisanterie aux envoyeurs : "Votre virilité ? Un oiseau mort.") Avec un succès sans cesse plus important, surtout après l'arrivée des téléphones portables, Giordano a forcé la police forestière à vraiment s'attaquer aux braconniers et sa célébrité grandissante lui a apporté l'attention des médias et de légions de volontaires. Ces dernières années, ses équipes ont annoncé un nombre total de tirs saisonniers à un seul chiffre.

"Votre virilité ? Un oiseau mort"

"Les premières années, m'a dit Giordano quand je l'ai accompagnée au sommet d'une colline pour voir passer des faucons, on n'osait même pas prendre nos jumelles quand on comptait les prédateurs, parce que les braconniers nous observaient et ils se mettaient à tirer s'ils voyaient qu'on regardait quelque chose. Nos carnets de bord de cette époque font état d'un grand nombre de 'prédateurs non identifiés'. Et maintenant, on peut rester là tout l'après-midi, à comparer les notations de l'apparition des premiers busards saint-martin femelles de l'année, sans entendre le moindre coup de feu. Il y a deux ans, un des pires braconniers, un type violent, stupide et vulgaire, qu'on avait toujours trouvé sur notre chemin partout où on allait, est venu me voir pour me demander si on pouvait se parler. Mmmum-mmmum-mmmum, me suis-je dit, d'accord. Il m'a demandé si je me souvenais de ce que je lui avais dit vingt-cinq ans plus tôt. J'ai dit que je ne me souvenais même pas de ce que j'avais dit la veille. Il a dit, vous aviez dit qu'un jour viendrait où j'aimerais les oiseaux au lieu de les tuer. Je suis juste venu vous dire que vous aviez raison. Avant, quand on sortait, je disais à mon fils : 'Tu as le fusil ?', maintenant je lui dis : 'Tu as les jumelles ?'" Et alors je lui ai tendu mes jumelles... A un braconnier ! Pour qu'il puisse voir une bondrée apivore voler au-dessus de nos têtes.

Giordano est petite, brune et très diligente. Ces derniers temps, elle s'en prend au gouvernement local qui ne contrôle absolument pas le développement immobilier autour de Messine et, comme pour être bien sûre qu'elle a trop de choses à faire, elle aide également au fonctionnement d'un centre de sauvetage pour animaux sauvages. J'avais déjà visité un hôpital vétérinaire italien à Naples, installé sur le site d'un hôpital psychiatrique fermé, et vu la radio d'un faucon lourdement chargé de chevrotines, plusieurs prédateurs en convalescence dans de grandes cages et une mouette dont la patte gauche était noircie et racornie après qu'elle avait marché dans de l'acide. Au centre de Giordano, situé sur une colline derrière Messine, je l'ai vu donner des morceaux de viande de dinde crue à un aiglon qu'un coup de carabine à plomb avait rendu aveugle. Elle avait pris les serres de l'aigle dans une main et serrait l'oiseau contre son ventre. Les plumes de sa queue tristement ébouriffées, le regard sérieux mais impuissant, l'oiseau la laissa lui ouvrir le bec et lui fourrer la viande dans le gosier jusqu'à ce qu'il déglutisse. L'oiseau me parut être l'aigle par excellence tout en ayant plus rien d'un aigle. Je ne savais pas ce que c'était.

Comme presque tous les restaurants chypriotes qui servent les *ambelopoulia*, celui dans lequel je suis allé avec un ami et un de ses amis (je les appellerai

Takis et Demetrios) avait une petite salle à manger privée où l'on pouvait consommer discrètement les petits oiseaux. Nous avons traversé la grande salle, où une télévision crachait un de ces feuilletons brésiliens si populaires à Chypre, et nous nous sommes installés devant un déploiement de spécialités chypriotes: porc fumé, fromage frit, câpres en branches confites, asperges sauvages et champignons aux œufs, saucisses marinées dans le vin et couscous. Le patron nous a aussi apporté trois grives musiciennes frites, que nous n'avions pas demandées, et il s'est attardé autour de notre table pour s'assurer que je mangeais bien la mienne. J'ai pensé à saint François, qui mettait de côté son amour pour les animaux une fois dans l'année, à Noël, et mangeait de la viande. J'ai pensé à un gamin du nom de Woody, qui, lors d'une randonnée à laquelle j'avais participé étant adolescent, m'avait donné une bouchée d'un merle à gorge rouge frit. J'ai pensé à un écologiste italien important qui m'avait avoué que les grives musiciennes étaient "sacrément goûteuses". L'écologiste avait raison. La viande était sombre et avait un goût très riche et l'oiseau était suffisamment plus gros qu'un oiseau d'*ambelopoulia* pour que je puisse le considérer comme une nourriture de restaurant ordinaire, plus ou moins, et moi comme un consommateur ordinaire.

Une fois le patron sorti, j'ai demandé à Takis et à Demetrios quel genre de Chypriotes aimait manger les *ambelopoulia*.

"Ceux qui en mangent souvent, dit Demetrios, sont ceux qui vont dans les cabarets, dans les clubs où il y a du *pole dancing* et des filles d'Europe de l'Est d'abord facile. En d'autres termes, des gens qui n'ont pas un niveau de moralité très élevé. Ce qui revient à dire, la plupart des Chypriotes. Il y a un proverbe, ici, qui dit: 'Tout ce que tu peux te fourrer dans la bouche, tout ce que ton cul peut attraper...'

– En fait, parce que la vie est courte, dit Takis.

– Les gens qui viennent à Chypre pensent qu'ils sont dans un pays européen parce qu'on fait partie de la Communauté européenne, dit Demetrios. En fait, nous sommes un pays du Moyen-Orient qui fait partie de l'Europe par accident."

La veille au soir, au commissariat de Paralimni, j'avais fait une déclaration à un jeune policier qui avait l'air d'avoir envie que je lui dise que ceux qui avaient attaqué l'équipe du C.A.B.S. voulaient simplement faire en sorte que l'équipe arrête de les prendre en photo ou en vidéo. "Pour les gens d'ici, m'expliqua le policier, c'est une tradition, de piéger les oiseaux, et vous ne pourrez pas changer ça du jour au lendemain. Essayer de leur parler et de leur expliquer pourquoi ça ne va pas serait plus utile que l'approche agressive du C.A.B.S." Il avait peut-être raison mais j'avais entendu la même plaidoirie en faveur de la patience dans tout le monde méditerranéen et cela me faisait fortement penser à une version de la plaidoirie plus générale du consumérisme moderne à propos de la nature: attendez qu'on ait tout détruit, après, vous, les amoureux de la nature, vous pourrez avoir ce qui reste. Tandis que Takis, Demetrios et moi attendions la douzaine d'*ambelopoulia* qui allait arriver, nous discutions de qui allait les manger.

"J'en prendrais peut-être une petite bouchée, dis-je.

– Je n'aime même pas ça, dit Takis.

– Moi non plus, dit Demetrios.

– Bon, dis-je, qu'est-ce que vous en dites, j'en prends deux et chacun de vous, vous en prenez cinq ?"

Ils secouèrent la tête.

Très vite, trop vite, le patron revint avec un plat. Dans la lumière crue de la salle, les oiseaux ressemblaient à une douzaine de petites crottes d'un jaune gris brillant. "Vous êtes le premier Américain que je sers, dit le patron. J'ai déjà eu beaucoup de Russes mais jamais un Américain." J'en ai mis un dans mon assiette et le patron m'a dit que manger ça, c'était la même chose qu'avaler deux Viagra.

Lorsque nous fûmes à nouveau entre nous, mon champ de vision se réduisit à quelques centimètres, tout comme cela s'était produit quand j'avais disséqué une grenouille en cours de biologie en troisième. Je me forçai à manger les deux blancs, pas plus gros que des amandes, ce qui constituait la seule viande apparente ; le reste n'était que cartilage graisseux, entrailles et os minuscules. Je n'aurais pu dire si l'amertume de cette viande était réelle ou bien si c'était le résultat de mon émotion, devant le massacre d'une merveilleuse fauvette à tête noire. Takis et Demetrios étaient très efficaces avec leurs huit oiseaux, ils sortaient de leur bouche des os très propres en s'exclamant que c'était bien meilleur que dans leur souvenir ; que c'était plutôt bon, en fait. J'ai massacré un deuxième oiseau, puis, me sentant plutôt nauséeux, j'ai enveloppé les deux qui restaient dans une serviette en papier et ai fourré le tout dans ma poche. Le patron revint et me demanda si j'avais aimé les oiseaux.

"Mmmmm ! dis-je.

– Si vous ne les aviez pas expressément demandés – le tout sur un ton plein de regret –, je pense que vous auriez vraiment aimé l'agneau de ce soir."

Je ne répondis pas mais alors, comme s'il était content de notre complicité, le patron se fit bavard.

"Les jeunes, aujourd'hui, n'aiment pas manger ça. Il faut commencer tôt, si on veut s'habituer au goût. Mon gamin, il marche à peine mais il peut en manger dix à la file." Takis et Demetrios échangèrent des regards sceptiques.

"C'est une honte qu'on les ait interdits, continua le patron, parce que c'était une grande attraction pour les touristes. Maintenant, c'est presque comme du trafic de drogue. Une douzaine, ça me coûte soixante euros. Ces sacrés étrangers arrivent ici, ils démontent les filets et ils les détruisent et nous, on ne résiste même pas. Attraper ces oiseaux, c'était un des rares moyens, pour les gens d'ici, de bien gagner leur vie."

Dehors, au bord du parking du restaurant, près de buissons dans lesquels j'avais un peu plus tôt entendu des *ambelopoulia* chanter, je me suis agenouillé pour creuser un petit trou dans la terre avec mes doigts. Le monde me paraissait tout spécialement dépourvu de sens et le mieux que je pouvais faire pour chasser ce sentiment, c'était de sortir les deux oiseaux morts de la serviette en papier, de les poser dans le trou et de les recouvrir d'un peu de terre. Takis m'a ensuite emmené dans une taverne toute proche, où des oiseaux de taille moyenne grillaient à l'extérieur. C'était un genre de cabaret du pauvre et nous n'avions pas sitôt commandé des bières au bar qu'une hôtesse, une blonde de Moldavie aux jambes solides, s'installa sur un tabouret derrière nous.

Le bleu de la Méditerranée ne me paraît plus aussi joli. La clarté de l'eau, prisée par les vacanciers, est la clarté d'une piscine stérile. Il y a peu d'odeurs sur les plages, peu d'oiseaux aussi et les

profondeurs de la mer sont en train de devenir totalement vides ; la majeure partie du poisson consommé en Europe arrive illégalement, et personne ne pose de question, de l'océan à l'ouest de l'Afrique. Je regarde ce bleu et je ne vois pas la mer mais une carte postale, fine comme du papier.

Et pourtant, c'est bien la Méditerranée, et tout spécialement l'Italie, qui nous a donné le poète Ovide qui, dans *Les Métamorphoses*, déplorait qu'on mange des animaux ; et le végétarien Léonard de Vinci, qui imagina le jour où la vie d'un animal serait considérée comme aussi précieuse que celle d'un humain ; et encore saint François d'Assise, qui envoya un jour une pétition au Saint Empereur romain demandant d'éparpiller des graines dans les champs le jour de Noël pour que les cochevis huppés puissent festoyer. Pour saint François, ces oiseaux, dont le plumage d'un marron triste et les plumes de la crête font penser aux longues robes à capuche de ses frères mineurs, ses petits frères, étaient un modèle pour son ordre : errants, légers comme l'air, ne conservant rien, se contentant de glaner leur minimum quotidien pour manger et chantant, chantant sans cesse. Il les appelait ses frères oiseaux. Un jour, au bord d'une route d'Ombrie, il prêcha aux oiseaux locaux et on dit qu'ils se sont calmement rassemblés autour de lui pour l'écouter avec l'air de le comprendre, il se fit ensuite le reproche de ne pas avoir pensé à faire ça plus tôt. Une autre fois, alors qu'il voulait prêcher à des humains, une volée d'hirondelles pépiait bruyamment et il leur a dit, rageusement ou poliment – les sources ne sont pas claires : "Mes sœurs hirondelles, vous avez pu dire ce que vous aviez à dire. Maintenant, taisez-vous et laissez-moi dire ce que j'ai à dire." D'après la légende, les hirondelles se sont immédiatement tues.

J'ai visité le site du "sermon aux oiseaux" avec un frère franciscain, Guglielmo Spirito, qui est par ailleurs un amateur érudit et passionné de Tolkien. "Même enfant, me dit Guglielmo, je savais que si un jour j'entrais en religion, ce serait comme franciscain. Ce qui m'attirait surtout, quand j'étais jeune, c'était sa relation avec les animaux. Pour moi, la leçon de saint François, c'est la même que la leçon des contes de fées : faire un avec la nature n'est pas seulement désirable, c'est aussi possible. Saint François est un exemple d'harmonie retrouvée, d'une harmonie qui est réellement à notre portée." Il n'y avait aucun signe d'harmonie dans ce petit sanctuaire qui, situé au bord d'une route très fréquentée, face à une station-service Vulcangas, commémore le "sermon aux oiseaux" ; j'entendais bien quelques corbeaux crailler et des mésanges pépier mais surtout le rugissement des voitures, camions et engins agricoles qui passaient. De retour à Assise, cela dit, Guglielmo m'emmena voir deux autres sites franciscains au caractère plus enchanté. Le premier était la "hutte sacrée", le bâtiment de pierre primitif dans lequel saint François et ses premiers disciples avaient vécu dans une pauvreté volontaire et où ils avaient fondé leur fraternité. L'autre était la minuscule chapelle de Santa Maria degli Angeli, autour de laquelle, durant la nuit, alors que saint François agonisait, ses frères oiseaux sont censés avoir volé et chanté. Les deux structures sont aujourd'hui totalement ceintes d'églises plus récentes, plus grandes et plus ornementées ; un des architectes, un Italien pragmatique, a pensé que c'était une bonne idée de planter une grosse colonne de marbre au milieu de la "hutte sacrée".

Personne, depuis Jésus, n'avait vécu une vie plus radicalement en accord avec son évangile que saint François ; et saint François, qui n'avait pas à porter le poids d'être le Messie, fit mieux que Jésus et étendit son évangile à toute la création. Il me sembla alors que si les oiseaux sauvages survivent dans l'Europe moderne, ce sera à la manière de ces anciens petits bâtiments franciscains, abrités par les structures d'une église vaniteuse et puissante : comme des exceptions vénérées à la règle.

"*Emptying the Skies*", traduit de l'anglais (Etats-Unis) par Anne Wicke, a paru pour la première fois dans *The New Yorker*, en juillet 2010. Il a fait l'objet d'une parution sous le titre "*Ugly Mediterraneen*" dans un recueil de textes de Jonathan Franzen, *Farther Away*, paru aux éditions Farrar, Straus & Giroux, et qui sera traduit et publié en 2014 par les éditions de l'Olivier.

L'imagier du reportage

L'ornithologie se pratique, par Jonathan Franzen, comme une douce névrose. Happé par cet univers qui lui fait dire que de nombreux moments de sa vie auraient été tout autres s'il en avait alors perçu toute la profondeur ("Mon mariage eût été tellement différent si je m'étais intéressé à l'ornithologie !"), il a cependant souvent honte de son "addiction". Il refuse, par exemple, de revêtir l'attirail censé épouser les conditions de sa passion aviaire : porter ses jumelles négligemment d'une main est le seul excès qu'il s'autorise en ce sens. L'étonnement, entre autres choses, d'une de ses amies, incapable de réprimer sa méfiance, "Non, non, non, non, non, non ! dit-elle. Tu ne vas pas devenir un amateur d'oiseaux", ne parviendra pourtant pas à entamer une passion déjà bien installée.

Et cette passion, à plusieurs reprises dans le texte, se présente sous les traits distincts de l'"addiction" : "Après les joies du Texas du sud, j'étais creux et instable, comme un drogué en manque" ; "Les meilleurs ornithologues amateurs de mon lycée étaient de gros consommateurs de shit et d'acide" ; "En Californie, après mon regard matinal sur un gros-bec picorant ou une macreuse en plongeon, je me sentais tonifié comme par une ligne de coke impeccablement calibrée".

Car pour qui pénètre le problème oiseau, c'est un univers entêtant. L'espace-temps s'en trouve modifié. Seuls l'aube et le crépuscule comptent car c'est uniquement à ces moments que les oiseaux sont susceptibles d'être vus. Les kilomètres ne se comptent plus pour aller observer passereaux et autres échasses. Le rapport au son, lui aussi, change. Le silence devient impératif, et son attente maladive. Au bout d'un certain temps de pratique, en effet, l'oiseau ne se reconnaît plus seulement à son plumage (apprentissage savant et crucial), mais à son chant. De là à ce que la morphologie de l'amateur invétéré se "mimétise", il n'y a qu'un pas !

Franzen pousse la théorie jusqu'à faire de l'oiseau un animal politique. Survivent les oiseaux "poubelles" (ainsi les appelle-t-il) qui parviennent à perdurer parmi le commerce humain polluant et pollueur. Mais ceux, les plus rares, ceux qui ne s'accommodent pas du "colonialisme" des hommes, rappellent à Franzen "les humains qu'il aime le mieux : ceux qui ne s'adaptent pas".

Car la machine humaine est cruelle, pour les humains, certes, pour les autres espèces davantage encore sans doute. Combien d'oiseaux finissent broyés, désorientés, anéantis, rendus K.O. à cause, par exemple, des réseaux aériens qui faussent, comme par un fait exprès, leur orientation naturelle ? (Fabienne Lesage)

AIGLE POMARIN

ALOUETTE

POUILLOT SIFFLEUR

LORIOT

BRUANT PROYER

BÉCASSE

HIRONDELLE

CAILLE

BONDRÉE APIVORE
BUSARD PÂLE
FAUVETTE MÉLANOCÉPHALE
CHOUETTE
PINSON
CIGOGNE
COCHEVIS HUPPÉ
ROSSIGNOL PROGNÉ
FAUCON
GRIVE MUSICIENNE
PUFFIN
HÉRON
PIE GRIÈCHE
ENGOULEVENT
FAUVETTE À TÊTE NOIRE
HUPPE FASCIÉE
IBIS
GOBEMOUCHE
MONTICOLE DE ROCHE
VANNEAU HUPPÉ

MYSTERY BOX

ANDREW CURRY | TRAD. DIDIER QUENEUTTE | ILL. RICCARDO VECCHIO

Le transport de marchandises par voie maritime a connu un développement spectaculaire depuis soixante ans au point de bouleverser l'économie des échanges mondiaux. A l'origine d'une telle mutation : le conteneur métallique, une innovation technique dont les qualités ont contribué à en omettre les défauts. Or, ceux-ci sont d'importance. Ainsi, lorsqu'en avril 2010, un conteneur déposé sur les docks d'un port italien affole les détecteurs de radioactivité, les autorités semblent démunies face à la menace qui se fait jour.

Enzo Montagna engagea sa Fiat Station Wagon à l'intérieur du Terminal Europa de Voltri, un port tentaculaire à la périphérie occidentale de Gênes, sur les côtes de Ligurie, puis il tendit son badge au gardien posté à la barrière. Montagna tourna à gauche et vint se garer comme il en avait l'habitude sur un petit parking non loin du modeste bureau des douanes.

En Italie, tous les conteneurs de métaux passent au détecteur de radiations manuel avant de pouvoir quitter les docks. A Voltri, ce travail incombe à Montagna, un consultant indépendant de quarante-neuf ans, expert en détection radioactive habilité par le gouvernement italien. A son arrivée ce matin-là, les dockers avaient déjà regroupé onze conteneurs de six mètres sur deux mètres cinquante en provenance de l'ensemble du terminal, se fiant à leurs manifestes[1] pour déterminer lesquels d'entre eux devaient être scannés. Les conteneurs formaient deux rangées soigneusement alignées près de l'entrée du terminal.

TGHU 307703 0 22G1

Montagna, en polo, jeans et veste de sécurité orange, se saisit de son détecteur de radiations, un Ludlum modèle 3 beige de la taille d'un grille-pain. Il y brancha un gros capteur et posa l'appareil au sol à une vingtaine de mètres des conteneurs. Le Ludlum modèle 3 émet un bip aigu chaque fois qu'il détecte une particule radioactive ; quand Montagna enclencha le sien, l'aiguille du compteur se précipita dans le rouge, bien au-delà de sa capacité maximale de cinq cent mille coups par minute. Au lieu du pépiement saccadé dont elle était coutumière, la machine émettait un sifflement strident et continu. Montagna n'était pas inquiet. Il arrivait que l'air humide du port attaque les connexions de son appareil. Il éteignit le détecteur, remplaça le câble qui reliait le capteur au moniteur par le câble de rechange qu'il gardait dans sa poche et enclencha de nouveau le détecteur. Celui-ci se remit à hurler. Montagna était plongé dans un bain de radiations. Debout dans la lumière du matin, il comprit en entendant ce sifflement que l'un des conteneurs qui lui faisaient face renfermait un secret mortel. Mais quelle était la nature de ce secret ? Un banal accident industriel à l'origine d'une radioactivité sans conséquences immédiates ou une bombe assez puissante pour anéantir les vingt kilomètres de front de mer sur lesquels s'étendait la ville italienne ? Montagna courut jusqu'à sa voiture pour y prendre un détecteur moins sensible. Ses pensées ne s'attardèrent pas sur sa propre sécurité : à un tel degré de radiations, il lui aurait fallu une armure en plomb de treize centimètres d'épaisseur pour supporter une exposition prolongée à si faible distance.

Muni du nouveau détecteur, Montagna arpenta les rangées de conteneurs scellés, faisant le tour de chacun d'entre eux. Au milieu de la seconde rangée, un conteneur cramoisi, sur le flanc duquel était inscrit en caractères blancs "TGUH 307703 0 22G1", affola les compteurs. Tandis qu'il longeait le côté gauche du conteneur, Montagna absorbait une dose de radiations équivalente à six radios du thorax par minute. Il observa l'activité du port. Il pouvait entendre la circulation sur l'autoroute à plusieurs centaines de mètres de là ; il pouvait distinguer les collines environnantes. Il sollicita l'aide de l'agent de sécurité en service et fit venir un *stacker*, une sorte de grue mobile surmontée d'un bras mécanique capable de jouer à l'épaulé-jeté avec un conteneur de cinquante tonnes. Bondissant dans la cabine aux côtés du conducteur, il pointa du doigt le conteneur TGUH 307703 0 22G1 : "Enlève-le", ordonna-t-il.

Il existe des millions de conteneurs semblables au TGUH 307703 0 22G1. La seule chose qui le distinguait des conteneurs métalliques entreposés dans le port le plus proche de chez vous ou remorqués par le camion qui roule à vos côtés lorsque vous vous rendez au travail

[1] Un manifeste est un document officiel destiné à la douane qui liste les marchandises constituant la cargaison d'un navire.

(en dehors d'un niveau de radiations un million de fois supérieur à la normale) était le numéro d'identification peint sur la paroi.

Ce mélange d'ubiquité et d'interchangeabilité a permis au transport de conteneurs par voie maritime de connaître l'un des développements les plus spectaculaires de tout le commerce global depuis la Seconde Guerre mondiale. Le premier porte-conteneur a été construit en 1956 et cette nouvelle approche logistique a bouleversé, presque du jour au lendemain, l'économie du fret. "Autrefois, vous aviez toute une équipe de gars en train d'attendre sur les docks, prêts à entasser la cargaison sur des palettes en bois", explique Jim Rice, expert en chaîne logistique au M.I.T[2]. "L'arrivée des conteneurs a tout standardisé. C'est comme si vous n'aviez plus qu'à assembler des Lego au lieu de passer votre temps à pétrir de la glaise pour obtenir la forme souhaitée."

Avant l'invention des conteneurs, vider un navire de son chargement hétéroclite pouvait prendre jusqu'à une semaine. Aujourd'hui, une équipe de six dockers génois est capable de traiter presque deux douzaines de conteneurs par heure en utilisant une grue pour vider le navire, un *stacker* pour déplacer les conteneurs et quelques semi-remorques; un navire transportant trois mille conteneurs est prêt à reprendre la mer au bout de quarante-huit heures. Une telle efficacité a un impact économique irrésistible. En 2010, les ports à conteneurs du monde entier ont réceptionné l'équivalent de cinq cent soixante millions de conteneurs de six mètres de long. Si l'on excepte les marchandises en vrac comme le pétrole brut ou le grain, cela représente plus de quatre-vingt-dix pourcent du fret maritime mondial. En abaissant le coût du transport maritime tout en accélérant les échanges commerciaux, les conteneurs ont contribué à la standardisation de la production.

Mais ces millions de conteneurs identiques sont avant tout des boîtes à secrets. Autrefois, toutes les marchandises qui rejoignaient les cales d'un navire passaient entre les mains des *stevedores*[3]. Aujourd'hui, un conteneur peut être chargé, ou "bourré", à des milliers de kilomètres du port. Une fois les portes fermées et scellées, "personne ne sait ce qu'il y a dedans", nous dit Philip Spayd, un consultant en sécurité logistique qui a travaillé pendant vingt-cinq ans pour le gouvernement fédéral. "On en a bien une description grâce aux documents de bord", ajoute-t-il, mais ces documents peuvent être falsifiés sans difficulté. "Les seuls à vraiment savoir ce qui se trouve à l'intérieur du conteneur sont ceux qui étaient présents lors du chargement."

Le transport par conteneurs est utilisé pour toutes les formes de contrebande possibles, drogues, armes de poing, sacs à main contrefaits ou encore immigrés clandestins.

Depuis les attaques terroristes du 11 septembre, experts en sécurité et hommes politiques accusent les conteneurs de représenter un risque majeur. Leur principale inquiétude est qu'ils puissent servir à acheminer une arme nucléaire, en pièces détachées ou d'un seul tenant. Mais la confection d'une bombe nucléaire est extrêmement complexe et les composants indispensables ne courent pas vraiment les rues. Dans les milieux autorisés, la bombe nucléaire est considérée comme une menace "à fortes conséquences et faible probabilité".

On ne peut pas en dire autant de l'autre possibilité: un engin conçu pour propager des particules radioactives, autrement dit une "bombe sale". Une charge radioactive – issue, par exemple, d'un appareil de radiothérapie médicale ou d'un stérilisateur – est placée au-dessus d'un explosif conventionnel. Quand la bombe explose, elle libère un nuage de poussières radioactives qui se répand dans l'air. Le vent fait le reste: si toutes les conditions sont réunies, il suffit de vingt milligrammes de césium 137 (c'est à peu près la quantité présente dans les gadgets qu'utilisent les hôpitaux pour calibrer leurs appareils de radiothérapie) pour contaminer quarante blocs d'immeubles.

[2] Le Massachusetts Institute of Technology (M. I. T.) est un institut de recherche américain considéré comme la meilleure université mondiale en matière de sciences et de technologies.

[3] Un *stevedore* est le manutentionnaire en chef d'une entreprise de chargement et de déchargement maritime; par extension, entreprise en charge de ce travail. Ce terme d'origine anglaise est couramment utilisé dans les ports du Nord de la France.

Comparée à une explosion nucléaire, la bombe sale n'est guère plus qu'un hoquet en termes de puissance destructrice. Le vrai problème serait la panique engendrée. Une fine couche de poussière radioactive se déposant sur Manhattan ne provoquerait peut-être qu'une légère augmentation des cas de cancer mais elle se traduirait à coup sûr par une psychose nationale hors du commun. Lâchée sur un grand port, une bombe sale entraînerait une réaction en chaîne de fermetures provisoires et de contrôles méticuleux qui mettraient probablement toute l'économie américaine à genoux en quelques semaines. "L'idée que bombes sales = armes de destruction massive est une foutaise. Par contre, elles peuvent causer des milliards et des milliards de dommages économiques," affirme James Acton, analyste pour le Carnegie Endowment for International Peace[4]. "Les bombes sales sont plutôt des armes de perturbation massive."

Aux Etats-Unis, les autorités ont énormément renforcé la sécurité des ports depuis le 11 septembre et, d'après le département de la Sécurité intérieure, quatre-vingt-dix-neuf pourcent des marchandises entrantes sont aujourd'hui soumises au détecteur de radiations dès leur arrivée sur le sol américain. Mais les faucons de la sécurité veulent aller encore plus loin : en 2007, le Congrès a ratifié un projet de loi exigeant que tout conteneur à destination des Etats-Unis (on en dénombre soixante-six mille par jour) soit scanné *avant même* son entrée sur le territoire. Le département de la Sécurité intérieure avait jusqu'à 2012 pour faire appliquer cette disposition mais il a fait marche arrière, en accord avec l'industrie du transport maritime. A la place, il promet "un dépistage à cent pour-cent". Avant que les marchandises prennent la mer vers les Etats-Unis, le service des douanes et de la protection des frontières rassemble les informations fournies par les expéditeurs, y compris le nom et l'adresse du fabricant, le contenu du conteneur et sa destination. Des algorithmes informatiques détectent les anomalies ou les conteneurs en provenance de ports connus pour leur sécurité défaillante et, si ces ports abritent un officier des douanes américaines, les conteneurs sont scannés avant d'être chargés sur les navires à destination des Etats-Unis.

Ainsi, après dix années et plus d'un milliard de dollars dépensés en scanners, détecteurs de radiations et surveillance renforcée, la plupart des ports américains continuent de scanner les conteneurs à quai, une fois débarqués. Malheureusement, il est facile de tromper les détecteurs. Beaucoup d'objets inoffensifs émettent une légère radioactivité : la litière pour chat, les carreaux de céramique et même les bananes. Beaucoup de détecteurs sont donc réglés pour ignorer les radiations de faible intensité. Un blindage basique suffirait à masquer la plupart des émissions, à l'exception des plus élevées. "Les portiques de détection déployés à la suite du 11 septembre sont globalement performants, sauf sur trois points : ils sont incapables de détecter une bombe nucléaire, de l'uranium enrichi, ou une bombe sale camouflée par un blindage", soutient Stephen Flynn, expert en terrorisme et président du Center for National Policy[5]. "A part ça, ce sont de très beaux équipements."

Les bombes sales sont des armes de perturbation massive

Le fond du problème est qu'un scan minutieux de tous les conteneurs ralentirait le trafic, ce qui priverait un tel mode de transport de sa valeur ajoutée. "Le plus important pour cette agence est de s'assurer que la cargaison entre et sort aussi aisément que possible", assure Dan Baldwin, directeur de la Sécurité des transports et des biens, rattachée aux douanes. "Notre rôle est avant tout de continuer à faire tourner les rouages de l'économie américaine."

Le code du conteneur TGHU 307703 0 22G1 est une sorte de nom de famille officiel. Le préfixe "TGHU"

[4] Fondation Carnegie pour la paix internationale, dont le siège se trouve à Washington, D.C.

[5] Le Center for National Policy (C.N.P.) est un *think tank* américain spécialisé dans les questions de défense nationale.

PAUSE SUR...

ANDREW CURRY

Après l'obtention d'un diplôme en relations internationales et d'un master en études russes et est-européennes à l'Université de Stanford, il choisit le métier de journaliste. Préparateur de copie pour le *Washington post*, Andrew Curry passe ensuite par le service rédaction de divers journaux. Puis, il quitte les Etats-Unis et s'installe à Berlin. En 2007, il rejoint *Der Spiegel* et participe, en tant que rédacteur et traducteur, à l'édition *online* anglaise du journal. Récompensé en 2008 par le prix Arthur F. Burns, Andrew Curry est un collaborateur régulier de prestigieux magazines : *Archaeology, Wired, National Geographic*...

renvoie à l'ancien propriétaire, Textainer, une entreprise de transport maritime basée aux Bermudes et possédant plus de 2,4 millions de conteneurs exactement semblables à celui-ci. Le "0" isolé est un "chiffre de contrôle" servant à confirmer l'identité du conteneur et le code "22G1" désigne quant à lui un conteneur de fret maritime de marchandises sèches de six mètres de long non ventilé. Le code "307703" est la seule séquence véritablement unique de l'identifiant, celle qui a permis aux enquêteurs de retracer son long et sinueux périple jusqu'à Gênes.

Un porte-parole de Textainer affirme que la compagnie n'a plus entendu parler du conteneur 307703 depuis avril 2010, lorsque ses six parois métalliques ont été louées à un "client de confiance". D'après les autorités italiennes, il s'agit de la Mediterranean Shipping Company (M.S.C.), un géant du transport maritime dont le siège se trouve à Genève. Peu de temps après, le conteneur a été chargé dans un dépôt de métaux en Arabie Saoudite, sous les auspices de Sun Metal Casting, un ferrailleur opérant dans le minuscule émirat arabe d'Ajman. Depuis quelques années, le commerce des métaux usagés est en plein essor, les entreprises étant perpétuellement en quête de matériaux comme l'acier et le cuivre au plus bas prix possible (le chargement du 307703 était en route pour une fonderie du nom de Sigimet, dans la ville de Pozzolo Formigaro, à une soixantaine de kilomètres au nord de Gênes).

Selon les inspecteurs italiens, une photo pixelisée, prise par l'expéditeur avant que les portes du 307703 ne soient fermées et scellées par un cachet en plomb et en plastique gros comme le pouce, montre des radiateurs et des bobines de cuivre empilés pratiquement jusqu'au plafond. Soit un amas de métal de plus de trente-huit mètres cubes susceptible de dissimuler quasiment n'importe quoi à supposer toutefois que la photo est bien celle du conteneur en question et que son contenu n'a subi aucune manipulation frauduleuse. "Quand vous apposez un sceau sur un conteneur, rien ne vous garantit qu'il n'a pas été fracturé. Il peut y avoir des parois ou des portes factices. Vous pouvez toujours sortir les portes de leurs gonds ou percer un trou dans le conteneur," nous explique Rice, du M.I.T.

Vers juin ou début juillet 2010, le conteneur fut expédié par camion (les autorités saoudiennes essaient encore de savoir par qui) jusqu'aux docks de Jeddah. Là, une grue le déposa dans la cale d'un navire appartenant à la compagnie M.S.C. Le 9 juillet, il fit escale dans le port de Gioia Tauro en Calabre, au bout du pied de la botte italienne. Gioia Tauro est un port de transit qui dispatche chaque année plus de trois millions de conteneurs de navire en navire. Rien d'étonnant à ce que personne n'ait vérifié celui-ci. Les ports de transit fonctionnent sur le même principe que la commutation de paquets en informatique : leur objectif prioritaire est de transférer efficacement les conteneurs d'un navire à l'autre, pas de s'intéresser à leur contenu. Selon Spayd, "les douaniers ont tendance à ne pas s'attarder sur les conteneurs en transit. Ils se disent : 'Ce conteneur ne m'est pas destiné, il ne fait que passer.'"

Ce n'était pas la première fois qu'une cargaison suspecte transitait par Gioia Tauro. L'exemple le plus connu date de six semaines seulement après le 11 septembre, quand des ouvriers du port entendirent des bruits en provenance d'un conteneur à destination de Nova Scotia, via Rotterdam. A l'intérieur, la police découvrit un Canadien d'origine égyptienne muni d'un passeport canadien, d'un téléphone par satellite, d'un téléphone cellulaire, d'un ordinateur portable, d'appareils photo, de cartes et de laissez-passer d'aéroports canadiens, thaïlandais et égyptiens. Le conteneur était équipé d'un lit, d'une réserve d'eau, d'un radiateur et de toilettes. L'homme, surnommé "Container Bob", s'acquitta d'une caution auprès de la justice italienne avant de s'évanouir dans la nature. Selon la police italienne, Gioia Tauro est sous le contrôle de la 'Ndrangheta, la mafia calabraise. Les autorités le considèrent comme le point de passage non seulement d'immigrés clandestins et d'armes, mais aussi d'au moins quatre-vingt pour-cent de la cocaïne vendue en Europe. Quelques mois après la visite du conteneur 307703, la police de Gioia Tauro, tuyautée par un informateur, entreprit de fouiller un conteneur anodin rempli de tracteurs en provenance du Brésil, et y découvrit une tonne de cocaïne pure (non déclarée sur le manifeste).

Le conteneur 307703 reprit la mer le lendemain au plus tard, remontant vers le nord par Naples et Rome jusqu'au terminal Voltri de Gênes. Bien qu'étant l'un des plus gros ports de commerce d'Italie, Voltri est d'une taille relativement modeste à l'échelle mondiale. En 2010, il a frôlé le million de conteneurs répertoriés. Près de cinq cents dockers y travaillent par roulements de six heures, vingt-quatre heures sur vingt-quatre, trois cent soixante-trois jours par an.

Dans la nuit du 13 juillet, le navire de la M.S.C. vint accoster sous l'une des dix grues vert foncé de Voltri. *Stackers* et camions répartirent les conteneurs avec dextérité le long des dix hectares goudronnés du terminal. Pour les ordinateurs de Voltri, le conteneur 307703 n'était qu'une boîte ordinaire remplie de ferraille inoffensive. Personne n'avait la moindre intention de l'examiner de plus près. Au matin, le conteneur était devenu un simple petit carré rouge et noir enchâssé dans la mosaïque mouvante du commerce, perdu au milieu d'autres conteneurs aux couleurs de Yang Ming, Hamburg S\0xFCd, Maersk Sealand, M.S.C., Cosco, O.C.L., Sinochem, Hapag-Lloyd, "K" Line ou encore Hyundai.

Tous avaient la même idée en tête : y aurait-il une bombe nucléaire là-dedans ?

Marco Calimero et Luca Garbarino travaillent pour l'Agenzia Regionale per la Protezione dell'Ambiente Ligure (A.R.P.A.L.), l'agence régionale pour l'environnement de Ligurie, depuis 1990. Partenaires depuis plus de vingt ans, ils forment un duo improbable : Calimero est un ancien de la police militaire, grisonnant, coiffé en brosse ; Garbarino a les cheveux en bataille et la barbe. Ils occupent deux bureaux voisins, encombrés de papiers et de bouts de métal convertis en pots à crayons, dans une pièce étroite éclairée au néon, au siège de l'agence. Sur un petit Post-it jaune collé sur le bureau de Calimero, on peut lire : "irradiazione".

Le jour où Montagna a scanné le conteneur 307703 (le 20 juillet, soit une semaine après son arrivée à quai), les deux hommes revenaient d'une réunion dans la ville voisine de Varazze. Calimero ne fut pas étonné de voir s'afficher le nom de Montagna sur son téléphone portable – celui-ci l'appelait de temps en temps pour des questions administratives. Mais pour une fois, on était loin de la routine habituelle.

Après que Montagna leur avait brièvement communiqué ses relevés, Calimero et Garbarino prirent la direction du port, faisant un crochet par leur bureau pour se munir de leur propre matériel, des détecteurs maintes fois éprouvés, protégés par des mallettes en aluminium. Ils arrivèrent à Voltri moins d'une heure après l'appel de Montagna et le trouvèrent en train de patienter en compagnie d'un employé à environ deux cents mètres du conteneur 307703, qu'on avait entretemps déplacé dans une zone désaffectée à l'extrémité est du port.

Tous avaient la même idée en tête : y aurait-il une bombe nucléaire là-dedans ? Leurs appareils en main, Calimero et Garbarino se dirigèrent vers le conteneur et confirmèrent les relevés de Montagna. A vingt mètres de distance, Montagna avait mesuré un niveau de radiation égal à 0,1 millisievert par heure (le degré

d'exposition maximal pour les travailleurs du nucléaire aux Etats-Unis est de cinquante millisieverts par an). Calimero et Garbarino n'avaient aucune envie de s'approcher davantage de cette chose. En fait, des chiffres aussi élevés étaient paradoxalement une bonne nouvelle. Les composants actifs d'une tête nucléaire, le plutonium ou l'uranium, peuvent s'avérer étonnamment compliqués à détecter. "Une bombe n'émettrait pas de radiations aussi élevées, dit Montagna. Si c'était une bombe nucléaire, les radiations seraient beaucoup moins fortes que ce qui émane de cette chose."
Maintenant que le danger d'une attaque nucléaire avérée était écarté, les hommes se sentaient suffisamment sûrs d'eux pour alerter les autorités locales, qui firent appel aux pompiers en signalant un incident radioactif. Une autre question se posait désormais : fallait-il fermer le port ? Evacuer ? Barrer les routes ? La menace d'une bombe sale était encore bien réelle. "Fermer le port et les routes pour une fausse alerte ? Ç'aurait été le chaos complet. Le chaos", analyse Montagna.

fallait-il fermer le port ? Evacuer ? Barrer les routes ? La menace d'une bombe sale était encore bien réelle

Une fois sur place, après avoir effectué leurs propres tests, les pompiers spécialisés décidèrent d'ériger une barrière de conteneurs pour créer une zone de quarantaine. Ce n'était pas la solution idéale, mais cela permettait de gagner du temps. Dans les jours qui suivirent, Calimero et Garbarino essayèrent de deviner quelle était la nature exacte de la source radioactive. Le point critique était situé à environ cinquante centimètres au-dessus du sol, au centre de la longue paroi latérale, côté gauche. Ils se décidèrent à employer l'un des détecteurs les plus performants du marché, un Ortec HPGE Detective DX-100T d'une valeur de quatre-vingt mille dollars. A l'intérieur de l'appareil, un morceau de germanium d'un poids de sept cent cinquante grammes abaissé à une température de moins cent soixante-deux degrés Celsius libère des électrons dès qu'il entre en contact avec des rayons gamma. En se dégradant, la plupart des radioisotopes émettent des rayons gamma, qui réagissent à des niveaux énergétiques distincts. La source contenue dans le conteneur émettait des rayons gamma à 1 173 et 1 332 kiloélectrons-volts. Ça ne pouvait être que du cobalt 60 se transformant, par une lente alchimie, en nickel.
Le cobalt 60 est couramment employé sous sa forme métallique solide dans des appareils de radiothérapie et dans les irradiateurs sanguins. D'autres isotopes sont plus adaptés à la confection d'une bombe sale. Le césium 137, par exemple, qui a une fâcheuse propension à se fixer sur le ciment et qui, mélangé au chlore, forme une poudre aussi fine que du talc. Ou encore l'américium 241, qu'on trouve en quantités infimes dans les détecteurs de fumée. Il est difficile, à l'inverse, de faire exploser du cobalt. Calimero et Garbarino évaluaient la quantité de cobalt présente dans le conteneur à moins de deux cents grammes. Lors de notre rencontre en avril dans une salle de conférence située non loin de la vieille ville de Gênes, Stefano Maggiolo, directeur de l'agence locale de l'A.R.P.A.L., se servit d'un exemple concret pour me permettre de prendre la mesure du problème. Il saisit un bonbon enveloppé de papier rouge dans une corbeille posée sur la table et me le tendit avec un grand sourire : "Le cobalt 60 n'est pas plus gros que ça, me dit-il. Un petit *caramella* de cobalt."
Personne n'était capable d'expliquer la présence de cobalt 60 dans ce conteneur. Et quand bien même ce *n'était pas* une bombe, qu'allait-on faire du conteneur ? Il ne pouvait pas rester dans l'enceinte du port mais personne ici n'accepterait de l'enlever. La menace avait été revue à la baisse et qualifiée de risque environnemental sérieux mais

les autorités n'avaient pas encore totalement abandonné la piste terroriste. “Le niveau de radiation est si élevé qu'aucun être humain ne peut pénétrer dans le conteneur, m'expliquait Garbarino au printemps dernier. Il faudra se servir de robots. On aura le fin mot de l'histoire une fois qu'ils auront extrait la source.”

Vu d'avion, le paysage urbain de Gênes dessine un impressionnant alignement d'immeubles et d'usines entassés sur une étroite bande de terre de plus de vingt kilomètres, coincés entre le bleu de la mer et les verts escarpements des collines. La plupart des six cent mille habitants de la ville habite à moins d'un kilomètre du rivage, dans des banlieues surpeuplées à flanc de montagne, où les ascenseurs et les funiculaires font partie intégrante de l'offre de transports en commun.

Le terminal de Voltri est situé sur une étendue de terre artificielle de cinq cents mètres de large et un kilomètre et demi de long, à la périphérie occidentale de la ville, juste à côté du petit aéroport. Un bras de mer d'une centaine de mètres de largeur le sépare de la banlieue ouvrière de Pra'. N'importe qui à Gênes vous expliquera que le meilleur basilic d'Italie, l'ingrédient roi du véritable *pesto genovese*, est cultivé dans les serres qui s'étalent par centaines sur les coteaux de Pra'.

Mais l'économie génoise dépend avant tout de son activité portuaire. Les origines de la ville remontent à plus de deux mille ans et, dès le début, la mer y a joué un rôle prépondérant. Aux XIVe et XVe siècles, les marins et les navigateurs génois étaient courtisés partout en Europe. Christophe Colomb, un natif de Gênes, y a perfectionné son art de la navigation le long des docks construits au XVe siècle.

l'économie génoise dépend avant tout de son activité portuaire

De nos jours, Voltri est la porte d'entrée vers le cœur industriel de l'Italie du Nord. Outre les conteneurs, cinquante mille automobiles transitent chaque année par le port avant d'être livrées chez les concessionnaires d'Europe méridionale. “Historiquement, Gênes s'est toujours appuyée sur son port, nous explique Ivan Drogo, le président de Multicon, une association d'entrepreneurs locale. Condamner le port reviendrait à condamner Gênes.”

Dans les six mois qui suivirent la découverte du conteneur, les autorités s'abstinrent de toute information et l'activité du port continua normalement. Mais la rumeur enflait en ville. Au début, les seuls à réagir furent les ouvriers du port. Giacomo Santoro, dont le syndicat F.I.L.T. est majoritaire chez les dockers, affirme que la direction de Voltri a opportunément attendu que le conteneur ait été déplacé avant de communiquer sur les risques encourus. Et dans la mesure où le conteneur avait séjourné pendant une semaine à quai entre son débarquement et l'inspection de Montagna, des dizaines de personnes étaient susceptibles d'avoir été exposées aux radiations à leur insu. En signe de protestation, les ouvriers du port votèrent une grève de vingt-quatre heures en août 2010, trois semaines après l'arrivée du conteneur. Et les cinq jours suivants, les équipes d'ouvriers syndiqués débauchèrent pendant deux heures à chaque roulement.

Les riverains reprirent le flambeau. Aux yeux du militant local Nicola Montese, un jeune type costaud, scénariste et présentateur télé, ayant grandi à l'ombre des grues du terminal, l'affaire du conteneur n'est qu'une preuve supplémentaire du mépris de Gênes pour la population ouvrière rassemblée autour du port. “Tout le monde se débarrasse de ses ordures à Pra', nous explique Montese. On n'a pas besoin d'un énième problème.” Montese a martelé son indignation pendant des mois auprès de la population, déployant des banderoles artisanales sur les barrières adjacentes au port, multipliant les réunions et les manifestations.

A l'abri des regards, les émissaires de divers gouvernements étrangers, agences et entreprises débattaient de la conduite à tenir. C'était l'incident nucléaire le plus grave dans l'histoire de l'Italie et personne ne savait ni à qui attribuer la faute, ni comment réagir. "J'ai vu passer du césium égyptien, de l'américium russe", avoue Maggiolo, de l'agence environnementale, accessoirement docteur en physique. "Mais je n'ai jamais vu quelque chose comme ça."

Les autorités génoises étaient dans l'impasse. Aucun transporteur sain d'esprit n'accepterait de prendre en charge le conteneur 307703, sachant seulement qu'il était radioactif sans avoir la moindre idée de son contenu. Ni l'Arabie Saoudite, ni les Emirats arabes unis ne consentaient à le récupérer. En guise de mesure temporaire, six mois après l'arrivée du conteneur, l'administration portuaire construisit une "forteresse" à trois pans, à l'aide de conteneurs jaunes empilés sur trois hauteurs et à moitié remplis de béton, tout autour du conteneur indésirable, qui stationnait encore dans la zone désaffectée au bout du terminal. Des écriteaux *pericolo – radiazione ionizzante* furent placardés à intervalles réguliers, rappelant aux ouvriers de rester à distance.

Ni l'Arabie Saoudite, ni les Emirats arabes unis ne consentaient à le récupérer

Après plusieurs mois de tractations pour déterminer à qui incomberait la dépense – dont le coût était évalué à sept cent mille dollars – le port et le ministère de l'Intérieur italien se résolurent finalement à partager l'addition. Le 18 juillet 2011, soit un peu plus d'un an après l'arrivée du conteneur à Gênes, quarante pompiers, une escouade de démineurs, des représentants de l'autorité portuaire, une équipe d'ingénieurs en robotique, assistés de Calimero et de Garbarino, firent irruption sur le terminal de Voltri. Cinq grandes tentes kaki furent montées sur l'asphalte pour abriter les ordinateurs et le matériel. Dix camions de pompiers et véhicules d'urgence furent postés à une centaine de mètres du mur de protection. A l'aide d'un excavateur commandé à distance, spécialement conçu pour les travaux de démolition, les pompiers percèrent un trou de trente centimètres de diamètre dans le toit de tôle ondulée. Considérant l'hypothèse d'une bombe comme peu probable mais pas impossible, les pompiers s'efforcèrent de repérer des composants chimiques associés aux explosifs. N'ayant rien détecté de tel, on utilisa une grue pour faire descendre par le sommet du conteneur un robot téléguidé d'un mètre de haut, équipé de trois caméras à haute définition. Grâce aux caméras, les démineurs purent s'assurer de l'absence de fils de détente ou de détonateurs dissimulés à l'intérieur du conteneur. On ne distinguait rien d'autre que les radiateurs et les bobines de cuivre déclarés sur le manifeste – plus de vingt-deux tonnes au total.

Les pompiers, certains que le conteneur 307703 ne risquait pas d'exploser, laissèrent l'excavateur finir le travail. "On l'a ouvert comme une boîte de conserve," explique Alessandro Segatori, qui était alors commandant en second des pompiers génois. L'opération était simple ; ce qui l'était moins, c'était le repérage de l'élément radioactif. Il s'agissait d'identifier un morceau de métal de moins de deux cents grammes dissimulé parmi quelques vingt-deux tonnes de ferraille. Durant trois jours, l'excavateur extirpa des monceaux de cuivre, à raison de quelques mètres cubes à la fois, et les jeta hors du conteneur. Des techniciens inspectaient à la main chacun des amas de métal, s'assuraient qu'ils n'étaient pas radioactifs, puis les mettaient de côté.

Le 26 juillet à 11 heures du matin, les détecteurs installés à proximité réagirent fortement lorsque les griffes de l'excavateur émergèrent du conteneur. Tandis que les pompiers retenaient leur souffle, une partie du métal se détacha et retomba dans le conteneur, ce qui fit simultanément retomber le niveau de radiations. Au tour suivant, l'excavateur décrocha de nouveau le gros lot et réussit cette fois à le déposer au sol. Le robot-caméra se mit en quête de

la pépite, s'affairant autour de la prise pendant une dizaine d'heures.
Aux dernières lueurs du jour, la pince du robot agrippa un cylindre de vingt-trois centimètres de long et huit millimètres de diamètre, ressemblant à un crayon, niché dans une bobine de cuivre. Les détecteurs confirmèrent la bonne pioche. "Sa forme le rendait difficile à détecter, explique Segatori. Et le plus fort, c'est que la pièce était cuivrée, ce qui la camouflait presque à la perfection."
Peu après minuit, le robot entreprit de confiner le cylindre dans plusieurs sarcophages de plomb et d'acier. Mais le premier réceptacle, conçu pour une petite boule de *caramella*, était trop exigu. Il fallut deux jours supplémentaires pour fabriquer un nouveau conteneur. Enfin, le 29 juillet, la pièce, entourée de plusieurs épaisseurs de plomb, fut déposée dans une cuve en acier vert et jaune rivée sur le plateau d'un camion. Celui-ci, escorté par une voiture de police, remonta le long des docks, franchit les grilles et rejoignit l'autoroute. Mis à part quelques éraflures, aucune marque distinctive n'a permis aux inspecteurs d'identifier le cylindre ou de localiser sa provenance. Le morceau de cobalt ainsi confiné va faire route vers le nord jusqu'à Leipzig en Allemagne, où une société spécialisée essaiera de repérer un éventuel numéro de série avant de le fondre et de le recycler. A en juger par sa forme et par ses dimensions, cette pièce faisait sans doute partie d'un appareil médical ou d'un stérilisateur alimentaire. Le recyclage de ces éléments coûte cher; les autorités italiennes ne chercheront pas à savoir comment l'un d'entre eux s'est opportunément égaré dans un dépôt de ferraille saoudien. Personne ne sait ni comment le cobalt a été introduit dans le conteneur, ni comment le conteneur a été introduit dans le circuit.
Quoi qu'il en soit, l'énigme du conteneur 307703 n'est plus l'affaire de Gênes. Le cylindre de cobalt hébergé sur ses docks pendant plus d'un an est maintenant à des centaines de kilomètres, le conteneur qui l'abritait est devenu ferraille à son tour. Et demain, plus d'un millier de nouveaux conteneurs entreront au port.

"*Mystery Box*", traduit de l'anglais (Etats-Unis) par Didier Queneutte, a paru pour la première fois dans *Wired*, en novembre 2011.

The Box
MARC LEVINSON
TRADUIT DE L'ANGLAIS (ÉTATS-UNIS) PAR A. THIOLLIER ET P. BUSCAIL
Max Milo

Le 26 avril 1956, à Newark (New Jersey), Malcolm McLean, autodidacte américain à la tête d'une firme de camionnage, entreprend de charger cinquante-huit conteneurs à bord de l'*Ideal X*, un navire qui, cinq jours plus tard, accostera dans le port de Houston. L'idée d'organiser un acheminement standardisé et à grande échelle de marchandises rangées dans des boîtes métalliques est une intuition qui, à l'époque, est encore loin d'emporter l'adhésion. Toutefois, c'est à ce chantier, qui relevait alors du rêve ubuesque, que l'Histoire donnera raison. Malcolm McLean venait en effet de lancer l'édification d'une nouvelle forme de gestion logistique qui engendrera ce que l'on nomme aujourd'hui *mondialisation*. Telle est la thèse que défend le journaliste et économiste Marc Levinson dans un livre où l'âpre rigueur de l'analyse scientifique le dispute à une narration aux accents de western socio-économique. Derrière la technologie sommaire du conteneur se cache une innovation majeure. Par la baisse drastique des coûts de transport, *The box* favorisa l'explosion des échanges internationaux et leur gestion globalisée. Idéal-type du processus de "destruction créatrice" formulé par J. Schumpeter, la conteneurisation s'est imposée depuis 1970 dans les ports du monde entier, accompagnée d'une rationalisation à tout crin : automatisation des activités portuaires et disparition des dockers, concentration horizontale de l'industrie, normalisation informatique de la logistique, mise en place du combiné route-rail-mer… Les coûts se mesurent désormais en volume transporté plutôt qu'en distance parcourue et les stocks disparaissent au profit du juste à temps. Une fois les infrastructures de l'ancien système mises hors-jeu, une nouvelle géographie du commerce mondiale se dessine, marquée par l'émergence des ports géants du Pacifique et de l'Asie. Obsolètes, les vieux bassins industriels sont désormais disséminés sur l'ensemble du globe. Poursuivant son rêve américain, Mc Lean est resté sourd aux préconisations des experts qui n'ont pas vu le vent tourner. Ecrivant une autre histoire de la mondialisation, Marc Levinson rappelle, lui, que notre modernité n'est pas dénuée de tout archaïsme. (S. C.)

CARTOGRAPHIE MONDIALE DES TERMINAUX À CONTENEURS

Les plus grands terminaux à conteneurs du monde:
Nombre de conteneurs traités (en millions de TEUs)

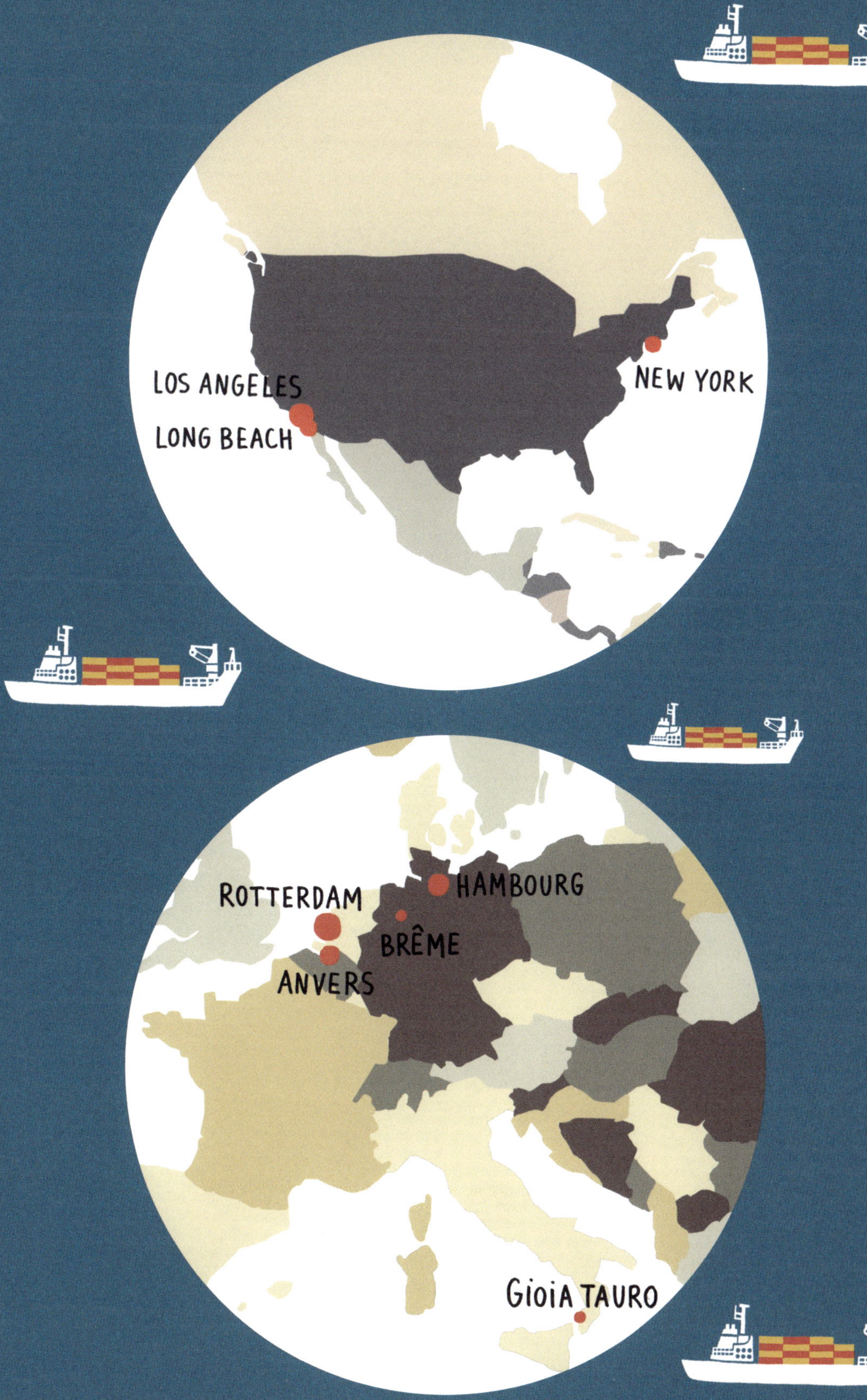

Sources : Annuaire international de la conteneurisation et la Commission économique et sociale des Nations unies pour l'Asie et le Pacifique.

AMÉRIQUE DU SUD

DE SANG CHAUD

ROBERTO SAVIANO | TRAD. ALEXANDRA GOMPERTZ | PHOTO. JAVIER ARCENILLAS

Après avoir dénoncé le système de la Camorra napolitaine dans *Gomorra*, Roberto Saviano, traqué depuis et vivant reclus, s'attaque aux cartels mexicains. Confronté aux photographies des corps mutilés de victimes de la mafia latino-américaine, l'auteur pointe l'impasse troublante dans lequel le monde, dans sa globalité, est plongé. La médiatisation ne participerait-elle pas du système pernicieux qu'elle entend dénoncer? Quand l'image ne vit que par notre regard et ne vaut que par ce qui nous regarde, les images "limites" bouleversent les rapports complexes entre auteur et spectateur, entre proche et lointain.

Je voudrais dire au lecteur de s'arrêter ici, de ne pas poursuivre. De ne pas regarder ces photos. Je voudrais dire au lecteur de ne pas ramener ce journal chez lui s'il a des enfants, de ne pas le laisser traîner s'il a une fiancée, un compagnon, un mari ou une femme qui n'a pas l'estomac bien accroché ou qui est incapable de supporter certaines images. Je voudrais dire au lecteur de dissimuler les pages, de les garder cachées. Je voudrais dire au lecteur qui risquerait de montrer ce journal à son voisin dans le train, le métro, le bus, de ne pas l'ouvrir. Je voudrais lui conseiller tout cela, mais je ne le fais pas. Au contraire, je sais parfaitement qu'en écrivant ces mots, je l'incite à les regarder, ces photos, peut-être même avec une plus grande attention. Mais je ne peux faire autrement que de l'avertir : elles le dérangeront, et non parce qu'elles montrent l'impact des balles et le martyr des corps. Ce qu'elles racontent ne s'arrête pas là. Ces photos décrivent un monde et ses rouages. Quand vous voyez un corps martyrisé, vous le percevez comme lointain. Il peut susciter votre curiosité, mais la curiosité n'est qu'un instinct. Une fois satisfaite, elle s'évanouit. Par contre, si vous percevez un mécanisme constitué de règles et de praxis que l'on vous révèle, parfaitement accessibles à votre entendement, si vous réalisez que tout est cohérent, que tout a un sens et respecte des lois non écrites mais connues, voilà que les photos commencent à effrayer, à horrifier, car elles cessent d'être des "accidents" pour devenir la description d'un "système". Pourtant, si vous êtes arrivés jusqu'ici,

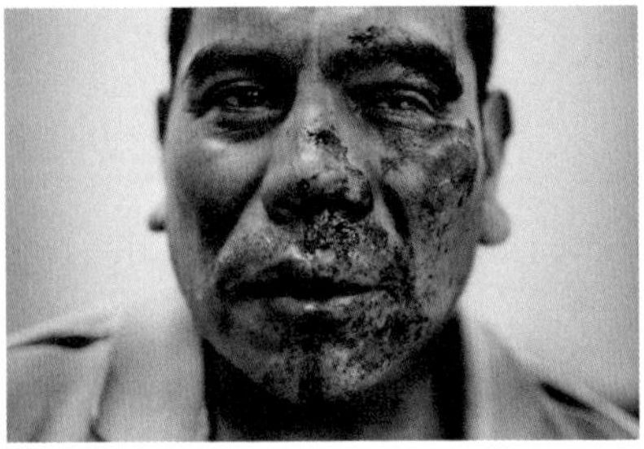

cela signifie que vous avez décidé de lire ces mots et de voir ces photos. Une véritable guerre civile se déchaîne au Mexique, plus ou moins ignorée par les médias. Mais il est nécessaire pour les cartels mexicains de communiquer et de faire connaître leur pouvoir. Ils le font souvent au travers de meurtres spectaculaires, sachant pertinemment que les journalistes du monde entier ne parleront pas d'un énième homicide en Amérique Latine, si ce n'est pour en rapporter les caractéristiques les plus brutales : le corps d'une belle femme, une journaliste, une collègue, laissé sans vie et à la vue de tous dans un centre-ville. La tête et les mains tranchées, des morceaux d'ordinateur jetés ça et là, près du cadavre. Un meurtre aussi atroce que symbolique. Un symbolisme aisé à identifier et à déchiffrer pour celui qui travaille sur les réseaux mafieux. La journaliste a diffusé ce qu'elle a vu (d'où la tête tranchée) en écrivant (d'où les mains tranchées) sur les réseaux sociaux (d'où les touches d'ordinateur, un lecteur M.P.3 et plusieurs câbles). Ce n'est pas là un exemple abstrait, mais justement ce qui est arrivé à María Elizabeth Maria, trente-neuf ans, rédactrice en chef de *Primera Hora*. María Elizabeth María ne travaillait pas sur les trafiquants sous enquête, elle ne révélait pas de pots de vins politiques, ne dénonçait pas de flics corrompus. Elle précisait simplement dans ses articles comment éviter les lieux dangereux, les locaux du trafic et des investissements. Comment rester en sécurité. Cela a suffit à la condamner à mort.

Vous devez vous demander comment ils peuvent préférer la notoriété, les pages des journaux, l'attention, au silence. C'est simple : pour prévenir, pour lancer des avertissements, pour faire connaître leur force et leur férocité. Et surtout, pour établir ceci : "On peut écrire des choses sur nous, on peut parler de nous, ou raconter ce que nous faisons, mais selon nos conditions". Les informations peuvent circuler, mais pas partout, pas pour faire la lumière et bloquer les investissements. Elles peuvent et doivent circuler pour accroître leur renommée et la crainte des affiliés et des cartels rivaux. Mais lorsque trop de gens ont accès à ces informations, lorsqu'elles échouent à atteindre leur but, ils déclenchent les représailles, la mort spectaculaire qui est un avertissement pour tous. Je ne me lasserai jamais de raconter l'histoire de Christian Poveda, reporter-photos et auteur de documentaires franco-espagnols, tué pour en avoir réalisé un sur les Maras. Intitulé *La Vida loca*, il fut presque intégralement tourné à la Campanera, citadelle du gang M-18 (Mara 18) éternellement en lutte avec son rival : Mara Salvatrucha. Sa disparition est d'autant plus étrange que Christian Poveda avait obtenu des chefs la permission de les suivre et de les filmer. Poveda raconte comment les rues du Salvador se sont remplies de gangs de jeunes garçons qui contrôlent le trafic de drogue et se lancent dans des guerres monstrueuses entre bandes rivales. Une armée qui varie de trente à cinquante-mille affiliés. Le documentaire fut présenté en 2008, au Festival international du cinéma de San Sebastián et il suscita la curiosité de nombreux journalistes qui se rendirent au Salvador pour vérifier et approfondir le travail de Poveda. Mais voilà, cela le condamna à mort : l'attention internationale

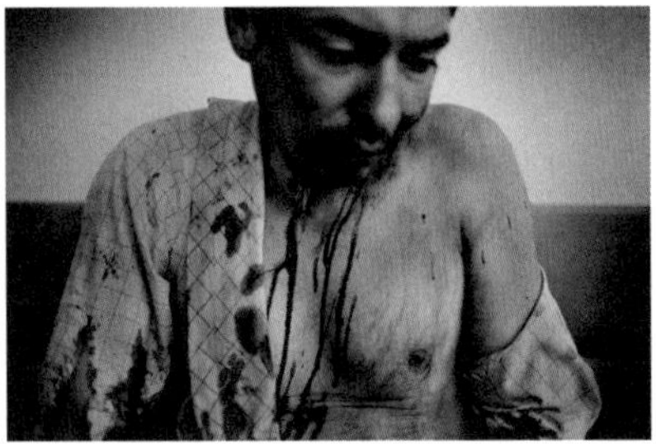

PAUSE SUR...

ROBERTO SAVIANO

Il appartient au cercle des écrivains menacés de mort en raison de leurs écrits. Essayiste et journaliste, Roberto Saviano, né à Naples en 1979, enquête depuis son adolescence sur l'empire mafieux de la Camorra. Fruit de nombreuses années de travail, *Gomorra* (Gallimard, 2007), description détaillée des pratiques du monde de la criminalité organisée, lui vaut le prix P.E.N. Pinter international writer of Courage Award en 2011. L'écrivain vit désormais à Rome sous protection policière permanente. Collaborateur à l'hebdomadaire *L'Espresso*, il poursuit au travers de son œuvre son combat contre la mafia.

focalisée sur ce qui se passait dans un coin reculé du monde. L'attention internationale tout entière concentrée sur les trafics et surtout sur les rapports entre le Maras et la politique. Le 2 septembre 2009, Christian reçoit une balle en pleine tête. Mais, en Italie, en Europe, partout, il meurt dans le silence le plus total, laissant d'une certaine manière derrière lui une sorte d'acceptation, désormais physiologique : "Tu as parlé de ces choses ?", ou mieux "Tu as filmé ces choses ? Tu ne peux qu'être condamné".

Les nouveaux killers sont des adolescents. Dynamiques, curieux, peu coûteux et sans famille ou femme à qui rendre des comptes. Un meurtre peut être payé de dix à quinze mille euros. Cela dépend de la qualité du service, du niveau de risques, de la cible. Ces garçons sont salvadoriens, honduriens, nicaraguayens, guatémaltèques, mexicains. Ces nouveaux leviers de la férocité contemporaine s'entrainent sur des animaux. Ils tirent sur les chevaux d'élevage au galop, sur les chiens, en pleine gueule, sur les chèvres en train de paître. Puis, ils en arrivent aux hommes. L'épreuve imposée par l'organisation consiste à tuer et à retourner ensuite sur le lieu du crime, voire d'aller à l'enterrement pour être certain de ne pas être reconnu, et donc d'avoir fait du bon travail, du travail propre. A ce moment là, la formation est finie et la compensation sera adaptée au professionnalisme du killer. Parfois, les meilleures ressources des cartels criminels sont justement les enfants qui tuent par nécessité, mais comme s'il s'agissait d'un jeu. En 2010, Edgar Jimenez Lugo, dit "El Ponchis", était considéré comme l'enfant de douze ans le plus féroce du monde. Il fut enrôlé par Julio de Jesùs Radilla Hernàndez, dit "El Negro" et il était à la solde du Cartel du Pacifique Sud. C'était un enfant latino, mais né aux Etats-Unis, à San Diego. Sa spécialité était de trancher des gorges ; tandis qu'il égorgeait et torturait ses victimes, il était filmé par ses camarades, lesquels téléchargeaient ensuite ces vidéos sur internet. Certaines sont encore visibles, elles montrent El Ponchis en train de frapper un homme suspendu à une corde et d'en égorger un autre aux yeux bandés. Parfois, ils postaient des photos de groupe des jeunes affiliés, un passe-montagne sur la tête, la drogue à la main et des armes de gros calibre au poing.

C'est justement grâce à ces vidéos que les forces de l'ordre ont commencé à enquêter sur El Ponchis et qu'elles sont parvenues à l'arrêter, alors qu'il avait presque quatorze ans, le 3 décembre 2010, à l'aéroport Mariano Matamoros de Cuernavaca dans l'Etat de Morelos, où se trouvait le quartier général du Cartel du Pacifique Sud. El Ponchis se rendait à Tijuana, d'où il devait rejoindre San Diego. Il voyageait avec sa sœur Elisabeth, seize ans, dont la mission au sein du gang était probablement de se débarrasser des cadavres en les déchargeant sur les routes et les autoroutes. Selon les autorités, El Ponchis est impliqué dans une douzaine de meurtres et il recevait deux mille cinq cents dollars pour chaque victime égorgée. Pourtant, au cours de son interrogatoire, il a déclaré avoir décapité quatre hommes, et l'avoir fait sous l'emprise de drogues. Il a ajouté que, si jamais il était relâché, il aimerait trouver un vrai travail et rentrer dans le droit chemin.

Mais les baby-killers ne sont pas toujours recrutés par des gens qui connaissent le territoire et les quartiers les plus pauvres. La prospection s'effectue le plus souvent à l'aide de narco-réclames : accrochées un peu partout, elles s'adressent aux soldats en leur promettant de bons salaires et avantages s'ils s'enrôlent. C'est ainsi que les Los Zetas ont recruté, alors qu'il sortait tout juste de l'enfance, Rosalio Reta, né à Houston, au Texas.

Il commit son premier meurtre aux Etats-Unis, à l'âge de treize ans, après six mois d'entrainement militaire au Mexique, dans un ranch de l'Etat de Tamaulipas. Il fut capturé par la police en 2006, dans la ville de Santiago (Nuevo León), après avoir participé au meurtre de deux rivaux des Los Zetas. Pendant son interrogatoire, faisant référence à son premier meurtre, il dit : "J'ai aimé le faire, tuer cette personne. J'avais l'impression d'être Superman." Mais il ajouta ensuite qu'il préférait tuer ses victimes quand elles n'étaient pas attachées. C'est trop facile d'empoigner un pistolet et de tirer dans la tête d'un homme désarmé et attaché : "Il n'y a pas de défi." Il ajouta préférer prendre en filature ses ennemis et les avoir par surprise, choisir le bon moment. Sentir l'adrénaline, le danger. Entre treize et dix-sept ans, il a commis vingt meurtres, tous pour le compte des Los Zetas.
Il formait, avec deux autres mineurs, Gabriel Cardona et Jessie Hernández, l'une des cellules des Los Zetas au Texas, connue sous le nom de Los niños Zetas. Ils vivaient ensemble dans une maison que le cartel louait pour eux et ils gagnaient cinq cents dollars par semaine. Pour avoir les yeux toujours ouverts, même lorsqu'ils dormaient, Rosalio et Gabriel s'étaient faits tatouer deux yeux sur les paupières. Pendant les interrogatoires, Rosalio n'avait manifesté aucun remord pour les meurtres, il craignait seulement les représailles des Los Zetas "pour avoir raté" un coup à Monterrey, où, au lieu de ne tuer qu'une seule personne dans un *night-club*, comme on le lui avait ordonné, il manqua sa cible : il tua quatre personnes et en blessa vingt-cinq, tous des civils sans aucun lien avec le crime organisé.
Depuis l'an 2000, rien qu'au Mexique, le nombre de journalistes tués par des killers à la solde des cartels du trafic de stupéfiants s'élève à environ quatre-vingts. Et au cours des trois dernières années, on compte plus de quinze mille morts liées au contrôle du marché de la drogue. Cela signifie que je pourrais écrire pendant des heures et raconter à travers la vie de ces personnes, à travers leur mort, la guerre qui se déchaîne au Mexique ; une véritable guerre civile fondée sur l'argent. Comme toutes les guerres civiles, me dira-t-on, mais ici, elle est constamment alimentée par les vendetta liées à la répartition des territoires. Depuis que la Colombie a cessé d'être un pays distributeur, les cartels colombiens – ceux de Cali, Medellin, mais aussi les groupes guérilleros des Auc et des Farc qui ont en réalité toujours géré le trafic de stupéfiants – ont implosé et doivent faire face à d'importantes difficultés par rapport au Mexique qui est devenu le centre de la distribution de cocaïne. Les trafiquants de drogue mexicains, à la différence d'autres groupes, à la différence aussi des organisations italiennes et russes, instaurent une véritable dictature de la drogue. Le Guatemala, le Salvador, le Belize, le Honduras, le Nicaragua, le Costa Rica sont de fait des colonies mexicaines, car le Mexique est en train de tout conquérir. Tout. Il suffit de dire que le territoire où ont lieu le plus grand nombre de meurtres est le Honduras, depuis qu'il est à la disposition des cartels mexicains et depuis qu'il produit de la cocaïne. A l'inverse, la Colombie est en situation de reprise : elle continue à produire de la cocaïne, mais, parce qu'elle ne la distribue pas, elle est moins exposée au pouvoir des trafiquants de drogue. Viennent ensuite le Pérou, pays producteur, et l'Argentine, qui a récemment perdu un partenaire important dans sa lutte contre le trafic de stupéfiants. En juillet dernier, le ministre argentin de la Sécurité a ordonné à la D.E.A., le service anti-drogue américain, de suspendre ses activités sur leur territoire.

Des yeux misérables, des yeux perdus, des yeux indifférents, des yeux habitués

Ces photos sont claires, opaques, floues, nettes. En noir et blanc, les couleurs du passé, les couleurs du cauchemar. Pas de couleur pour la mort, comme si vouloir rendre ces clichés semblables au réel était un sacrilège. Certaines sont trop évidentes, d'autres incompréhensibles. Nous pouvons souvent en saisir immédiatement le sens. Certaines, cependant, nous échappe. Nous ne voudrions aucune didascalies, que personne ne nous dise clairement ce qu'elles représentent. Nous préférons voir un X, des sacs suspendus aux grillages, une enseigne floue, des tags.

Pourtant, elles nous parlent d'un monde qui nous appartient. Un monde qui, aussi lointain soit-il, dicte aussi ses règles chez nous. L'Amérique Latine produit et distribue la cocaïne consommée dans le monde entier. Elle produit ce que trop de gens considèrent comme le carburant des corps et sa production, sa distribution, la répartition des trafics et des territoires anéantissent les corps de ceux qui y sont impliqués. Et, encore une fois, des enfants, tout juste des adolescents, des baby-killers et des baby-affiliés qui, pour une poignée de dollars, s'entrainent à devenir des soldats de la drogue. Des soldats professionnels. Des tâches de sang, des impacts de balles sur des vitres et des murs, des enfants portant des habits et des sacs plus grands qu'eux, aux corps et aux visages animés, avec désinvolture, de mimiques d'adultes. Des visages contusionnés, des filets de sang, des bouches grandes ouvertes. Des yeux misérables, des yeux perdus, des yeux indifférents, des yeux habitués. Des corps tuméfiés. Le désespoir des forces de l'ordre, leur continuelle complicité. Des armes pointées par jeu, des armes pointées par peur, des armes pointées par ennui, des armes pointées pour de l'argent. Des armes. Des mains couvrant un visage, par désespoir. Des bras croisés, par résignation. Des photos prises en posant avec un passe-montagne, des sweat-shirts griffés et des armes scintillantes et des enfants, des enfants partout, qui marchent dans la rue sans faire attention au cadavre qu'ils dépassent, se regroupant après une fusillade. Les enfants, leurs visages, leur attitude, nous racontent un territoire où celui qui porte secours est résigné et regarde la caméra en tentant de nous éblouir avec la lampe de son casque. Mieux vaut ne pas voir, mieux vaut se concentrer sur la lumière. Peut-être.

"A sangue caldo", traduit de l'italien par Alexandra Gompertz, a paru pour la première fois dans *Intelligence Lifestyle, Il Sole 24 ORE*, en mai 2012.

Beatriz

LE CARTEL DE SINALOA

RICHARD MAROSI | TRAD. LAURA BRIMO EVIN | ILL. ALEXIS GALLISSAIRES

Depuis plusieurs décennies, le puissant cartel mexicain de Sinaloa – dont la tête, *El Chapo* Guzmán, est "le trafiquant le plus recherché au monde" – déverse des flots de cocaïne sur la Californie avant d'inonder l'ensemble des Etats-Unis. Composé à partir de centaines de pages de retranscription de témoignages, d'écoutes téléphoniques et de rapports d'enquête de la D.E.A., le reportage de Richard Marosi pour le *Los Angeles Times* dévoile les rouages d'une organisation qui rappelle les plus belles heures de Pablo Escobar ou du mythique Scarface.

Première partie : Démanteler Sinaloa, cartel de la drogue au Mexique

Tandis que les trafiquants de drogue du cartel de Sinaloa au Mexique déversaient, via *la frontière, un flot intarissable de cocaïne jusqu' à Los Angeles, point d'ancrage d'un vaste réseau de distribution aux Etats-Unis, des inspecteurs de la D.E.A*[1]*. surveillaient et écoutaient.*

Ne jamais perdre la trace de la cargaison

C'était gravé dans la tête de tous ceux qui travaillaient pour Carlos "Charlie" Cuevas. Ses convoyeurs, ses guetteurs, ses distributeurs, les types à la planque – tous étaient au courant. La cargaison ne devait jamais être perdue de vue pendant le transport. Cuevas venait juste d'envoyer une équipe de sept hommes au poste frontière de Calexico, en Californie. Ils convoyaient une cargaison de cocaïne, dissimulée dans une Honda Accord bleue de 2003, à l'intérieur d'un compartiment fait sur mesure. La voiture se trouvait toujours côté mexicain, coincée dans une des dix files de véhicules avançant au compte-gouttes vers la douane américaine et le poste de contrôle de la protection des frontières. Des mendiants amputés remontaient la file, des hommes

avec des chapeaux à larges bords colportaient babioles, "tamales" et churros. Un guetteur signalait la progression de la cargaison depuis une voiture placée dans une des files à proximité. Cuevas, jonglant avec les téléphones portables, demandait à être constamment tenu informé. En cas de problème, son patron, à Sinaloa, au Mexique, exigerait des explications.
La Honda s'inséra dans la file menant à la guérite de contrôle, et un guetteur côté américain se chargea alors de reprendre la surveillance. Il s'agissait de Roberto Daniel Lopez, un vétéran de la guerre d'Irak, qui se tenait près du panneau "*Welcome to Calexico*".
C'était le plan habituel : après le passage à la douane, le transporteur prendrait la direction de Los Angeles, suivi par un troisième guetteur qui attendait dans une voiture stationnée sur South Imperial Avenue.
Mais en cette chaude soirée d'été, le plan ne se déroulait pas comme prévu. Lopez appela son supérieur pour l'informer d'un contretemps : la Honda avait été envoyée vers une seconde zone de contrôle, pour une inspection plus approfondie. Des chiens policiers tournaient autour.
Cuevas était rarement en contact direct avec ses guetteurs ou ses convoyeurs. Mais après avoir entendu le compte rendu du responsable, il décida de faire une exception. Il appela Lopez.

"Qu'est-ce qui se passe ?
– Les chiens sont surexcités", répondit-il.

Des pointillés sur une carte

Cuevas travaillait pour le cartel de Sinaloa, l'organisation criminelle la plus puissante du Mexique, dans le secteur du transport. La drogue était acheminée de l'Etat de Sinaloa jusqu'à Mexicali, au Mexique, dans des pneus de bus. De là, Cuevas se chargeait de faire transiter la cargaison par la frontière puis de la livrer aux distributeurs responsables dans la zone de Los Angeles, à environ trois cents kilomètres au nord.
Le flot était incessant, et Cuevas employait quelque quarante transporteurs et guetteurs pour tenir la cadence.
Il ne se doutait pas que les chiens qui tournaient autour de la voiture en cette soirée d'août 2006 étaient bien le cadet de ses soucis. Un détachement spécial de huit agents de la D.E.A. s'était retrouvé à la frontière. Même les douaniers américains ignoraient qu'ils étaient là. Ils suivaient Cuevas et écoutaient ses conversations téléphoniques depuis des mois.
Comme il jouait un rôle clé en effectuant la liaison entre les distributeurs de drogue américains et mexicains, les conversations téléphoniques de Cuevas étaient une source inépuisable de renseignements. Chaque appel menait à un nouveau contact, dont le téléphone était ensuite mis sur écoute. Les nouveaux contacts appelaient d'autres associés, menant à la source de l'organisation. Rapidement, les agents avaient établi une vaste carte du réseau de distribution, comme autant de pointillés à relier.

Welcome to Calexico

Les branches du réseau s'étendaient sur tout le territoire américain, et devaient amener les enquêteurs au cœur du trafic de drogue mexicain, jusqu'à Victor Emilio Cazares, présumé être l'un des lieutenants de Joaquin "Chapo" Guzman, le trafiquant le plus recherché au monde. Depuis sa résidence dans les faubourgs de Culiacán, Cazares était supposé gérer le réseau de trafiquants, de distributeurs, de convoyeurs, de pilotes d'avion et de manutentionnaires à la planque.
La D.E.A. avait déjà mené plusieurs enquêtes sur des cartels mexicains ; mais celle-ci, baptisée opération "Imperial Emperor", donnait la vision la plus complète des mouvements qui permettaient d'acheminer la drogue depuis Sinaloa jusqu'aux trottoirs des Etats-Unis. Les agents de la D.E.A. n'étaient pas pressés de clore l'enquête. Ils ne procédaient d'ailleurs à aucune arrestation afin de continuer à étudier la chaîne d'approvisionnement et identifier d'autres suspects. L'opération "Imperial

[1]*Drug Enforcement Administration* : service de police fédéral américain chargé de lutter contre les trafics de drogue et chapeautant toutes les brigades des stupéfiants locales. (N.D.T.)

Emperor" devait mener à des centaines d'arrestations, à la saisie de dizaines de millions de dollars en drogue et en petites coupures, et à l'inculpation de Cazares. Elle révélerait également la désespérante réalité : les cartels avaient mis en place aux Etats-Unis un système de distribution bien plus vaste et mieux implanté que ce qu'on avait imaginé, une toile d'araignée reliant des dizaines de villes, en progrès constant et en expansion permanente.

Le type d'à côté

Lorsqu'il faisait partie des Marines stationnés à Fallouja, en Irak, Lopez avait essuyé des tirs de mortier, emprunté des routes truffées d'explosifs et reçu une médaille récompensant ses qualités de meneur. De retour chez lui à El Centro, il n'arrivait même pas à obtenir un travail pour relever les compteurs à la station d'irrigation du coin. Mais Lopez, qui avait deux enfants à charge, savait qu'une autre industrie cherchait toujours à embaucher.

L'une des routes principalement utilisées par le cartel de Sinaloa passe par le vétuste poste frontière de Calexico, un des préférés des trafiquants. Le poste de contrôle se situe quasiment à la frontière, et ne possède pas, contrairement aux autres, les quelques mètres nécessaires à une zone tampon, compliquant ainsi la tâche des inspecteurs chargés d'examiner les voitures entrantes. Les chiens policiers sont accablés par la chaleur, qui peut monter jusqu'à 46 °C en été.

Je me disais que ce n'était pas la fin du monde

La zone sud-est de la Californie, alternant déserts, dunes et champs cultivés – et présentant le plus haut taux de chômage de l'Etat – offrait aux cartels un terrain propice au recrutement. Votre voisin d'à côté, le type qui encaissait vos courses chez Wal-Mart, celui qui laissait un gros pourboire à Applebee's, votre vieux copain du lycée, tout le monde était trafiquant.

Lopez était ami avec un certain Sergio Kaiser, qui avait épousé quelqu'un de sa famille. Il disait qu'il possédait un atelier de carrosserie, mais ses goûts de luxe détonnaient dans ce paysage. Il était en train de se faire construire une maison dotée d'un escalier majestueux, à l'image de celui de la propriété de Tony "Scarface" Montana.

En réalité, Kayser était le lieutenant de Cuevas, et il proposa à Lopez de l'aider à régler ses problèmes d'argent. Il y avait plusieurs possibilités.

Pour une nuit de travail passée à transporter une cargaison de Mexicali à Los Angeles, un convoyeur partageait avec son recruteur la somme de cinq mille dollars, et pouvait garder la voiture.

Une autre possibilité pour débuter : être guetteur. L'un d'entre eux suivait la voiture de la planque à Mexicali jusqu'à la frontière. Un autre se tenait à proximité du poste de contrôle et, lorsque la voiture avait franchi la douane, faisait passer l'information. Un dernier escortait la cargaison sur l'autoroute en direction de Los Angeles.

Lopez accepta la proposition de Kaiser. Guetteur était une occupation inoffensive, se disait-il : rester là à regarder une voiture passer la frontière. "Il n'a pas dit qu'il s'agissait de drogue, mais je le savais, déclara Lopez par la suite. Je me disais que ce n'était pas la fin du monde."

Les ficelles du métier

Cuevas était propriétaire d'une grande maison dans un quartier pavillonnaire de Calexico et conduisait une BMW 323, dernier modèle. Une chaîne en or pendait à son cou épais. Marié et père de deux enfants, il jouissait des privilèges attachés à la fonction de trafiquant. Il avait plusieurs maîtresses, à qui il offrait augmentation mammaire, voyages à Disneyland et séjours à San Francisco. Il sillonnait les dunes de la Basse-Californie sur son *buggy* hors de prix, payait toujours l'addition au restaurant et prenait en charge les frais des week-ends festifs passés à Mexicali, de l'autre côté de la frontière.

Au *barber shop* d'Emmanuel, Cuevas passait devant tout le monde pour se faire raser la tête, puis payait les coupes de cheveux de chacun des clients. Il prenait en charge les frais médicaux de ses amis et prêtait de l'argent aux gens, sans contrepartie.

Quand vous pensez aux cartels de la drogue, vous imaginez aussitôt de la violence, des flingues, des morts. Ce type semblait n'avoir rien à voir avec tout cela.

Il ne portait pas d'arme sur lui et ne se faisait pas escorter par des hommes de main. À jongler en permanence avec les téléphones et à toujours s'arrêter chez Costco pour acheter des matériaux d'emballage, il avait l'air plus stressé qu'intimidant. Cuevas bégayait, et ça empirait quand Cazares, son patron, lui téléphonait de Sinaloa. Il prenait des antiacides pour calmer ses brûlures d'estomac dues à l'anxiété.

Pour acheminer la drogue de l'autre côté de la frontière, il disposait d'une flotte de 4x4 et de véhicules dotés de compartiments secrets faits sur mesure. La Volkswagen Jetta et la Chevrolet Avalanche étaient ses modèles favoris, tous deux assemblés au Mexique. La D.E.A. supposait que les membres du cartel avaient accès aux plans de conception de ces modèles et qu'ils pouvaient ainsi identifier les espaces vides où dissimuler la drogue. Cuevas envoyait ensuite les véhicules à un mécanicien basé à Compton pour qu'il les équipe de compartiments fermés par des trappes élaborées. Il fallait compter deux semaines, et la facture s'élevait à six mille cinq cents dollars par voiture, mais ça les valait. Seule une série d'actions complexes permettait de déclencher l'ouverture des portes. Par exemple, un renfoncement dans le pare-chocs avant n'était accessible qu'à condition de brancher l'extrémité d'un câble de démarrage au pôle positif de la batterie et l'autre à la vis d'un des phares à l'avant du véhicule. La décharge électrique faisait sauter la plaque d'immatriculation et découvrait la trappe.

La Volkswagen Jetta et la Chevrolet Avalanche

Cuevas se montrait très vigilant dans le choix de ses transporteurs, ne recrutant ni ceux dont les tatouages étaient trop visibles, ni ceux dont le casier judiciaire était trop chargé. Puis il envoyait ses nouvelles recrues en mission test afin de mettre à l'épreuve leur sang-froid. Il maintenait une surveillance permanente au poste frontière de Calexico et gardait toujours un œil sur les scanners mobiles des douaniers. Ils en avaient un usage restreint et dès qu'ils repartaient avec, l'équipe de Cuevas se mettait au travail. Année après année, ses voitures déjouèrent systématiquement tous les contrôles.

> "J'étais très doué à ce jeu-là. Aucune de mes voitures ne s'est jamais fait prendre à la frontière, dira Cuevas. Les chiens ne s'en approchaient même pas."

Cependant, à l'été 2006, la donne change.

En juin, les autorités saisissent soixante-quinze kilos de cocaïne après avoir suivi un de ses transporteurs jusqu'à une planque à Cudahy, près de Los Angeles. Un mois plus tard, en banlieue d'El Centro, la police arrête son meilleur transporteur – un vendeur de *hot dogs* originaire de Mexicali – et trouve sept cent quatre-vingt-dix-neuf mille dollars dissimulés dans un compartiment secret de la voiture. Cuevas doit dédommager le cartel de la perte de ces sommes, soit en payant comptant, soit en gérant de nouvelles livraisons sans toucher sa part pour éponger sa dette. Pendant ce temps-là, chaque semaine, des centaines de kilos de cocaïne continuent d'affluer en provenance de Sinaloa, et la nécessité de faire circuler la marchandise le soumet à une extrême pression.

Et là, en cette soirée d'août 2006, un douanier vient d'envoyer la voiture contenant sa cargaison vers la deuxième zone de contrôle.

"Mec, je crois que ton gars s'est fait choper, dit Lopez à Cuevas à l'autre

PAUSE SUR...

RICHARD MAROSI

Diplômé de la Graduate school of journalism de l'Université de Columbia, il est aujourd'hui rédacteur pour le quotidien californien *Los Angeles Times*. Richard Marosi débute sa carrière en écrivant des articles consacrés à la politique, enquêtant notamment sur des affaires de corruption dans la région de Los Angeles. Ensuite il couvre durant quatre ans la zone frontière Mexique / Etats-Unis. Il réalise alors une série de reportages traitant de l'immigration clandestine et des questions de sécurité nationale avant de s'intéresser, plus récemment, aux réseaux mexicains de trafic de drogue. Richard Marosi vit aujourd'hui à San Diego.

bout du téléphone. Ils lui ont passé les menottes."

Derrière le tableau de bord et dans un panneau de custode de la Honda, les inspecteurs viennent de trouver quarante-cinq kilos de cocaïne. Le conducteur est arrêté. Les autres se dispersent. Lopez rentre chez lui, l'esprit tranquille. Il n'a pas passé plus d'un quart d'heure au poste frontière, et ne s'est jamais trouvé à proximité de la drogue.

Cuevas ordonne à ses hommes de jeter leurs portables au cas où on les aurait mis sur écoute. Aux alentours d'Imperial, au poste de surveillance à l'allure de *bunker* de la D.E.A., les tables d'écoute se taisent.

Les inspecteurs, qui ne s'attendaient pas à ce coup de filet, ne s'en réjouissent pas. Ils avaient prévu de laisser le transporteur passer la frontière, puis de le suivre jusqu'à son contact à Los Angeles. Il leur faut maintenant se regrouper.

L'attente, dans le noir

Deux jours plus tard, à Calexico, les inspecteurs se postent dans une fourgonnette, en bas de la rue où se trouve la maison à deux étages de Cuevas, à attendre de voir les lumières s'éteindre. Dans ce quartier pavillonnaire aux toits de tuiles rouges, Cuevas a pour voisin des pompiers, des employés du département américain de la sécurité intérieure et des gardiens de prison. Après des mois passés à le suivre, les inspecteurs connaissent sa marque de bière préférée – Bud Light –, son restaurant de burgers favoris – Rally's –, et de tacos – Jack in the Box.

Un jour, un des transporteurs de Cuevas est tombé en panne sur l'autoroute. Les inspecteurs sont allés l'aider à pousser sa voiture remplie de cocaïne jusqu'à une station essence. Le chauffeur ne s'est pas douté un seul instant que ses bons Samaritains lui étaient venus en aide afin de poursuivre leur filature jusqu'à sa destination finale.

A minuit passé, devant la maison de Cuevas, les inspecteurs se mettent à fouiller ses poubelles. Ils espèrent trouver un carnet, un reçu, une carte de visite, quoi que ce soit avec un numéro de téléphone inscrit dessus.

Les preuves sont alors suffisantes pour procéder à l'arrestation de Cuevas. Mais le but est d'étendre le champ d'investigation, et pour cela, il faut reprendre les écoutes téléphoniques. Les inspecteurs espèrent que Cuevas a jeté les – ou un des – trente nouveaux numéros de portables qu'il vient juste de distribuer à son équipe.

Inspecter les poubelles a toujours été une tâche ingrate, mais encore plus cette fois-ci. Cuevas vient d'avoir un enfant. Les inspecteurs ont les bras enfoncés jusqu'au coude dans les couches sales. Ils finissent par extraire quelque chose des déchets : une feuille déchirée d'un calepin à spirales, avec des numéros griffonnés dessus. Des numéros de téléphone.

Deuxième partie : Le trafiquant et la voyante

Pour canaliser le flot incessant de cocaïne provenant du cartel mexicain, et le faire transporter par camion jusqu'aux villes des Etats-Unis, il faut avoir recours à un vaste labyrinthe de trafiquants basés à Los Angeles. Et à des femmes comme Lupita, une voyante irascible, franche et directe.

Gabriel Dieblas Roman recevait des ordres des chefs du cartel mexicain, des hommes impitoyables régnant par la peur, mais il n'acceptait jamais de réceptionner une cargaison avant d'avoir parlé à sa voyante, une femme courageuse âgée d'une cinquantaine d'années.

A Compton, Guadalupe "Lupita" Villalobos tenait une boutique de médecine par les plantes où des statuettes de Notre-Dame de Guadalupe voisinaient avec la figure religieuse de la Sainte Mort, un squelette au sourire édenté. Elle menaçait ses voisins de les transformer en crapaud, et ses clients la croyaient capable de prédire l'avenir grâce à des coquilles d'escargot éparpillées sur une table.

Un jour, Roman, un de ses clients, l'appela pour avoir son avis sur un problème important.

Apparemment anxieux à propos de l'arrivée imminente d'une cargaison à destination de la côte est, il demanda à Villalobos "de jeter un petit coup d'œil".

"Quand est-ce que ça part ?

– Demain", dit Roman.

Un bruit de crécelle se fit entendre à l'autre bout de la ligne, puis le tintement de petits objets jetés sur une surface dure.

"Bon, rien à signaler", répondit Villalobos.

Mais elle n'en avait pas encore fini.

"Fais attention, on vous surveille, dit-elle. Méfie-toi d'un jeune *gordito*, un petit gros. On dirait qu'il a des problèmes avec la police."

Roman savait à qui elle faisait référence.

"Ce fils de pute est pire qu'un perroquet", dit-il.

La plaque tournante de Los Angeles

Le cartel de Sinaloa a sa propre vision du siège social d'une entreprise : ses villas tape-à-l'œil et ses domaines vallonnés sont disséminés aux quatre coins de l'Etat de Sinaloa.

Mais la plaque tournante du réseau de distribution aux Etats-Unis se trouve à mille six cents kilomètres au nord-ouest, dans les quartiers d'immigrés bordant les axes autoroutiers du sud de la Californie.

La drogue est acheminée de Colombie jusqu'au Mexique, puis à travers la Vallée impériale, avant d'arriver aux planques ou aux lieux de chargement près de Los Angeles. Là, l'une des nombreuses équipes de distribution prend le relais, emballe la cocaïne puis la dissimule dans les semi-remorques en partance pour tout le territoire américain.

ils étaient tous les deux très superstitieux

Tout comme les dizaines de personnes chargées de la logistique et du transport pour le cartel, Roman avait acheté des semi-remorques, engagé des transporteurs et trouvé une couverture : du poulet surgelé. Eligio "Pescado" Rios, responsable de plusieurs planques, lui fournissait la drogue.

Ils faisaient alors tous les deux partie d'un réseau qui couvrait tout le pays, et travaillaient avec un distributeur installé près du Yankee Stadium, à New York. Les cargaisons étaient relativement petites, entre cent trente-cinq et deux cent soixante-dix kilos, pour réduire les pertes en cas de saisie. Mais la distribution au compte-gouttes gérée par Rios et Roman était tout de même supposée livrer, chaque mois, une tonne de cocaïne jusqu'au nord-est du pays. Aucun des deux hommes ne faisait fortune. Roman conduisait une vieille Ford Mustang, et Rios une camionnette blanche toute défoncée qu'il appelait *La Paloma*.

La famille de Roman vivait dans une petite maison à Hesperia, une ville située dans la région du désert de Mojave. Rios louait une chambre au-dessus d'un garage à Paramount. Aucun d'eux n'avait de revolver à la ceinture, ni de casier judiciaire fourni.

Ils étaient semblables aux centaines d'autres travailleurs modestes – camionneurs, transporteurs de fonds, coordonnateurs – qui faisaient tourner la chaîne d'approvisionnement en drogue. Rios et Roman avaient autre chose en commun : ils étaient tous les deux très superstitieux. Ils s'appuyaient sur les conseils des voyantes pour guider leurs opérations, puis leur reversaient une part des profits. Les prévisions portaient surtout sur les emplois du temps. Les voyantes des cartels étaient aussi connues pour jeter des sorts aux policiers, exorciser les planques, pratiquer des cérémonies incluant un complexe allumage de bougies, ou pour répandre des entrailles de chèvres sur le sol. Les inspecteurs de la D.E.A. qui enquêtaient sur le vaste réseau de distribution du

cartel de Sinaloa entendaient sur leur table d'écoute les rituels bizarres et les incantations murmurées. L'enquête avait été baptisée "Imperial Emperor", du nom d'un suspect, Kaiser, "empereur", en allemand. Les suspects inspiraient aussi les enquêteurs basés à Los Angeles. *Pescado*, le surnom de Rios, signifie "poisson" en espagnol. Ils baptisèrent leur partie de l'enquête "Poisson extralucide".

Coup de filet à Paramount

Le 1er mars 2006, Rios reçoit un appel de Carlos "Charlie" Cuevas, le trafiquant chargé du poste frontière de Calexico. Cuevas est en train d'organiser, pour le soir même, une importante livraison de cocaïne en provenance du Mexique. Trois Chevrolet Avalanche doivent la livrer au restaurant Rosewood à Paramount, au sud-est de Los Angeles. A l'heure dite, Rios se gare sur le parking du restaurant et va s'asseoir à l'intérieur. Les inspecteurs de la D.E.A. patientent dans des voitures stationnées à proximité. Une des planques de Rios se trouve sur First Street, à quelques rues de là. Deux de ses frères y habitent. Le week-end, ils font des barbecues dans leur petit jardin sur rue et font vibrer les enceintes de leur chaîne stéréo au son typique des cuivres de Sinaloa, comme n'importe quelle autre famille d'immigrés du quartier. A l'intérieur, quelques matelas et une télé en guise de meubles.

A l'arrière de son *pick-up*, Rios a fixé une boîte à outils dont il se sert pour stocker la drogue lorsqu'il la transporte de ses planques aux lieux de chargement (des entrepôts ou des maisons dotées d'un double parking fermé, assez grand pour accueillir des semi-remorques). De là, mécaniciens et empaqueteurs chargent la cocaïne sur les remorques et passent des heures à dissimuler les paquets dans les entrailles des ventilateurs. Les camions partent ensuite vers la côte est, conduits par deux transporteurs afin de rouler jour et nuit.

Le système de distribution est strictement compartimenté. Rios livre la drogue jusqu'à un lieu de chargement, mais ce n'est que des heures après son passage que Roman et ses transporteurs s'y rendent pour remplir le camion. Ces deux-là ne se sont probablement jamais rencontrés ; ils se contentent de suivre les ordres d'un dénommé Gato basé à Guadalajara, c'est-à-dire hors de portée de la D.E.A.

A 20h30, la première Chevrolet arrive au Rosewood. Rios récupère la voiture et se rend avec à la planque sur First Street. Un trou béant a été percé dans le mur mitoyen à la chambre et au garage pour permettre un déchargement plus rapide. Dans la chambre, les empaqueteurs conditionnent et empilent la cocaïne destinée à partir pour le lieu de chargement.

Ces deux-là ne se sont probablement jamais rencontrés

Durant les quelques heures qui suivent, deux autres Chevrolet viennent se garer sur le parking. A chaque fois, Rios conduit le 4x4 jusqu'à la planque où les autres déchargent la cargaison du véhicule, puis il le ramène au restaurant. A la fin, il rentre chez lui.

A 4 heures, la police débarque à la planque et trouve près de deux cents kilos de cocaïne parfaitement empaquetée et empilée. Ils arrêtent les frères de Rios, mais pas lui.

La D.E.A. a calculé son coup. Pour engager des poursuites à l'encontre de Rios, leur service aurait eu à divulguer les écoutes téléphoniques. Les autres suspects, à la fois aux Etats-Unis et au Mexique, auraient pris conscience qu'ils avaient été mis sur écoute par les fédéraux.

La D.E.A. déployait alors d'énormes efforts pour garder son enquête secrète, mobilisant les forces de police locales pour procéder aux arrestations et aux saisies, comme lors de ce coup de filet à Paramount.

Les inspecteurs surveillaient en permanence Rios le Nerveux, espérant que ses conversations téléphoniques et ses déplacements leur permettraient d'en apprendre plus sur les activités du cartel. Ils n'avaient pas prévu son prochain coup : Rios rentra chez lui à

Culiacán, dans l'Etat de Sinaloa, où il fut rapidement enlevé par les hommes de main du cartel.
Ce coup de filet avait fait perdre environ trois millions trois cent mille dollars au cartel, et fortement contrarié les têtes haut placées. A Sinaloa, Rios fut ligoté et tabassé pendant plusieurs jours, laissant derrière lui un matelas maculé de son sang.

En dernier recours

Roman, un transporteur raté sorti de l'école en sixième, passait sa langue sur sa lèvre supérieure chaque fois qu'il était anxieux. A partir du milieu de l'année 2006, il avait de bonnes raisons de l'être.
En quelques mois, plusieurs de ses transporteurs avaient été arrêtés dans le Missouri, dans le New Jersey, à Atlanta et dans l'Oklahoma, chacun avec plus de cent kilos de cocaïne en leur possession. Un autre avait été appréhendé avec trois millions et demi de dollars en espèces. Chaque saisie était traitée par un service de police différent.
Et à présent, Roman venait de perdre son fournisseur principal, Rios, ainsi que la confiance de ses patrons.
Il passa alors des heures au téléphone à essayer d'organiser une nouvelle cargaison. Il avait besoin d'argent pour subvenir aux besoins de ses deux femmes – une en Californie, une autre au Mexique – de ses onze enfants et beaux-enfants et de sa maîtresse, enceinte. Dans ces moments-là, Roman allait rendre visite à Villalobos, à Compton. Peut-être pouvait-elle conjurer le mauvais sort.

conjurer le mauvais sort

Au cours d'une de ses visites, alors qu'un agent de la D.E.A. l'épiait, Roman passa devant des bustes d'Indiens en bois sculptés exposés près du garage. Une statue de Notre-Dame de Guadalupe était juchée au-dessus du grillage, des pièces de monnaie éparpillées en offrandes à ses pieds. Il y avait des pitt-bulls dans le jardin du fond, une volière à pigeons dans celui de devant. Les voyantes mexicaines étaient connues pour frictionner de haut en bas le corps des clients avec un pigeon blanc afin de lui faire absorber les mauvais esprits. Puis elle relâchait l'oiseau, libérant ainsi tout démon dans le ciel. Elles préconisaient les bains aux plantes et ajoutaient parfois des graines hallucinogènes de volubilis dans les tasses de thé qu'elles offraient aux clients.
Quoique Villalobos donnât à Roman ce jour-là, cela s'avéra puissant. Il sortit de chez elle en titubant, et sa petite amie dut l'aider à remonter en voiture.
A l'automne, Roman réussit finalement à arranger une nouvelle livraison. Il appela Villalobos, elle fit tinter ses coquilles d'escargot, lui donna sa bénédiction, accompagnée d'un avertissement. "Dis au petit gros de faire attention."

Intercepté

Trois jours plus tard, Hildegardo Rivera, un des transporteurs de Roman installé à McFarland, ville rurale de la Central Valley, part vers l'est à bord de son semi-remorque censé transporter une cargaison de cocaïne. Rivera est un homme corpulent. On ignore si c'est à lui que la voyante faisait référence, mais il a en effet des ennuis : la D.E.A. suit le moindre de ses mouvements grâce au G.P.S. intégré à son portable.
Six jours après son départ du sud de la Californie, le portable de Rivera indique qu'il se trouve dans le New Jersey, à Keasbey, connu pour être le lieu où les transporteurs de Roman livrent la cocaïne et récupèrent l'argent. Rivera change alors de numéro et la D.E.A. perd sa trace. Les inspecteurs réussissent à obtenir une autorisation juridique pour se procurer son nouveau numéro, et lorsqu'ils réamorcent la surveillance quelques jours plus tard, Rivera est sur la route du retour.
Ils suivent alors sa trace à travers la Pennsylvanie, le Maryland, la Virginie occidentale, la Virginie et le Tennessee. En Arkansas, Rivera s'arrête pour récupérer une cargaison de poulet surgelé. Lorsqu'il atteint l'Arizona, les inspecteurs

basés à Los Angeles partent vers l'est, à sa rencontre, afin de l'intercepter. L'un d'eux se poste dans sa voiture banalisée sur l'accotement de l'autoroute I-40, non loin de Flagstaff.

L'inspecteur n'a jamais vu ni Rivera ni son engin. Il ne dispose que des photos prises par la D.M.V., le service administratif des véhicules motorisés, de plusieurs personnes soupçonnées de travailler comme transporteur pour Roman.

Un camion violet passe à toute allure, avec, accroché à la grille avant, un squelette en plastique. Un accessoire pour Halloween, se dit l'inspecteur. D'autres camions le doublent.

Lorsqu'il se renseigne sur la dernière position connue de Rivera, il est surpris d'apprendre que le camion l'a dépassé et avance maintenant vers l'ouest. L'inspecteur fait demi-tour et repart à toute allure vers la Californie. Il suit deux camions sur une aire de repos. Il vérifie à nouveau les données du G.P.S. placé dans le téléphone et reçoit confirmation que Rivera se trouve bien là. Il repère le camion violet au squelette. Un homme au visage semblable à celui de la photo de Rivera sort de la cabine. L'inspecteur en informe la California Highway Patrol (C.H.P.), la police de l'Etat, avant de disparaître.

Parfois, les gens creusent leur propre tombe

Le plan consiste à ce que la C.H.P. intercepte Rivera à un des postes de contrôle de l'agence californienne de l'inspection des produits alimentaires. Ainsi, la D.E.A. pourra continuer de taire son rôle dans l'enquête. Après avoir demandé à Rivera de se ranger, le policier de la C.H.P. ouvre la porte de la remorque. L'intérieur paraît vide. Un chien policier saute dedans.

Les inspecteurs de la D.E.A. garés à un kilomètre de là attendent impatiemment des nouvelles. Une demi-heure plus tard, le policier de la C.H.P. leur téléphone. Pas de drogue, dit-il, mais les chiens ont trouvé cent cinquante-cinq liasses de billets enveloppées dans du plastique et dissimulées derrière les panneaux du toit de la remorque. Dans chaque liasse, vingt mille dollars. Valeur totale de la saisie : trois millions cent mille dollars.

Plus aucun soutien

Ce coup de filet finit d'achever le peu de crédibilité qu'il restait à Roman auprès de ses patrons. Il est bientôt si fauché qu'il ne peut plus payer ses factures. En Californie, sa femme doit trimballer des bassines dans la poussière de son quartier pour aller quémander de l'eau chez les voisines.

Le 5 décembre 2006, Roman appelle Villalobos. Il lui a souvent laissé deux mille dollars de pourboire pour une séance à vingt dollars, mais cette fois-ci, il lui confie qu'il ne lui reste plus un sou. Elle ne fait preuve d'aucune compassion.

"Parfois, les gens creusent leur propre tombe, dit la voyante. Je ne vais pas continuer à travailler avec un ingrat.

– Dis pas ça", répond Roman.

Il lui propose alors de lui apporter une copie du rapport de police relatif à la saisie de l'argent, pour lui prouver qu'il n'essaye pas de la duper.

Elle refuse. Ça lui est bien égal qu'il n'ait plus un sou. Elle a l'impression qu'il l'a arnaquée à l'époque où les affaires rapportaient gros.

"Ecoute-moi bien : ça fait combien d'années qu'on travaille ensemble ? Combien de cargaisons avons-nous géré ensemble ? Dix-sept ?

– Grâce à mon aide, tout se passait très bien pour toi.

– C'est vrai.

– Je t'ai aidé, j'ai fait de toi le *boss* des *boss*. Où est l'argent ? demande-t-elle. Tu m'as jetée dès que tu n'as plus eu besoin de moi."

Près de dix-huit mois plus tard, en mai 2007, un grand jury fédéral à New York inculpa Roman pour trafic de cocaïne et blanchiment d'argent. Parmi les témoins cités : Lupita Villalobos.

Les avocats de la partie civile la firent venir à New York, mais elle refusa de quitter l'hôtel. Eux comptaient sur son

témoignage. Elle s'obstina. Finalement, sa coopération ne fut pas requise. Roman plaida coupable et fut condamné à quatorze ans de prison.
Rios – le coordonnateur à la planque qui était parti à Culiacán – rentra aux Etats-Unis, fut arrêté et plaida coupable pour association de malfaiteurs. Les mêmes charges pesèrent sur Rivera, le transporteur, mais elles furent abandonnées par la suite.
Villalobos ne fut jamais inquiétée. La voyante s'en tint à sa version des faits : elle était une simple femme d'affaires qui cherchait à gagner sa vie.
"Ces gens-là me donnent de l'argent et, en échange, je leur dis ce qu'ils ont envie d'entendre, dit-elle. Je ne peux pas prédire l'avenir."

Troisième Partie : Ciel dégagé et cocaïne

A l'époque où John Ward, pilote à Carlsbad, transportait de la cocaïne à travers tout le territoire américain pour le compte du cartel de Sinaloa, il n'avait pas de raison de se plaindre. Mais les types à l'autre bout de la chaîne l'inquiétaient.

John Charles Ward décollait aux premières lueurs de l'aube, à l'heure où, tous feux éteints, il pouvait faire ronfler le moteur de son avion sur la piste avant de prendre son envol vers la douce étreinte d'un ciel brumeux. Le monomoteur s'élevait au-dessus de la Californie et de ses axes routiers encombrés, pendant que lui se détendait, se servait un whisky-soda et planifiait son trajet jusqu'en Pennsylvanie. Dans l'avion, cent kilos de cocaïne ; dehors, rien que des nuages.

"Il n'y a pas d'accotement dans le ciel, dira Ward, pas d'endroit où l'on peut vous contraindre à vous arrêter."

Transporter en avion des cargaisons pour le cartel de la drogue de Sinaloa était la meilleure opportunité de boulot qui s'était présentée à lui depuis des années. Ça ne demandait ni d'aller *dealer* dans la rue, ni d'empaqueter la drogue, ni d'accomplir aucune tâche sordide. Il livrait la cocaïne à un distributeur basé en Pennsylvanie et repartait avec des sacs de toile contenant jusqu'à deux millions huit cent mille dollars en petites coupures, sur lesquels il gardait quelques liasses de billets de quinze centimètres d'épaisseur pour lui.
En partant à l'aube de l'aéroport municipal de Corona, dans le comté de Riverside, il pouvait espérer être de retour le lendemain et rejoindre son domicile à Carlsbad pour alimenter sa trieuse avec des billets de vingt et de cent dollars.
Il avait tout de même de sérieuses inquiétudes à se faire. Les distributeurs mexicains basés en Pennsylvanie essayaient de réduire les coûts en engageant des transporteurs immigrés pour faire venir la drogue par camion depuis le sud de la Californie. Et les inspecteurs de la D.E.A. surveillaient de près les trafiquants, en particulier dans les centres-ville historiques du comté de Lancaster en Pennsylvanie, une plaque tournante de la distribution.
Ward était expert dans l'art de brouiller les pistes. Il dormait en général dans un motel style cottage tout près de la piste de l'aéroport de Smoketown, une ville autoproclamée "Porte d'entrée de la Pennsylvanie en pays amish". A minuit passé, il enfilait des vêtements noirs puis trimballait les sacs de sport remplis de cocaïne de l'avion jusqu'à la chambre. Il évitait tout le monde, payait en espèces la plupart de ses achats et, si on le lui demandait, il disait qu'il était courtier aérien.

"L'argent circulait sans arrêt. La marchandise circulait sans arrêt. C'était un mouvement perpétuel."

Vétéran du métier

En 1971, lorsque le président Nixon avait déclenché la "guerre contre la drogue", Ward avait déjà passé plusieurs années à en transporter jusqu'en Californie. Il possédait une ferme dans le Missouri où il cultivait de la marijuana, et la faisait passer par camion. Quelques années plus tard, pour répondre à la demande, il s'était associé avec des producteurs de cannabis mexicains afin d'obtenir un meilleur produit. Puis il avait engagé des pilotes – certains d'entre eux étaient des vétérans de la guerre du Vietnam – pour leur faire transporter la drogue par avion, du Mexique jusqu'aux Etats-Unis.

Mais les pilotes s'étaient comportés comme des *primas donnas* indignes de confiance. Alors il avait décidé d'obtenir son brevet de pilote. Il s'était rendu à Hawaï pour s'entraîner à affronter les vents de travers, les vents contraires et les atterrissages en toutes circonstances. "Je me disais: 'Je vais être le meilleur trafiquant qui soit. Je vais être celui qui n'essaye pas de se donner un genre.'"

Durant trois décennies, il pilota plus de cinquante avions différents, du Beechcraft Musketeer exigu à trois places jusqu'à l'Aero Commander 500 dans lequel il entassait près de sept cents kilos de marijuana. Dans les années 1970 et 1980, il avait effectué de courts voyages jusqu'au nord du Mexique, atterrissant sur des pistes délimitées par des pneus enflammés, et des vols plus longs au-dessus de la Sierra Madre, où de joyeux fermiers galopaient sur leur cheval à l'ombre de son avion tout en tirant des coups de pistolet en l'air.

"Je vais être celui qui n'essaye pas de se donner un genre"

Ward était téméraire et débrouillard, un accro à l'adrénaline ayant développé un goût prononcé pour les choses raffinées. L'argent du trafic lui permettait d'entretenir une propriété dans le désert, un voilier nommé *Romance*, et d'organiser des fêtes où le Dom Perignon coulait à flots. Il aimait relever les défis posés par la contrebande aérienne, et mettait en place des stratagèmes ingénieux pour passer inaperçu.

Lorsqu'il passait au-dessus de la frontière, il rasait la canopée pour déjouer les radars. Il se posait dans le désert, sur des pistes d'atterrissage improvisées que son équipe avait balisées grâce à des spots alimentés par un générateur. Pour parer les problèmes mécaniques, il emportait un sac d'outils remplis de fusibles et de clés. Pour parer les problèmes personnels, il portait un pistolet neuf millimètres à la ceinture.

Une longueur d'avance

Les autorités fédérales, qui étaient au courant de ses activités aériennes de contrebande depuis 1975, le poursuivirent à plusieurs reprises dans le ciel du désert, mirent ses téléphones sur écoute et placèrent des mouchards sur son avion. Ward en avait d'ailleurs trouvé plusieurs, qu'il avait installés chez lui derrière son bar pour frimer devant ses copains de boisson.

En 1981, les douaniers saisirent trois de ses avions sur des aéroports du comté de Riverside. Il fut reconnu coupable d'être à la tête d'un réseau de trafic de drogue employant treize pilotes et personnels au sol. Il passa quatre années en prison sur les huit auxquelles il avait été condamné, et se remit à sillonner le ciel à sa sortie.

En 1990, les agents fédéraux virent l'avion de Ward atterrir sur une piste près de la vallée de la Mort. Le personnel au sol déchargea deux cent trente kilos de marijuana avant que Ward redécollât de nuit. Un pilote de chasse se lança à sa poursuite, tous feux allumés, mais il perdit sa trace. Par la suite, les inspecteurs retrouvèrent l'avion à l'aéroport municipal de Banning, le ventre plein de poussière et le moteur encore chaud. Mais Ward s'était sauvé.

Les inspecteurs arrêtèrent les membres de son équipage, et tous dénoncèrent Ward. Il se retrouva inculpé pour association de malfaiteurs dans ce dossier, ainsi que dans un autre dans le comté de Riverside. Il risquait alors jusqu'à dix ans de prison.

Kontos, son avocat, et ancien procureur fédéral de Los Angeles, négocia un accord avec le procureur en vue de revoir à la baisse les chefs d'inculpation. Finalement, Ward fut condamné à un an d'assignation à résidence.

L'élégant avocat, dont Ward disait qu'il était doué pour influencer les juges, obtint sa reconnaissance à vie. Selon

Ward, "il pouvait se mettre tout le monde dans la poche".
Kontos et Ward devinrent amis, assistèrent à leur mariage respectif et investirent ensemble dans une affaire de voitures d'occasion. Ward lui envoya quelques clients, des trafiquants. Kontos lui vendit sa maison à Carlsbad, que Ward paya avec l'argent de la drogue. Ward donna le prénom de Kontos à son deuxième fils.
"Il disait que j'étais le frère qu'il n'avait jamais eu, dira Ward. Il était mon héros."

"Couler du béton"

Ward vivait à Carlsbad avec sa femme dans une grande maison à deux étages qui donnait sur un lagon relié à l'océan. Les voisins le voyaient bricoler dans son garage, où il concevait une barre de tractage pour son avion. Ils obtenaient rarement plus qu'un signe de la main, mais c'était sans doute dû à l'attitude distante du personnage, un apprenti inventeur excentrique. Ils n'imaginaient pas une seconde que Ward enterrait des billets de banque dans son jardin et transportait de la drogue par avion à travers tout le pays.
Ward devint pilote pour le cartel de Sinaloa en 2004. Il faisait équipe avec Rafael Dominguez, un éleveur de chevaux de course du comté de Riverside qui était en contact avec des distributeurs de drogue du sud de la Californie.
Lorsque Dominguez était prêt à faire partir une cargaison de cocaïne, il appelait Ward pour lui dire qu'il leur avait trouvé un nouveau contrat pour "couler du béton".
C'était la meilleure cocaïne que Ward avait jamais goûtée, censée provenir d'un réseau de distribution géré par Victor Emilio Cazares, l'un des lieutenants présumés du cartel de Sinaloa. Un tampon représentant un scorpion était apposé sur chaque paquet.
"C'était de la pure, couleur perle, floconneuse, avec comme une odeur de bonbon. Les gens s'étriperaient pour un truc comme ça", dira Ward.
Il pouvait transporter jusqu'à cent vingt kilos de cocaïne par vol, et facturait neuf cents dollars le kilo. Chaque trajet lui rapportait près de cent dix mille dollars, plus cinq mille pour ses frais de voyages.
Des transporteurs aux casiers judiciaires douteux livraient près du double, pour moitié moins cher.
Ward n'appréciait pas tellement l'attitude des distributeurs de la côte est à qui il livrait la drogue : ils étaient imprudents et essayaient toujours de réduire les coûts. Il avait eu des mots avec l'un d'entre eux, Noe Coronado, qui se démarquait du style jean-casquette des gens de Lancaster, en Pennsylvanie, par son allure de *clubber* de Culiacán – banane sur la tête et pantalon en rayonne. Ward redoutait que le manque de discrétion de Coronado les mît tous deux en danger. Il était pourtant difficile de résister à l'appât d'une nouvelle cargaison. "Il ne s'agissait pas de faire un peu de trafic, mais de toute ma carrière. J'y pensais beaucoup et j'essayais de repérer les erreurs commises par les autres."

son allure de clubber de Culiacán – banane sur la tête et pantalon en rayonne

Lorsque Ward recevait un appel pour une nouvelle cargaison, il abandonnait ses outils dans le garage, attrapait son émetteur-récepteur, son G.P.S. et un sac avec quelques affaires. A la porte, il embrassait sa femme.
"Ne me demande pas quand je rentre. Ne me demande pas où je vais… A plus tard", disait-il.

Policiers au sol

Ward arrivait toujours avant l'aube à l'aéroport municipal de Corona, un enclos poussiéreux doté d'un café-restaurant, d'une école d'aviation et d'une grande caravane qui servait de bureau au gérant.
Avec Dominguez, ils se rendaient en voiture jusqu'à l'avion et jetaient les sacs en toile dans les coffres sous

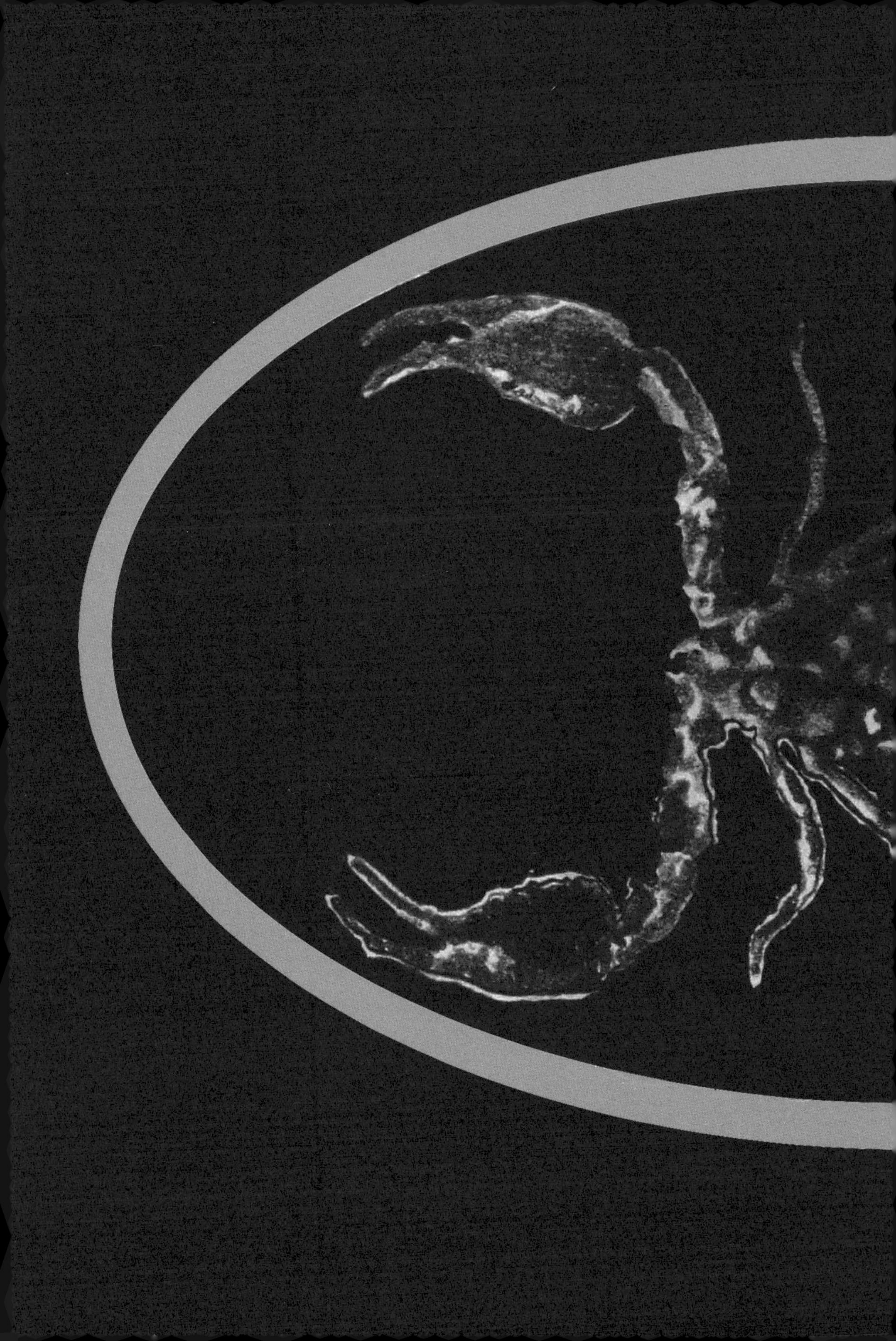

l'empennage. Environ quinze minutes avant le lever du soleil, Ward décollait seul puis survolait la zone industrielle avant de partir vers l'est.

Le Socata de 1992, un monomoteur fabriqué en France, atteignait une vitesse de croisière de trois cent vingt kilomètre-heure et consommait un plein tout les mille trois cents kilomètres, l'équivalent de quatre ravitaillements en carburant par trajet. Au sol, Ward voyait défiler les postes de contrôle des autoroutes remplis de policiers. Dans les airs, il pouvait se servir un verre, même fumer un joint ou regarder un porno sur son ordinateur portable.

Dans les airs, il pouvait se servir un verre, même fumer un joint ou regarder un porno sur son ordinateur portable

Comme il ne dépassait pas dix-huit mille pieds d'altitude, il n'avait pas besoin de remplir de plan de vol. Il s'arrêtait la plupart du temps dans des petits aéroports municipaux ou des aéro-clubs sans prétention. Mais cela ne l'empêchait tout de même pas de prendre ses précautions. Après avoir roulé au pas jusqu'au point de ravitaillement, Ward parcourait la liste de vérification à toute vitesse, comme un mécanicien seul en poste sur un stand de Formule 1.

"Il n'y a jamais une seconde à perdre. Après l'atterrissage, tu sors ton ordinateur tout en faisant le plein. Puis tu vérifies la météo, en même temps tu récupères ton litre d'huile... Tu l'ouvres, tu remplis le réservoir, tu jettes le bec verseur, tu t'essuies les mains [et] tu sautes dans l'avion."

A la tombée du jour, il pouvait en général voir se dessiner les collines verdoyantes et les champs cultivés du sud de la Pennsylvanie. D'habitude, il atterrissait à Smoketown, mais craignant, à force, de se faire repérer, il avait pris l'habitude d'alterner avec York et Carlisle, deux villes situées à une centaine de kilomètres de Lancaster.

Ward avait sermonné Coronado à propos de ses tenues criardes. Il lui avait également reproché un jour de ne pas avoir mis son clignotant avant de tourner pour aller au restaurant, et aussi, de ne pas mettre en évidence l'attestation d'assurance de sa voiture. Coronado n'appréciait pas quand Ward jouait au petit chef, mais ça n'empêchait pas l'autre de continuer. "Je lui choisissais ses vêtements, je lui dictais sa conduite. Mais fallait voir le désastre que c'était, vraiment pas une façon de se trimballer à bord d'un avion", dira Ward. Finalement, les leçons portèrent leurs fruits. A l'automne 2006, Coronado avait changé sa garde-robe, troqué ses pantalons clinquants pour des Dockers, souscrit une police d'assurance pour sa voiture et affiché sa vignette. Il avait aussi suivi les conseils de Ward et monté une affaire de nettoyage de moquette pour se couvrir.

Mais Coronado continuait de travailler avec d'autres fournisseurs moins coûteux, mais plus bavards.

Le 12 janvier 2007, deux hommes arrivèrent en voiture de New York pour récupérer de la cocaïne que Coronado venait de recevoir par camion. Informés du rendez-vous, des inspecteurs de la D.E.A. les suivirent puis se jetèrent sur Coronado une fois la transaction faite. Ils trouvèrent ensuite un million huit cent mille dollars à son domicile. Risquant vingt ans de prison, Coronado n'avait d'autre choix que de coopérer. Il n'accepta de révéler pratiquement aucune information concernant son réseau au Mexique, par crainte de représailles contre sa famille. Par contre, il était d'accord pour leur parler des cargaisons de cocaïne qui lui parvenaient par avion de Californie.

Un matin de juin 2007, Ward sortait de chez lui en peignoir pour aller récupérer le journal dans sa boîte aux lettres lorsqu'il découvrit qu'une équipe de policiers et d'inspecteurs de la D.E.A. était venue pour le cueillir.

“Ne dis rien à ces abrutis, cria-t-il à sa femme. Ces gens-là ne te veulent pas du bien !”

Ward se disait que son avocat allait réussir à lui négocier un accord, comme par le passé. Mais les procureurs, qui suspectaient Kontos de blanchiment d’argent, avaient fait saisir douze de ses maisons. Kontos plaida coupable pour entrave à la justice, écopa de vingt et un mois de prison et accepta de coopérer.

Il révéla que Ward avait enterré de l’argent dans son jardin. Les enquêteurs ne trouvèrent rien là, mais par contre, ils découvrirent soixante-sept mille cinq cents dollars dans un sac de noix surgelées.

Ward fut inculpé pour trafic de drogue et blanchiment d’argent, plaida coupable et fut condamné à dix ans de prison. Le gouvernement fédéral saisit sa maison à Carslbad, l’argent du congélateur, et son monomoteur Socata. Dominguez, son équipier, fut lui aussi condamné à dix ans de prison.

La carrière de pilote de Ward était finie. Kontos “disait qu’il ne défendrait jamais un indic’, et il s’avéra qu’il en était devenu un”, expliquera Ward.

De la lecture et une belle vue

Le détenu 74505-012 de l’établissement pénitencier d’Herlong, au nord de la Californie, travaille en cuisine, sert les repas et passe la serpillière. Il a déjà purgé quatre ans de sa peine dans cette prison à sécurité minimale qui, sans périmètre de protection, ressemble plus à un club de vacances qu’à une prison. Ward, soixante-quatre ans, flâne dans le grand jardin, suit des cours d’algèbre, lit des livres sur l’histoire des Etats-Unis et profite de la vue sur la Sierra Nevada. Il est toujours en vie, malgré toutes les frayeurs qu’il s’est faites au cours de ces intenses années de trafic : pannes mécaniques à dix mille pieds, journées solitaires dans un désert aride, démêlés avec des ours en Alaska, des flics au Mexique, des guérilleros en Colombie, des voleurs armés et des barons de la drogue peu disposés à perdre de l’argent. Parfois, il lui arrive d’avoir des regrets, mais pas ce jour-là. Après tout, encore quelques années à tirer dans cet environnement somme toute relativement confortable, et il sera libre à nouveau. “Je suis le gars le plus chanceux au monde. Si vous vous avisez de comparer votre chance à la mienne, vous êtes mal parti.”

Quatrième et dernière partie : Sinaloa, l’épreuve de force

Pourquoi les cargaisons des trafiquants furent-elles saisies aux quatre coins des Etats-Unis ? Au Mexique, le patron exigeait des réponses. Il ne se doutait pas qu’il était visé par l’enquête de la D.E.A. baptisée “Imperial Emperor”.

L’imposant portail en fer s’ouvre sur une allée bordée de palmiers conduisant à la chapelle privée de la famille, à un toboggan aquatique en colimaçon et à deux lacs artificiels, un pour les poissons, l’autre pour les jet-skis. Avec ses deux clochers élancés, chacun rehaussé d’une croix, ce domaine situé sur les collines verdoyantes des faubourgs de Culiacán déploie une magnificence quasi surréaliste. Carlos “Charlie” Cuevas, le trafiquant de drogue de Calexico, trouvait que l’endroit ressemblait à Disneyland, les sourires en moins.

Il avait été convoqué là par Victor Emilio Cazares, présumé être l’un des lieutenants du cartel. On disait que la récente vague de saisies effectuées par les autorités américaines le contrariait beaucoup. A Paramount, la police avait pris d’assaut la planque et confisqué près de deux cents kilos de cocaïne, pour une valeur totale de trois millions trois cent mille dollars.

Les soupçons se portaient sur Cuevas, pas seulement parce qu’il avait géré le transport. Elevé en Californie, il n’était pas l’un des leurs. Il ne pouvait revendiquer de racines sinaloènes. Le patron et ses petits copains lourdement armés se moquaient de son accent américain lorsqu’il parlait espagnol, et l’avaient affublé d’un surnom péjoratif servant à désigner les Mexicains américains. Les transporteurs et les guetteurs de

Cuevas étaient eux aussi suspectés. On lui avait ordonné de les conduire au Mexique pour interrogatoire. Ce qu'il n'avait pas fait.
Cuevas avait peur de son patron – il avalait des quantités de Pepto-Bismol pour lutter contre ses fréquentes remontées acides – mais cette fois-ci, il tint bon.

"Je suis tellement persuadé qu'aucun de mes gars n'est derrière tout ça que vous pouvez me tuer si je me trompe."

Dans l'ombre

La confrontation révélait les frustrations d'un cartel en pleine confusion. Des cargaisons de cocaïne étaient saisies partout aux Etats-Unis, par les policiers du New Jersey et de New York, les officiers de la Californie, de l'Oklahoma, et d'autres Etats. La multiplicité des polices impliquées servait à dissimuler la main qui se cachait derrière la plupart des opérations : la D.E.A. Cazares l'ignorait, mais il était la cible principale de l'une des plus vastes enquêtes visant une organisation criminelle mexicaine jamais menée par la D.E.A. L'opération "Imperial Emperor" décortiquait les mécanismes du réseau de distribution et identifiait les centaines de transporteurs, d'empaqueteurs, de convoyeurs de fonds et de coordonnateurs impliqués sur tout le territoire américain.
Les forces de police locales procédaient aux arrestations pendant que les inspecteurs de la D.E.A. restaient dans l'ombre, à rassembler des preuves et à écouter les conversations téléphoniques.
Ne pas révéler l'implication de la D.E.A. dans cette affaire était crucial : un suspect majeur tel que Cazares ne se laissait pas impressionner par des opérations menées par des forces de police locales, mais une enquête fédérale l'aurait mis en alerte. Les tables d'écoute se seraient tues, les preuves auraient disparu, les suspects se seraient envolés.
La D.E.A. laissait couler le flot de cocaïne afin de donner aux agents le temps nécessaire pour étoffer la liste des suspects. Des saisies de drogue et d'argent auraient lieu, mais aucun raid policier majeur.
Le gouvernement essayait de saigner à blanc l'organisation.
Ce qui n'allait pas être facile. Le marché de la cocaïne rapportait chaque semaine des millions de dollars à un gangster notoire tel que Cazares, en contact avec des trafiquants, de la Colombie jusqu'au Bronx. La cocaïne achetée huit mille dollars le kilo à des producteurs sud-américains était revendue seize mille dollars à Los Angeles, vingt mille à New York.
La plus grosse part du budget était allouée au transport. Pour chaque kilo, il fallait compter cinq cent cinquante dollars pour Cuevas qui gérait le passage de la frontière, puis cinq cent cinquante dollars supplémentaires pour les transporteurs qui l'amenaient jusqu'à la côte est. Par avion, John Charles Ward, le pilote de Carlsbad, empochait près de mille dollars le kilo.
Les patrons du cartel de Sinaloa ne contrôlaient plus l'intégralité du système de distribution, comme le faisaient autrefois les trafiquants colombiens. Cazares était soupçonné d'avoir établi des partenariats avec des organisations criminelles locales – membres de gangs du comté d'Orange, gangsters italo-américains, Dominicains de la zone nord-est – pour acheminer la drogue jusqu'aux consommateurs.
Les marges de profit pour la vente en gros étaient stupéfiantes : une tonne de cocaïne, déduction faite des coûts de transport, pouvait rapporter jusqu'à quatre millions neuf cent mille dollars. En trois ans, Cazares était soupçonné d'avoir fait entrer plus de trente-six tonnes aux Etats-Unis, générant ainsi deux cent soixante-seize millions de dollars de profit.
Et tout cela engendrait un autre défi logistique : rapatrier l'argent au Mexique. C'était la sœur de Cazares qui s'en chargeait, affirmaient les agents fédéraux et les procureurs du comté de Los Angeles dans leur acte d'accusation. Blanca, célébrité locale abonnée aux pages *people* des magazines de Culiacán et surnommée "L'impératrice", était censée contrôler des bureaux de change à

Tijuana et dans d'autres villes frontières. Les recettes du trafic en provenance du sud de la Californie y arrivaient par transporteur, puis étaient converties en pesos. L'argent liquide était ensuite divisé en liasses inférieures à dix mille dollars, et déposé dans des banques de la zone frontalière. Blanca Cazares pouvait retirer ou transférer de l'argent à loisir, et répartissait les profits aux associés, aux distributeurs et à son frère.

Gentleman rancher

Au milieu des années 1990, Victor Cazares était un clandestin avec des rêves plein la tête qui vivait dans une petite maison délabrée au sud-est de Los Angeles, dans la ville de Bell. Un jour, la police l'avait arrêté en possession d'un sac plastique rempli de drogue. Il avait dit qu'il était paysagiste et travaillait pour cinquante dollars la journée, puis avait admis un goût prononcé pour la cocaïne. Il avait juré d'arrêter.

> "L'accusé compte travailler et devenir chrétien", avait écrit son agent de probation dans un rapport.

En 2005, Cazares se réinstalla sur sa terre natale où il tint l'une de ses promesses : il fit construire une église sur sa propriété de dix hectares à Badiraguato, au cœur des terres emblématiques du trafic de drogue, à la sortie de Culiacán. Il se bâtit une réputation de généreux *gentleman rancher*, et le gouvernement mexicain lui octroya une subvention de plus de cent vingt-neuf mille dollars pour élever du bétail.

"L'accusé compte travailler et devenir chrétien"

Cazares affrétait des bus pour faire venir des banlieues les travailleurs qui cultivaient ses champs de tomates, de poivrons, d'aubergines et de courges. Il les payait deux fois plus que le salaire normal.

> "C'était un bon voisin. Il donnait du travail aux gens. Il s'arrêtait toujours pour nous saluer", dira Guadalupe Rubio, qui vit dans un village à proximité de l'*hacienda*.

Cazares était présumé être l'un des principaux distributeurs de Joaquim "Chapo" Guzman, le chef du cartel et le trafiquant le plus recherché au monde. Et pourtant, dans beaucoup de domaines, il se comportait plutôt comme un vice-président chargé du transport pour une firme industrielle américaine, obsédé par la logistique et la réduction des coûts.

Tandis que, côté américain, les travailleurs alimentaient la chaîne dans l'anonymat, conduisaient des petites voitures, louaient des maisons modestes, faisaient profil bas et menaient généralement une existence paisible, dans les villes frontalières côté mexicain, les soldats du cartel menaient une guerre, tuant des centaines de rivaux et de policiers. Faire couler le sang sur les trottoirs des Etats-Unis était exclu. Les conflits se réglaient au Mexique, dans cette campagne des environs de Culiacán livrée à l'anarchie, où l'on pouvait imposer sa discipline ou exercer sa vengeance.

Voici Gato

En 2006, l'argent coulait à flots et Cazares essayait de suivre chaque penny à la trace, comme le révélait l'enquête de la D.E.A. Il passait des coups de fil à d'importants associés aux Etats-Unis à n'importe quelle heure du jour et de la nuit, et dressait les inventaires hebdomadaires des cargaisons transportées dans tout le pays. Lorsque les autorités saisissaient de la cocaïne ou de l'argent, Cazares ordonnait à ses subordonnés de lui fournir des preuves : articles de journaux, rapports de police ou du tribunal. S'il s'avérait que la saisie était le résultat d'une enquête approfondie de la police, la cargaison était effacée des registres, et considérée comme l'un des risques du métier. S'il s'avérait que la faute incombait au distributeur, Cazares exigeait d'être dédommagé.

Déterminer les responsabilités de chacun dans les saisies exigeait parfois d'employer des méthodes extrêmes, ou tout du moins de procéder à des interrogatoires minutieux. Dans ces cas-là, Cazares convoquait une réunion chez lui, comme en ce mois de mars 2006, suite au coup de filet de Paramount.

Cuevas avait arrangé une livraison de trois cargaisons de cocaïne en provenance de Mexicali pour l'équipe de distribution à Paramount. Celle-ci était gérée, depuis le Mexique, par un homme connu uniquement de ses subordonnés sous le nom de Gato, "chat" en espagnol. Quelques heures après la livraison, la police avait débarqué à la planque de l'équipe de distribution.
Eligio "Pescado" Rios, le responsable des lieux, avait pris un avion pour le Mexique afin d'éviter de se faire arrêter. Une fois arrivé de l'autre côté de la frontière, il avait été capturé par les hommes de main du cartel. Pensant que sa négligence ou sa trahison était à l'origine de la saisie, ils l'avaient attaché à un lit et passé à tabac pendant plusieurs jours.
Suite à ça, Cazares n'était pas plus avancé sur les causes de la descente. Cuevas allait donc être soumis à un interrogatoire. Ses réponses permettraient peut-être de déterminer qui devait rembourser les pertes de la saisie, ou qui mériterait une correction, voire pire.

Une fois arrivé de l'autre côté de la frontière, il avait été capturé par les hommes de main du cartel

En traversant la demeure de Cazares, Cuevas a pu admirer le splendide sol en verre du salon, sous lequel a été construite une piscine intérieure et extérieure. Dans le jardin, Cazares a l'habitude de faire parader ses chevaux pendant que des enfants gambadent sur le terrain de jeux agrémenté de balançoires et de murs d'escalade.
Cuevas et Cazares sont rejoints par un autre homme qui ne se présente pas et garde le silence.
Cazares met Cuevas sur la sellette, suggérant qu'un membre de son équipe a été suivi ou les a balancés à la police. Il dit que, selon Gato, c'est la bande de Cuevas qui est responsable. Cuevas accuse Gato en retour. C'est alors que Cazares lui présente l'homme demeuré silencieux à ses côtés : Gato. Une discussion animée s'ensuit. Les transporteurs de Cuevas ont livré la drogue, le coordonnateur de Gato à sa planque a réceptionné la cargaison. Aucun des deux ne veut être tenu pour responsable de la perte des trois millions trois cent mille dollars. Cazares finit par intervenir.
Il semble impressionné par la témérité de Cuevas. Après tout, celui-ci a fait le voyage jusqu'à Sinaloa – sachant qu'il risque de ne pas en repartir vivant – et a défendu son équipe, y compris les membres trop lâches pour faire le déplacement.
Finalement, Cazares décide de ne punir personne. C'est du bon sens, le choix d'une approche basée sur le *business* plutôt que sur les effusions de sang qui illustrent bien les façons de faire dans la distribution. Gato et Cuevas doivent continuer à travailler ensemble pour faire tourner le réseau. Et Cuevas lui doit toujours de l'argent pour les saisies précédentes. Mais un peu d'intimidation est tout de même nécessaire. Avant de le laisser repartir chez lui en Californie, Cuevas fait un détour par la pièce où Rios a été passé à tabac. Le matelas maculé de sang est resté en place.

L'heure a sonné

Cuevas rentre ensuite à Calexico et la D.E.A. reprend sa surveillance. En plus d'un an, cette opération a permis d'obtenir des renseignements essentiels, mais les enquêteurs redoutent maintenant d'avoir été découverts.
Un mécanicien à San Diego qui a réparé les freins de la B.M.W. de Cuevas l'a informé qu'un mouchard avait été placé sur sa voiture par des inspecteurs. Craignant que Cuevas ne s'enfuie du pays – on sait qu'il recherche une maison à Culiacán – un détachement spécial des forces de police décide d'agir. Le 20 janvier 2007 au matin, une équipe du S.W.A.T., l'équivalent du G.I.G.N., démolit la porte arrière de sa maison et l'arrête alors qu'il est toujours en sous-

vêtements. Environ deux douzaines de membres de son équipe sont également arrêtés ce jour-là, puis le mois suivant au cours d'une autre descente.
Plusieurs séries d'arrestations viseront également d'autres acteurs de la chaîne d'approvisionnement, de South Gate en Californie au South Bronx à New York. Au total, au cours des vingt mois que dura l'opération, les autorités inculpèrent quatre cent deux personnes, saisirent plus de seize tonnes de cocaïne et de marijuana et cinquante et un millions de dollars en biens immobiliers et en petites coupures.
Cuevas fut inculpé pour association de malfaiteurs et plaida coupable. Il témoigna contre certains de ses anciens associés et fut condamné à treize ans de prison. Bien moins que d'autres accusés.
Quant à Cazares, un grand jury fédéral l'inculpa en février 2007. Un an plus tard, dans le centre de Culiacán, des agents fédéraux mexicains le repérèrent en compagnie de sa famille. Mais vingt gardes du corps lourdement armés l'entouraient et ils renoncèrent à intervenir.
Quelques mois plus tard, des soldats mexicains firent une descente dans sa propriété, mais Cazares en avait apparemment été informé. Trois hommes escaladèrent un mur et prirent la fuite. Le gouvernement mexicain procéda à la saisie de sa maison.
Mais les autorités la lui restituèrent quelques mois plus tard, pour d'obscures raisons.
Les inspecteurs pouvaient tout de même être fiers des résultats de l'opération. Les surveillances de nuit, les fouilles de poubelles et les écoutes téléphoniques fastidieuses menées dans une pièce sordide au sol jonché de menus à emporter, avaient porté leurs fruits.
Ils avaient réussi à reconstituer de façon très précise la filière clandestine d'approvisionnement en drogue du territoire américain. Ils avaient réussi à ébranler le système de distribution et avaient fait perdre des sommes d'argent considérables au cartel. Ce travail de fond allait permettre par la suite de mener l'opération "Xcellerator", et de procéder à l'arrestation supplémentaire de sept cent cinquante-cinq personnes.
Mais, le sentiment du devoir accompli s'estompait à mesure que l'évidence s'imposait : la capacité des cartels à se reconstituer réduisait à néant les efforts déployés par les forces de l'ordre pour les contrer.
Lorsque l'inculpation de Cazares fut annoncée à la presse, Karen Tandy, alors à la tête de la D.E.A., dit : "Aujourd'hui, on a démoli l'infrastructure américaine de cet empire et on l'a balancée dans les poubelles de l'Histoire."
Quatre ans plus tard, le cartel continue de déverser son flot de cocaïne *via* le poste frontière de Calexico.
Depuis l'arrestation de Cuevas, plusieurs autres bandes de trafiquants ont fleuri, et l'endroit est toujours considéré comme l'un des principaux points d'entrée de la cocaïne au sud-ouest de la frontière.
Personne ne sait où se trouve Cazares. Les pelouses manucurées et les allées de palmiers de sa propriété sont toujours parfaitement entretenues. Les habitants du village racontent que sa mère passe de temps en temps pour ouvrir l'église aux murs blanchis à la chaux, ornée de vitraux et de tableaux représentant des anges ou le visage serein du Christ.

"Inside The Cartel", traduit de l'anglais (Etats-Unis) par Laura Brimo Evin, a paru pour la première fois dans le *Los Angeles Times*, en juillet 2011.

Partir, c'est mourir beaucoup

All about *The Long Good-Bye* de Raymond Chandler

The Long Good-Bye (Sur un air de navaja)
RAYMOND CHANDLER
TRADUCTION DE L'ANGLAIS (ETATS-UNIS) PAR H. ROBILLOT ET J. HÉRISSON
Gallimard, coll. Série noire

Je me suis longtemps demandé à quoi pouvait bien ressembler ce foutu "navaja". Je n'avais lu Raymond Chandler qu'en langue anglaise et *The Long Good-bye* restait mon préféré parmi ses sept romans. Publié en 1953, il était sorti dès l'année suivante en Série noire, amputé d'un tiers, *pas moins* – calibrage maison oblige – (adieu digressions sur la vie, l'amour, Los Angeles), et rebaptisé au passage : *Sur un air de navaja.* Mais à quoi marchaient-ils les amis de Marcel Duhamel pour pondre des titres pareils ? Il faudra attendre 1992 pour lire le livre en version intégrale, malheureusement non retraduite, grâce à Patrick Raynal qui s'empresse d'en restituer le titre original. *Ouf !*
Chandler est désormais un classique au même titre de cet autre géant qu'est Ross Macdonald récemment tiré d'un oubli injuste par de nouvelles traductions aux éditions Gallmeister. Souvent encensé par ceux qui ne lisent jamais de polars, Chandler a gagné auprès du grand public ses lettres de noblesse, *méritées*, et s'il est toujours apparu plus acceptable, plus *littéraire* que Dashiell Hammett dont il a repris l'archétype du détective dur à cuire, c'est parce qu'il a réussi le tour de force de transcender intelligemment la figure du privé. Chandler commence à écrire dix ans après Hammett. Il l'a lu et bien lu. Tout en reconnaissant sa dette envers lui, il fait de Philip Marlowe un chevalier des temps modernes. Ce célibataire asexué travaille pour son propre compte, enquête dans les milieux de l'industrie pétrolière ou cinématographique, dénonce la collusion entre les puissants et la mafia, et décrit avec un humour inimitable cette société de la Californie du sud où il fait tache, en raté magnifique qu'il s'applique à être.
Le Marlowe de *The Long Good-Bye* ressemblerait à s'y méprendre au Marlowe des autres récits. Autour de lui personne ne manque à l'appel, ni le magnat de la presse façon Hearst, Harlan Potter, ni la blonde vénéneuse, Eileen Wade, ni les flics corrompus, ni les gangsters qui se rêvent en nabab. Ce qui rend ce roman si différent, si émouvant, assurément *décalé*, est la relation que noue le détective avec un certain Terry Lennox. Marlowe se prend d'amitié pour cet ancien prisonnier de guerre, torturé par les Nazis, un alcoolique au charisme certain, entretenu par sa richissime épouse, Sylvia. Le roman est célèbre pour livrer la véritable recette du gimlet et pour glorifier le charme infini des bars de nuit.
Lennox débarque un soir, affolé, en réclamant son aide. Il doit gagner le Mexique sur le champ, sa femme a été assassinée, il est le coupable idéal ! Persuadé de son innocence, Marlowe le conduit à Tijuana. C'est cette traversée de la frontière, quasi allégorique au regard de l'intrigue, qui va modifier durablement un Marlowe déboussolé. L'enquête confiée à la police tourne court car l'affaire est finalement classée après l'annonce du suicide de Lennox. En voulant reconstituer la biographie de son ami, en cherchant à révéler la vérité, Marlowe va provoquer une réaction en chaîne. Dont il sera la première victime.
Tijuana, ville frontalière, cristalliserait-elle un fantasme ? Celui de l'amitié à la vie à la mort ? Celui de cet attachement singulier qui naît à notre insu ? Les moments partagés, la même vision du monde, voilà ce qui fonde l'amitié entre Marlowe et Lennox, à l'image de celle qui unit comme des frères Ned Beaumont à Paul Madvig dans *La Clé de verre*. Et comme dans ce roman de Hammett, Chandler décrit l'obscénité de la manipulation.
A la fin du roman, Marlowe tente d'expliquer à Lennox ce que sa trahison a creusé en lui, le cortège de désillusions qu'elle a engendré. L'autre ne comprend pas, tel un gosse cherchant à récupérer ses billes perdues. Chandler écrit là un de ses plus beaux passages : "*You bought a lot of me, Terry. For a smile and a nod and a wave of the hand and a few quiet drinks in a quiet bar here and there. It was nice while it lasted. So long, amigo. I won't say good-bye. I said it to you when it meant something. I said it when it was sad and lonely and final.*" (Tu m'as bien eu, Terry. Pour un sourire et un signe de tête et un geste de la main et quelques verres dans un bar discret ici ou là. Tout le temps que ça a duré, c'était bien. Salut, *amigo*. Je ne te dis pas adieu. Je te l'ai dit quand ça voulait dire quelque chose. Je te l'ai dit quand c'était empreint de tristesse et de solitude, lors de ce que je croyais être notre dernière fois.) A la différence de l'agent de la Continental, Marlowe ne chevauche pas de l'autre côté du miroir. Pour Chandler, il reste le chevalier blanc, pur et préservé. Sauf peut-être dans *The Long Good-Bye*. (Natalie Beunat)

No Country for Old Men
CORMAC MCCARTHY
TRADUCTION DE L'ANGLAIS (ETATS-UNIS) PAR FRANÇOIS HIRSCH
Editions de l'Olivier

Ce livre a paru aux Etats-Unis en 2005. Les frères Coen en ont tiré un film au titre éponyme qui remporta quatre Oscars en 2008. McCarthy s'est distingué depuis par la parution de *La Route* également adaptée au cinéma de manière retentissante par John Hillcoat; roman qui dresse l'état des lieux d'une probable fin de notre civilisation... Dans *No Country for Old Men*, il n'a pas encore décidé de dresser un constat final, mais campe la férocité qui règne en ce monde, les trafics d'influence qui en font le jeu. Un jeune Texan tombe, en rentrant de la chasse, sur un véritable carnage en plein désert ; des hommes morts, d'autres agonisants. Après une fouille des véhicules, il découvre un coffre blindé de stupéfiants et une sacoche remplie de quelques millions de dollars. La frontière mexicaine n'est pas loin. Seul un mauvais règlement de comptes entre trafiquants a pu mener à ce résultat. En s'emparant de la sacoche, Moss ne se doute pas de la terrible chasse à l'homme dont il va être l'objet. On ne vole pas impunément des narcotrafiquants. Sa cupidité emportera tout sur son passage. Dans ce genre d'affaires, toutes les personnes impliquées de près ou de loin, payent de leur vie... Cette histoire de règlement de comptes sur fond de frontière americano-mexicaine offre non seulement à McCarthy l'occasion de montrer à quel point le commerce de la drogue est vicié, mais également celle de faire défiler une partie de l'histoire américaine qui hante les esprits : la guerre du Viet-Nam et son charnier. Là ou ailleurs, la terre n'est peut-être taillée pour aucun vieil homme... (F. L.)

Le Dahlia noir
JAMES ELLROY
TRADUCTION DE L'ANGLAIS (ETATS-UNIS) PAR FREDDY MICHALSKI
Editions Payot & Rivages, coll. rivages/noir

Le Dahlia noir est le premier mouvement d'une partition *wild jazz* de quatre romans intitulée *Le Quatuor de Los Angeles*. James Ellroy s'empare d'un fait divers célèbre – le meurtre non élucidé de Betty Short, une jeune starlette de cinéma, dont le corps nu fut retrouvé mutilé et sectionné dans un terrain vague de Los Angeles – pour bâtir une enquête policière, musique de fond d'une œuvre qui brosse des paysages psychologiques comme autant de radiographies de l'âme malade de l'Amérique. S'il lève le voile et expose sa vérité sur le mystère qui entoure le crime, l'auteur s'applique avant tout à décrire l'envers du rêve américain et son infinie noirceur.
"Elle n'existe pour moi qu'au travers des autres, tant sa mort suscita de réactions transparaissant dans le moindre de leurs actes." L'esthétique macabre du corps déréalisé de Betty exerce un pouvoir d'attraction pervers qui aura raison des principaux protagonistes du roman, Bucky et Lee, d'anciens boxeurs devenus flics. Révélant des mondes ambivalents, aux contours flous, Ellroy met à mal les archétypes. La quête obsessionnelle de Lee, flic *borderline* accro à la benzédrine, le conduira jusqu'à Tijuana, ville-frontière qui jouxte l'enfer : drogues, prostitutions et meurtres y prolifèrent sous l'œil d'une police violente et corrompue. Par d'incessants jeux de miroirs, Ellroy fait du *corps* de *L.A.* la cristallisation des peurs, obsessions et fantasmes d'une société rongée par la contagion du mal. Dédié à sa mère assassinée alors qu'il avait dix ans, *Le Dahlia noir* se lit aussi comme le geste d'un auteur tentant d'exorciser ses propres démons. (S. C.)

6 JUIN 1958
CARACAS SANS EAU

GABRIEL GARCÍA MÁRQUEZ | TRAD. ANNIE MORVAN | ILL. PIERRE ROY-CAMILLE

Samuel Burkart, un ingénieur allemand, parcourt Caracas à la recherche d'une bouteille d'eau pour se raser. D'ordinaire luxuriante, la ville connaît une pénurie inédite. Afin de remédier à ce fléau, les autorités multiplient les mesures drastiques. Gabriel García Márquez n'hésita pas, à l'époque, à recourir à la fiction pour magnifier la portée critique de son reportage. Considéré comme un modèle du journalisme narratif, le présent texte, où s'interfèrent discours journalistiques et littéraires, alimente encore les débats éthiques de la profession.

S'il tombe une averse ce matin, ce que raconte ce reportage
N'est que mensonges. Mais s'il ne pleut pas avant juin, lisez-le…

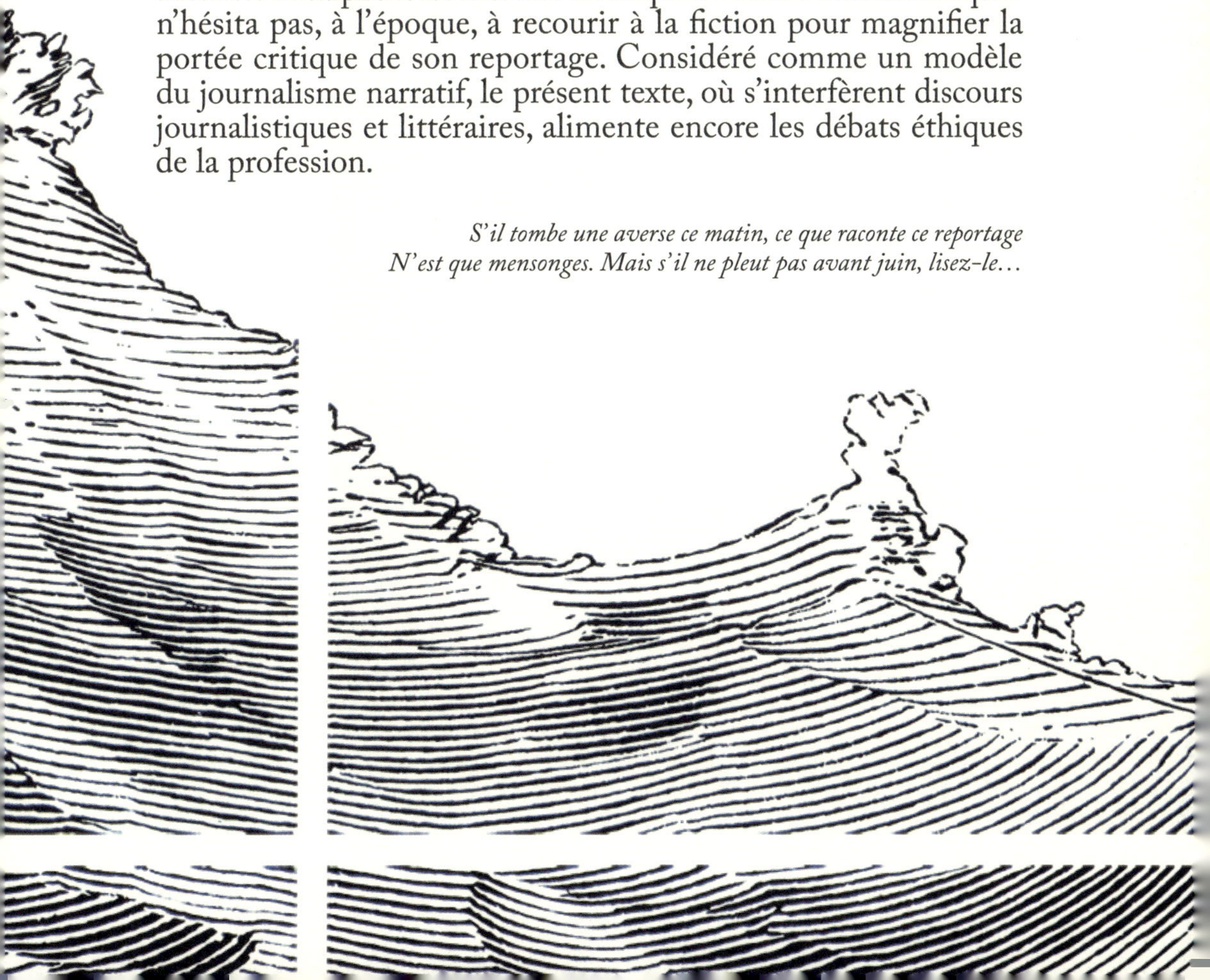

Après avoir écouté à la radio les informations de 7 heures, Samuel Burkart, un ingénieur allemand qui vivait seul dans un *penthouse* de l'avenue Caracas, dans le quartier de San Bernardino, descendit à l'épicerie du coin acheter une bouteille d'eau minérale pour pouvoir se raser. C'était le 6 juin 1958. Contrairement à ce qui se passait depuis son arrivée dix ans plus tôt, ce lundi matin semblait mortellement tranquille. Aucun bruit de voiture, aucune pétarade de mobylette ne parvenaient de l'avenue Urdaneta toute proche. Caracas avait l'air d'une ville fantôme. La chaleur accablante des derniers jours s'était atténuée mais dans le ciel d'un bleu intense, pas un seul nuage ne bougeait. Dans les jardins des villas, sur le parterre de la place de l'étoile, les arbustes étaient morts. Le long des avenues, les arbres habituellement couverts de fleurs rouges et jaunes à cette époque de l'année dressaient leurs branches nues vers le ciel.

Samuel Burkart dut faire la queue avant d'être servi par les deux commerçants portugais occupés à s'entretenir avec une clientèle apeurée du seul sujet qui courait sur toutes les lèvres depuis quarante jours et qui, ce matin, venait d'éclater comme une bombe à la radio et dans les journaux: Caracas n'avait plus d'eau. La veille au soir, on avait annoncé des restrictions drastiques imposées par l'I.N.O.S., l'Institut national des œuvres sanitaires, pour économiser les derniers cent mille mètres cubes d'eau stockés au barrage de la Mariposa. Cela faisait soixante-dix-neuf ans que Caracas n'avait pas connu un été aussi brûlant et ce matin, on avait décidé de couper l'eau. Les ultimes réserves ne devaient servir qu'aux besoins strictement essentiels. Depuis vingt-quatre heures, le gouvernement prenait des dispositions d'extrême urgence afin d'éviter que la population ne meure de soif. Pour garantir l'ordre public il avait adopté des mesures que les brigades civiques composées d'étudiants et de professionnels se chargeraient de faire respecter. Les journaux limitaient leurs éditions à quatre pages destinées à divulguer parmi la population les instructions gouvernementales pour faire face à la crise et éviter la panique.
Burkart n'avait pas pensé à une chose: ses voisins, qui avaient dû préparer leur café avec de l'eau minérale, avaient épuisé en une heure les réserves du magasin. En prévision de ce qui pourrait arriver dans les prochains jours, il décida de se fournir en jus de fruits. Mais le Portugais l'informa que les autorités avaient rationné la vente de jus de fruits et de boissons gazeuses. Jusqu'à nouvel ordre, chaque client n'avait droit qu'à une canette de jus de fruits et une boisson gazeuse par jour. Burkart acheta une canette de jus d'orange et une bouteille de limonade pour se raser. Mais ce faisant, il s'aperçut que la limonade agit sur le savon et l'empêche de mousser. Si bien qu'il déclara l'état d'urgence et se rasa au jus de pêche.

Premier signe de cataclysme : une dame arrose son jardin

Doté d'une tête bien carrée, comme tout Allemand, et fort de ses souvenirs de guerre, Burkart savait calculer à l'avance la portée d'une nouvelle. Il l'avait fait trois mois auparavant, le 28 mars très exactement, en lisant dans le journal l'information suivante: "Au barrage de la Mariposa il ne reste de l'eau que pour quarante jours."
La capacité normale du barrage qui approvisionne Caracas est de neuf millions cinq cent mille mètres cubes. A cette date et en dépit des recommandations répétées de l'I.N.O.S. pour économiser l'eau, les réserves n'étaient plus que de cinq millions deux cent vingt et un mille huit cent cinquante-quatre mètres cubes. Lors d'une interview non officielle, un météorologue déclara à la presse qu'il ne pleuvrait pas avant juin. Quelques semaines plus tard, la distribution de l'eau fut rationnée de manière inquiétante sans que la population n'y prête l'attention requise: cent trente mille mètres cubes par jour. En se rendant à son travail, Burkart avait coutume de dire bonjour à une voisine assise dans son jardin dès 8 heures du matin pour arroser sa pelouse. Un jour, il lui fit

PAUSE SUR...

GABRIEL GARCÍA MÁRQUEZ

Né en 1927 à Aracataca, il écourte ses études de droit et publie dès 1947 sa première nouvelle dans *El Espectador*, un quotidien de Bogotá. Devenu indésirable en Colombie, "Gabo" s'exile en Europe, voyage en U.R.S.S. et à Cuba avant de s'installer au Mexique. Menant de front une carrière d'écrivain et de journaliste, il soutient activement les mouvements révolutionnaires latino-américains. Son livre *Cent ans de solitude* rencontre un succès mondial. Érigé en chef de file du "réalisme magique", García Márquez reçoit en 1982 le prix Nobel de littérature. En 1995, il créé la Fondation pour un nouveau journalisme ibéro-américain.

un commentaire sur la nécessité d'économiser l'eau. Boudinée dans un peignoir de soie à fleurs rouges, elle haussa les épaules : "Ce sont des mensonges rapportés par les journaux pour faire peur. Tant qu'il y aura de l'eau, j'arroserai mes fleurs." L'Allemand songea qu'il devrait en informer la police, comme il l'aurait fait dans son pays, mais il n'osa pas, croyant que la mentalité des Vénézuéliens était très différente de la sienne. Il avait toujours été surpris par le fait que les pièces de monnaie du Venezuela sont les seules sur lesquelles leur valeur n'est pas inscrite et il pensait que cela obéissait sans doute à une logique incompréhensible pour un Allemand. En avril, il en fut convaincu en remarquant que plusieurs fontaines publiques, de moindre importance il est vrai, fonctionnaient encore, alors que la presse venait de déclarer que les réserves d'eau s'épuisaient à raison de cent cinquante mille mètres cubes par vingt-quatre heures. Une semaine plus tard, on annonça qu'on avait provoqué des averses artificielles au-dessus des sources du Tuy, vitales pour Caracas, et que les autorités trouvaient cela plutôt optimiste. Mais fin avril il n'avait toujours pas plu. Les quartiers pauvres n'avaient plus d'eau. Dans les zones résidentielles on en avait une heure par jour. A son bureau, n'ayant rien à faire, Samuel Burkart prit sa règle à calcul et évalua que, si les choses continuaient ainsi, il y aurait de l'eau jusqu'au 22 mai. Il se trompa, peut-être à cause d'une erreur dans les données fournies par les journaux. Fin mai l'eau était toujours rationnée, mais quelques maîtresses de maison continuaient à arroser leur jardin. Dans l'un d'eux il vit, dissimulée derrière des arbustes, une minuscule fontaine ouverte à l'heure où l'eau était distribuée. Dans son immeuble, une femme se vantait de pouvoir se laver à toute heure. Elle remplissait chaque matin tous les récipients disponibles. Et à présent, bien qu'on l'eût annoncé avec l'anticipation requise, la nouvelle éclatait à la une de tous les journaux : dans les réserves de la Mariposa, il n'y avait de l'eau que pour vingt-quatre heures. Burkart, pour qui le rasage quotidien était une obsession, ne put même pas se laver les dents. Il se dirigea vers son bureau, songeant que jamais pendant la guerre, et moins encore en plein désert pendant la retraite de l'Afrika Korps à laquelle il avait pris part, il ne s'était senti aussi menacé par la soif.

Dans les rues les rats meurent de soif. Le gouvernement lance un appel au calme

Pour la première fois en dix ans Burkart se rendit à pied à son bureau, situé à quelques mètres du ministère des Communications. Il n'osa pas prendre sa voiture par crainte qu'elle ne chauffe. Tous les habitants de Caracas n'étaient pas aussi prévoyants que lui. A la première station-service qu'il rencontra, il vit une longue file de voitures et un groupe de conducteurs discutait à grands cris avec le pompiste. Ils avaient rempli d'essence leurs réservoirs dans l'espoir qu'on leur donnerait de l'eau, comme en temps normal. Mais rien à faire : il n'y avait pas d'eau pour les voitures. L'avenue Urdaneta était méconnaissable : à 9 heures, pas plus d'une dizaine de véhicules n'y circulaient. Des voitures dont le moteur surchauffait avaient été abandonnées par leurs propriétaires au beau milieu de la chaussée. Les bars et les restaurants n'ouvrirent pas leurs portes. Partout, la même pancarte accrochée à leurs grilles métalliques disait : "Fermé pour manque d'eau." Ce matin-là, on avait annoncé que les autobus circuleraient normalement aux heures de pointe. Dès 7 heures, des files d'attente de plusieurs centaines de mètres s'étaient formées devant les arrêts. Le reste de l'avenue et ses trottoirs avaient

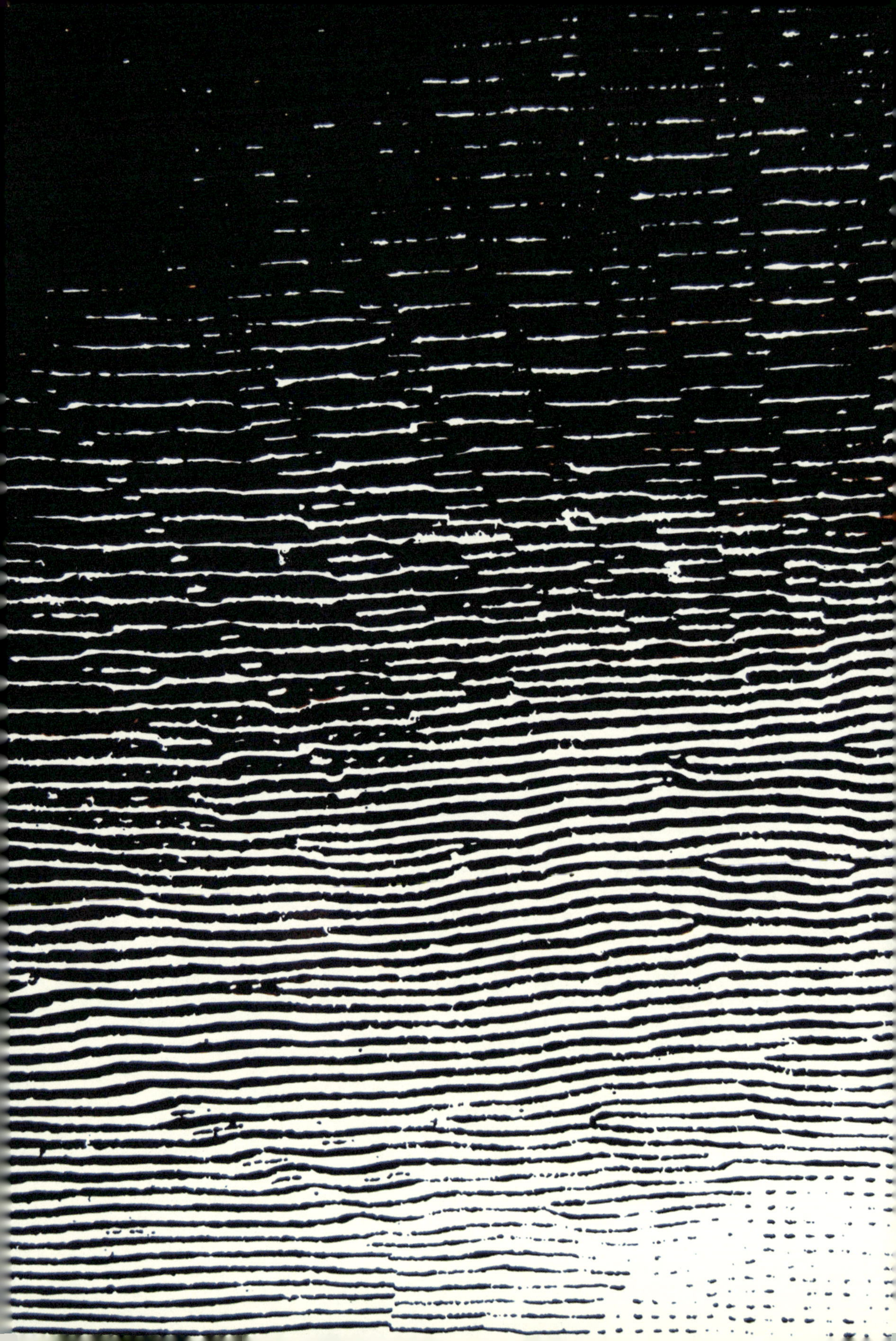

un aspect normal mais dans les bureaux personne ne travaillait : tout le monde était aux fenêtres. Burkart demanda à un collègue vénézuélien ce que faisaient tous ces gens penchés au dehors.

“Ils regardent l'eau manquer”, répondit-il.

A midi, la chaleur s'abattit sur Caracas. Et l'inquiétude se fit sentir. Toute la matinée, des camions de l'I.N.O.S. pouvant contenir vingt mille litres d'eau avaient ravitaillé les quartiers résidentiels. Grâce à l'aménagement des camions-citernes des compagnies pétrolières, on disposa de trois cents véhicules pour transporter de l'eau jusqu'à la capitale. Selon les calculs officiels, chacun d'eux pouvait faire jusqu'à sept voyages par jour. Mais un imprévu avait contrarié les projets : à 10 heures, les voies d'accès étaient congestionnées. Assoiffée, surtout dans les quartiers pauvres, la population se précipita sur les camions-citernes, et la force publique dut intervenir pour rétablir l'ordre. Désespérés et certains que les véhicules d'approvisionnement ne pourraient pas parvenir jusque chez eux, les habitants des collines descendirent en quête d'eau. Les camionnettes des brigades universitaires, pourvues de haut-parleurs, parvinrent à éviter la panique. A 12 h 30, sur les ondes de Radio nacional, la seule dont les programmes n'avaient pas été restreints, le chef du gouvernement prononça un discours de quatre minutes afin d'exhorter la population au calme. Puis les dirigeants politiques, un représentant du Front universitaire et le président de la Junte patriotique prirent brièvement la parole. Témoin de la révolution populaire contre Pérez Jiménez cinq mois auparavant, Burkart avait pu constater combien la population de Caracas était disciplinée. Et surtout très sensible aux campagnes diffusées à la radio, relayées par la presse, la télévision et les tracts. Il ne doutait pas que les gens sauraient faire face à l'urgence. C'est pourquoi, en ce moment, il ne s'inquiétait que de sa soif. Il descendit les escaliers du vieux bâtiment où se trouvait son bureau et aperçut un rat mort sur le palier. Il n'y accorda aucune importance. Mais le soir, alors qu'il prenait le frais sur son balcon après avoir bu un litre d'eau, ration fournie par le camion-citerne passé dans sa rue vers 14 heures, il vit du remue-ménage sur la place de l'étoile. Les curieux assistaient au spectacle terrible des animaux qui sortaient de toutes les maisons, rendus fous par la soif. Chats, chiens, souris se précipitaient dans la rue cherchant un remède à la sécheresse de leur gosier. A 22 heures, on décréta le couvre-feu. Dans le silence de la nuit étouffante on n'entendait que le bruit des véhicules des employés de la voirie qui se livraient à une tâche extraordinaire : dans les rues puis dans les maisons ils enlevaient les cadavres des animaux morts de soif.

Il ne doutait pas que les gens sauraient faire face à l'urgence

En fuyant vers Los Teques, la foule meurt d'insolation

Quarante-huit heures après que la sécheresse eut atteint son paroxysme, la ville demeura complètement paralysée. Depuis le Panama, le gouvernement américain envoya des avions chargés de bonbonnes d'eau. L'aviation vénézuélienne et les compagnies aériennes accréditées dans le pays renoncèrent à leurs activités habituelles pour transporter de l'eau. Les aéroports de Maiquetía et La Carlota furent fermés au trafic international et uniquement affectés à cette opération urgente. Quand on parvint enfin à organiser l'approvisionnement dans les zones urbaines, trente pour cent de l'eau s'était évaporée à cause de la chaleur. A Las Mercedes et à Sabana Grande, le 7 juin au soir, la police intercepta plusieurs camions pirates qui avaient réussi à vendre clandestinement de l'eau à 20 bolivars le litre. A San Agustín del Sur, les habitants s'emparèrent de deux camions pirates et, avec une rigueur exemplaire, en distribuèrent le contenu aux enfants. Le 8 juin, grâce à la discipline et à la solidarité des habitants, personne ne mourut de soif. Mais en fin d'après-midi une odeur pénétrante envahit les rues. Dans la soirée, elle était devenue insupportable. A 20 heures Samuel Burkart descendit avec une bouteille vide et patienta une demi-heure dans la file d'attente pour recevoir un litre de l'eau distribuée par des scouts conduisant un camion-citerne. Il remarqua un détail : ses voisins, qui jusqu'alors avaient pris les choses un peu à la légère et transformé la crise en une sorte de carnaval, commençaient à être sérieusement inquiets. En particulier à cause des rumeurs. Depuis la mi-journée, en même temps que l'odeur, une vague de nouvelles alarmistes courait dans tout le quartier. On disait qu'à cause de la terrible sécheresse, des incendies s'étaient déclarés dans les parcs de Caracas et sur les collines avoisinantes. Si le feu se propageait, on ne pourrait rien faire, les pompiers ne disposant d'aucun moyen pour le combattre. Le lendemain, selon Radio nacional, les journaux ne paraîtraient pas. Les émissions avaient été interrompues, on ne pouvait écouter que trois bulletins d'information par jour sur Radio nacional, et la ville était d'une certaine manière à la merci des rumeurs. Elles circulaient par téléphone et, dans la plupart des cas, c'était des appels anonymes.

Dans l'après-midi, Burkart avait entendu dire que des familles entières abandonnaient Caracas. Comme il n'y avait pas de moyen de transport, l'exode s'effectuait à pied et surtout vers Maracay. Selon la rumeur, cet après-midi, sur l'ancienne route de Los Teques, une foule épouvantée était morte d'insolation en voulant quitter la ville. Les cadavres, disait-on, étaient à l'origine de la puanteur. Burkart trouva l'explication exagérée mais remarqua un début de panique, du moins dans son quartier.

Une camionnette du Front étudiant s'arrêta à hauteur du camion-citerne. Les curieux se précipitèrent vers elle, anxieux d'avoir une confirmation de ces on-dit. Un étudiant grimpa sur le toit et s'engagea à répondre à toutes les questions, l'une après l'autre. D'après lui, la nouvelle de la foule morte sur la route de Los Teques était absolument fausse. De plus, il était absurde de penser que c'était là l'origine des mauvaises odeurs. Les cadavres ne pouvaient se décomposer à ce point en quatre ou cinq heures. Des patrouilles, assura-t-il, parcouraient les bois et les parcs pour éviter les incendies, l'ordre public était maintenu, la population collaborait de manière héroïque et dans quelques heures une quantité d'eau suffisante pour garantir l'hygiène arriverait de tous les endroits du pays jusqu'à Caracas. Puis il demanda qu'on transmette ces informations par téléphone, ajoutant que ces rumeurs alarmantes étaient propagées par des partisans de Pérez Jiménez.

Dans le silence total, une minute avant l'heure zéro

Samuel Burkart rentra chez lui à 18 h 45 avec son litre d'eau afin d'écouter les informations de 19 heures sur Radio nacional. En chemin il croisa la voisine qui, au mois d'avril, arrosait encore ses fleurs. Elle était en colère parce que l'I.N.O.S. n'avait rien anticipé. Burkart pensa que l'irresponsabilité de cette femme était sans limites.

"C'est de la faute des gens comme vous, s'écria-t-il, indigné. L'I.N.O.S. a demandé à temps qu'on économise l'eau. Vous n'avez pas écouté. Et maintenant on en paye les conséquences."

Le bulletin de Radio nacional se borna à répéter les informations données par les étudiants. Burkart comprit que la situation devenait critique. Le gouvernement essayait d'empêcher toute démoralisation mais à l'évidence, les choses n'étaient pas aussi rassurantes qu'il le disait. Il faisait l'impasse sur un aspect important : l'économie. La ville était complètement paralysée. Le ravitaillement avait été limité et dans les prochaines heures la nourriture viendrait à manquer. Surprise par la crise, la population n'avait pas d'argent liquide. Les magasins, les entreprises, les banques étaient fermés. Les épiceries de quartier, n'ayant plus de stocks et n'étant plus approvisionnées, baissaient leurs rideaux. Quand Burkart éteignit la radio, il comprit que l'heure zéro approchait. A 21 heures, dans un silence mortel, la chaleur se fit insupportable. Burkart ouvrit portes et fenêtres mais suffoqua tant l'air était sec et la pestilence de plus en plus pénétrante. Il calcula minutieusement combien d'eau il lui restait et en réserva cinq centilitres pour se raser le lendemain matin. Pour lui, le rasage quotidien était le problème le plus important. La soif provoquée par les légumes secs commençait à dérégler son organisme. Il avait suivi la recommandation de Radio nacional et n'avait pas mangé d'aliments salés, mais il était sûr que le lendemain son corps commencerait à donner des signes de défaillance. Il se déshabilla complètement, but une gorgée d'eau et s'allongea à plat ventre sur le lit brûlant, écoutant le silence palpiter dans ses oreilles. De temps en temps, la sirène lointaine d'une ambulance déchirait la torpeur du couvre-feu. Burkart ferma les yeux et rêva qu'il entrait dans le port de Hambourg, à bord d'un bateau noir avec une ligne blanche lumineuse peinte sur la coque. Alors que le bateau jetait l'ancre, il entendit des cris lointains venant des quais. Il se réveilla en sursaut. Il perçut à tous les étages de l'immeuble le fracas d'un troupeau humain se précipitant dans la rue. Une gerbe d'eau tiède et pure s'engouffra par la fenêtre. Burkart mit plusieurs secondes à comprendre ce qui se passait : il pleuvait à verse.

"*Caracas sin agua*", traduit de l'espagnol (Colombie) par Annie Morvan, a paru pour la première fois dans *Obra periodística 3, 1955-1960. De Europa a América* en 1983.

Fondation pour un nouveau journalisme

En 1994, peu de temps après *Histoire d'un enlèvement*, Gabriel García Márquez revient une fois de plus au "meilleur métier du monde", le journalisme, en établissant la "Fondation pour un nouveau journalisme" (*Fundacion Nuevo Periodissimo Iberoamericano*), à Cartagena de Indias, Colombie. Tandis que son frère, Jaime García Márquez, et lui-même en occupent la présidence, il confie la direction à Jaime Abello Banfin, directeur de la chaîne de télévision régionale de la Caraïbe Colombienne, la planification des programmes incombant au romancier et journaliste : Tomás Eloy Martínez. En réaction à un journalisme latino-américain trop souvent compromis avec le pouvoir, la Fondation veut créer une génération de journalistes dans la lignée du mouvement du "nouveau journalisme". Ce courant, formalisé par l'américain Tom Wolfe en 1970, entend consacrer le journalisme au rang de genre littéraire ou, du moins, lui faire adopter les techniques de l'écriture littéraire. Il encourage par exemple une écriture à la première personne pour intégrer le journaliste dans son investigation. En Amérique latine, le journalisme progressiste avait déjà été lié à la littérature : ainsi, des écrivains tels que Carlos Fuentes, Jose Onetti, Mario Vargas Llosa, Pablo Neruda, Julio Cortázar ont tous écrit pour des journaux ou des magazines. Tomás Eloy Martínez résume ainsi la vision du journaliste promue par l'école : il est "avant tout une voix au travers de laquelle on peut penser la réalité, reconnaître les émotions et les tensions secrètes de la réalité, comprendre le pourquoi et le comment des choses avec l'étonnement de celui qui les voit pour la première fois". Une deuxième influence est celle d'un journalisme qui veut défendre l'idée d'une Amérique latine unifiée par l'idée de démocratie. Et là, la Fondation s'affirme dans la lignée de grands journalistes latino-américains tels que Guillermo Cano, directeur du quotidien *El Espectador*, assassiné en 1986 ou l'argentin Robert Walsh qui s'opposa à la dictature et fut tué en 1977... Quelle est la nature de l'enseignement dispensé dans la Fondation ? Martínez a voulu différencier son institution des autres écoles (environ un millier) de journalisme d'Amérique latine. L'école propose un environnement à l'apparence informelle, sans obligations académiques ou prétentions théoriques. Sa principale méthode d'enseignement et de formation se fait au cours de *séminaires* de quelques personnes. Le principe est d'instituer l'atelier comme un forum. L'accent est mis sur l'analyse et l'explication de la réalité dans le contexte d'aujourd'hui, qui abonde en informations sans aucune analyse. Les thèmes y sont variés. L'importance du style dans le journalisme promu par l'école étant une donnée essentielle, les ateliers d'écriture sont nombreux, les autres abordent des sujets d'intérêts plus publics tels que la pauvreté, la violence ... La Fondation a pour ambition de créer une communauté dans toute l'Amérique du Sud et les Caraïbes. Elle a donc élargi aujourd'hui sa mission et propose des séminaires d'échanges et de débats au-delà de Cartagena de Indias, à Quito et Guayaquil (Equateur), à Lima (Pérou), à La Paz et Santa Cruz de la Sierra (Bolivie), à Maracaibo (Venezuela) ... Avec plus de cinquante institutions partenaires, un véritable réseau a vu le jour autour du projet de départ des frères Márquez. Un site internet abritant des réseaux virtuels s'est mis en place. L'école est aussi pionnière en matière d'études sur la responsabilité sociale des entreprises de communication et de médias en Amérique latine. Dans cette optique, elle a mis en place la plate-forme online "New Chronicle of The Indies", censée promouvoir et mettre en lumière les nouveaux auteurs et magazines consacrés au journalisme narratif dans la région. La Fondation a également mis sur pied le prix du journalisme le plus prestigieux de la région, le prix C.E.M.E.X. + F.N.P.I., récompensant chaque année trois catégories: écriture, photojournalisme et "careertribute". Alma Guillermoprieto, qui avait couvert la guerre du Salvador, Ángel Bastinier, d'El Pais, Ana Arena, responsable Amérique latine du Commitee to Protect Journalist et spécialiste du journalisme d'investigation, Julio Villanueva Chang, fondateur de la revue *Etiqua Negra* comptent au nombre de ses enseignants les plus prestigieux. (Alice Léna., F. L.)

Récit d'un naufragé
GABRIEL GARCÍA MÁRQUEZ
TRADUCTION DE L'ESPAGNOL (COLOMBIE) PAR CLAUDE COUFFON
Grasset, coll. Les cahiers rouges

Le 28 février 1955, les médias colombiens relayent une tragique information : huit membres de l'équipage du *Caldas*, un destroyer de la Marine nationale, ont péri, noyés, dans la mer des Caraïbes. La Colombie est alors en pleine dictature, subissant le joug du pouvoir de Gustavo Rojas Pinilla.
Prenez un naufragé, une montre, des espadrilles aux semelles en caoutchouc, trois cartes postales. A quoi peuvent servir ces éléments au monde médiatique mais, cette fois-ci, envisagé du côté de la promotion publicitaire ? Après dix jours de dérive à subir les affres du sel, du soleil et des vagues, la montre a poursuivi sa course au poignet de Luis Alejandro Velasco, seul rescapé du naufrage, lui permettant de se situer dans le temps ! Cet "exploit" sera naturellement récupéré par le fabriquant... La faim qui tenaille Velasco, le soleil qui lui ronge l'épiderme, l'assaut journalier des requins qui apparaissent toujours vers 17 heures, le manque de sommeil finiront cependant par avoir raison de lui ; l'amenant à flirter dangereusement avec un délire ne lui permettant plus d'évaluer ni le jour ni l'heure... Les espadrilles auraient bien constitué son repas mais, ne parvenant pas à en entamer les semelles, Velasco se rabattra sur les trois cartes postales qu'il a conservées ! Les mâchant pour apaiser sa faim, il deviendra également, à son retour, la vedette des spots publicitaires d'une certaine marque de chewing-gum ! La marque de chaussures ne sera pas en reste, se saisissant de l'occasion pour vanter la résistance de ses produits !
Velasco deviendra, pour un long moment, une des têtes d'affiche de l'univers de la publicité en Colombie, avant de regagner l'anonymat, et de voir s'éloigner les *sunlights* de sa courte notoriété, comme il avait dû voir, lors du drame, s'éloigner la côte.
Mais cette agitation mercantile n'a-t-elle pas pour but de mieux dissimuler certains agissements politiques troubles ?
Alors jeune journaliste à *L'Espectador*, Gabriel García Márquez choisit de restituer, selon le principe de la parution en feuilletons, les péripéties de cet engagé dans la Marine nationale. L'aventure a, alors, déjà était reprise par de nombreux médias. Les aspects de l'affaire que soulèvent Marquez ne sont pourtant pas négligeables : il dénonce une scandaleuse affaire de contrebande. Le destroyer, bâtiment non configuré pour transporter de telles marchandises a, en effet, nous dit Márquez, participé à un commerce illégal. Il fait dire à son héros : "Peu à peu, le bateau se remplissait de nos acquisitions : postes de T.S.F., réfrigérateurs, machines à laver et appareils de chauffage, principalement." C'est donc ainsi chargé que le vaisseau s'embarque sur les mers, faisant route de Mobile (Etats-Unis) à Carthagène, en Colombie. Plus loin dans le récit, alors que le bateau est laminé par une vague, rejetant plusieurs hommes à la mer, on découvre que jamais l'autorisation n'est donnée de "trancher les amarres retenant la cargaison" : "L'opération a un nom, ajoute Márquez. On l'appelle un 'coup de balai de délestage'. Radios, réfrigérateurs et appareil de chauffage rouleraient à la mer dès que retentirait le commandement." Mais, "l'ordre, donné d'une voix lente et ferme, fut différent : 'Prière au personnel circulant sur le pont de mettre une ceinture de sauvetage' !" Est-ce donc au prix de la vie de certains de ses hommes que le gouvernement colombien aurait voulu camoufler cette opération de contrebande ?
Le Vieil homme et la mer d'Ernest Hemingway a été publié en 1952. On y pense forcément en lisant ce récit dans lequel Velasco se retrouve, malgré lui, aux prises avec les éléments. Et si l'hallucination est bien présente dans le texte, la mystique n'est jamais loin non plus. Au moment où Velasco doit fournir un dernier effort physique avant d'être définitivement sauvé des eaux, il nous précise : "Je serrais entre mes dents la médaille de la Vierge du Carmel !" (F. L.)

SENNA LE BRÉSILIEN

LIONEL FROISSART | PHOTO. ROBERT HALLAM

Ayrton Senna était considéré comme un pilote de légende. En 1994, à Imola, la mort sut toutefois le rattraper. Venue le cueillir prématurément à bord de sa monoplace qu'elle changea en cercueil, elle paracheva son œuvre, faisant de lui un mythe. Tête brulée ou chasseur d'absolu, "Magic" Senna était devenu au fil du temps la figure de proue d'un pays qui se rêvait un destin sur le devant de la scène internationale. Retraçant la vie du champion, Lionel Froissart montre en quoi Senna reste pour beaucoup bien plus qu'un pilote d'exception.

La brume matinale ne tarderait pas à laisser place à un ciel immaculé. C'était l'annonce d'une belle journée de fin d'été. Tout à mon enthousiasme juvénile à l'idée d'assister à un championnat du monde de karting, j'étais loin de me douter que je m'acheminais vers une rencontre qui allait être déterminante pour ma vie d'homme et de journaliste. Une rencontre qui, ce matin de septembre 1978 au Mans, se matérialiserait sous la forme d'une silhouette vêtue de noir portant un casque jaune se découpant au milieu d'une meute de pilotes venus de tous les continents. Son style de pilotage révélait une osmose peu commune entre l'homme et sa frêle machine. Un tel flirt avec les lois de l'équilibre et un tel engagement physique ne pouvaient que susciter la curiosité et l'envie d'en savoir plus sur cet anonyme n° 70, identifié sur le programme comme étant un Brésilien de dix-huit ans ayant pour nom Ayrton da Silva et dont c'était la première apparition en Europe. Une visite à son stand s'imposait. Alors que je m'attendais à découvrir un costaud à la mine décidée, je tombais sur un jeune homme à la silhouette frêle, aux traits fins, presque féminins. Son regard sombre, aux aguets, laissait transparaître quelque chose qui ressemblait à de la timidité ou peut-être à de la méfiance. A l'époque, celui qui allait devenir un pilote de légende ne maîtrisait pas trop l'anglais et ne parlait, outre le brésilien bien sûr, que l'italien, la langue d'origine de sa mère, Neide, mais aussi celle de son équipe de mécanos. C'est donc dans une sorte d'espéranto italo-britannique que notre premier échange eut lieu. Je crois pouvoir dire qu'entre nous est née ce jour-là une certaine complicité qui devait durer plus de quinze ans.

Après quelques courses en Europe et autant de rencontres avec celui dont le pilotage me subjuguait, j'en savais assez pour dénouer les fils de sa jeune histoire. Elle n'a plus quitté ma mémoire depuis.

Ayrton Senna da Silva est né à São Paulo le 21 mars 1960. Il est alors le deuxième enfant d'une famille de trois. Il est surtout le premier fils de Milton da Silva et de Neide Senna, dont le futur pilote prendra le patronyme lorsqu'il entrera sérieusement dans la carrière de pilote.

Les Da Silva habitent sur les hauteurs du quartier populaire de Santana, au nord de São Paulo. Au début des années 1960, c'est encore la campagne à la ville, très loin du cœur de la cité et des *buildings* à l'américaine de l'avenue Paulista, en bordure des quartiers huppés de Jardim. Milton da Silva, qui fut un temps chauffeur de maîtres, a alors créé une petite entreprise de pièces mécaniques qui a pris de l'expansion rapidement. A l'époque, l'économie du Brésil n'affiche pas une santé florissante mais le potentiel est là. Cet homme d'un abord austère investit ses premiers bénéfices dans des têtes de bétail et dans les terres nécessaires pour les nourrir. Cet investissement va profiter à sa fortune. Bientôt, il lui faudra un petit avion pour surveiller ses propriétés et ses élevages. La famille Da Silva quitte la *middle class* brésilienne – alors minoritaire – pour intégrer les rangs des privilégiés.

Pourtant, les milliers et millions de cruzados puis de réals – avatars d'une inflation galopante – qui s'accumulent à la banque ne changent pas radicalement le mode de vie du clan Senna da Silva. Des "gens simples". Neide, la mère de famille, se consacre à ses enfants et à son mari qui, chaque midi, vient déjeuner à la table familiale. Une vie tellement normale et banale qu'il en devient captivant de comprendre comment le "virus" de l'automobile et de la vitesse a pu s'y insinuer et en devenir le pivot. Passons sur l'auto à pédales que le bambin Ayrton reçut en cadeau le jour de ses trois ans pour se pencher sur le petit engin, à moteur celui-là, que lui bricola son père pour ses sept ans. Du jour au lendemain, l'enfant lâcha les cerfs-volants qu'il adorait manipuler. Tout comme il laissa tomber ses copains pour la partie de foot de la fin de journée.

Les Senna da Silva venaient d'emménager dans une grande maison de l'avenue Nova Cantareira, n'ayant d'avenue que le nom. A la hauteur du numéro 5353, où habitent toujours les parents d'Ayrton, on trouve une petite rue pavée qui grimpe encore quelques centaines de mètres vers un cul-de-sac. La topographie du lieu est importante pour comprendre ce que deviendra Ayrton Senna da Silva. C'est dans cette pente, dévalée des centaines et des centaines de fois, qu'Ayrton a éprouvé sa témérité et son habileté. Lorsque le petit engin sera remplacé par un vrai minikart, ce dernier deviendra sa nouvelle obsession. Et un réconfort pour ses parents, soulagés d'avoir trouvé une occupation capable de canaliser l'énergie débordante de leur rejeton. Bien sûr, ce qui n'était, au début, qu'un amusement pour Ayrton bifurqua bien vite vers la compétition. Remporter la première course de kart à laquelle il participa le 1er juillet 1973 lui parut être une évidence mais, écoutant son instinct, l'apprenti pilote sut que la parfaite maîtrise d'un engin à moteur exigeait de corriger ses faiblesses plutôt que de se satisfaire d'un acquis qui lui semblait si facile. A l'occasion d'une épreuve disputée sous la pluie, il s'était retrouvé en difficulté. "Les types me passaient à droite, à gauche. C'était une mauvaise plaisanterie", me raconta un jour Ayrton, tout en me révélant le secret de sa dextérité sur les pistes détrempées. Dès qu'il pleuvait sur São Paulo – ce qui est assez fréquent –, Ayrton suppliait son père de le conduire sur un parking de supermarché afin qu'il s'entraîne à contrôler les dérobades de son kart sous le déluge. Un stakhanovisme qui lui procurera un avantage décisif dès ses débuts en compétition automobile, en Angleterre, sur des circuits souvent visités par la pluie. Cette détermination et cette implication devinrent une marque de fabrique. Tout comme cette capacité à aimanter toutes les énergies et les attentions à son service. Adolescent, Ayrton passait une bonne partie de son temps libre dans l'atelier du préparateur de ses moteurs, surnommé le Tché. Cet immigré d'origine espagnole était le plus réputé dans son domaine

C'est dans cette pente, dévalée des centaines et des centaines de fois, qu'Ayrton a éprouvé sa témérité et son habileté

PAUSE SUR...

LIONEL FROISSART

Né en 1958 à Paris, il assiste à dix ans au Grand Prix de France de Formule 1. Huit ans plus tard, il devient journaliste à *Auto Hebdo*. Très vite, Lionel Froissart se voit chargé de couvrir la saison de Formule 1 ; tout d'abord pour le magazine puis, à partir de 1986, pour le journal *Libération*. Animateur d'un blog (bordsdepistes.com), commentateur télé et auteur de nombreux ouvrages sur le sujet, dont *Ayrton Senna, croisements d'une vie* (éditions Anne Carrière, 2004), le journaliste est aussi spécialiste de ski, de tennis et de boxe. Son premier roman, *Les boxeurs finissent mal... en général* (éditions Héloïse d'Ormesson, 2007), a reçu le Prix Sport Scriptum en 2008.

et, bien sûr, la famille Senna n'hésita pas une seconde à lui confier la préparation du matériel du fiston. Le Tché, qui avait pourtant vu défiler des dizaines de champions en herbe, fut aussitôt séduit par le charme et par le talent du gamin. Le mécanicien mit du temps à comprendre pourquoi son jeune "pensionnaire" se précipitait toujours vers le téléphone dès que celui-ci sonnait pour répondre à sa place. Invariablement, avec un aplomb incroyable, Ayrton affirmait au correspondant à l'autre bout du fil – en général le parent d'un concurrent ou d'un adversaire potentiel – que : "Non, le Tché n'est pas là" ou "Il est en train de travailler sur une machine et n'est pas disponible" avant de raccrocher brutalement. Ayrton avait trouvé ce moyen infaillible pour s'approprier de manière "exclusive" les services de son mécanicien préféré. Déjà, Ayrton ne laissait aucun détail au hasard. Son talent hors norme – il faut peut-être parler de don de Dieu, auquel le pilote, très croyant, faisait si souvent référence – contribua à faire le reste, même si le champion en devenir ne s'en est jamais contenté, jugeant que le travail était un gage plus sûr de réussite.
Après avoir gagné tout ce qui pouvait l'être au Brésil puis en Amérique du Sud avec son kart, Senna da Silva se mit en tête de conquérir l'Europe. L'aisance financière de sa famille, lui permettant de voyager autant que nécessaire, lui autorisait ce genre d'ambition. Notre rencontre date de là et les années passées à observer sa progression furent fascinantes. Ce fut comme de rencontrer un extraterrestre.
Cette première course de kart en Europe marqua le vrai début de l'aventure avant qu'Ayrton s'impose à la tête des pelotons dès ses débuts en monoplace. Puis, à la suite d'un véritable conseil de famille au cours de l'hiver 1981-1982, il fut décidé que le rejeton n'allait finalement pas devenir l'associé et futur successeur du *business* paternel mais faire de sa passion pour la course automobile une profession. Tout fut mis en œuvre pour que la réussite soit totale. Choix minutieux des équipes et des programmes de course, *manager* ami du père, chasse aux sponsors brésiliens, relations attentives avec la presse : aucun détail ne fut négligé. En cela aussi, Ayrton était en avance sur son époque. Il avait compris, dès ses premiers succès, la nécessité de le faire savoir, de se construire une image et de la faire fructifier. Toutefois, à ses débuts, c'est avec humilité qu'Ayrton Senna da Silva suivit l'exemple des illustres aînés qui, avant lui, s'étaient engagés sur le chemin de la gloire. Un parcours chaotique qui passait par l'Angleterre. Les frères Fittipaldi, Emerson et Wilson, Carlos Pace, Chico Serra tout comme Nelson Piquet, peu apprécié des Brésiliens et détesté par Senna, avaient montré la voie. Pour tous ces Sud-Américains, l'espoir de devenir un pilote reconnu passait par un éprouvant exil en Angleterre.
Après avoir décidé de devenir pilote professionnel, Ayrton considéra que s'être marié à l'âge de vingt ans était une erreur qui pouvait entraver son ambition. L'union avec Liliane ne perdura que quelques mois. Une femme n'avait pas sa place dans cette histoire d'amour avec la vitesse. Libéré de ce poids, il s'impliqua totalement dans sa carrière. Dans la froide Angleterre, il vivait presque vingt-quatre heures sur vingt-quatre dans les ateliers de la petite équipe qui le faisait courir en Formule Ford. Tard le soir, il fallait presque le pousser dehors pour qu'il rejoigne son petit appartement meublé.
Invincible dans les catégories formatrices, il eut la force de caractère de refuser une alléchante proposition, qu'il jugea prématurée, de Ron Dennis, l'emblématique patron de l'écurie de Formule 1 McLaren qui lui offrait le

financement de sa première saison de Formule 3, en échange d'un contrat tout à l'avantage de l'Anglais, bien sûr, et qui ne lui garantissait en rien d'accéder à la Formule 1. Refus poli mais culotté du jeune ambitieux qui avait déjà une idée assez précise de son talent : il se savait incontournable. Un jour ou l'autre, les plus grandes équipes de Formule 1 lui dérouleraient le tapis rouge.

C'est exactement ce qui se produisit. Il marcha dans les traces de son idole et mentor, Emerson Fittipaldi, comme lui natif de São Paulo. Pour Ayrton, le cadet des Fittipaldi était à jamais associé à un souvenir d'enfant. Il gardait l'image furtive d'Emerson au volant de sa Lotus noir et or fonçant vers la victoire lors du premier Grand Prix du Brésil de l'Histoire, un certain dimanche de février 1973, sur le circuit d'Interlagos. Perché sur le mur d'enceinte du *kartódromo* qui surplombe le grand circuit de Formule 1, Ayrton avait regardé bouche bée le triomphe de celui qui avait été sacré champion du monde quelques mois plus tôt. L'année suivante, en 1974, Emerson Fittipaldi remportait son deuxième titre sur une McLaren. Le destin voulut qu'Ayrton, une décennie plus tard, soit engagé à son tour par l'écurie Lotus avant que Ron Dennis ne revienne vers lui pour lui proposer de piloter l'une de ses McLaren. La riche filière brésilienne avait produit un nouvel élément. Le meilleur d'entre tous. Senna, devenu à son tour une vedette des circuits, contribuerait à ajouter d'autres maillons à cette chaîne de l'entraide *paulista*. Ce qu'Emerson Fittipaldi et Chico Serra avaient fait pour lui, il le reproduirait pour Rubens Barrichello et Mauricio Gugelmin.

Si Fittipaldi, le premier champion du monde brésilien, avait été aimé par les supporteurs de son pays, Ayrton fut adulé. Révélation dès sa première saison, il se fit connaître lors de l'épique Grand Prix de Monaco en 1984 et sa démonstration de pilotage acrobatique sous les trombes d'eau est restée ancrée dans les mémoires des *aficionados*. C'est

NACIONAL

pourtant avec une mine fermée et boudeuse que l'impétrant s'afficha ce jour-là sur le podium princier, ulcéré d'avoir été privé de la victoire par l'arrêt anticipé de la course. Ce qui avait été à ses yeux une injustice fut effacé quelques mois plus tard lorsqu'il remporta son premier Grand Prix, dès le début de sa collaboration avec Lotus en 1985. Dès lors, Ayrton fut regardé comme un candidat au titre suprême. Il le remporta de fait à trois reprises, en 1988, 1990 et 1991. Lors de son premier succès au championnat, en 1988, Ayrton, pourtant d'une pudeur extrême dans ses relations amicales, m'interpella publiquement en évoquant la formidable époque du kart que nous avions vécue en parallèle. Lui, le pilote, moi, le témoin. Je savais qu'il m'avait fallu toutes ces années pour gagner sa confiance. Pourtant, malgré la complicité qui nous rapprochait, la personnalité du Brésilien – j'ose dire son aura – imposait naturellement une distance, y compris avec ses proches. Il n'était pas de ceux à qui on tapait sur l'épaule pour appuyer une bonne blague. Et ce, bien avant qu'il ne soit devenu une *star* du sport mondial. Distant un jour et ne pouvant rien dissimuler de ses émotions le lendemain, il était aussi sanguin et impulsif. D'un sang-froid absolu dans son *cockpit*, je l'ai vu sortir de ses gonds plus d'une fois et prêt à aller jouer du poing avec tel journaliste irrespectueux ou tel concurrent qui venait de lui faire un coup tordu en piste. Ainsi, à ses débuts, Michael Schumacher essuya plusieurs fois les vives remontrances de son aîné.

Il était condamné à l'exploit à chaque course pour simplement faire illusion

Toutefois, c'est l'intense duel que Senna livra à Prost qui reste dans les esprits du grand public. Avec le champion français, ce fut toujours différent. Aux yeux du Brésilien, Prost était la référence absolue. La statue à déboulonner pour gagner la reconnaissance du milieu. Et ça ne pouvait passer que par l'anéantissement de ce rival. C'est contre Prost que le Brésilien fit preuve de la plus grande agressivité, en piste comme dans le paddock. D'abord adversaires ordinaires, leur rivalité ne pouvait que tourner à l'aigre lorsque Ron Dennis, le patron de l'équipe McLaren, eu le culot de les associer. Les deux hommes devinrent alors les meilleurs ennemis du monde de la Formule 1.

Un épisode résume parfaitement l'effrayante métamorphose dont était capable Senna lorsqu'il se retrouvait confronté à Prost. Au cours de la saison 1993, le pilote brésilien ne disposait pas d'une monoplace lui permettant de rivaliser avec celle du Français. Il était condamné à l'exploit à chaque course pour simplement faire illusion. A Silverstone, cette année-là, je surpris une scène touchante quelques minutes avant le départ. Alors qu'il entamait son rituel – quasi sacré – de préparation de son casque, Ayrton aperçut son précieux heaume sur la tête de sa jeune nièce, l'une des filles de sa sœur Viviane. Je m'attendais à le voir réprimander l'enfant. Au contraire, Ayrton lui ôta le casque avec douceur, l'embrassa sur la tête, puis salua tendrement sa sœur avant de s'installer dans sa voiture. Quelques minutes plus tard, confronté à Prost, il se livrait à un duel d'une violence inouïe pendant les premiers tours de la course, au péril de sa vie et de celle de son adversaire. En public, Senna n'appelait jamais Prost par son prénom, préférant de laconiques "l'autre", "il" ou "le Français". En coulisse et surtout en privé, Ayrton Senna manifestait un respect pour son rival qu'Alain Prost ne pouvait pas même soupçonner. Lorsque, à la fin de la saison 1993, devenu quadruple champion du monde, Prost officialisa sa prochaine retraite, Ayrton s'en trouva désemparé. Le lendemain de cette annonce, il me fit comprendre qu'il perdait là son repère, sa jauge et un peu de sa raison de mettre tant d'énergie à courir en Formule 1. Sa carrière et ses succès étaient devenus indissociables de ceux du Français. La jeune garde montante ne lui inspirait pas la même rage de vaincre. Un peu plus de six mois plus tard, la veille de sa mort, Senna adressa un troublant message personnel au Français alors qu'il entamait un tour du circuit d'Imola en lâchant dans sa radio de bord : "Alain, tu me manques." Cette phrase a balayé chez Prost toutes les rancœurs nées de leurs luttes au cours desquelles les deux hommes usèrent de toutes les armes, même les moins loyales, pour se vaincre. Mais les enjeux étaient à ce prix. Comme leurs proches pourraient en témoigner, ces deux champions auraient été appelés à se rapprocher puis à se réconcilier. Mais cette belle histoire fut anéantie le 1er mai 1994.

De cette douce journée de printemps, la mémoire collective gardera longtemps le souvenir d'une image, violente et furtive, retransmise en mondovision. Celle d'une monoplace blanc et bleu qui se fracasse sur un mur de béton à plus de deux cents kilomètres à l'heure, soulevant sur son passage, dans un bruit sourd, presque imperceptible, un léger nuage de poussière. Puis, le plan de cette caméra encore, qui vient scruter le *cockpit* de la Williams, pour relayer aux témoins cathodiques du monde entier cette vision sinistre. Celle du célèbre casque jaune amorçant un faible mouvement avant de replonger dans le néant.

De cette douce journée de printemps, la mémoire collective gardera longtemps le souvenir d'une image, violente et furtive, retransmise en mondovision

Ce jour-là, pour le Brésil pétrifié de douleur, le temps de l'*alegria* qui rythmait les dimanches de Grand Prix s'est arrêté à jamais.

La disparition brutale du pilote affecta des millions de personnes à travers le monde. Il ne s'agissait, après tout, "que" de la mort d'un pilote dans l'exercice d'une profession qu'on savait dangereuse. Mais ce pilote n'était pas tout à fait comme les autres. A tel point que l'autre accident mortel qui s'était produit la veille, celui de l'anonyme Autrichien Roland Ratzenberger, fut occulté par la mort du triple champion du monde. La disparition du Brésilien toucha le Japon, où Senna était vénéré, l'Italie, où le génial acrobate était attendu comme le prochain Messie de la Scuderia Ferrari, la France, où il avait été l'adversaire honni ou admiré d'Alain Prost, l'Angleterre, où il avait débuté sa carrière et gagné le respect d'un public de connaisseurs grâce à ses duels contre le vaillant Nigel Mansell. Les Brésiliens, eux, avaient toutes les raisons de se sentir orphelins. Les passants interrogés au hasard des trottoirs, dans les quartiers huppés comme aux abords des *favelas*, exprimaient tous la même idée. Senna, en gagnant sur les circuits du monde entier, avait été le parfait ambassadeur d'une nation en mal de reconnaissance. Chaque fois qu'il bouclait un tour d'honneur en brandissant le drapeau national, toutes les couches de la société brésilienne se sentaient associées à la victoire du héros. Senna partageait ses succès plutôt que de se les attribuer. Il ne manquait jamais de faire référence à son pays. L'avènement de Senna au sommet du sport automobile au milieu des années 1980 est également à rapprocher du retour de la démocratie au Brésil avec l'élection en 1985 d'un président (Tancredo Neves, qui devait mourir le dimanche de la première victoire de Senna), après des années passées sous le régime des militaires qui laissèrent l'économie du pays exsangue. Les victoires du pilote puis ses titres furent de justes consolations après cette longue période de souffrance et de morosité ; de honte, pour certains. De nouveau, les Brésiliens étaient fiers et trouvaient même avec la nouvelle idole des circuits un exutoire au manque de

réussite de l'équipe nationale de football alors en pleine période de disette.
Le 4 mai 1994, un avion civil de la compagnie Varig en provenance de Paris, transportant le corps du pilote, fut accueilli par une interminable salve d'applaudissements à l'aéroport international de Guarulhos. Cette ovation se prolongea jusqu'au centre de la mégalopole, à trente kilomètres de là, sans jamais s'interrompre, assurée par une chaîne humaine formant une double haie d'honneur sur le passage du camion de pompiers au-dessus duquel avait été posé le cercueil recouvert d'un immense drapeau national et escorté par des motards de la police. La lente progression du cortège fut survolée par une noria d'hélicoptères et intégralement retransmise par plusieurs chaînes de télévision, les caméras saisissant, au hasard de la foule, des signes de croix, des grimaces de douleur, des incantations désespérées rythmées par une mélodie entraînante: "Ohé, ohé, ohé, Senna, Senna", digne de la plus fervente des *torcidas*, et des visages bouleversés, noyés de larmes.

"Ohé, ohé, ohé, Senna, Senna"

Après plusieurs heures, le convoi arriva enfin à destination, s'arrêta devant l'immense porte de l'Assemblée législative de São Paulo, dans le parc d'Ibirapuera. Au fil de son trajet, la carrosserie rouge du camion de pompiers avait presque complètement disparu sous les pétales de fleurs et les confettis multicolores. Le cercueil, délicatement descendu, sur lequel allait être posé le casque aux couleurs du pilote, fut exposé là jusqu'au jour de la cérémonie funèbre, tandis que le président Itamar Franco décrétait trois jours de deuil national. Puis, il décora le catafalque de la croix du mérite.
Des milliers de personnalités et d'anonymes défilèrent pendant trois jours et autant de nuits dans l'immense cathédrale qu'était devenue l'Assemblée législative.
Le matin de l'enterrement, le cercueil du défunt fut porté par une dizaine de pilotes, anciens adversaires ou amis, sous un soleil incandescent. Malgré leurs stricts costumes sombres et leurs visages en partie dissimulés par des lunettes noires, la foule put reconnaître Gerhard Berger, Jackie Stewart, Alain Prost, Emerson Fittipaldi accompagné de son neveu Christian, Rubens Barrichello et quelques autres. Le dernier adieu à un parrain de la mafia n'aurait pas eu plus d'allure et de faste.
La cérémonie s'acheva sur l'épais tapis d'herbe de Morumbi, un cimetière à l'américaine où reposent quelques célébrités brésiliennes parmi lesquelles la chanteuse populaire Elis Regina; un jardin encerclé de *buildings* ultramodernes, tenus à l'écart de la rumeur de la ville par sa situation privilégiée au sommet d'une colline à la végétation dense. Une patrouille aérienne traça dans le ciel un immense "S" de fumigènes, tandis que vingt et un coups de canon tirés par les cadets de la police militaire retentissaient. Une fois les membres de la famille et les proches repartis, il ne resta plus, au pied d'un ipé fraîchement planté, qu'une plaque de cuivre portant le n° 0011 sur laquelle est sobrement inscrit: Ayrton Senna da Silva. *21-03-1960 *01-05-1994 et cette phrase en portugais: "Rien ne peut me séparer de l'amour de Dieu."
Aujourd'hui, dix-huit ans après la mort accidentelle de Senna, que reste-t-il de la mémoire du champion au Brésil et ailleurs? Lui qui suscita toute la palette des sentiments, de l'idolâtrie à la vénération, de la simple admiration à la détestation ou à l'aversion; pilote jusqu'au-boutiste, homme énigmatique et mystique qui n'a jamais laissé indifférent. A São Paulo, aux abords du circuit d'Interlagos, les *posters* de celui qui remporta tous ses titres au volant d'une McLaren couvrent les murs de dizaines de petites échoppes spécialisées dans la réparation mécanique. Les fresques murales du cimetière de Morumbi sont régulièrement rafraîchies. Chaque fin de saison, au moment du Grand Prix de Formule 1, sa tombe est fleurie et

reçoit la visite de nostalgiques venus de tous les continents. Son nom a été attribué à une avenue ici, un tunnel là. Ailleurs dans le monde, les traces du souvenir sont multiples. En Belgique, à Spa-Francorchamps, où il s'est imposé cinq fois, une stèle posée à l'entrée du circuit accueille les visiteurs et les pilotes. A Montmeló, sur le circuit de Barcelone, c'est une statue qui trône à proximité du paddock. A Imola, sur les lieux de l'accident, des centaines de graffitis religieusement entretenus défient les assauts du temps sur le mur de Tamburello. A quelques mètres du point d'impact fatal, une immense statue en bronze est devenue le lieu de recueillement pour les admirateurs du champion disparu. Plus inattendu, une plaque rappelant les trois titres de Senna a été fixée sur le macadam du circuit d'Adélaïde, en Australie, où le Brésilien signa sa soixante-cinquième *pole position*, record du genre, et remporta sa quarante et unième et dernière victoire en clôture de la saison 1993. A Estoril, une colonne aux formes modernes rappelle que, sur ce circuit, en 1985, Ayrton Senna a remporté sa première victoire en Formule 1 dans les bourrasques pluvieuses d'un jour d'avril. A Monaco, où le Brésilien vainqueur à six reprises détient le record du nombre de succès, c'est une modeste plaque que les amateurs de jeux de piste peuvent repérer sur l'un des piliers du hall d'entrée du Grand Hôtel. A Donington, en Grande-Bretagne, où Ayrton effectua l'un de ses plus incroyables numéros de funambule sous la pluie en 1993, c'est un véritable mausolée qui a été érigé à la gloire du pilote sud-américain. Ayrton Senna da Silva y côtoie Juan Manuel Fangio, son modèle. D'autres lieux, ici et là, ajoutent leur pierre à l'édifice du souvenir ou du culte, diront certains. Etrangement, au Japon, sur le circuit de Suzuka, où Senna était considéré comme un dieu et où il fut sacré champion du monde pour la première fois en 1988, rien! Pas la moindre plaque. Pas l'ombre d'une statue. Juste une atmosphère évidente. Senna est toujours là.

Senna

UN DOCUMENTAIRE D'ASIF KAPADIA

La vie, la mort et le mythe noué autour d'Ayrton Senna font l'objet du film-documentaire d'Asif Kapadia réalisé en 2011. Ayrton Senna entra très tôt dans la légende pour ne jamais la quitter. Il restera ancré dans les mémoires comme ce pilote absolument génial à la personnalité bien trempée. Arrogant pour les uns, exceptionnel pour les autres. On en finirait pas si l'on voulait se donner la peine d'égrener la liste des oppositions et des contradictions présentes chez ce même homme. Mais cela ne va-t-il pas toujours de la sorte avec les êtres hors norme? Et les autres aussi sans doute. Ce film retrace la vie de Senna et révèle des archives inédites où on le voit dans les paddocks avant la course, en discussion avec les techniciens, tandis que d'autres passages nous le montrent dans l'intimité, en famille. On notera les moments où Senna quitte la salle en pleine séance de préparation dirigée à l'époque par Jean-Marie Balestre, le président de la F.I.A., ce qui équivaut à une véritable insulte que personne ne s'est permis avant ni ne réitérera après lui. Puis ce fatidique week-end du 1er mai qui a vu l'effroyable série de tonneaux de Rubens Barrichello qui s'en sortit avec seulement quelques contusions, Roland Ratzenberger qui perdit la vie durant les qualifications et enfin Ayrton Senna dont on a du mal a écrire la fin même si tout le monde la connaît, tant la douleur reste vive. Un film poignant qui n'est aucunement réservé aux fans de la Formule 1.

WEEK-END MEURTRIER A IMOLA

J.J LEHTO (FINLANDE) & PEDRO LAMY (PORTUGAL)

1

Benetton-Ford et Lotus-Honda

LIEU : Grille de départ

DATE : Dimanche 1er mai

HEURE : 14 h 02

Au moment du départ du Grand Prix, Lehto cale sur la grille de départ. Le Portugais qui s'élance du fond de la grille aperçoit au dernier moment la Benetton immobilisée devant lui. Le choc se produit à plus de 200 km/heure mais aucun des deux pilotes n'est blessé. En revanche des débris et une roue projetés dans les tribunes blessent deux spectateurs et un policier.

RUBENS BARRICHELLO (BRESIL)

2

Jordan-Hart

LIEU : Variante (chicane) Bassa

DATE : Vendredi 29 avril

HEURE : 13 h 16

Le Brésilien est victime d'une violente sortie de piste à près de 150 km/heure. Après avoir soupçonné une rupture mécanique, Barrichello reconnaîtra qu'il est probablement rentré trop vite dans le virage et s'est laissé déporté sur une bordure, ce qu'il l'a fait décoller et percuter les pneus et grillages de protection. Il s'en sort avec une fracture du nez et un poignet foulé.

ROLAND RATZENBERGER (AUTRICHE)

3

Simtek – Ford

LIEU : Courbe Villeneuve

DATE : Samedi 30 avril

HEURE : 14 h 20

Le pilote autrichien, qui disputait son troisième Grand Prix, avait escaladé une bordure et endommagé un aileron avant au tour précédent. C'est probablement une perte d'adhérence consécutive à cette sortie qui l'a expédié hors de la piste dans la très rapide courbe Villeneuve. L'impact a été supérieur à 300 km/heure. Déclaré mort dans l'hélicoptère, une autopsie a révélé que Ratzenberger est mort sur le coup.

AYRTON SENNA (BRÉSIL)

4

Williams-Renault

LIEU : Courbe de Tamburello

DATE : Dimanche 1er mai

HEURE : 14 h 17

Après plusieurs tours effectués au ralenti, le temps de nettoyer les débris sur la ligne droite du départ, la course repart. Senna est en tête devant la Benetton de Schumacher. Au début du deuxième tour lancé, le Brésilien perd le contrôle de sa Williams à la suite d'une rupture mécanique, probablement la rupture de la colonne de direction, même si la raison exacte n'a jamais été formellement établie. La Williams-Renault quitte la piste à plus de 300 km/heure mais l'impact se produit à 112 km/heure. A cet instant, le pilote brésilien est mortellement blessé par un élément de suspension qui traverse son casque au niveau de l'arcade sourcilière. Sa mort sera officialisée en fin de journée par les médecins de l'hôpital Magiorre de Bologne où il a été héliporté.

RIVAZZA
2
VARIANTE
BASSA
1
4
TRAGUARDO
VARIANTE
ALTA
TAMBURELLO
3
VILLENEUVE
PIRATELLA
TOSA

DREAM A LITHIUM DREAM

LAWRENCE WRIGHT | TRAD. MARIANNE VÉRON | ILL. MARREL

La Bolivie est une terre de convoitise. Au XVIe siècle, la découverte du *Cerro Rico* précipita l'arrivée des colons espagnols qui extirpèrent l'argent de ce mont pour nourrir le faste de leur empire. Aujourd'hui, c'est le *Salar* de Uyuni qui suscite le rêve. Non par la beauté lunaire de son paysage, mais parce que ses eaux troubles regorgent de lithium. Le président Morales souhaiterait que l'exploitation de ce métal, indispensable à la production des technologies de demain, profite à son pays. Mais de multiples obstacles restent à franchir.

Il y a, dans le sud de la Bolivie, une montagne baptisée Cerro Ricco – "montagne opulente". C'est un rocher pâle et chauve, traversé d'étroites routes de terre qui s'entrecroisent comme des lacets. Plus de quatre mille tunnels miniers en ont si minutieusement grignoté l'intérieur que la montagne court le risque de s'effondrer. Les taudis agglomérés autour de sa base se répandent jusque dans la ville ancienne de Potosí, classée au patrimoine mondial de l'humanité. Evo Morales, président de la Bolivie, m'a dit récemment que ses compatriotes et lui-même considèrent Potosí comme un symbole de "pillage, d'exploitation, et d'humiliation". Cette ville représente une Bolivie qui aurait pu exister : un pays qui aurait capitalisé sur son extraordinaire richesse en minerais pour devenir une grande puissance industrielle. Cette Bolivie-là aurait facilement pu s'imaginer en 1611, quand Potosí était l'une des plus grandes villes du monde, avec cent quatre-vingt mille habitants – à peu près comme Londres à la même époque. Bien que Potosí ait connu des débuts de ville minière, avec les bars et les salles de jeux qui accompagnent les hommes aux frontières, elle ne tarda pas à s'enrichir d'églises et de théâtres somptueux et d'une bonne douzaine d'académies de danse. Du milieu du XVIe siècle au milieu du XVIIe, l'argent produit dans le Nouveau Monde provenait pour moitié de Cerro Rico. L'historien Carlos Mesa, qui fut président de la Bolivie de 2003 à 2005, m'a dit : "Pendant toute la durée de l'Empire espagnol, on disait : 'C'est un vrai Potosí' pour évoquer la chance ou la richesse." Aujourd'hui, Potosí est un des endroits les plus pauvres d'un pays qui a longtemps été un des plus pauvres d'Amérique latine.

Parmi les ruptures provoquées par la révolution industrielle, il existe une autre ville dont les promesses de grandeur se sont maintenant écroulées : Detroit. Avant même que la première Curved Dash Oldsmobile sorte des chaînes de montage en 1901, inaugurant l'ère de la voiture populaire, Detroit était déjà une vitrine industrielle : ses énormes usines produisaient du fer, du cuivre, des wagons de marchandises, des navires, des produits pharmaceutiques et de la bière. Suivant l'exemple d'Oldsmobile, des constructeurs automobiles comme Ford, Packard et Cadillac transformèrent l'économie américaine. Mais le triomphe de Detroit fut d'une extraordinaire brièveté. La superficie de la ville compte pour la moitié de ce qu'elle avait pu représenter cinquante ans plus tôt. Deux des "trois grands" constructeurs, General Motors et Chrysler, ont fait faillite en 2009 et tous ont réduit leurs effectifs de façon drastique. A Detroit, le chômage touche cinquante pour-cent de la population. Le taux d'homicide est au quatrième rang des Etats-Unis. Un tiers environ de sa population vit dans la pauvreté. On estime à soixante-dix mille le nombre de bâtiments désaffectés – maisons, églises, usines et même gratte-ciel – et bien souvent brûlés ou vandalisés. Des secteurs de la ville sont désormais récupérés pour y pratiquer la culture ou l'élevage. De même que la Bolivie, Detroit espère une deuxième chance. Et l'une comme l'autre ont les yeux tournés vers un trésor qui pourrait restaurer leur fortune et, incidemment, mener le monde vers un environnement plus propre. Ce trésor, c'est le lithium.

Le lithium, le plus léger de tous les éléments solides, n'a joué, jusqu'à maintenant, qu'un rôle modeste dans l'industrie. De couleur argentée et plus malléable que le plomb, il a essentiellement servi d'alliage pour l'aluminium, de base pour la graisse automobile et aussi dans la fabrication du verre et de la céramique. Il est tellement instable qu'on ne le trouve jamais à l'état pur dans la nature. Le lithium flotte sur l'eau – ou plus exactement il s'y démène follement, traînant après lui un nuage d'hydrogène, jusqu'à ce qu'il se dissolve. Curieusement, étant donné sa nature excessivement réactive, le lithium possède de puissants effets tranquillisants ; on l'a longtemps utilisé pour traiter les troubles de l'humeur, notamment les épisodes maniaques. Dans les années 1950, le gouvernement américain a créé un marché pour le lithium lorsqu'un isotope de ce métal s'est révélé utile pour la fabrication d'armements thermonucléaires. Mais en dehors de cela, la demande pour le lithium, qui présente des qualités corrosives, ainsi qu'une tendance à s'enflammer spontanément, stagnait. Avec le développement des téléphones cellulaires et des ordinateurs portables, cela changea soudain ; le lithium se révéla idéal pour la fabrication de batteries ultralégères. A présent, avec l'émergence des voitures électriques, le lithium pourrait concurrencer le pétrole comme carburant numéro un du futur. Et près de la moitié des ressources mondiales connues sont enfouies sous de vastes déserts de sel dans le sud-ouest de la Bolivie, le principal étant le Salar de Uyuni. Les Boliviens ont commencé à appeler leur pays l'"Arabie Saoudite du lithium".

Les Boliviens ont commencé à appeler leur pays l'"Arabie Saoudite du lithium"

Il n'est toutefois pas certain que la Bolivie soit capable de tirer profit de ce trésor. Morales, qui est étroitement aligné sur le socialisme populiste d'Hugo Chávez, le président du Venezuela, profère volontiers des déclarations révolutionnaires : "Le capitalisme doit mourir, sinon la planète Terre mourra."

PAUSE SUR…

LAWRENCE WRIGHT

Journaliste au *New Yorker* depuis 1992, il débute sa carrière professionnelle en Egypte, en enseignant l'anglais au Caire. En 1971, de retour aux Etats-Unis, il travaille comme pigiste dans la presse nationale puis rejoint la rédaction de *Rolling stone*. Lawrence Wright est aussi scénariste, dramaturge et auteur de plusieurs livres d'investigation. Fruit de cinq années d'enquête, son ouvrage intitulé *La Guerre cachée* (éditions Robert Laffont, 2007), une histoire d'Al-Qaïda et du terrorisme islamiste, a reçu de nombreuses récompenses dont le prix Pulitzer. Wright travaille actuellement à un livre sur la scientologie qui paraîtra en 2013.

Ce genre de rhétorique tend à effaroucher le type d'investissements étrangers qui faciliteraient le développement du Salar. Et puis il y a le manque d'infrastructures de la Bolivie : l'eau, l'électricité et le gaz sont très insuffisamment distribués et rares sont les routes carrossables. Avant que la Bolivie puisse espérer exploiter le combustible du XXIe siècle, elle doit d'abord développer les rudiments d'une économie du XXe siècle.

L'accès au Salar se fait par une route de terre à une seule voie qui descend des Andes en lacets, serpentant entre des canyons spectaculaires et des plaines sèches où paissent des lamas et des vigognes. Des flamants roses hauts perchés sur leurs pattes vont et viennent dans des mares peu profondes. Jusqu'à récemment, les cimes des montagnes boliviennes étaient couvertes de glaciers mais le réchauffement global a fait reculer la glace en grande partie, réduisant la quantité d'eau qui alimente le pays. A proximité immédiate d'Uyuni, toute une ville de masures en terre s'étale en bordure du désert, le paysage broussailleux s'emplit d'ordures et des sacs en plastique multicolores battent au vent dans les branches des queñua. En entrant dans la ville, on est accueilli par un comité de chiens errants. L'aéroport local a été fermé pendant des années, puis a rouvert en 2011. Avec une population de dix mille habitants, Uyuni n'est qu'à environ trois cents kilomètres de l'océan Pacifique mais, depuis plus d'un siècle, l'accès de la Bolivie à la mer est bloqué par son ennemi historique, le Chili. Le pays est enfermé dans les terres et isolé, "une île entourée de terre", comme me l'a décrit Fernando Molina, journaliste, un des intellectuels les plus renommés de Bolivie. "Un tiers du pays se situe à plus de trois mille mètres d'altitude et le reste gît tout en bas, à une différence de niveau vraiment énorme. Notre capacité à transporter des choses est nulle. La géographie nous empêche de produire quoi que ce soit, puisque nous ne pouvons rien transporter."

Le Salar ressemble à une mer gelée. Plus de dix mille kilomètres carrés d'une blancheur aveuglante, visibles depuis la lune. (Neil Armstrong l'avait pris pour un glacier géant.) Selon une légende indienne locale, c'est la déesse d'un volcan voisin qui, écartant avec colère son enfant de son sein, a causé l'apparition du Salar, quand s'est répandu son lait mêlé de larmes. Les Indiens, qui sont surtout des Quechuas et des Aymaras, utilisent le sel pour faire des briques et pour nourrir leurs bêtes. De temps en temps, une caravane de lamas apporte du sel à des troupeaux de bétail dans les basses terres boliviennes. Pendant la brève saison des pluies, une nappe d'eau stagnante recouvre le désert de sel, formant un miroir infini du ciel. Chaque hiver, une constellation de cristaux polygonaux, tels des carreaux de salle de bains géants, se forment et s'imbriquent à la surface du sol salé. Cette épaisse croûte abrite une étendue d'eau saumâtre dans laquelle se trouve du lithium dissous.

Pendant des années, le Salar a été une destination de choix pour les voyageurs en mal d'aventures, mais pas grand-chose d'autre n'a été fait pour soutenir l'économie de la région. "Nous sommes au courant de la présence du lithium depuis 1985", m'a dit Francisco Quisbert, le directeur de la Fédération des paysans d'Uyuni. Les paysans de la région adressaient régulièrement des pétitions au gouvernement pour que le gisement du Salar soit exploité et, en 1990, le président Jaime Paz Zamora donna son accord de principe à un contrat pluriannuel avec la Lithium Corporation of America (devenue F.M.C. Corporation), aux termes duquel l'entreprise aurait pu prendre tout le lithium qu'elle voulait, en ne reversant que huit

pour-cent des bénéfices à la Bolivie. Cet accord mit en fureur de nombreux Boliviens et, quand les paysans lancèrent une campagne pour qu'il soit résilié, la Lithium Corporation annonça qu'elle lançait plutôt l'opération en Argentine, pays où les réserves de lithium sont également abondantes. "Tout le monde nous a blâmés, se souvient Quisbert, nous reprochant d'avoir manqué une occasion qui ne se reproduirait pas." Et il ajouta, citant un proverbe espagnol : "On nous disait : 'Vous êtes le chien du jardinier' – puisque nous ne pouvons pas manger, nous ne laisserons pas les autres manger non plus."

Eric Norris, un des dirigeants de la société minière, m'a récemment expliqué que la Bolivie avait d'abord été envisagée à cause de l'ampleur de ses gisements de lithium mais que l'initiative s'était vite "révélée irréalisable". En plus des problèmes posés par l'absence d'infrastructures et par la difficulté d'extraire le minerai du Salar, "l'atmosphère politique du pays n'était pas favorable".

En 2005, Morales devint président de la Bolivie. Une fois de plus, les paysans présentèrent un programme d'exploitation du Salar. Morales accepta que soit établi un projet pilote d'extraction et de traitement du minerai. Cette fois, promit-il, ce serait une entreprise strictement bolivienne. "Jamais l'Etat ne perdra sa souveraineté sur ses gisements de lithium", proclama-t-il.

Marcelo Castro, ingénieur en chef du projet pilote, m'a emmené voir l'un des sites expérimentaux du Salar. Il portait des lunettes noires panoramiques pour se protéger de la lumière aveuglante ; seuls les pics déchiquetés des Andes, à l'horizon, interrompaient la blancheur du paysage. "Nous traitons le lithium de manière économique, grâce à un processus d'évaporation", m'expliqua Castro tandis que nous marchions en chaussures de randonnée sur la croûte de sel qui craquait sous nos pas. Il y avait là un camion à plateau ouvert et un rouleau compresseur ; on aurait dit des jouets d'enfant abandonnés sur une plage immense. A proximité, je vis une sorte de tramway vieillot, où étaient logés les hommes qui travaillaient sur ce site de recherche éloigné de tout. Une mare carrée peu profonde avait été creusée dans la croûte salée et était remplie d'un liquide saumâtre, à l'aspect bleuâtre et laiteux. Ainsi exposé au soleil et au vent, ce liquide allait se dessécher en un tas de manganèse, de potassium, de borax et de sels de lithium, qui seraient alors filtrés puis placés dans une autre mare, puis dans une autre encore. Environ dix-huit mois plus tard, il serait possible de séparer le carbonate de lithium des autres éléments. Le processus était suivi par un ministère des "Ressources évaporatives". Exubérant et passionné, avec ses cheveux ébouriffés, Castro, qui s'arrêtait constamment pour s'extasier sur les progrès déjà accomplis, me confia que le projet concernerait finalement une douzaine d'hectares découpés en bassins de ce type. "Avant, me dit-il, l'entreprise pilote était un rêve. Maintenant, elle est bel et bien vivante."

Le projet pilote est un test crucial pour le gouvernement mais ce n'est qu'une partie de ce qu'a promis Morales. Un matin de bonne heure, en novembre 2009, j'accompagnai le président dans sa tournée électorale ; il était en pleine campagne présidentielle. (Il fut réélu le 6 décembre, à une énorme majorité.) Morales se rendait dans la province de Beni, dans le nord-ouest, dans le bassin de l'Amazone. Il se déplace habituellement dans un avion de tourisme Fokker qui a plus de vingt ans d'âge mais, cette fois-ci, il empruntait l'appareil vice-présidentiel, un six places capable d'atterrir sur les courtes bandes de terre où nous allions nous poser. Le petit avion prit de l'altitude au-dessus de La Paz, la capitale, qui est nichée très haut sur un versant andin. Les montagnes disparurent rapidement, tandis que nous survolions l'intérieur du pays, pratiquement vierge de toute route. En regardant par le hublot, Morales fit le serment que "jamais le Salar ne deviendrait un autre Cerro Rico". La Bolivie, dit-il, n'exporterait plus ses matières premières sans bénéficier de la valeur ajoutée que le monde industrialisé en tirait. Non seulement le pays allait exploiter et traiter son lithium sans l'aide de personne mais il fabriquerait aussi des batteries – et, ultérieurement, des voitures. “Grâce à ces eaux saumâtres, me dit Morales, des voitures alimentées au lithium sortiront de Bolivie. Voilà le rêve. Sans les rêves, que valent les choses ? Les rêves deviennent la réalité.”

Voilà le rêve. Sans les rêves, que valent les choses ? Les rêves deviennent la réalité

La batterie, inventée en 1800 par Alessandro Volta, est un dispositif apparemment simple. Typiquement, il se compose de deux électrodes différemment chargées – une anode et une cathode – immergées dans un électrolyte, matériau permettant la circulation d'un flux entre elles. Quand on branche une batterie, on ferme un circuit qui permet à des électrons chargés négativement de circuler de l'anode vers la cathode, produisant ainsi de l'énergie.

Depuis des dizaines d'années, les voitures fonctionnent avec des batteries au plomb et à l'acide, qui alimentent l'allumage et les circuits électriques. Ces batteries peuvent également faire fonctionner des voitures électriques mais elles sont encombrantes et, comparées à l'essence, beaucoup moins puissantes. Il y a dix ans, General Motors a produit une voiture électrique, l'EV1, qui utilisait vingt-six batteries plomb-acide reliées entre elles et qu'il fallait recharger tous les cent kilomètres. Une deuxième version, utilisant une batterie au nickel, allongea son autonomie jusqu'à près de cent quatre-vingts kilomètres mais la batterie pesait encore très lourd.

Une autre option était celle du lithium, huit fois plus léger que le nickel. Chez Exxon, dans les années 1970, des chercheurs avaient mis au point une batterie dotée d'une anode en oxyde d'aluminium au lithium et d'une cathode en bisulfure de titane. La batterie se révéla assez faible et plusieurs incidents se produisirent dans le labo. “Après avoir essuyé quelques explosions, ils ont décidé d'abandonner la recherche en énergies alternatives”, se souvient John Goodenough, chercheur en sciences de la matière à l'Université du Texas. Goodenough décida alors de tenter sa chance avec une batterie ion-lithium. Il fabriqua un prototype en utilisant de l'oxyde de cobalt au lithium pour la cathode et doubla ainsi l'énergie par rapport à n'importe quelle autre batterie de même taille.

En 1991, Sony utilisa les perspectives ouvertes par Goodenough pour produire la première batterie ion-lithium commercialisable, provocant une révolution dans l'industrie électronique grand public. En 1983, un des premiers téléphones portables, le Motorola DynaTAC, ne pesait que huit cents grammes quand il apparut sur le marché et ne permettait qu'une demi-heure de conversation entre deux chargements. En 1996, grâce à la technologie ion-lithium, Motorola sortit le StarTAC, qui pesait deux cent cinquante grammes et permettait une heure entière d'usage. Les batteries ion-lithium ont très vite envahi le secteur des ordinateurs portables et des *smartphones*.

Au cours des dix dernières années, le lithium a fait son entrée dans l'industrie automobile. En 2006, un groupement d'industriels de Californie dévoila la Tesla Roadster, une voiture de sport alimentée par une batterie essentiellement composée de six mille huit cent piles ion-lithium d'ordinateur portable. La Roadster peut parcourir quatre cents kilomètres avec une seule charge et monter de zéro à cent kilomètres-heure en moins de quatre secondes. Plus récemment, General Motors a misé son avenir sur la Chevrolet Volt, une voiture hybride dotée d'une batterie ion-lithium qui sera sur le marché au plus tard cette année.

Bien qu'elles soient nettement plus légères que leurs concurrentes au plomb et à l'acide ou aux alliages de nickel, les batteries ion-lithium restent encore lourdes et encombrantes. Ainsi, la batterie de la Volt mesure près de deux mètres de long et pèse environ cent quatre-vingts kilos. “Les mensurations d’un arbitre de ligne”, plaisante Larry Burns, ancien vice-président de la recherche et du développement chez General Motors.

La réactivité du lithium pose un autre défi aux constructeurs automobile. Depuis 2003, la Commission de sécurité des produits de consommation américaine a recensé des centaines de cas d’appareils électroniques portables dont les piles ion-lithium avaient pris feu, même si personne ne semble avoir été sérieusement blessé lors de tels incidents. (En 2004, un avion transportant John Edwards, alors candidat à l’élection présidentielle américaine, avait dû atterrir d’urgence quand une caméra de télévision avait implosé à bord.) Joe LoGrasso, qui dirige le secteur du développement des batteries pour les véhicules électriques et hybrides de General Motors, reconnaît que “la sécurité est un problème”. Il m’a récemment fait visiter le labo d’expérimentation des batteries de General Motors. La précision de la fabrication est cruciale, dit-il, car les impuretés peuvent provoquer des courts-circuits. “La moindre humidité à l’intérieur de la cellule présente un danger – les particules de poussière également.” Mais il se dit confiant dans la sécurité de la batterie de la Volt, car elle a été soumise à plus de cent cinquante tests de résistance différents. “Nous les avons écrasées, nous avons tiré dessus, nous y avons mis le feu”, raconte LoGrasso. Bien que les voitures électriques coûtent peu à l’usage – environ huit centimes d’euro pour cent kilomètres, contre quarante-neuf centimes pour les véhicules fonctionnant au gasoil ou à l’essence –, les batteries sont chères. General Motors ne souhaite pas révéler le prix de revient de ses batteries mais diverses sources l’évaluent à environ mille dollars le kilowattheure ; ce qui établirait le “pack batterie” de la Volt à seize mille dollars. “Nous nous efforçons d’abaisser le coût à trois cents dollars le kilowattheure”, me dit Britta Gross, directrice des développements technologiques chez General Motors. La Volt devait être mise en vente au prix de quarante mille dollars, avec une réduction de sept mille cinq cents dollars due aux incitations fiscales du gouvernement pour l’achat de véhicules utilisant des énergies alternatives.

Toyota a présenté en 2011 une Prius “*plug-in*” propulsée par une batterie ion-lithium. Nissan et Mitsubishi suivent le mouvement, de même que Mercedes-Benz, B.M.W. et Hyundai. Ford a présenté en 2011 une version tout électrique de sa Focus. Et la Chine, pendant ce temps, se déclare prête à produire annuellement un demi-million de voitures hybrides et “*plug-in*” d’ici à la fin de l’année prochaine. Tous ces véhicules marchent à l’ion-lithium, me dit Ted Miller, un des dirigeants de Ford. “Nous n’imaginons pas de véhicules électriques utilisant autre chose.”

En janvier, General Motors a ouvert une nouvelle usine à Detroit, entièrement consacrée à la fabrication de batteries ion-lithium. Bien qu’elle ne doive sans doute accueillir qu’une centaine d’ouvriers, l’accueil a été triomphal. John Dingell, député du Michigan, a proclamé : “Les Etats-Unis, le Michigan, General Motors et l’industrie automobile américaine sont de retour !”

En dépit de l’enthousiasme actuel de l’industrie automobile pour les voitures électriques, leur avenir n’a rien de certain. En 2009, le département de l’Energie constatait que les batteries ion-lithium restaient trop coûteuses et trop lourdes par rapport à leur production d’énergie. Ainsi, l’énorme pack batterie de la Volt est conçu pour lui faire parcourir une cinquantaine de kilomètres avant qu’un moteur thermique ne prenne la relève – c’est approximativement la distance parcourue par une

En dépit de l’enthousiasme actuel de l’industrie automobile pour les voitures électriques, leur avenir n’a rien de certain

Honda Civic avec quatre litres d'essence. Tant que la voiture électrique n'affichera pas une autonomie et des performances égales à celles de la voiture à essence, elle restera inévitablement limitée au marché des bobos urbains.

Cependant, les chercheurs poussent déjà la technologie du lithium dans de nouvelles directions. Chez I.B.M., on expérimente un modèle de batterie lithium-air. Au lieu d'être enfermé dans un boîtier, le lithium est laissé à l'air libre et utilise l'oxygène comme cathode, plus ou moins comme les piles au zinc des appareils auditifs. Ce procédé allégerait considérablement les batteries.

J'ai récemment visité un labo d'I.B.M. dans les environs de San Jose, en Californie, où une équipe de chercheurs opèrent des tests sur des versions expérimentales d'une batterie dont ils espèrent qu'elle changera le monde. Sally Swanson, qui est chimiste, m'a montré une batterie lithium-air calée dans une structure qui ressemblait à un double raccord en plastique pour un tuyau d'arrosage de jardin. Elle tenait dans sa main un disque noir de la taille d'une pièce de dix cents. "Voici la cathode. Je peins le carbone dessus. C'est très high-tech ! dit-elle en riant. Et puis je le fais cuire sur une plaque chauffante." Le carbone étant poreux, l'air y pénètre aisément. "On pose ensuite un petit filtre en verre dépoli sur la cathode et, par-dessus tout ça, on pose le lithium" – un disque argenté. Pendant que s'effectuait l'assemblage, de l'argon – un gaz inerte – circulait. "Et puis on ferme et on envoie l'oxygène", dit-elle en tournant un bouton au-dessus de l'ensemble.

Swanson avait six prototypes fonctionnant à l'oxygène pur et un à l'air. Celui activé par l'air avait une capacité moindre. "Aujourd'hui, comme l'air est brumeux avec un fort taux d'humidité, ça ne va pas durer aussi longtemps, dit-elle. L'humidité réagit au lithium et le détruit." Une solution serait de créer une membrane séparant l'oxygène des autres constituants de l'air. L'équipe du labo utilise des hyperordinateurs pour expérimenter d'innombrables combinaisons d'électrolytes, de catalyseurs et d'électrodes afin d'optimiser les réactions chimiques. Les chercheurs utilisent également la nanotechnologie pour densifier la surface de la cathode, ce qui accroîtrait le nombre de réactions, rendant la batterie théoriquement bien plus puissante.

Winfried Wilcke, qui dirige l'équipe de recherche sur les batteries, estime qu'il s'écoulera encore au moins dix ans avant qu'on puisse fabriquer une batterie au lithium susceptible de détrôner les stations essence. "Nous allons passer trois ans à chercher des trucs spectaculaires, dit-il. D'ici au milieu de la décennie, nous devrions avoir quelque chose de vraiment extraordinaire à présenter." Si de tels efforts aboutissent, le monde finira par marcher au lithium.

Si de tels efforts aboutissent, le monde finira par marcher au lithium

L'un des paradoxes bien connus de l'économie est la malédiction des ressources naturelles. Les pays détenteurs des plus grandes ressources en matières premières sont bien souvent pauvres, insuffisamment développés et politiquement opprimés. Ainsi, l'Organisation des pays exportateurs de pétrole (l'O.P.E.P.) comprend certains des Etats les plus agités au monde, comme l'Iran, l'Irak, la Libye, le Nigeria, l'Angola, l'Arabie Saoudite et le Venezuela. L'histoire politique de la Bolivie est elle-même chaotique à souhait, avec une longue tradition d'échecs à utiliser sa propre richesse pour développer ses infrastructures ou fournir à ses citoyens une éducation et une formation décentes. "Cette dépendance envers nos ressources naturelles, se lamente le journaliste bolivien Fernando Molina, nous a toujours apporté la misère. La vente de nos matières premières nous rapporte un flot d'argent mais aussi la somme de conflits qui va avec, pour déterminer qui va en prendre le contrôle.

Nous créons des cycles d'élites." L'écart des revenus en Bolivie est extrême et il n'y existe pratiquement aucune base industrielle. Comme l'a dit Pablo Salon, ambassadeur de la Bolivie à l'O.N.U.: "Nous devons tout importer, même des *clous*." Evo Morales a promis de changer tout cela.

Pendant notre voyage en avion, je lui demandai en quoi le lithium pourrait différer de toutes les autres ressources naturelles dont la Bolivie n'avait pas réussi à tirer profit. "Nous étions dépouillés de ces ressources, dit-il. Des sociétés privées les tenaient en otage. Désormais, elles appartiennent à l'Etat et nous allons démarrer l'industrialisation afin de dégager des bénéfices." Morales me rapporta que, depuis qu'il avait nationalisé l'industrie bolivienne des hydrocarbures, en 2006, l'Etat en tirait un revenu annuel dépassant les deux milliards de dollars. Cette approche, bien qu'appréciée par sa base politique, est jugée de courte vue par de nombreux experts : les compagnies étrangères d'exploitation du gaz qui ont travaillé sur les gisements de gaz naturels boliviens après leur découverte en 2000 ont connu un recul spectaculaire de leurs marges de profit, ce qui rend peu probables leurs futurs investissements dans le pays. Les voisins de la Bolivie, entretemps, se sont tournés vers des sources de gaz naturel plus fiables. En 2008, le prix du gaz bolivien a chuté considérablement. L'ancien président bolivien, Carlos Mesa, dit que la production de gaz est tombée si bas que la Bolivie doit désormais en importer. "Nous produisons de moins en moins", dit-il, qualifiant la situation de "désastreuse".

Morales défendit ses actions en faisant observer que la Banque mondiale et le Fonds monétaire international, alarmés par le déficit budgétaire de la Bolivie, avaient enjoint à l'ancien gouvernement d'augmenter les impôts. "Et il y a eu des soulèvements populaires, juste pour réduire le déficit ! dit-il. Aujourd'hui, il n'y a plus d'impôts élevés, ni de taxes spéciales sur les carburants. Les salaires ont augmenté comme jamais auparavant, pour les fonctionnaires de la santé et de l'enseignement." (Le salaire moyen des enseignants a augmenté de quarante pour-cent.) "Aujourd'hui, nous avons un surplus fiscal – et cela, depuis la première année de mon élection à la tête du pays. Il nous a suffi de nationaliser le pétrole et le gaz pour produire des résultats." Il omettait de mentionner que la réduction du déficit de la Bolivie résultait, pour une large part, de l'abandon de la dette par ses créanciers étrangers. Une partie des ressources du gaz naturel a servi à subventionner les cantines scolaires, à créer une forme de sécurité sociale pour les personnes âgées et à inciter les mères à continuer d'envoyer leurs enfants à l'école ; mais la majeure partie de ces bénéfices est restée dans les coffres du gouvernement, ce qui n'est pas pour déplaire aux investisseurs étrangers. Le gouvernement annonce un fort recul de la pauvreté et une augmentation de la productivité.

Morales dit que la nationalisation marchera aussi pour le lithium. "Après le pétrole et le gaz naturel, le lithium est très important pour l'économie, dit-il. Dès que nous démarrerons l'industrialisation du lithium, ce sera le moment le plus important." Au commencement du projet pilote de Morales dans le Salar, de nombreuses sociétés spécialisées dans le développement des technologies du lithium ont manifesté leur intérêt pour l'exploitation minière du désert de sel. Les autorités boliviennes ont amorcé des négociations préliminaires avec les représentants de l'entreprise coréenne L.G., qui fabrique la batterie de la Volt pour General Motors. Et, en 2006, Morales s'est rendu en France, où l'industriel milliardaire Vincent Bolloré lui a fait essayer une BlueCar – un petit véhicule électrique en forme de bulle produit par Bolloré en partenariat avec E.D.F. pour le réseau Autolib créé sur le modèle du Vélib. Morales voulait voir comment sont faites ces voitures. D'après lui, Bolloré

Morales dit que la nationalisation marchera aussi pour le lithium

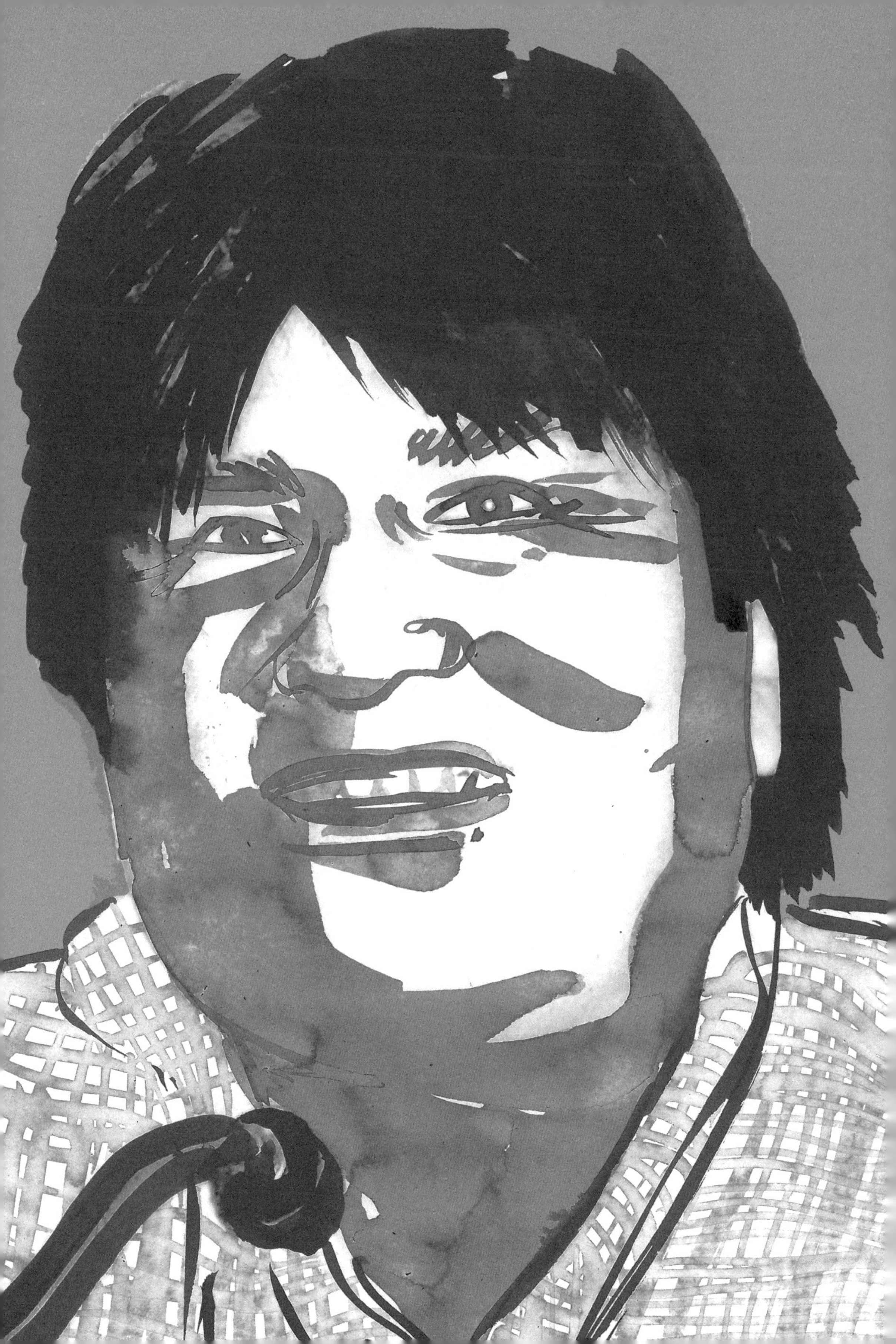

lui a dit : "C'est vous qui contrôlez les matières premières pour le XXIe et le XXIIe siècles. Vous êtes comme l'Arabie Saoudite" – refrain familier. Mais Morales ne veut pas que son pays devienne l'Arabie Saoudite ; il veut que son pays devienne la France, une puissance industrielle.

J'ai demandé à Morales, compte tenu de l'inexistence de l'infrastructure, comment une telle métamorphose pourrait s'opérer. "Nous avons organisé un comité scientifique au sein du ministère des Mines pour mener des recherches", dit-il. Le comité réunira "des étrangers et des Boliviens" pour déterminer le meilleur moyen d'exploiter les ressources naturelles et d'entamer le processus d'industrialisation. Il me confia qu'il espérait bien voir la Bolivie produire des batteries ion-lithium d'ici à moins d'un an. La production automobile, ajouta-t-il, suivrait "dans cinq ou six ans".

Mais Morales ne veut pas que son pays devienne l'Arabie Saoudite ; il veut que son pays devienne la France, une puissance industrielle

Agé de cinquante ans, Morales est le pur produit de sa propre biographie. Son approche nationaliste du développement du Salar, ainsi que sa politique en général, sont représentatives de l'attitude de nombreux paysans pauvres de Bolivie, qui vivent depuis des générations en marge de leur société et sont décidés à mettre fin au système de l'exploitation. Morales est né dans un village Aymara, dans l'Altiplano. Il a grandi dans une masure en terre avec un toit de chaume, où il vivait avec ses parents et deux de leurs sept enfants ayant survécu au-delà de l'âge de deux ans. Il commença par vendre des sucettes dans la rue quand il n'avait pas encore cinq ans et, à neuf ans, il rejoignit son père en Argentine pour travailler dans les champs de canne à sucre. Jeune adolescent, il gardait des lamas aux alentours de la ville de Cochabamba et apprit tout seul à jouer au football avec un ballon fabriqué avec de vieux chiffons. Au bord de la route, il ramassait des peaux d'oranges et de bananes que les gens jetaient par les fenêtres des bus. "Je les ramassais pour les manger, raconte-t-il dans un prospectus de campagne électorale, et, dès lors, ce fut l'une de mes aspirations les plus fortes, que de pouvoir un jour voyager dans ces bus."

De même que tant d'autres jeunes Boliviens illettrés de sa génération, Morales n'avait guère de perspectives d'emploi. Etre indien constituait un obstacle supplémentaire. "Ma mère, par exemple, ne pouvait pas aller sur la place. Elle n'avait pas le droit de marcher sur le trottoir." Etre devenu président, dit-il, c'est "historique, incroyable".

Avant de se lancer dans la politique, Morales s'est fait une réputation de chef astucieux et courageux à la tête du syndicat des cultivateurs de coca, fonction qu'il occupe encore. Comme la grande majorité de ses compatriotes, il est viscéralement attaché à la coca, ce stimulant que les Boliviens mastiquent traditionnellement. Dans son bureau présidentiel sont accrochés deux portraits – l'un de lui, l'autre de Che Guevara – confectionnés avec des feuilles de coca. Pendant notre voyage en avion, Juan Ramón Quintana, qui était alors son chef de cabinet, m'expliqua : "La coca, c'est un lien entre les humains et la nature. Elle aide la communauté à communiquer."

En tant que cultivateur de coca, Morales s'opposait farouchement à la politique américaine d'éradication de la drogue dans les Andes et en particulier à la Drug Enforcement Agency (D.E.A., agence américaine de lutte contre la drogue). Avant la vigoureuse intervention de cette dernière en Bolivie dans les années 1980, le pays était à deux doigts de devenir un narco-Etat. Des chefs militaires corrompus gouvernaient le pays et tiraient ouvertement profit du trafic de la drogue. La D.E.A. avait pourtant la réputation de soutenir des représailles brutales. En 1988, la police bolivienne, formée et entraînée par la D.E.A. et l'armée américaine, fit une descente dans un village et fut accusée d'avoir blessé plus de cent cultivateurs de coca et d'en avoir tué douze. L'année suivante, Morales prononça un discours commémorant cette tuerie. Des policiers le rouèrent alors de coups et le jetèrent à bas d'une montagne, le laissant pour mort.

"L'une de ses plus grandes peurs était la D.E.A., me dit Fernando Molina. Il lui arrive encore de rêver que la D.E.A. est lancée à ses trousses." Morales n'emporte jamais de bagages quand il voyage hors de son pays, de crainte que la D.E.A. n'y dissimule des narcotiques illégaux. (L'un de ses collaborateurs transporte ses vêtements sur un autre vol.) "La D.E.A. ne comprend pas le peuple bolivien", me dit Morales.

En 2008, lorsque le président George W. Bush plaça la Bolivie et le Venezuela sur liste noire parce qu'ils ne combattaient pas avec assez d'ardeur le trafic de drogue, Morales et Chávez expulsèrent leurs ambassadeurs américains respectifs. Morales expulsa ensuite la D.E.A. Des négociations ont commencé, en vue de rétablir les liens diplomatiques entre les Etats-Unis et la Bolivie. "Il y aura des règles qui établiront de nouveaux critères pour les relations bilatérales avec les Etats-Unis, me dit Morales. Vous verrez qu'il n'y aura plus de rapport de soumission."

"l'un est Gringo, l'autre est noir"

Je demandai à Morales ce qu'il envisageait de faire pour empêcher le trafic de drogue de corrompre à nouveau la société bolivienne. "Contrôle social", répondit-il vaguement. De nouvelles réglementations gouvernementales, comme la limitation de la surface des parcelles sur lesquelles les paysans seraient autorisés à cultiver la coca et la modernisation des moyens d'application de la loi, allaient empêcher les narcotrafiquants de reprendre la main, dit-il. Morales me confia que quand il prendrait sa retraite – perspective qu'il considérait visiblement comme lointaine –, il comptait bien retourner cultiver son lopin de coca, situé dans la région tropicale de Chapare, et vivre de sa récolte. Dans le même temps, Morales s'est allié aux dirigeants les plus farouchement antiaméricains du monde. Outre son amitié avec Hugo Chávez, du Venezuela, il est amicalement lié à Fidel Castro, de Cuba, et à Mahmoud Ahmadinejad, président de l'Iran, qui s'est rendu à La Paz en novembre 2009 pour annoncer un projet commun d'étude de la technologie du lithium. "J'ai une grande admiration pour vous et pour votre peuple, lui a dit Morales. Notre peuple a pour mission de se libérer des empires."

Molina dit de Morales : "Evo est un Aymara, et l'Aymara voit le monde comme une lutte permanente entre les forces du bien et les forces du mal, comme dans *La Guerre des étoiles*. Pour lui, les forces du bien sont les planteurs de coca, les forces du mal sont la D.E.A. et les Etats-Unis."

Morales m'a dit : "Ce n'est pas que je n'aime pas les Nord-Américains. J'aime tout le monde. Mais le gouvernement nord-américain voudrait s'immiscer dans nos affaires intérieures, conspirer, commettre des offenses. L'ambassadeur américain me traiterait comme un Ben Laden, un terroriste, un assassin, un trafiquant de drogue. Qui aimerait ça ?" Quant au président Barack Obama, Morales dit qu'"il est piégé par le système capitaliste et par la structure de l'impérialisme". La seule différence avec son prédécesseur, ajouta-t-il, c'est que "l'un est *Gringo*, l'autre est noir".

Morales incarne deux puissantes forces sociales en Bolivie : les syndicats et le mouvement indigène. Son élection a apporté une certaine stabilité dans un pays qui avait connu de nombreux coups d'Etats, assassinats et brutaux changements de gouvernement depuis son accession à l'indépendance en 1825. "Avant, la politique en Bolivie reposait sur trois piliers : la communauté des affaires, l'Eglise et l'ambassade des Etats-Unis", me dit Walter Chávez, un ancien insurgé péruvien qui a dirigé une des campagnes électorales de Morales. (Menacé d'un procès pour terrorisme au Pérou, Chávez a obtenu l'asile politique en Bolivie.) "C'étaient les trois puissances *de facto*. Aucun homme politique ne pouvait espérer accéder à la présidence sans le soutien de ces trois groupes."

Le succès de Morales était directement lié à l'arrogance de ses opposants. Lors de sa première campagne présidentielle, en 2002, l'ambassadeur américain de l'époque, Manuel Rocha, menaça de supprimer l'aide à la Bolivie si Morales était élu. Jusqu'alors, Morales n'avait été qu'un élément marginal de la vie politique bolivienne. Mais dès lors, en sa qualité de candidat "pire cauchemar des Etats-Unis", il obtint 20,9 pour-cent des suffrages. Le vainqueur, Gonzales Sánchez de Lozada, surnommé Goni, ne fut élu qu'à 22,5 pour-cent des voix. Goni, propriétaire de mines, et dont on disait qu'il était l'homme le plus riche du pays, avait déjà été président de 1992 à 1997. Il revint à la présidence pendant une terrible crise des finances publiques, qu'il proposa de résoudre en vendant du gaz bolivien à la Californie. Mais ce n'était réalisable qu'en faisant transiter le gaz par un port chilien qui avait naguère appartenu à la Bolivie. La douleur de cet ancien traumatisme est encore si vive en Bolivie que sa proposition déclencha une révolution. La Bolivie avait perdu ses territoires côtiers en 1879, quand le Chili, aiguillonné par des investisseurs britanniques, envahit le pays pour s'emparer des riches dépôts de guano (pour faire des engrais) et de salpêtre (pour faire des explosifs) du désert d'Atacama. La guerre du Pacifique qui en résulta ne fut qu'une des cinq guerres désastreuses qui opposèrent la Bolivie à ses voisins et qui, par effet "boule de neige", l'amputèrent de la moitié de son territoire. La défaite face au Chili pèse toujours amèrement dans la mémoire des Boliviens. Il existe encore une Marine bolivienne, qui patrouille sur les voies fluviales intérieures. A proximité du quartier général de la Marine, au bord du lac Titicaca, se dresse la statue d'un héros de la guerre du Pacifique, portant l'inscription gravée de son défi, connu de tous les écoliers boliviens : "Me rendre ? Que ta grand-mère se rende, bon Dieu !" L'idée que les Chiliens puissent tirer profit de la vente du gaz bolivien enflamma le sentiment nationaliste et offrit une ouverture politique à Morales, qui proclama que le gaz devait rester dans le sol. La controverse entraîna aussitôt une succession de grèves et de blocus qui paralysèrent le pays. Luis Ramos de Espejo, un des organisateurs de la contestation, m'a rapporté une rumeur très répandue à l'époque : "Notre gouvernement voulait vendre tout notre gaz aux Chiliens par l'intermédiaire de l'Argentine. Notre histoire nous a appris de quoi les Chiliens sont capables. Ils ont toujours voulu s'emparer de nos ressources naturelles." Le 13 octobre 2003, Ramos de Espejo se joignit à des centaines d'autres insurgés dans le tentaculaire ghetto d'El Alto, qui surplombe La Paz. Ensemble, les manifestants renversèrent quatre wagons de chemin de fer par-dessus un pont, sur la route principale qui relie La Paz à l'aéroport. Toutes les autres routes d'accès à la capitale furent également bloquées. Goni fit appel à l'armée pour briser le siège. Plus de soixante personnes furent tuées dans ce qui fut l'épisode le plus sanglant de la tumultueuse expérience démocratique de la Bolivie. Goni se réfugia aux Etats-Unis et Carlos Mesa, le vice-président, prit sa succession. Mais il ne s'en tira pas mieux. "J'avais le choix entre envoyer l'armée dans les rues ou bien rentrer chez moi, dit-il. Je suis rentré chez moi." Morales accéda au pouvoir lors d'élections "extraordinaires" en 2005, remportant la première majorité de l'histoire de la Bolivie.

"Notre histoire nous a appris de quoi les Chiliens sont capables. Ils ont toujours voulu s'emparer de nos ressources naturelles"

Dès son accession à la présidence, il s'est fait un principe de travailler constamment. "Il ne prend jamais une seule journée de congé, me dit Walter Chávez. Ni à Noël ni au jour de l'an, pas même pour son anniversaire." Morales prévoit parfois des réunions à 4 heures du matin. Au début de son mandat, les membres de son cabinet commencèrent à envoyer leurs chauffeurs guetter le départ du convoi présidentiel pour aller travailler, habituellement vers 5 heures du matin : ils s'habillaient alors vite pour le rejoindre. J'ai demandé à Morales quand il dormait. "D'habitude, je dors dans l'avion, grommela-t-il. Mais vous m'en empêchez."

L'avion atterrit sur une piste de terre à Baures, près de la frontière brésilienne. Morales a été le premier président élu à se rendre dans cette localité. Bien que sa réélection n'ait jamais été mise en question – avec soixante-trois pour-cent des suffrages, il est à la tête du pays jusqu'en 2015 –, il a aussi fait campagne pour obtenir au Parlement la majorité des deux tiers pour son parti, le Mouvement vers le socialisme (Movimiento al Socialismo, M.A.S.), ce qui lui donne toute la latitude pour poursuivre sans obstruction son programme de nationalisation. Le M.A.S. a remporté plus de sièges qu'il n'en avait besoin.

Morales parcourut des yeux la foule rassemblée au bord de la piste – plusieurs centaines de personnes coiffées de la casquette bleue M.A.S., brandissant des drapeaux du parti et criant "Viva Evo !" en attendant dans la chaleur écrasante, de l'escorter jusqu'à la ville. "Monsieur le président, lui dit Quintana, vous devez y aller à pied. C'est très informel, ici. Ils aiment le contact personnel."

A peine descendu de l'avion, avec sa chemise rayée à manches courtes, son jean noir et ses baskets, Morales fut accueilli avec force guirlandes de coquillages et d'oiseaux de paradis aux pétales rouges flamboyants. Puis la foule en liesse l'escorta jusqu'au village, accompagnée d'une de ces fanfares qu'on rencontre partout en Bolivie. Morales avait lui-même joué de la trompette dans une de ces fanfares. Comme la plupart des habitants de Baures cultivent le cacao, lorsque la délégation parvint au pied de l'hôtel de ville, le maire souhaita à Morales la bienvenue dans la "capitale du chocolat". La fanfare interpréta l'hymne national. Morales rappela chaleureusement que lors de sa dernière visite, en 1995, en tant que dirigeant syndical, il avait été jeté en prison. "Je n'aurais jamais imaginé que je serais le président d'un endroit dont j'ai visité les geôles", dit-il.

Morales peut être désarmant dans sa manière de reconnaître ses points faibles. "Frères et sœurs, je suis comme vous", dit-il à la foule qui se pressait dans l'ombre, sous le porche de la mairie. "Je n'ai pas fait d'études pour devenir président. J'ai eu du mal à comprendre comment opère l'Etat, comment fonctionne la Bolivie. Cela m'a beaucoup coûté, de comprendre comment marche l'économie." Il remercia son vice-président, Alvaro García Linares, "un intellectuel très engagé auprès des plus pauvres, des plus abandonnés". Issu d'une famille de l'élite *mestizo* – métisse –, García est un marxiste, un ancien guérillero ; Carlos Mesa le définit comme un "activiste d'une organisation terroriste". Ricardo Calla, un anthropologiste, ancien ministre des Affaires indigènes, affirme que García est "l'autre président" de la Bolivie et qu'il dirige le pays "suivant une conception néomarxiste autrichienne". García a passé cinq ans en prison dans les années 1990 et l'on dit que depuis cette expérience, il est incapable de se réchauffer ; et en effet, quand je l'ai rencontré au palais présidentiel, il était enveloppé d'un grand manteau de laine. Quant à son influence au sein du gouvernement, García lui-même m'a dit modestement : "Nous avons fait l'effort d'indianiser le marxisme et de marxiser le mouvement indien."

Morales, qui a deux enfants d'anciennes compagnes, vit seul dans le palais présidentiel, à La Paz. Au début, cela lui parut inconvenant et il encouragea García et les membres de son cabinet à venir y vivre aussi. Mais son équipe de sécurité lui fit observer le danger qu'il y avait à concentrer le gouvernement en un seul lieu et la "soirée pyjama" fut bientôt finie, comme le dit un ancien conseiller présidentiel. Morales adore le sport et continue à jouer au *squash* et au football, même s'il se montre toujours relâché, les épaules en avant, posture qui n'évoque absolument rien de sportif. Il n'a jamais possédé de costume mais, après son élection, il a fait appel à un tailleur, Manuel Sillerico, qui lui a confectionné des pulls et des vestes comportant des éléments de tissage indien, que Morales affirme avoir lui-même conçus. Quand il voyage à l'étranger, Morales affiche la même attitude informelle prolétarienne que dans son pays, en chandail pour rencontrer le roi d'Espagne et dînant à New York dans un Olive Garden.

A l'automne 2009, quand Morales est venu à Manhattan pour l'assemblée annuelle de l'O.N.U., Harry Belafonte organisa pour lui, à Harlem, une soirée de soutien. Mais Morales fut empêché d'y assister par une vive douleur à l'oreille. Selon un autre de ses ex-collaborateurs, Morales n'a aucune confiance en la médecine américaine ; il fit donc appel à un médecin bolivien, qui lui prescrit des bains d'oreille à l'eau chaude. "L'hôtel a proposé de fournir un pot d'eau bouillante moyennant quarante dollars", se souvient l'ancien collaborateur. "Quand je suis sorti, ses assistants enflammaient des journaux roulés, puis les lui enfonçaient dans l'oreille."

Morales marie la tradition du caudillo latino-américain à l'autoritarisme de gauche

Devenu président, Morales eut à cœur de choisir des collaborateurs non traditionnels ; Casimira Rodríguez, une Indienne qui dirigeait le syndicat des femmes de chambre, fut nommée ministre de la Justice. Un an plus tard, Morales dut la limoger. "Elle n'apprenait manifestement rien", conclut Walter Chávez. Et il me rapporta un autre incident, survenu peu avant l'élection de 2005 : "Evo est allé à Chapare pour une assemblée de l'union des cultivateurs de coca. Le secrétaire de l'assemblée savait à peine lire, si ce n'est très lentement, et tout le monde s'est mis à siffler. 'Mettez ici quelqu'un qui sait ce qu'il fait !' criaient les gens. Moi aussi, je sifflais. Alors Evo est monté prendre le micro et a dit : 'Je vais être élu président parce que je suis comme ce gars. Quand je ne savais pas lire, on m'a donné ma chance. Si nous excluons ce type qui ne sait pas lire et qu'à sa place nous en mettons un qui sait, alors la révolution dont je croyais faire partie change soudain de visage. Ceux qui n'ont pas la patience de le supporter n'ont qu'à sortir.'" Personne n'est sorti. "Il était clair qu'il allait donner leur chance à des gens qui ne l'avaient jamais eue, poursuivit Chávez. Jour et nuit, il rêve de montrer qu'un Indien est capable de gouverner, et de bien gouverner."

Le raz-de-marée électoral qui a porté Morales au pouvoir inquiète ses opposants quant à l'avenir du système des partis politiques en Bolivie. "Morales marie la tradition du *caudillo* latino-américain à l'autoritarisme de gauche", observe Ricardo Calla. L'écrasante majorité qu'a remportée le parti de Morales aux élections en décembre signifiait que peu d'obstacles politiques résisteraient à ses objectifs révolutionnaires. "Le président tourne autour de quatre idées fixes, qui constituent le cœur de son discours, m'explique Mesa. L'Etat est sacré ; l'Etat représente tous les Boliviens ; l'Etat devrait être le patron de tout ; et toutes ces choses mises ensemble garantissent le bonheur et le progrès." C'est un paradigme qui paraît très dépassé, même en Amérique latine. L'un des adversaires de Morales dans la course à la présidence, René Joaquino, m'a dit récemment : "Evo est un fanatique du modèle étatique en matière d'économie et n'a pas une lecture juste des grands changements du monde." Joaquino est un ancien maire très aimé de Potosí et il est indien, comme Morales; mais la redoutable machine politique de Morales l'a écrasé et il n'a même pas obtenu trois pour-cent des suffrages. "En Bolivie, dit-il, le système étatique est toujours inefficace et corrompu et jamais compétitif. Nous avons déjà vécu le système étatique. Cela n'a pas résolu les gros problèmes de la Bolivie."

Mais certains critiques de Morales reconnaissent néanmoins qu'il n'y a guère d'alternative à la voie qu'il a choisie, étant donné la dialectique de l'exploitation et de l'instabilité qui a toujours caractérisé l'Etat bolivien. "Pour la plupart des Boliviens, le meilleur modèle est l'Etat-providence", dit Fernando Molina. Il observe que le Chili possède aussi d'abondantes ressources naturelles mais que c'est une nation forte, homogène, jouissant d'une économie variée. "La Bolivie, en revanche, est une nation disparate, qui n'a jamais été capable d'accomplir son intégration. Pour nous, les ressources naturelles ont toujours été une malédiction. J'aimerais mieux voir l'argent aller directement au peuple qu'à l'entrepreneur corrompu qui construit une autoroute ou un haut-fourneau dont le coût va finir pas être dix fois plus élevé que ce qu'il devrait vraiment être." Mais tant que ces hauts-fourneaux et ces autoroutes ne seront pas en place, la Bolivie restera dans son cocon préindustriel. "A la fin, les Boliviens seront bien obligés de changer d'état d'esprit et d'arrêter de se demander ce que l'Etat peut faire pour eux, dit Molina. Nous devons découvrir de nouveaux moyens de produire des choses et prier pour qu'on ne découvre pas d'autres ressources naturelles."

Quand Morales termina son discours à Baures, le maire le remercia pour les nouvelles routes et autres projets qu'il venait de promettre. "Tout cela va remplir le sentiment de vide que connaissent nos communautés", dit-il. Escorté par la foule, Morales parcourut ensuite le chemin inverse, jusqu'à l'aérodrome en terre. Au moment de monter à bord de l'avion, il tira de sa poche de poitrine une liasse de billets de cent dollars et paya la fanfare.

Il y a près de trente ans, un jeune ingénieur nucléaire belge qui souhaitait contribuer au changement social, Guillermo Roelants du Vivier, parvint à rassembler quelques fonds de diverses fondations et alla s'établir dans le sud-ouest de la Bolivie. C'était dans un café de La Paz, me raconta-t-il il y a peu, qu'il s'était épris de la culture andine. Il se démena pour développer un marché d'exportation du quinoa, une céréale locale, qu'on trouve désormais dans les supermarchés et sur de nombreux menus à travers le monde, et fonda une fabrique d'acide borique en utilisant l'énergie de la vapeur géothermique. "Il n'existait aucun service social ni sanitaire, se rappelle-t-il. Uyuni était très, très petit. Maintenant, nous avons quelques médecins et de l'eau potable. Les choses ont beaucoup changé."

Roelants dirige le comité scientifique auquel Morales a confié le développement des ressources du Salar. "L'U.S. Geological Survey [organisme américain de recensement et d'étude des ressources géologiques] a publié qu'il y avait cinq millions et demi de tonnes de lithium métallique dans le Salar, me dit Roelants. Ils se trompent complètement!" Après avoir mené des études extensives, il estime que le chiffre s'élève à environ cent millions de tonnes – ce qui quadruplerait la quantité connue des réserves mondiales de lithium. "Nous avons aussi, dans ce même Salar, des gisements considérables de potassium, de magnésium et aussi de boron, énonce-t-il. Pas les plus grands du monde, mais très importants."

La forte teneur en magnésium de l'eau saumâtre augmente le coût de l'extraction du lithium. Puis il y a le prix exorbitant de l'acheminement du lithium pour le vendre – Roelants estime que la construction de l'usine et de l'infrastructure nécessaire pour expédier le lithium à l'étranger coûtera plus de six cents millions de dollars. Or la demande du marché mondial ne représente à l'heure actuelle que six ou sept cents millions de dollars par an.

Mais de nombreux analystes industriels s'attendent à la voir exploser dès que la voiture électrique commencera à sortir des chaînes de construction automobile. La société de conseil en investissement Byron Capital Markets prévoit une augmentation de quarante pourcent de la demande dans les quatre prochaines années. Roelants affirme que le financement de la mise en exploitation du Salar viendra du gouvernement bolivien ou bien d'emprunts. "Tout le monde veut nous prêter de l'argent, dit-il. A des taux très intéressants. Une alternative serait de rechercher un financement auprès d'entreprises internationales qui fabriquent des voitures", sur la base des projections de ventes. "Obtenir l'argent ne sera pas un problème", m'assure-t-il. Mais ce qui est certain, d'après lui, c'est que le gouvernement gardera le contrôle. "Les Boliviens ne veulent pas d'une autre guerre comme celle du Pacifique, dit-il. Ni se retrouver avec un nouveau Potosí… Le Salar n'est pas à vendre."
Même si la Bolivie est assise sur un océan de lithium, il y en a déjà des quantités substantielles disponibles ailleurs. En plus des vastes dépôts d'eau saumâtre des Andes et de la Chine intérieure, le lithium existe aussi dans une roche dure appelée pegmatite, qu'on exploite déjà dans des mines d'Australie. De nouvelles compagnies d'exploitation du lithium surgissent un peu partout à travers le monde. Le gouvernement bolivien laisse entendre que la quantité pure de lithium du pays finira par faire pencher la balance en sa faveur mais ce ne sera pas nécessairement le cas. La quantité de lithium nécessaire à la fabrication d'une batterie de voiture est étonnamment réduite : ainsi n'avons-nous besoin qu'à peine d'un kilo et demi pour fabriquer l'énorme batterie de la Volt. Et une partie de ce lithium peut être recyclé. "Deux pays – l'Argentine et le Chili – pourraient alimenter le monde entier en lithium bon marché jusqu'au-delà de 2060", me dit Lucie Bednarova Duesterhoeft, chercheur du groupe Global Energy Systems de General Motors. Du fait d'une infrastructure bancale, des difficultés d'accès extrêmes et des impuretés des eaux saumâtres du Salar, le coût de l'extraction du lithium bolivien sera considérablement plus élevé que dans d'autres pays – de l'ordre de cinq mille dollars la tonne métrique, estime Duesterhoeft, contre moins de deux mille au Chili. Actuellement, les deux plus grosses opérations d'extraction du lithium au monde sont en cours dans le désert chilien d'Atacama – territoire pris à la Bolivie lors de la guerre du Pacifique. Bien que l'attitude hostile de Morales à l'égard des multinationales reste populaire en Bolivie, son entêtement obsessionnel à empêcher le Salar de devenir un autre Cerro Rico pourrait bien l'empêcher aussi de devenir une source de richesse pour la Bolivie. A moins que son gouvernement finisse par consentir à un accord avec une multinationale – ou par trouver tout seul un moyen d'exploiter le trésor du Salar de Uyuni pour un prix global compétitif –, son lithium restera à jamais enfoui dans l'eau saumâtre, avec les rêves de batteries et de voitures électriques boliviennes de Morales.

Le Salar n'est pas à vendre

En janvier 2010, le fournisseur Toyota Tsusho de Toyota Motor Corporation, a annoncé un accord de cent millions de dollars avec la société minière australienne Orocobre, concernant la fourniture de lithium argentin pour les voitures hybrides et électriques à venir. Orocobre a entrepris une étude de faisabilité sur l'exploitation minière du Salar de Olaroz – un désert de sel situé de l'autre côté de la frontière avec la Bolivie, qui est beaucoup moins étendu que le Salar de Uyuni mais qui contient moins d'impuretés, d'après James Calaway, président d'Orocobre. Le désert de sel de la Bolivie est "comme une séductrice, me dit Calaway. Mais quand on y regarde de près, ça ne fonctionne pas." De surcroît, ajoute-t-il, "on ne peut pas négliger le facteur Morales". Orocobre compte lancer la production argentine en 2012 et a déjà acquis les contrats d'exploitation d'une bonne douzaine d'autres déserts de sel dans ce pays. Il ne restera qu'environ huit pour-cent des bénéfices entre des mains argentines mais au fil des ans le profit devrait être considérable. (Orocobre devra payer des impôts sur ses revenus.) Un communiqué de presse déclara que l'intérêt de Toyota Tsusho pour le Salar de Olaroz "s'explique par la volonté d'élargir son accès à des sources de lithium fiables et diversifiées [...] selon un calendrier étroitement lié au besoin mondial de lithium pour la construction de véhicules hybrides et électriques".

La nouvelle choqua bon nombre de Boliviens : une fois de plus, un pays voisin s'engraissait aux dépens de la Bolivie. (Dans le quotidien bolivien *El Deber*, un article fulminait contre l'Argentine qui, "avec ses petits déserts de sel", avait "obtenu les meilleurs contrats pour son lithium pendant que les Boliviens tergiversaient".) Mais un porte-parole du gouvernement bolivien rétorqua que la nouvelle de Toyota n'était pas une surprise et qu'on l'accueillait "avec calme et prudence mais sans désespoir". Toyota n'a apparemment jamais envisagé de travailler en Bolivie : Bill Reinert, l'un des créateurs de la Prius, m'a expliqué récemment qu'il fallait "tenir compte de la géopolitique et de la logistique".

Un mois après l'annonce de l'accord avec Toyota, le bruit commença à se répandre que le comité scientifique dirigé par Roelants étudiait les propositions de quelques sociétés étrangères encore intéressées par le Salar de Uyuni, notamment Mitsubishi, le constructeur automobile et fabriquant de matériels électroniques, Kores, société minière appartenant au gouvernement sud-coréen, et Bouygues, multinationale française.

Une délégation japonaise se rendit à La Paz dans le cadre d'un congrès organisé par le gouvernement, sur le thème de "l'avenir de l'industrie bolivienne". Les réunions furent cordiales mais aucun accord ne semble imminent. Lors de ce congrès, Saúl Villegas, le directeur des "ressources évaporatives" au sein du ministère bolivien des Mines, rappela que tout projet d'exploitation du lithium devrait être "contrôlé à cent pour-cent par l'Etat". Par la suite, il m'expliqua que la Bolivie "ne répéterait pas l'histoire de Potosí". La Bolivie, poursuivit-il, avait la responsabilité de garantir au monde un approvisionnement en lithium sûr et régulier pendant les "cent ou deux cents prochaines années". Mais il ne parla pas de fabriquer des batteries ou des voitures en Bolivie.

Une vision plus sobre de l'économie bolivienne s'est apparemment imposée à certains membres du gouvernement bolivien. Quelques semaines après l'annonce de l'accord de Toyota Tsusho avec l'Argentine, Roelants déclara que le lithium ne serait finalement pas la "grande industrie à venir" de la Bolivie. Le pays allait plutôt se focaliser sur les autres substances précieuses enfouies dans le Salar : en particulier le chlorure de potassium, ingrédient standard des engrais. Il est beaucoup plus facile à extraire que le lithium, expliqua Roelants, et en beaucoup plus grandes quantités. Il annonça que le Salar allait vraisemblablement produire un rendement annuel de huit cent mille tonnes métriques de sels de potassium. "Le potassium est plus important", dit-il, ajoutant que le lithium n'était qu'un à-côté.

Le président bolivien ne paraît cependant pas vraiment résigné à l'idée que le lithium, trésor du Salar, puisse finalement passer pour quantité négligeable. Le 10 mars 2010, José Pimentel, ministre des Mines, annonça la création d'une nouvelle entreprise appartenant à l'Etat, la Compagnie des ressources évaporatives boliviennes, qui portera une attention particulière au lithium et explorera "toutes les possibilités" d'exploitation de l'"or gris". L'investissement initial du gouvernement sera de cinq millions de dollars. Le patron de cette compagnie sera personnellement désigné par Evo Morales.

"Lithium Dreams", traduit de l'anglais (Etats-Unis) par Marianne Véron, a paru pour la première fois dans *The New Yorker*, en mars 2010.

Volt ! La voiture électrique sauvera-t-elle le monde ?
SERGE ENDERLIN
Le Seuil

Serge Enderlin embarque le lecteur dans un reportage au long cours sur la "géopolitique" de la voiture électrique. Il dissèque le fantasme que peut représenter, pour les Etats visités, cet objet. Le pays qui parviendra à maîtriser l'énergie "verte" atteindra la "suprématie planétaire" en même temps qu'il aura sauvé le monde, voudrait-il nous dire.
Son périple commence à Detroit, Michigan. Dans une ambiance de fin de règne américain, le reporter évoque le sauvetage provisoire de General Motors : au salon automobile, le North American International Show, le prototype Volt est dévoilé. Cependant, l'autonomie de ce modèle électrique reste très limitée et sa batterie lithium rechargeable par... un petit moteur à essence !
Direction la Chine pour découvrir le modèle e6 qui, lui, peut rouler jusqu'à trois cents kilomètres ! Les milliards investis par le pays, depuis quelques années, dans le domaine des énergies renouvelables, témoignent-ils sincèrement d'un engagement écologique ? L'attachée de presse de B.Y.D., une entreprise spécialisée d'abord dans les composants électroniques puis dans les batteries lithium, explique que la Chine peut devenir indépendante du pétrole puisqu'elle possède du lithium au Tibet ! Mais comme le policilium utilisé pour construire les panneaux solaires et rejeté dans les rivières pourrait être la cause d'étranges cancers, B.Y.D. envisage de monter sans tarder une usine à charbon qui servira à produire l'électricité des voitures...
Israël se lance également dans la course à la voiture électrique. A la question lancinante de l'autonomie de la batterie, Shimon Pérès apporte la réponse suivante : créer un réseau de "pompes à électricité". Mais quand on l'interroge sur la qualité de l'électricité fournie, il détourne le regard.
En Bolivie, Enderlin évoque le nationalisme d'Evo Morales qui répugne à poursuivre la logique qui consiste à extraire, à moindre coût, l'énergie des pays pauvres à destination des pays développés. Le lithium risque donc de rester encore pour longtemps seulement utilisé dans la composition des antidépresseurs.
Au Portugal, champion de la révolution verte, le maire d'Amareleja présente son immense usine photovoltaïque. Profitant d'une balade dans les champs d'éoliennes, Enderlin rapporte les propos de certains habitants qui affirment ne pas être dérangés par la présence des hélices mais regrettent de voir les oiseaux détournés de leur trajet migratoire.
La voiture électrique est-elle adaptable au-delà de toutes utopies ? Certains points de vue viennent modérer les discours enthousiastes. Mieux vaudrait réfléchir, selon eux, à la manière de consommer moins en améliorant les performances des moteurs actuels.
Le livre s'achève sur l'éclat de rire de Bruce Holmes, directeur de l'exploitation "Holmes Oil Company", Bakersfield, Californie, à l'évocation de la prochaine prééminence de l'auto écolo. Insinuant que le recours au pétrole n'est pas prêt d'être abandonné, l'auteur énumère même de nouvelles techniques d'extraction de l'or noir qui condamneraient la voiture électrique à devenir ce qu'elle est déjà : un *accessoire* marginal – et non pas l'avenir du monde, tout de suite. (A. L., F. L.)

3

Li

Lithium

Petite histoire du lithium

Septembre 2009, Ergué-Gabéric, Finistère. On inaugure en grande pompe le site de Batscap, usine productrice de batteries lithium-métal polymère qui équiperont voitures et bus électriques. Mais dans ce marché mondial, la concurrence est rude : l'Asie est leader dans sa transformation, quand l'atome de lithium se trouve, lui, principalement, en Amérique du Sud. Découvert en 1817 dans le règne minéral, fort répandu dans la croûte terrestre et les océans, le lithium est l'un des atomes les plus légers, aux côtés de l'hydrogène et de l'hélium. Il appartient aux atomes alcalins et réagit fortement au contact de l'oxygène, de l'hydrogène, de l'azote et de l'eau. Bien que répandu, il n'existe pas à l'état natif dans le milieu naturel. Extrait de minerais, il est produit industriellement par électrolyse. En raison de son faible poids, qui en fait le plus léger des métaux solides, et de sa capacité à transporter l'énergie, c'est une matière première promise à un grand avenir grâce à l'essor des nouvelles technologies, les batteries en particulier, marché extrêmement prometteur, après celui des ordinateurs et des téléphones mobiles. Or son exploitation à des fins économiques n'est envisageable que là où sa concentration est la plus forte, notamment le long de la Cordillère des Andes. Le Chili en est le premier fournisseur mondial, bientôt supplanté par la Bolivie. Une carte géopolitique inédite se dessine donc peu à peu selon la capacité de production mais aussi de raffinement de cette denrée, à la fois répandue et rare car exigeant une purification dont seules les firmes japonaises détiennent le savoir-faire. Le prix du lithium augmente sans cesse et les réserves pourraient vite montrer leur insuffisance. Utilisé dans la fabrication d'alliages, dans la verrerie, la céramique et l'aéoronautique, le lithium l'est aussi dans les produits pharmaceutiques. Dès 1850, il est prescrit dans le traitement de la goutte et des rhumatismes. À partir de 1871, il traite des manies et de la mélancolie. En 1940, le lithium est consommé en complément des régimes sans sel. Mais des décès conduisent à son interdiction. Ce sont les sels de lithium en particulier qui font florès dans les traitements de la dépression. Ils sont prescrits comme thymorégulateurs, stabilisateurs de l'humeur, dans le trouble bipolaire, autrement dit "l'ancienne" psychose maniaco-dépressive. Parmi les plus répandus, on trouve le Teralithe et le Neurolithium. Si ces sels ont prouvé leur efficacité, ils provoquent aussi de nombreux effets secondaires comme souvent avec la médecine allopathique : vertiges, crises épileptiques, somnolence, prise de poids, nausée, diarrhée, et autres lésions cutanées. Promis à un brillant avenir, le lithium reste aussi adoubé que décrié ne cessant de faire l'objet de peurs et de doutes, tant dans son exploitation industrielle que médicale.

ELLE LUI DEMANDA COMBIEN DE TEMPS IL RESTAIT AVANT LA FIN DU MONDE

CARLOS LABBÉ | TRAD. PEDRO JIMÉNEZ MORRÁS | ILL. AMÉLIE FONTAINE

Des archives de police aux coupures de presse en passant par les témoignages recueillis auprès d'anonymes, se déploie une étrange enquête qui ne progresse qu'à mesure que se désagrège l'identité des personnages du récit. Par-delà les disparitions, c'est à la destruction de toute certitude quant à l'existence d'une réalité tangible que nous assistons. S'aventurant sur un terrain instable où rôde le spectre de Pinochet, Carlos Labbé explore les possibles de l'écriture, scellant le passage du texte-fragment à la littérature hallucinée.

Jusqu'à aujourd'hui, la police criminelle a dû continuer à inscrire le nom de Bruno Vivar dans le registre des frères disparus de Navidad. Une dizaine de témoins, venus de différentes localités des régions côtières du centre, affirme avoir vu, au cours des étés suivants, un jeune homme correspondant à son signalement : T-shirt à rayures aux diverses combinaisons de couleurs primaires, short ou maillot de bain, sandales de cuir, jambes imberbes extrêmement maigres, cheveux ébouriffés et mal coupés, parfois châtains et parfois teints en roux. Comme si le dernier souvenir que ses parents gardent de lui était resté figé dans la rétine de tant de gens qui ne le connurent jamais – la couverture de presse fut aussi intense que brève –, Bruno Vivar a été vu et revu étendu sur le sable, allongé, ventre au sol, sur une serviette, regardant la mer, contemplant des photographies avec un certain dédain ou se baignant en silence. Bien entendu, d'autres témoignages ajoutent des traits particuliers et tout aussi inquiétants : buvant, dans des bars d'hôtels, des canettes de bière ou des doubles whiskies qu'il paye avec une carte émise aux Etats-Unis, tandis que de l'autre main il caresse un dé, le faisant tourner comme une toupie sur la surface laquée du comptoir ; assis sur une terrasse à midi, mangeant des frites bruyamment ; dans la salle à manger, lisant une lettre parvenue à l'hôtel des semaines plus tôt ; lançant le dé pour écrire ensuite une autre lettre qui n'est jamais envoyée depuis le bureau de poste de l'endroit.

Ces informations proviennent de diverses sources : gardiens, serveuses, vendeurs, réceptionnistes, personnel de nettoyage, qui, un jour ou l'autre, désirèrent aussi rassembler les pièces manquantes de l'affaire, mais qui ne contribuèrent qu'à faire en sorte que la police estime invérifiable la possibilité d'un homicide ou d'un rapt. De façon tacite, il a été admis que Bruno Vivar – individu majeur – abandonna simplement sa famille à l'improviste, ce qui, au Chili, ne constitue pas un délit.

Car Bruno n'est plus jamais apparu seul

La question non formulée est celle de savoir pourquoi, dans les archives, n'est inscrit que deux fois le nom d'Alicia Vivar, la fille de quatorze ans. Surtout si l'on révise en détail les rapports sur les réapparitions de son frère Bruno. Car Bruno n'est plus jamais apparu seul. Les versions se recoupent, dans lesquelles le jeune homme arrive sur les parkings des hôtels dans différents types de voitures plutôt luxueuses et toujours conduites par un homme dont le sourire apparaît aussi dans les archives de la police criminelle, mais sous une autre rubrique : Boris Real.

Boris Real se fit connaître au Chili pendant l'année 1984, alors que, jeune cadre supérieur représentant le groupe d'investisseurs suisses qui voulut acheter la Banque Petrohué. Il finit par atterrir dans la prison de Capuchinos, du fait d'une plainte antimonopole déposée par la surintendance des banques, lorsque fut déterminé que les Helvètes étaient liés à un groupe financier australien qui avait acquis la Banque d'Atacama, ainsi qu'au groupe hispano-norvégien qui était devenu propriétaire des banques de Los Lagos et Antonio Varas. Il fut jugé en tant que représentant de l'impénétrable consortium international qui tenta d'acquérir cinquante et un pour-cent des banques chiliennes, opération qui, comme certains l'indiquent, aurait pu avoir pour notre pays des conséquences allant bien au-delà du cadre strictement économique. Le groupe en question se retira immédiatement du pays sans laisser de traces perceptibles. Du moins jusqu'à l'année 1999. Bien entendu, Boris Real n'était pas le véritable nom de cet homme, mais le nom d'emprunt de Francisco Virditti (quarante et un ans), qui affirma avoir été à la tête d'un groupe de six actionnaires derrière lesquels “il n'y avait rien d'autre que le jeu légitime du marché”, comme il l'indique dans l'unique entretien qu'il ait jamais accordé.

Sept ans plus tard, alors que la presse chilienne peinait à se remémorer les conspirations commerciales qui contribuèrent à éviter l'analyse de la récession pinochétiste, survint la mort lamentable de Juan Ausencio Martínez Salas. Le 5 février, au dix-septième trou du club de golf *Príncipe de Gales*, une lésion vasculaire avait eu raison du sous-secrétaire à l'Education du gouvernement de Patricio Aylwin. Cet après-midi-là, Martínez Salas parcourait le *green* du club de la capitale accompagné de deux anciens camarades de l'université de Chicago avec qui il avait passé son M.B.A. : José Francisco Vivar, l'industriel des jeux vidéo et de hasard, et Boris Real.

Après vérification des témoins dans le Registre civil, il constate que le nom de baptême de l'homme d'affaires présent lors du décès est Boris Real Yáñez, quarante-huit ans, et aucune demande de changement de nom n'apparaît associée à son identité. S'agissait-il peut-être d'un autre Boris Real ? Etait-ce Francisco Virditti, le véritable pseudonyme ? Quoi qu'il en soit, une autre photographie de presse, sur laquelle on voit Real parler de son cher camarade, montre le même visage de l'entrepreneur qui se déclara innocent devant la surintendance des banques en 1984. Lors d'une conférence de presse le 16 mai 1995, Nelson Ávila, alors député, dénonça la possibilité d'un plan criminel secret au moment de la publication des rapports d'autopsie du sous-secrétaire Martínez Salas, qui laisseraient penser à des traces de poison dans son organisme. Il y eut deux jours d'émoi public. Comme tant d'autres fois, on parla de crise politique et personne ne protesta. Puis tout tomba dans l'oubli. Boris Real reçut tout de même une assignation à comparaître à son domicile de Vitacura avant de retourner à l'anonymat. Certaines versions indiquent qu'il prêta serment devant la juge Irma Sepúlveda, en charge de l'enquête sur la mort de Martínez Salas. Il est aujourd'hui pratiquement impossible de localiser Boris Real ; il n'a pas de domicile connu et son nom n'apparaît dans aucun registre public. José Francisco Vivar, interrogé par la presse au moment de la disparition de ses enfants, déclara qu'il n'avait désormais plus aucun contact avec son camarade. Pour ajouter à l'inquiétude, il m'est nécessaire de témoigner qu'un soir de juillet 1997, je vis de mes propres yeux Vivar, Boris Real et le député Nelson Ávila marcher le long de la plage de Cachagua. Leurs enfants respectifs les accompagnaient. Je pressai, on s'en doute, la personne qui était avec moi de nous approcher discrètement. La situation devint pour moi significative seulement après le début de l'enquête sur les événements de Navidad et Matanza. Boris Real tenait la main de la petite Alicia Vivar, une enfant alors âgée de douze ans. Ils marchaient quelques mètres en retrait du reste du groupe. Elle lui demandait de l'accompagner vers les rochers, à la recherche de coquillages. Elle ne le vouvoyait pas ni ne l'appelait "tonton", mais "Boris". Ils parlèrent ensuite des tonalités rougeâtres des nuages à cette heure du jour et elle lui demanda combien de temps il restait avant la fin du monde.

Il tirait de temps à autre sur sa cigarette

Ce qu'ils firent cet été-là fut de parcourir en Cadillac les plages des régions côtières du centre. Virditti inclinait le siège du conducteur, fermait les yeux et fredonnait les lèvres closes de vieilles chansons qu'une femme lui avait enregistrées sur une cassette des années plus tôt. "*Memories are made of these*", entendait-on. Il tirait de temps à autre sur sa cigarette ; seul geste permettant, à qui l'aurait observé depuis l'extérieur, de savoir qu'il ne dormait pas. Très précisément depuis l'autre extrémité de la plage ; j'étais là, sur ma serviette, étendu sur le ventre, avec des jumelles. Alicia était à mes côtés. Pour être plus précis : elle venait parfois, tremblante, depuis la mer, se jetait à mes côtés, ses deux bras collés à la peau tant désirée de son corps. Je lâchais les jumelles, prenais du sable dans mon poing et le laissais tomber délicatement entre les omoplates, le long du chemin qui relie les grains de beauté de son dos à ceux de sa taille. Mais elle ne souriait pas. "*Fist-fuck*", murmurait-elle, les yeux clos, et par cette seule expression terriblement troublante, elle me rappelait qu'elle n'était pas heureuse, que jamais elle ne le serait. Ces nuits où elle me parlait en anglais à travers le couloir de l'hôtel, depuis sa chambre, avec une voix rauque de pleurs ou de rires, de femme qui s'est pissé dessus de rire, elle me racontait d'horribles contes pour enfants qui se transformaient ensuite dans le récit de ses propres cauchemars : un lapin qui passait, elle sur une autre femme que j'aimais aussi, lui suçant, insensée, son sein aride. Au-dessus de la fosse. Sans gêne, elle disait : la fosse où ma tête est enfouie en ce moment même. Tu veux savoir ce que je vois ?
Il est évident que cette Alicia dont je te parle n'est pas la même fillette de quatorze ans, du moins pas l'Alicia Vivar que la police criminelle recherche encore. Elle, elle se levait, s'en allait en courant vers la mer. Et s'arrangeait pour me remplir les yeux de sable. "Espèce de voyeur !" criait-elle. Il fallait alors que je coure derrière elle, que je l'attrape tandis que les vagues nous arrivaient déjà aux épaules et que je la coule sous le poids de tout mon corps pendant une demi-minute. Elle ressortait à moitié noyée et ne voulait plus me parler. Je prenais ensuite son visage entre mes mains et lui disais : "Ma petite fille, ma perdue, mon texte que je dois déchiffrer." "Bien sûr, imbécile, et ta mère", me répondait-elle, avant de s'approcher et de me mordre la lèvre. C'est cela que je devais découvrir. Que jamais on ne nous permettra d'expérimenter un désir qui

PAUSE SUR...

CARLOS LABBÉ

Né en 1977 à Santiago du Chili, il s'adonne à l'écriture après une thèse consacrée à Roberto Bolaño. Carlos Labbé publie en 2001 un roman hypertextuel intitulé *Pentagonal: incluidos tú y yo*. D'autres suivent parmi lesquels *Navidad y Matanza* (2007) et *Caracteres blancos* (2010). Ancien membre de groupes de musique pop, il est l'auteur de trois albums solos (*Mi nuevo órgano*, 2011) et des scénarios de deux films. Codirecteur de Sangría Editora, Carlos Labbé est aussi critique littéraire (www.sobrelibros.cl). En 2010, la revue anglaise *Granta* l'inclut dans sa sélection des meilleurs jeunes écrivains de langue espagnole.

nous dépasse. C'est pour elle que j'écris ceci, où qu'elle se trouve. Pour moi ce reportage ne sera pas neutre : des centaines de connotations s'interposèrent entre elle et moi, uniquement parce que je fus assez ingénu pour croire que l'amour avait quelque chose à voir avec les mots, avec un usage correct de ceux-ci. Maintenant j'ai peur de parler ; je deviendrais simplement un professionnel. Mais il y a une vérité. J'ai aimé Alicia. Et surtout : je l'aime encore. Quel que soit son nom.

C'est la raison pour laquelle j'écris à cette heure de la nuit. Après quarante heures de travail au labo. Ivre. Seul. Egaré. La tête dans la fosse. Je sais ce qui est juste, ce qui m'attend et la splendeur. Signes. Je sais aussi que parfois, dans la Cadillac, Francisco Virditti ouvrait les yeux et contemplait comment Bruno se dirigeait vers la plage, vêtu seulement d'un maillot de bain. Virditti savait parfaitement quelle était la fille que Bruno avait choisie cet après-midi, toutes différentes mais proches dans l'insondable. Bruno s'arrangeait pour entrer dans l'eau et plonger à leurs côtés, faire une blague charmante, rire – le regard en coin –, faire en sorte que leurs peaux s'effleurent, par hasard, entre le sel et l'écume. De sorte qu'au bout de dix minutes, la fille s'attendrissait en voyant les lèvres violettes de Bruno Vivar et se proposait pour partager une serviette. C'était là le moment attendu, lorsqu'ils arrivaient à l'endroit

où étaient ses affaires, elle blêmissait alors en découvrant qu'on lui avait volé les serviettes. Le visage décomposé. Elle me rappelait ma sœur, plus précisément la fille de mon père, me dirait bien plus tard Bruno, entre deux whiskies, acculé par une menace de mort : celle que je lui fis. Tordu, arrogant, imbécile, filsdepute, si en ce moment je l'avais en face, je ne le laisserais pas parler. Je lui cracherais dessus et le défoncerais à coups de pied. Rien d'autre à dire. Parce qu'en même temps, Virditti éclatait de rire dans la voiture. Il parvenait à traverser la station balnéaire, prendre les serviettes et regagner la place du conducteur dans la Cadillac, tranquillement, tandis que Bruno accomplissait l'enchantement, là-bas, dans les vagues. Mais le jeu fut interrompu quand Alicia décida d'attendre Francisco Virditti sur la banquette arrière de la Cadillac et de le saluer : "Imbécile, c'est toi que je voulais retrouver." Je reconnais n'avoir rien pu faire pour l'arrêter. Alors lui démarra la voiture, et vola vers l'autoroute. Là où la mort rôde si bien.

Ce texte, traduit de l'espagnol (Chili) par Pedro Jiménez Morrás, est un extrait du roman *Navidad y Matanza*, publié aux éditions Editorial Periférica, Cáceres.

UNE SAISON DE POLO

JOSEFINA LICITRA | TRAD. CHRISTINE BOURDIER | ILL. LOUISE PIANETTI

Le polo argentin règne sans partage depuis plus d'un siècle sur une discipline sportive qu'il domine mondialement. Bien plus qu'un sport en vogue, le polo est devenu un business florissant en Argentine, où sont élevés les meilleurs chevaux de la planète. Le gotha du monde entier, en quête de distinction, se presse dans les stages organisés par les clubs du pays où l'entre-soi est recherché et valorisé. Les vocations soudaines des *Gringos* sont lucratives mais ne font pas illusion. Car la culture du polo n'a rien de démocratique.

Les bonnes juments n'oublient jamais. Une fois qu'elles ont tout appris : à galoper sur le bon pied, à s'arrêter à temps, à être pleines d'allant mais néanmoins obéissantes, à se laisser monter avec élégance… Les années ont beau passer, elles savent se comporter comme il se doit. C'est pourquoi, dans l'univers du polo, les bonnes juments sont sacrées. Absolument sacrées.

On les bichonne, on les coiffe comme des courtisanes mais on ne les laisse pas s'accoupler, surtout pas au petit bonheur. Chaque mois, avec une ponctualité toute biologique, un groupe d'experts leur ponctionne un ovule qui est ensuite fécondé *in vitro* avec les spermatozoïdes d'un étalon. L'embryon, lui non plus, ne leur revient pas. Il est implanté dans un ventre de substitution chargé de mener à bien la gestation. A ce stade, la valeur de l'embryon atteint déjà cinquante mille dollars.

Grâce à cette technique de procréation assistée – qui atteint un niveau d'excellence en Argentine –, une bonne jument peut avoir jusqu'à dix poulains par an, sans perdre la ligne, sans cesser de jouer un seul jour, et sans même savoir qu'elle a procréé.

Les bonnes juments savent tout, à l'exception du fait qu'elles sont mères. Et elles savent encore moins que grâce à ce système de transplantation embryonnaire, elles partagent bien souvent le terrain de jeu avec leurs propres filles. Une logique de reproduction destinée à servir les intérêts du polo au mépris des règles du monde animal.

Autre principe indérogeable : tout, dans l'univers des plus hauts handicaps[1], doit absolument rester en famille. Le plus surprenant est que cette coutume concerne non seulement les juments et leurs produits eugéniques mais également les clans de joueurs de polo. Cette consanguinité n'est pas mise en évidence par un quelconque Luis D'Elia[2] mais par la voix *off* de Polo Real, une des vidéos que l'on projette aux étrangers afin de les inciter à venir s'initier à ce sport en Argentine : “Le polo est un de sultans, de millionnaires du monde entier. C'est pourquoi les chevaux de haut niveau se reproduisent entre eux, comme d'ailleurs les joueurs de polo", souligne la voix *off* de la vidéo ! Et l'on devine ainsi la vraie motivation d'une bonne partie de ces milliers d'étrangers qui, tous les ans, viennent s'en mettre plein la lampe dans la campagne argentine : ce n'est pas danser le tango qui les intéresse, ni admirer l'Obélisque. Leur rêve le plus fou n'est même pas d'apprendre à monter à cheval avec grâce. Ils souhaitent seulement s'acheter ce qui en théorie ne se vend pas : le "statut". C'est pour cette raison qu'ils viennent jouer au polo "au pays du polo" – car c'est ainsi que l'on considère l'Argentine depuis 2001. Ils y achètent des chevaux de première qualité et laissent sur place une montagne de dollars (entre deux mille cents et quatre mille cinq cents dollars par semaine et par personne). Une fortune qui atterrit dans la poche d'une catégorie sociale bien déterminée : les éleveurs, les grands propriétaires terriens et les joueurs, ceux-là même qui, dans les années 1990, se faisaient du mouron pour leurs affaires.

Mais que signifie "statut" au polo ? Où le voit-on ? Comment le vend-on ? Une navigation au travers des sites internet des quelque cent cinquante *estancias* argentines[3] proposant des cours de polo, montre un emploi superlatif de termes tels que "adrénaline", "addiction", "tradition", "sentir", "être là où ça se passe" et "sans retour possible". Bon nombre de ces propriétés se trouvent à Pilar[4], une localité autoproclamée la "capitale internationale du polo". Un endroit qui, au-delà de ses zones fortement urbanisées, manie désormais un langage d'exportation. Les abords de Pilar sont faciles à décrire : il y a beaucoup de pâturages, beaucoup de chevaux, beaucoup d'arbres, beaucoup de boxes en briques et bois de caroubier et beaucoup de pancartes portant la mention "*lots for sale*".

Là, entourée d'*estancias* qui lui ressemblent, se trouve Don Augusto Campo & Polo, un club propriétaire d'une équipe de polo parmi les plus importantes du monde et ouvert toute l'année ; une exception dans le pays, puisque traditionnellement, la saison se déroule entre septembre et mars. L'épicentre de la propriété consiste en un immense champ vert incandescent. Un véritable paysage de carte postale dont le style minimaliste représente notre fantasme le plus parfait de la campagne : une prairie aux herbes ondoyantes, avec un arbre à la ramure tranquille, un cheval aux crins lumineux et une discrète odeur de crottin.

Au milieu de cette "carte postale" se trouve Eric Wright, un "*polo manager*" (c'est comme cela qu'on les appelle). Wright joue comme professionnel à San Francisco et est venu en Argentine pour acheter quelques juments pour son patron. Il est accompagné d'Abby, une brune qui saute de son cheval avec la légèreté d'une colombe et prévient qu'elle ne veut ni photos ni mention des noms de famille dans l'article. Abby a une cicatrice sur la lèvre supérieure et cette marque donne à son visage une beauté distante, trouble. Lorsqu'elles approchent de la quarantaine, les femmes du polo se ressemblent : elles ont un visage dur, marqué et généralement retouché par le collagène destiné à effacer les rides du temps, mais surtout dues au soleil. Abby est également "*polo manager*" et recherche trois juments différentes : une grande, lente et facile à diriger. Une moyenne et rapide, et une troisième, petite et facile à transporter. Pour les choisir, elle les monte et les emmène taper des balles sur le terrain. Elle évalue leur bouche (c'est-à-dire leur capacité à freiner), leur équilibre, leur réaction par rapport au maillet (il est fondamental que les chevaux n'en aient pas peur). Enfin, leurs yeux doivent être "sans nuages", leur psychomotricité, parfaite et leurs corps, sans cicatrices.

Elle évalue leur bouche (c'est-à-dire leur capacité à freiner), leur équilibre, leur réaction par rapport au maillet

"Les étrangers ne connaissent pas grand-chose aux chevaux et pensent

[1] La valeur technique d'un joueur de polo s'évalue par un handicap s'échelonnant de deux *goals* pour les débutants à + 10 pour les meilleurs. Seuls une douzaine de joueurs dans le monde atteignent le handicap 10. La majorité d'entre eux sont argentins. (N.D.T.)

[2] Luis D'Elia : homme politique argentin appartenant à la gauche syndicaliste.

[3] *Estancias* : grandes propriétés terriennes.

[4] Pilar : petite ville située à 54 kilomètres au nord-ouest de Buenos Aires.

PAUSE SUR...

JOSEFINA LICITRA

Née en Argentine en 1975, elle occupe la fonction de rédacteur en chef du quotidien *Crítica de la Argentina*, avant de collaborer à la rédaction de divers quotidiens (*Clarín, La Nacíon*), revues et magazines prestigieux (*Rolling Stone, Newsweek, Etiqueta Negra...*). En 2004, la F.N.P.I. dirigée par Gabriel García Márquez lui a décerné un prix pour *Pollita en Fuga*, l'histoire saisissante d'une adolescente accusée d'être à la tête d'un groupe de kidnappeurs. Son livre, *Los Imprudentes* (2007), s'intéresse au quotidien d'adolescents gays et lesbiens en Argentine. Josefina Licitra écrit actuellement dans le supplément culturel du journal *La Nacíon*.

que ceux avec des cicatrices ne sont bons à rien, explique Abby. C'est comme les gens qui ne s'y connaissent pas en voitures: au lieu d'examiner le moteur, ils se fient à la carrosserie."

Selon les chiffres de la douane argentine, le pays exporte près de quatre mille chevaux par an à des prix variant de cinq mille à quinze mille dollars en moyenne (mais certains d'entre eux se vendent entre trente mille et deux cent mille dollars). On calcule que les devises rapportées par ce secteur représentent un minimum de vingt millions de dollars par an.

Où partent ces animaux? Absolument partout. La famille du joueur de polo Clemente Zavatela – le mari d'une des Triplettes d'or[5] – a même vendu, par exemple, vingt-six chevaux facturés vingt-cinq pour-cent de moins que leur valeur réelle, à la Garde royale du Maroc. Cette différence de prix a valu à l'entrepreneur une dénonciation pour fraude fiscale.

Quand on regarde une jument, cependant, toutes ces magouilles commerciales paraissent bien lointaines. La beauté possède un certain pouvoir anesthésiant. Ces magnifiques bestioles, comme tout ce qui est beau, se hissent au-dessus des bassesses étrangères ou locales avec une fringante noblesse. Les juments sont raffinées même quand elles crottent: elles se soulagent la poitrine en avant, la croupe digne, et avec l'air d'écouter la meilleure musique du monde.

A quelques mètres d'une jument en transe après l'entraînement, un Hollandais, Paul Van Oostveen – programmateur de sites internet – explique que ces animaux peuvent devenir une véritable addiction. Cela fait deux ans que Paul vit en Argentine et un an qu'il joue au club Don Augusto & Polo. Il y vient tous les jours et a déjà acheté six juments.

– Pourquoi autant?

– Parce que ce n'est jamais assez.

Les étrangers qui viennent ici jouer au polo se divisent en deux catégories. D'un côté, les Européens, majoritairement intéressés par la bonne bouffe et monter à cheval toute la journée, l'autre, les Américains qui abordent les cours de polo comme un véritable projet *all inclusive*: ils souhaitent rentabiliser leur investissement et ne laissent pas une seule seconde de libre au hasard. Quand ils descendent de cheval, ils enchaînent aussitôt sur un spectacle de tango, font du *shopping*, se baladent à La Boca[6] et dépensent des fortunes dans les maroquineries.

En général, aucun de ces deux groupes ne fait allusion à l'insécurité du pays. Selon Gonzalo Palacios Hardy, le directeur de Don Augusto & Polo, nous sommes entre "gens du monde qui ont déjà baroudé en Asie et en Afrique et qui ne considèrent pas l'Argentine comme un pays plus dangereux que le Zimbabwe".

Pourquoi viennent-ils ici et ne vont-ils pas au Zimbabwe? Une seule et unique raison: c'est en Argentine que l'on trouve les chevaux les meilleurs et les moins chers de la planète. C'est une raison économique. Mais il en existe une autre, psychologique, exposée par Bautista Heguy[7] dans la vidéo *Polo Real*: "Pour beaucoup de gens, le polo est une passion, mais pour d'autres c'est un caprice, du pur snobisme. Accéder à ce sport élitiste permet de côtoyer directement la royauté", confie-t-il.

Le prince Harry d'Angleterre est quelquefois venu à l'*estancia* El Remanso, située à Lobos[8] pour améliorer sa frappe auprès du joueur de polo Eduardo Heguy. L'acteur Tommy Lee Jones – un "prince" d'Hollywood – est aussi devenu un *habitué*[9] de l'*estancia* La Mariana et s'est même converti en parrain de son équipe de polo. "Pensez donc qu'au début j'étais juste venu en Argentine pour apprendre à jouer un

[5]Triplettes d'or: nom artistique de trois sœurs, actrices argentines.

[6]La Boca: quartier touristique de Buenos Aires.

[7]Bautista Heguy: joueur de polo argentin renommé.

[8]Lobos: ville située dans la province de Buenos Aires.

[9]En français dans le texte.

peu au polo, acheter quelques chevaux et déguster de bons barbecues, explique-t-il. Maintenant, je viens une ou deux fois par an pour ne pas rater mes entraînements, bien que je sois persuadé qu'il est beaucoup plus facile de faire des films que de jouer au polo !"

Claudio Uras, le palefrenier de Don Augusto & Polo, pense, quant à lui, que jouer au polo ne doit pas être uniquement lié à la recherche d'un statut social. Ou alors, autant s'acheter un club de golf et une balle. "Au golf nul n'est tenu d'avoir une bonne condition physique et il est quasiment impossible de se rompre les os. De plus, sa pratique est définitivement moins risquée sur le plan économique", compare-t-il.

Il évoque son métier avec passion : "Travailler avec les chevaux c'est comme travailler des bijoux précieux, à la seule différence qu'un bijou ne se rebelle jamais. Un jour, alors que je travaillais dans une autre *estancia*, un cheval d'une valeur de trente mille dollars s'est échappé. Il est allé dans le champ d'à côté, s'est goinfré d'herbe et a fait une indigestion. Quand un cheval a une grave colique, il peut en mourir ou en garder des séquelles qui l'empêcheront de jouer au polo. Celui-là s'en est sorti mais il s'est mis à souffrir de pertes d'équilibre. J'aurais voulu me tuer", raconte-t-il.

Claudio a trente et un ans, une femme, deux enfants, et une moitié de sa vie passée au service du polo. Il est originaire de Pehuajó[10] et a commencé, dès l'adolescence, à travailler avec les chevaux en tant qu'employé dans une *estancia*. Depuis toujours, son travail consiste à débourrer les chevaux, convertir leur graisse en muscles, les habituer au maillet. Un dressage tant physique que psychologique. Contrairement aux autres palefreniers, Claudio a eu la possibilité d'apprendre à jouer. Aujourd'hui il participe à l'entraînement des étrangers. Mais l'essentiel de sa tâche se passe aux pieds des chevaux : il fait leur litière (de sciure ou de copeaux), les brosse, leur tresse la queue, les tond et leur donne à manger.

"Les palefreniers comptent pour cinquante pour-cent dans le succès d'une équipe", commente Bautista Heguy dans la vidéo *Polo Real*. "Un bon palefrenier, c'est comme un bon comptable ou un bon avocat : il fait la réussite de ton entreprise", renchérit Juan Ignacio Merlos[11] de l'*estancia* La Dolfina.

Claudio, le palefrenier responsable à cinquante pour-cent du succès du club Don Augusto & Polo, vit avec sa famille à l'*estancia*. Sa maison se compose de deux petites pièces et d'une cuisine récemment devenue individuelle.

Le polo n'est pas né en Argentine. Son origine[12] remonte au Sagol Kangjei, un sport pratiqué en Inde environ trois cents ans avant notre ère. Ce n'est que bien plus tard, au XIXe siècle, que le colonialisme anglais s'est approprié le jeu et l'a amené avec lui en Argentine. Sur place, le jeu se transforma peu à peu. Il fut tout d'abord réservé aux immigrés anglo-saxons qui fraternisèrent entre eux sur le terrain jusqu'au 30 août 1875, date à laquelle eut lieu le premier

[10]Pehuajó : petite ville de la province de Buenos Aires.

[11]Juan Ignacio Merlos : un joueur argentin de handicap 10.

[12]Certains historiens datent l'origine du polo aux alentours de 522 avant notre ère où sa forme ancienne était un art de la guerre pratiqué en Perse et dans les steppes d'Asie centrale. Cependant, la forme moderne viendrait d'Inde où les souverains moghols s'adonnaient à des fêtes équestres.

match officiel. La majorité des joueurs étaient anglais mais les compétitions commencèrent alors à devenir populaires parmi les Argentins. Un chroniqueur de l'époque en explique la raison : "Le polo se révèle particulièrement adaptable dans un pays de centaures tel que l'Argentine. Un pays où les champs sont aussi plats que des échiquiers et où les chevaux font preuve de remarquables aptitudes à l'entraînement et au combat." En 1895, la première équipe de joueurs de polo argentins joua à Londres avec succès et à partir de cette date, le polo argentin occupa la première place incontestée jusqu'à aujourd'hui, au sein des équipes internationales. Le polo argentin est assurément le meilleur du monde. Pour s'en convaincre, il suffit d'examiner les inscriptions au championnat Abierto de Polo de Palermo (la plus grande compétition du genre au niveau international) : pour y participer, le niveau de base requis est un handicap supérieur à vingt-huit points[13]. Très peu d'équipes étrangères répondent à cette exigence.

"Il existe de prestigieux tournois, mais pas de championnat du monde de polo, explique Gonzalo Palacios Hardy. Si une compétition de ce genre existait, elle serait systématiquement remportée par l'Argentine. Ça ne serait pas vraiment amusant."

Le polo se joue par saisons. La plus importante commence en septembre et se termine début décembre. Durant cette période on peut assister à tous les tournois et championnats de haut niveau. La saison basse, en revanche, débute à l'automne[14], lorsque la pluie détrempe les terrains et rend les entraînements difficiles.

"Je ne m'habitue pas aux hivers." Celui qui lâche cette phrase se nomme Emiliano Branco, il a trente-deux ans. C'est un joueur de polo, médiocre selon ses dires. Je l'ai rencontré il y a six mois, quand je n'y connaissais rien au polo, encore moins que maintenant. J'avais commencé cet article en croyant que le polo était une fête toute l'année. Cet après-midi-là, Emiliano était seul, silencieux, subissant l'hiver. Il fumait

[13] Le niveau d'une équipe s'obtient par l'addition des handicaps de ses joueurs.

[14] L'automne et l'hiver austraux s'étendent de mars à août.

des Philip Morris avec des bouffées transparentes, laissant le soleil froid jouer dans ses cheveux blonds, comme dans une scène de *Gatsby le magnifique*.

"Quand il pleut, c'est pire… Je ne sais carrément pas quoi faire."

Emiliano a joué à Santa Fe, au Nouveau Mexique pendant dix ans. Il a ramené de là-bas plusieurs clients *Gringos*[15]. En ce qui concerne le négoce du polo avec les étrangers, il est reconnu parmi ses pairs comme l'un des meilleurs en la matière. Don Manuel, son *estancia*, est située à Cañuelas[16]. Il y accueille des joueurs professionnels qui viennent se préparer pour la saison européenne, des étudiants d'universités anglaises ayant des conventions régulières avec l'*estancia*, et des touristes profitant de la dévaluation du peso pour s'acheter à un prix raisonnable une appartenance à cette caste très fermée.

"Mon travail est gratifiant, mais il n'est pas rentable", assure Emiliano. Généralement, un joueur de handicap 10 peut prétendre toucher au minimum trois cent mille dollars pour jouer durant la saison anglaise (et ensuite utiliser cet argent pour se financer la saison argentine). Mais pour Emiliano la situation est tout autre.

"Si tu es médiocre comme moi, cette histoire de saisons successives, ce train de vie effréné du polo, te laisse sur les rotules. Tu voyages sans cesse, tu ne construis rien de personnel et l'argent que tu gagnes à l'étranger ne te sert même pas à te fabriquer un bel avenir en Argentine. Au bout d'un moment, tu réalises que la vie est courte… Beaucoup de jeunes comme moi, pour continuer à vivre du polo, se reconvertissent dans l'accueil des étrangers. Ils pensent ainsi pouvoir faire de l'argent facile. Ils considèrent un peu l'étranger comme un pigeon, le type auquel tu vas pouvoir soutirer un maximum de dollars contre un bon barbecue et une partie de polo avec des palefreniers. Mais moi je ne fais pas ça, je suis lassé de tout."

La propriété d'Emiliano – une infinité d'hectares couverts d'installations cinq étoiles – est un héritage familial auquel Emiliano a ajouté les gains de ses douze années de travail aux Etats-Unis. Durant ces vingt dernières années, il n'a pas pris un seul jour de vacances. A la fin de chacune des saisons de polo, il est revenu à Cañuelas pour acheter des briques[17].

"C'est bien comme ça. Après tout, ce lieu m'appartient, relativise Emiliano. A l'avenir, je ferai des affaires dans l'immobilier. Vivre des touristes fonctionne uniquement si tu fais comme le propriétaire d'El Metejón, un immigré qui a justement misé sur l'immobilier. Il utilise le polo pour attirer les étrangers et ensuite leur vendre des terres sur place. Moi je ne fais pas encore ça. D'ailleurs, sans les décourager, je tente d'expliquer à nombre de mes amis qui s'achètent quelques hectares et disent vouloir 'vendre de l'activité polo à Pilar', le genre de problèmes qu'ils risquent de rencontrer.

– Et quel est le problème ?

– Que tu y laisses ta vie. Je ne sais pas ce que c'est que d'aller au cinéma. C'est pour ça que je suis célibataire.

– Et pourquoi t'es-tu lancé là-dedans alors ?

– Parce que j'aime les chevaux et que mon père vit ici. Mon père est parti de rien et je veux lui offrir le meilleur."

Emiliano est une des rares personnalités du polo à ne pas avoir d'origines patriciennes. Son père travaillait dans la viande jusqu'à ce que deux maladies dues à son activité – une bronchiectasie et la tuberculose – le contraignent à passer des années au lit. Autrefois, lorsque son père travaillait, Emiliano allait à l'école et jouait au *pato*[18]. A ce jeu, il s'est cassé les deux jambes et, quelque temps plus tard, un ami de la famille y a laissé sa vie. Quand il a appris la nouvelle, son père lui a dit : "Fais ce que tu veux avec les chevaux, mais oublie pour toujours le *pato*."

Alors Emiliano a commencé à jouer au polo. A dix-sept ans, il s'est fait engager comme palefrenier en Australie et, quelques années plus tard, le gros de son

[15] Américains.

[16] Cañuelas : petite ville de la province de Buenos Aires.

[17] Le matériau de construction de base des bâtiments situés dans la province de Buenos Aires.

[18] *Pato* : littéralement "canard" ; jeu équestre, sorte de horse-ball argentin où deux équipes se disputaient à l'origine un canard vivant, aujourd'hui un ballon à poignées.

activité s'est déplacée aux Etats-Unis. Quelquefois, lorsqu'il a une minute pour penser, Emiliano rêve à ce qu'il aurait pu faire d'autre.

"Ici, il y a les meilleurs joueurs du monde et les meilleurs chevaux. Pourquoi ? Parce que devenir un joueur de polo en Argentine, lorsque ta famille joue au polo, est économiquement intéressant. Et aussi parce que c'est culturel. Aux Etats-Unis ou en Angleterre, lorsque tu as dix-sept ans, ton père, pour peu qu'il soit millionnaire, t'oblige à aller à l'université, et même à travailler pour te payer des études. Et quand tu es arrivé à quelque chose dans la vie, alors oui tu as le feu vert pour jouer au polo. Tu entres dans l'univers du polo à un âge plus avancé qu'ici mais sans aucune culture du cheval. Quand je reçois des adolescents anglais, leurs parents me disent : 'Ne le faites pas jouer tout le temps : qu'il apprenne à balayer, à laver ; qu'il travaille.' C'est une mentalité différente. En Argentine, si tu termines le secondaire et que ta famille a de l'argent, elle t'offre tout de suite tout ce que tu veux.

– Et qu'en penses-tu ?

– Franchement… Le style anglo-saxon me semble être une perte de temps. Mon père m'a fait travailler à l'âge de douze ans. Si je me compare aux jeunes qui ont commencé le polo avec moi, ils sont arrivés plus haut parce qu'ils ont eu tout le temps de s'y consacrer et la tête plus libre. Moi, à dix-sept ans, je m'occupais toute la journée d'un troupeau de vaches, ensuite j'allais aux cours du soir de l'université et en plus je devais jouer au polo.

– Tu crois que si tu avais été un enfant plus gâté, tu aurais été un meilleur joueur de polo ?

– Oui."

Même s'il n'est pas un grand joueur, Emiliano est une référence incontournable dans le monde des cours de polo pour étrangers. C'est pour cette raison qu'en septembre, Aaron et Marcus, deux Américains d'une trentaine d'années, se sont adressés à lui. Les deux hommes s'entraînent actuellement sur un cheval mécanique – une sorte de cheval de Troie miniature –, ils regardent droit devant eux et commencent à faire tournoyer le maillet pour affiner leur technique et échauffer leurs muscles avant le match qu'ils disputeront dans une demi-heure.

Aaron Ball a trente-sept ans, il est vêtu d'un pantalon blanc et de hautes bottes de cuir ; il parle un espagnol correct. Il est avocat dans une entreprise pétrolière de Houston – où Marcus est également cadre – et est arrivé ici sur les recommandations du club de polo de Houston dont il est membre depuis un mois.

Un mois, c'est peu. Hier, Aaron est tombé de cheval, mais cela n'a pas entamé son optimisme.

"Emi a très bonne réputation aux Etats-Unis, explique-t-il. Le polo est très tendance aux Etats-Unis chez les personnes de trente-quarante ans. En ce moment, tout le monde veut venir en Argentine. C'est le lieu dans le monde où pratiquer le polo. Il n'y en a pas de comparable.

– Et la politique argentine ? Vous y connaissez quelque chose ?

– Oui, nous nous intéressons à la politique. Par exemple aux problèmes existant entre le secteur rural et le pouvoir. Egalement au développement des ressources pétrolières locales. L'Argentine est un pays plus européen que latino. Nous pensons que vous nous ressemblez plus. Et c'est pour ça que nous aimons ce pays. Et aussi parce qu'il est meilleur marché que l'Europe. Il y a deux mois, je suis allé à un mariage en Angleterre et le change était de 2,2 livres sterling pour un dollar. Qu'est-ce que c'est cher !"

L'Argentine est un pays plus européen que latino

A ses côtés, perché sur le cheval mécanique, Marcus semble évoluer dans un autre monde. Il porte un jean – et non un pantalon blanc comme il est de coutume au polo – et écoute les indications que lui donne Emiliano avec la réceptivité d'une huître. Marcus fait partie de ces gens qui semblent ne pas comprendre quand on leur parle, même dans leur langue d'origine. On pourrait le croire idiot mais lui définit sa réserve comme "de la stratégie".

"Aaron a des possibilités, il cherche à s'améliorer, observe Emiliano. Mais Marcus non. Il n'a pas l'énergie.

– Ne dis pas ça tout haut, il va t'entendre.

– Non, mais je lui dis en face. Je n'arrête pas de lui répéter, Marcus bouge-toi !

– Et qu'est-ce qu'il fait ?

– Rien."

Pour apprendre les postures de base du polo, il faut compter au minimum cinq cours. Dans tous les cours pour débutants, on apprend, en premier lieu à diriger le cheval, ensuite, à bouger son corps, et enfin, à taper dans la balle le mieux possible. Après, viennent les entraînements sur le terrain. Pour cette phase, Emiliano a invité des amis joueurs de polo afin qu'ils s'entraînent avec Marcus et Aaron. En échange, ils pourront proposer leurs chevaux à la vente. A quelques minutes du début du match, du côté des écuries, huit cavaliers enfourchent d'un bond leurs juments.

"*Che*[19], interrompt Carlos Sciutto du haut de sa monture, dites au photographe qu'il peut prendre tous les clichés qu'il veut mais qu'il ne rate pas le cul de mon cheval."

Carlos Sciutto est un joueur professionnel et un dresseur de chevaux qui participe aux entraînements avec les Américains. Il est très préoccupé par la queue de sa jument qui s'est décoiffée.

"C'est un sport de *gentlemen* et, par conséquent, un sport élégant. Tout doit être parfait, vous comprenez ? Le cheval doit avoir la queue nattée, être bien tondu, sans poil aux pattes ou dans les oreilles. Ceux-là sont des jeunes chevaux qui vont débuter leur première saison, alors c'est la guerre contre les poils, vous comprenez ? Et vous, vous vous épilez ?

– Surtout pour la saison.

– Bien, vous voyez, les bêtes aussi !"

La croupe des juments est sensuelle. La queue tressée, la chair ferme et les hanches bien ouvertes rappellent assez la profondeur existentielle des photos proposées sur les couvertures des revues pour hommes. De plus, les juments sont mieux coiffées que moi. Leurs queues peignées et enroulées tellement droites pourraient remporter le concours de la meilleure coiffure de style pénitentiaire. Juché sur une de ces juments, entrant sur le terrain, voici Aaron. La nouveauté est qu'il arbore un casque étrange, différent des casquettes des autres joueurs. Aaron arbore un couvre-chef tout simplement capable de le protéger lors d'une prochaine guerre mondiale.

"Pour les *Gringos*, il n'y a jamais assez de protection", explique Sciutto.

Il n'y a jamais assez de protection pour les Américains, certes, mais de toute

[19]*Che* : interjection familière typiquement argentine.

[20] "Vas-y Marcus, marque !"

[21] "Aaron, est-ce que ça va ? - Aïe..."

façon pour le polo non plus. Aucun joueur professionnel ne possède une ossature intacte. Ignacio Figueras – considéré comme le Brad Pitt du polo et mannequin chez Ralph Lauren – a une cicatrice près de l'œil et le nez cassé. Horacio Heguy a perdu un œil d'un coup de maillet en 1995 et une dizaine d'années après, une chute de cheval l'a envoyé en réanimation avec trois côtes cassées et un poumon perforé. Quant à Emiliano, il est revenu de sa dernière saison d'hiver à l'étranger – deux mois de cours en Angleterre et aux Etats-Unis – avec le tibia et le péroné en compote.

Les matchs de polo se disputent en six manches appelées *chukkers* ou *chacras* : ces temps de sept minutes chacun correspondent à la durée pendant laquelle un cheval peut galoper sans s'arrêter et sans se déshydrater. Durant un match de haut niveau, les joueurs peuvent marquer jusqu'à une trentaine de buts.

Lors de cet entraînement à Cañuelas, il y a quand même eu deux buts de marqués mais l'on entendait surtout des cris tels que : "*Go, go, go!!!*" et : "*Come on Marcus, score*[20] *!!!!*" Marcus a marqué un point ! Le bilan a été de deux chutes pour Aaron. Le second temps frôla le tragique.

Plus tard, lorsqu'Aaron, presque entier, se faisait masser, Mariana Castagnola – une des meilleures joueuses de polo féminin du pays participant à ce match –, a déclaré que l'Américain "était tombé comme un sac de pommes de terre parce qu'il ne sait pas monter". Je dirais plutôt que la chute a été provoqué par une jument freinant malicieusement juste devant lui, ce qui n'a pas manqué de plaquer le pauvre gars au sol tel un timbre-poste sur une enveloppe.

Aaron est resté là, dans l'herbe, à plat dos, les bras en croix, avec son casque bien en place.

"*Aaron… are you okay?*

– *Ouch…*[21]"

Derrière Aaron, à cinquante mètres de là, la jument libérée de son cavalier, se faisait de plus en plus petite, et galopait de plus en plus loin, avec le désespoir de ceux qui veulent à tout prix sauver leur peau, ou peut-être juste… l'honneur.

"*Temporada de polo*", traduit de l'espagnol (Argentine) par Christine Bourdier, a paru pour la première fois dans *Revista C.*, en octobre 2008.

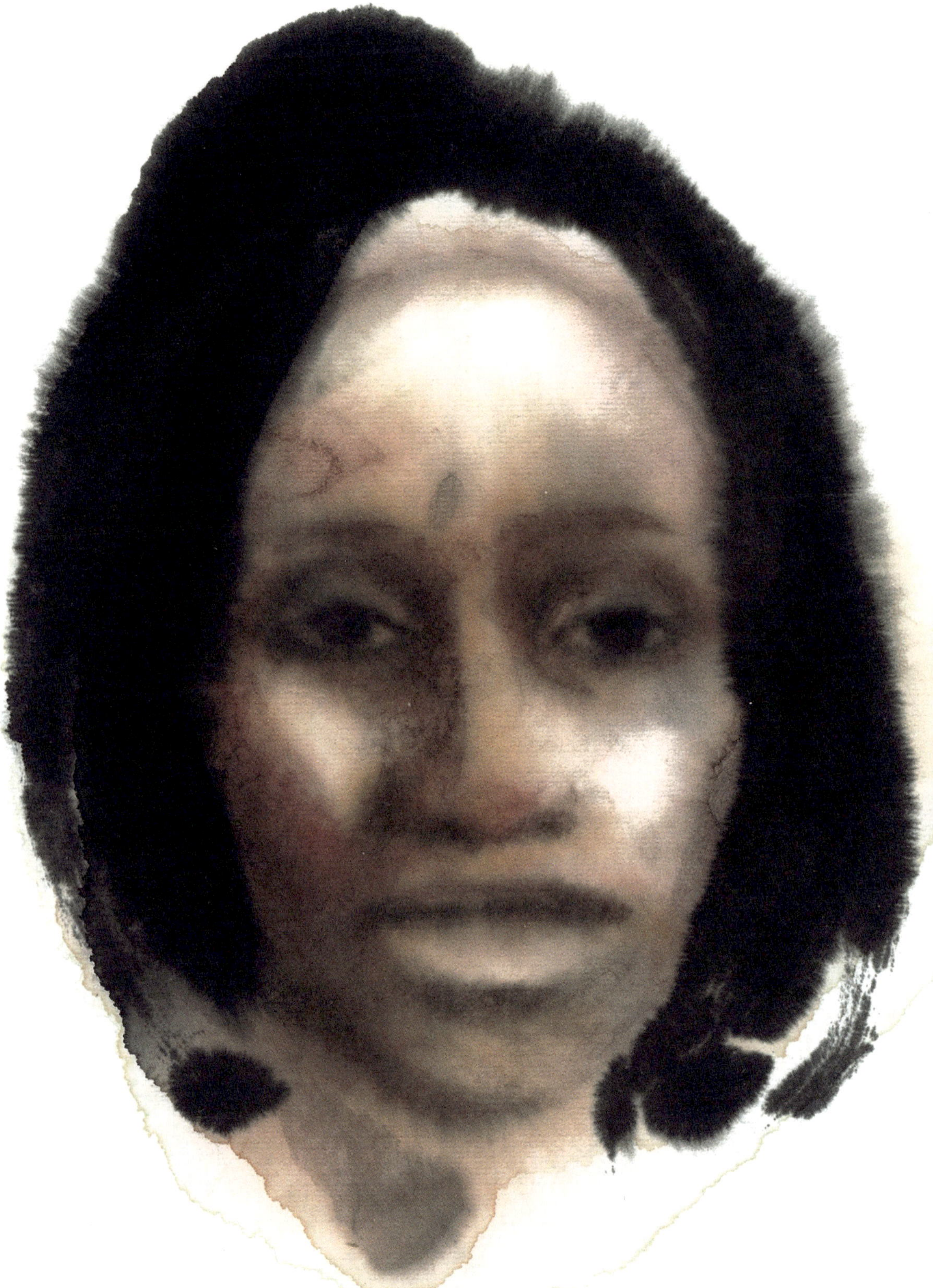

24 HEURES DANS LA VIE D'UNE FEMME CUBAINE

KARLA SUÁREZ | TRAD. FRANÇOIS GAUDRY | ILL. LAURE FISSORE

"Nous nous battons pour le respect et le bonheur des hommes" clame une affiche de propagande érigée sur le bord d'une route cubaine, vestige d'une époque qui chantait la révolution. Depuis, le fossé entre les réalités du quotidien et les aspirations d'hier n'a cessé de se creuser. Un pouvoir arbitraire est venu combler ce vide, acculant la société à une économie de survie. Mais l'espoir subsiste. Karla Suárez dresse le portrait de cinq femmes puissantes qui, par leur obstination, résistent aux aberrations du régime.

Après trois ans d'absence, je suis retournée à La Havane. La ville n'est pas très différente physiquement. Pourtant, quelque chose a changé. Des petits cafés privés prolifèrent à l'entrée des maisons, des vendeurs ambulants traînent des carrioles chargées de légumes, des écriteaux "A vendre" ont fait leur apparition sur les maisons et les voitures, des gens à bicyclette vendent des gâteaux à la criée.

Dans les années 1990, après la chute du bloc socialiste, Cuba est entré dans une profonde crise économique que le pays n'a pas encore réussi à surmonter. D'un côté, le blocus imposé par les Etats-Unis depuis 1962 – qui est encore en vigueur – sévissait, de l'autre, ne restait que le vide. Malgré un discours officiel inchangé (" le socialisme ou la mort"), ce furent des années pendant lesquelles la société et ses valeurs commencèrent à se modifier. Le gouvernement autorisa le travail à son propre compte, ouvrit le pays au tourisme et aux investissements étrangers, entreprit d'assouplir la politique migratoire – même si aujourd'hui encore cette réforme tant espérée se fait attendre –, et enfin ouvrit la voie à une double économie : celle du dollar et celle de la monnaie nationale.

En accédant à la présidence en 2008, Raúl Castro annonça une série de nouvelles mesures, parmi lesquelles l'abandon de certaines interdictions jugées absurdes afin de rénover la politique économique. Depuis lors, on a pu assister à un lent mais progressif processus de petits changements qui se vérifient dans la vie quotidienne. Les dispositions visant à faciliter le travail indépendant ont permis la renaissance de petits commerces privés qui avaient été obligés de fermer en raison de nombreux obstacles bureaucratiques et de l'absence d'un libre marché.

De plus, l'automne passé, on a autorisé l'achat et la vente d'automobiles de propriétaire à propriétaire, ce qui, jusque-là, n'était permis que pour des modèles nord-américains fabriqués avant 1959. Puis est entrée en vigueur une loi autorisant l'achat et la vente de logements, car, si environ quatre-vingts pour-cent des Cubains sont propriétaires de leur logement, acheté depuis des années à l'Etat, à très bas prix et par mensualités, ils ne pouvaient pas le vendre. Seul était permis l'échange de logements ayant des caractéristiques similaires. La nouvelle loi a donc été accueillie très favorablement.

La double économie des années 1990, elle, est restée intacte. Deux monnaies circulent à Cuba, le peso cubain et le C.U.C. (le peso convertible dont la valeur est équivalente au dollar) qui s'est substitué à la monnaie américaine lorsque celle-ci a cessé de circuler dans nos rues. Selon le taux de change, 25 pesos cubains équivalent à 1 C.U.C. Donc, deux mondes coexistent, ce qui peut être difficile à comprendre et plus encore à expliquer. Deux types de salaires sont pratiqués, deux pouvoirs d'achat sont à distinguer. L'échelle des valeurs s'en trouve totalement bouleversée. En langage populaire, le Cubain ne "vit" pas, il "survit"; il ne "satisfait" pas ses besoins, il "résout" des problèmes, et doit en permanence "lutter", c'est-à-dire se démener pour gagner sa vie. Telle est la vérité.

Des anecdotes inspirées de faits réels sont sans doute la méthode la plus à même d'expliquer comment tout cela fonctionne. J'ai suivi le quotidien de cinq femmes, un lundi ordinaire à La Havane. Agées de quarante à cinquante ans, elles évoluent dans un milieu social situé un peu au-dessus de la moyenne. Je leur ai promis de ne pas mentionner leurs noms car la dualité à la cubaine consiste en ce que presque tout le monde est obligé de vivre un pied dans ce qui est légal et un autre dans ce qui l'est un peu moins. Il ne s'agit pas non plus de leur compliquer la vie, aussi seront-elles simplement désignées comme : le Docteur, l'Employée domestique, l'Artisane, l'Enseignante et la Vendeuse.

J'ai suivi le quotidien de cinq femmes, un lundi ordinaire à La Havane

A 4 heures du matin, le réveil sonne chez le Docteur. Une douche rapide, un café amer et la voilà déjà cernée de livres et de papiers. Elle a quarante et un ans et elle est médecin spécialiste. Elle habite dans un quartier excentré, avec ses deux enfants nés de mariages différents. Bon an, mal an, elle se réveille à cette heure très matinale pour étudier, car elle travaille dans un établissement de haut niveau où, en plus de recevoir de nombreux patients, elle est chargée de former des spécialistes qui exerceront à Cuba et à l'étranger. Elle consacre une heure et demie à l'étude, puis elle s'interrompt pour préparer le goûter que sa fille emportera à l'école. Son fils, lui, est resté dormir chez sa fiancée.

Loin de là, dans un quartier modeste, le réveil sonne à 6 heures chez l'Employée domestique, qui habite avec sa mère et ses deux jumeaux. Elle a quarante et un ans, comme le Docteur, et comme elle, elle prépare la collation qu'emporteront ses garçons au collège. Elle est mère célibataire et travaille dans une maison située dans un des meilleurs quartiers de la ville.

Peu avant 7 heures, dans un appartement situé dans le quartier où travaille l'Employée, l'Artisane bâille. Elle a toujours du mal à se lever, surtout à cause de la saine envie de rester coucher qu'elle ressent lorsque son mari reste dormir un moment encore. Elle ne s'y fait pas. Elle travaille comme spécialiste dans une galerie d'artisanat, un jour sur deux. Elle a quarante-huit ans. Et deux enfants adolescents. Elle s'étire, arrose les plantes du balcon et va à la cuisine.

Pendant ce temps, à de nombreux kilomètres de là, l'Enseignante, âgée de quarante-trois ans et professeur d'uni-

PAUSE SUR...

KARLA SUÁREZ

Ecrivain, journaliste et ingénieure en informatique, elle vit à Lisbonne. Née le 28 octobre 1969 à La Havane, Karla Suárez publie sa première nouvelle en 1994 dans *Revolución y Cultura*, une revue de la capitale cubaine. En 1998, elle obtient une bourse d'écriture de la Fondation Alejo Carpentier. La même année, elle quitte son île natale pour l'Europe puis publie son premier roman, *Silencios*. Tout en menant sa carrière d'ingénieure, elle collabore au journal *El Pais*. Nombre de ses écrits évoquent Cuba, notamment par le biais de l'autobiographie. En avril, est paru *La Havane année zéro* (éditions Métailié), son dernier roman.

versité, se lève, écoute les nouvelles et prépare le petit déjeuner. Elle a deux enfants de pères différents, comme le Docteur. L'aînée est interne au lycée ; le cadet, dont le père est son mari actuel, est au jardin d'enfants.

Enfin, à 7 heures, lorsque la ville s'emplit de rumeurs, la Vendeuse se réveille. Elle a quarante-neuf ans. Son fils a quitté le pays depuis deux ans. Elle travaille une semaine sur deux dans un magasin d'Etat où les produits sont vendus en pesos convertibles. Comme c'est sa semaine de travail, elle est restée dormir chez ses beaux-parents, avec son compagnon, car ils habitent tout près du magasin où elle est employée, ce qui lui permet de se lever et de boire son café calmement.

A la même heure, une voiture arrive chez le Docteur pour emmener sa fille à l'école. Ce service lui est rendu par une connaissance qui possède sa propre auto et qu'elle paie tous les mois. Le Docteur n'a pas de voiture, aussi effectue-t-elle à pied le kilomètre qui la sépare de l'avenue la plus proche, où elle fait de l'auto-stop pour se rendre à l'hôpital. Depuis des années, elle utilise ce moyen de transport pour se déplacer en ville. C'est gratuit et parfois plus rapide que l'autobus, car les temps d'attente des transports publics sont très variables.

Dans les années 1980, les professionnels, à un moment de leur carrière, avaient le "droit" d'acheter une voiture à crédit. En langage populaire, le Cubain ne "décide" pas d'acheter, il attend son "tour". La crise a mis fin à cela. De nombreuses familles ayant conservé les autos soviétiques de cette époque peuvent désormais les revendre. D'autres possèdent des voitures nord-américaines d'avant 1959, dont la plupart servent de taxis collectifs. Seules les personnes pouvant justifier de revenus en pesos convertibles ou en monnaie étrangère sont autorisées par la nouvelle loi à acheter un véhicule neuf. C'est le cas des artistes et d'autres citoyens travaillant temporairement à l'étranger. Les professionnels qui exercent à Cuba ne percevant pas leur salaire en C.U.C. mais en pesos cubains, il leur est pratiquement impossible d'acheter une voiture.

A 8 heures du matin, le Docteur est à l'hôpital depuis un moment déjà. Elle a consulté le rapport du service de nuit et entame les consultations, tandis qu'en différents points de la ville, l'Employée domestique, l'Artisane et l'Enseignante ferment la porte de leur domicile et s'apprêtent à aller prendre l'autobus qui les emmènera au travail. Les rues grouillent déjà de gens. C'est un véritable festival de bruits. Dans les principales artères la circulation est dense. Pas suffisamment cependant pour empêcher les piétons de traverser la chaussée sans respecter les feux clignotants.

L'Enseignante et son mari déposent d'abord leur fils au jardin d'enfants. Il lui reste ensuite une bonne heure de transport. Elle en profite pour lire, préparer son cours ou étudier un peu. Universitaire et chercheuse depuis plus de quinze ans, elle est titulaire de plusieurs maîtrises et termine un doctorat. Elle adore son travail même si – comme le Docteur – son salaire est en pesos cubains et n'offre pas d'"à-côtés". En langage populaire, un "bon travail" est celui qui ménage des "à-côtés", c'est-à-dire qui permet de compléter le salaire. Par exemple, dans un magasin en pesos convertibles, les employés peuvent recevoir des pourboires dans cette monnaie ou se mettre d'accord pour jouer sur les prix, ce qui signifie prendre l'initiative de changer les étiquettes de certains produits et se répartir les bénéfices ainsi obtenus.

Même si elle rêvait d'autre chose, la Vendeuse avait "besoin" d'un bon travail. Ayant débuté comme dessinatrice et étudiante en architecture, diverses raisons (maladie d'un proche, grossesse, divorce…) l'ont obligée à abandonner ses

études. Habitant chez ses parents avec son enfant en bas âge, faute d'avoir un logement, elle a décidé d'abandonner son poste de dessinatrice pour travailler dans la construction. C'était l'époque des “microbrigades” – des groupes de travail créés pour résoudre le problème des logements, dont le pays manquait – devenues à la mode dans les années 1980. Afin d'obtenir en échange un appartement une fois l'immeuble terminé – ce qui tardait parfois très longtemps –, nombreux furent ceux qui n'eurent pas peur d'abandonner leur emploi pour travailler dans la construction. Après cinq années sans décrocher de logement, la Vendeuse en a eu assez. Elle est partie travailler dans une de ces corporations (un groupe privé, dont l'Etat cubain est actionnaire majoritaire) qui ont fleuri pendant la crise de 1990. Là se trouvaient les dollars et sa situation a commencé à s'améliorer. Elle a été dessinatrice, technicienne en informatique pour finalement devenir caissière d'un magasin, ce qui, d'un point de vue strictement financier, constitue une de ses meilleures places car elle offre beaucoup d'“à-côtés”. Avec ses revenus, elle a pu s'offrir une petite maison en ruine au cœur de la ville. L'achat d'un logement était alors encore illégal ; mais les Cubains trouvent toujours le moyen de s'arranger. Il lui a fallu des années et pas mal d'argent pour la remettre en état. Elle y a vécu avec son fils jusqu'à ce que celui-ci s'en aille. Certains jours, elle reste chez elle, d'autres, elle passe du temps avec son compagnon. Il y a longtemps qu'elle ne dessine plus et elle a l'impression de s'être “abêtie”; mais elle a dû faire un choix. Et elle ne veut plus changer de travail.

Il y a longtemps qu'elle ne dessine plus et elle a l'impression de s'être “abêtie”; mais elle a dû faire un choix

Le magasin dans lequel elle est employée ouvre à 9 heures, comme la galerie où travaille l'Artisane, laquelle, à peine arrivée, allume un bâtonnet d'encens. L'Artisane aime offrir des bougies roses à la Vierge et des verres d'eau à ses morts ; pour elle, c'est important. Elle travaille douze heures par jour, comme la Vendeuse, et son itinéraire est tout aussi curieux. Elle est diplômée en économie politique. A Cuba, quand les étudiants terminent l'université, un travail leur est généralement garanti, du moins les deux premières années. Mais dans son cas, la crise venait de commencer et le centre où elle devait travailler n'avait plus de budget pour l'accueillir. Elle a donc décidé de chercher par elle-même. Elle a donné des cours d'aérobic, a été modèle et a fini par obtenir un poste dans une institution qui commercialisait des productions d'arts plastiques, où elle était gestionnaire le jour, et modèle le soir. La première fois qu'elle a dirigé une galerie de vente de poteries, elle a commencé à fréquenter des ateliers d'artistes afin d'apprendre les techniques, et lorsqu'elle a finalement, elle-même, mis les mains dans la glaise, elle a découvert qu'elle adorait ça. Elle a vendu ses premières poteries dans les foires d'artisanat, sur des espaces qu'on lui prêtait car elle n'avait pas l'autorisation de vendre, jusqu'à ce qu'elle obtienne le statut d'artisan-artiste qui lui a enfin permis de commercialiser ses pièces. Aujourd'hui, elle combine deux activités : un jour elle travaille comme spécialiste à la galerie et le lendemain elle se consacre à la poterie. Les objets d'artisanat s'achètent généralement en pesos convertibles. Actuellement, sa famille vit de ce qu'elle vend.

Pourquoi cette différenciation entre pesos cubains et pesos convertibles est-elle si importante ? A Cuba, les services publics (électricité, téléphone fixe, gaz, eau, transport, courrier, spectacles culturels et sportifs) se paient en pesos cubains et, bien que les prix aient augmenté par rapport aux années précédentes, ils sont encore accessibles. Quant à l'alimentation, il existe depuis 1962 un carnet de rationnement (la *libreta*) permettant à chaque citoyen d'obtenir en pesos cubains et à très bas prix, des produits de base tels que du café, des œufs, du sucre, du riz, de l'huile, des pâtes, un poulet et du lait pour les enfants ou les personnes âgées suivant un régime. La totalité de ce qu'on obtient par ce carnet ne permet cependant pas de se nourrir un mois. De plus, certains produits n'y figurent pas. Il est donc nécessaire de recourir à d'autres moyens.

Il existe un marché indépendant – hors tutelle de l'Etat – de produits agricoles, où l'on peut acheter en pesos cubains, mais à des prix prohibitifs. L'univers du peso convertible existe également : magasins d'alimentation, d'électroménager, de vêtements et autres produits de consommation courante qui ne se trouvent que dans ces établissements, dont les prix demeurent très élevés pour une personne percevant un salaire en pesos cubains. Selon l'Office national des statistiques (O.N.E.), le salaire mensuel moyen en 2010 était de 448 pesos cubains, et la grande majorité des salaires de fonctionnaires sont versés dans cette monnaie. Considérons par exemple un produit de consommation courante comme le café. Avec le carnet, 230 grammes de café coûtent 8 pesos cubains (chaque personne a droit à 115 grammes par mois). Alors que dans le magasin en pesos convertibles, 230 grammes peuvent coûter jusqu'à 3,75 pesos convertibles, soit l'équivalent de 90,75 pesos cubains. Faites vous-mêmes les comptes.

Ces comptes-là, l'Employée domestique a dû les faire lorsque son oncle, qui vivait aux Etats-Unis, n'a pu continuer à lui envoyer les quelques dollars qui l'aidaient à boucler ses fins de mois. Comme les autres, c'est elle qui fait vivre le foyer, et comme les autres, elle sait que dans la majorité des esprits, les enfants sont à la charge de la mère. Malgré les lois qui protègent les droits de la femme, la société cubaine demeure machiste. Il n'est donc pas du tout rare de rencontrer des femmes qui s'occupent seules de l'éducation de leurs enfants, parfois même sans le soutien financier du père.

la société cubaine demeure machiste

L'Employée domestique est loin d'être un cas isolé. Elle a fait des études pour être secrétaire bilingue, poste qu'elle a occupé jusqu'à ce qu'elle se marie et que son époux lui demande d'abandonner son travail pour s'occuper de lui et de la maison. Puis est venu le moment du divorce, une liaison avec un homme marié et la naissance de jumeaux que le père n'a pas voulu reconnaître et n'est jamais allé voir. Avec ses enfants en bas âge et sa mère très âgée, les allocations familiales qu'elle reçoit de la Sécurité sociale ne lui suffisaient pas pour joindre les deux bouts. Elle a repris un emploi de secrétaire, jusqu'à ce que son oncle émigré aux Etats-Unis propose de lui envoyer des dollars tous les mois, ce qui lui a permis de cesser de travailler quelques années pour s'occuper de ses enfants. Mais l'oncle est tombé malade, son aide a cessé et, désespérée, elle s'est remise à chercher du travail. Grâce à une amie, elle a trouvé une place de femme de ménage. Elle n'avait jamais été employée domestique mais cela lui plaît. Elle est appréciée et travaille au noir – ce qui est plus simple – trois fois par semaine.

Comme chaque jour, après avoir donné ses cours, assisté à des réunions, reçu les étudiants qui préparent une thèse et travaillé à son doctorat, l'Enseignante termine sa journée. Il est 4 heures de l'après-midi. De nouveau, un long trajet l'attend. Avant qu'elle ne travaille à l'université, son temps de transport pour regagner son domicile était plus simple car elle était chercheuse dans un centre scientifique où elle bénéficiait de certaines commodités.

Au début des années 1990 a été créé à La Havane le Pôle scientifique de l'Ouest réunissant des institutions spécialisées dans différentes disciplines. Il y a, à Cuba, des professionnels de très haut niveau. Dans la recherche biotechnologique, l'industrie pharmaceutique et la fabrication d'équipements médicaux de haute technologie, l'Etat a atteint le niveau de certains pays développés. L'Enseignante avait commencé sa carrière dans un de ces centres. Elle avait,

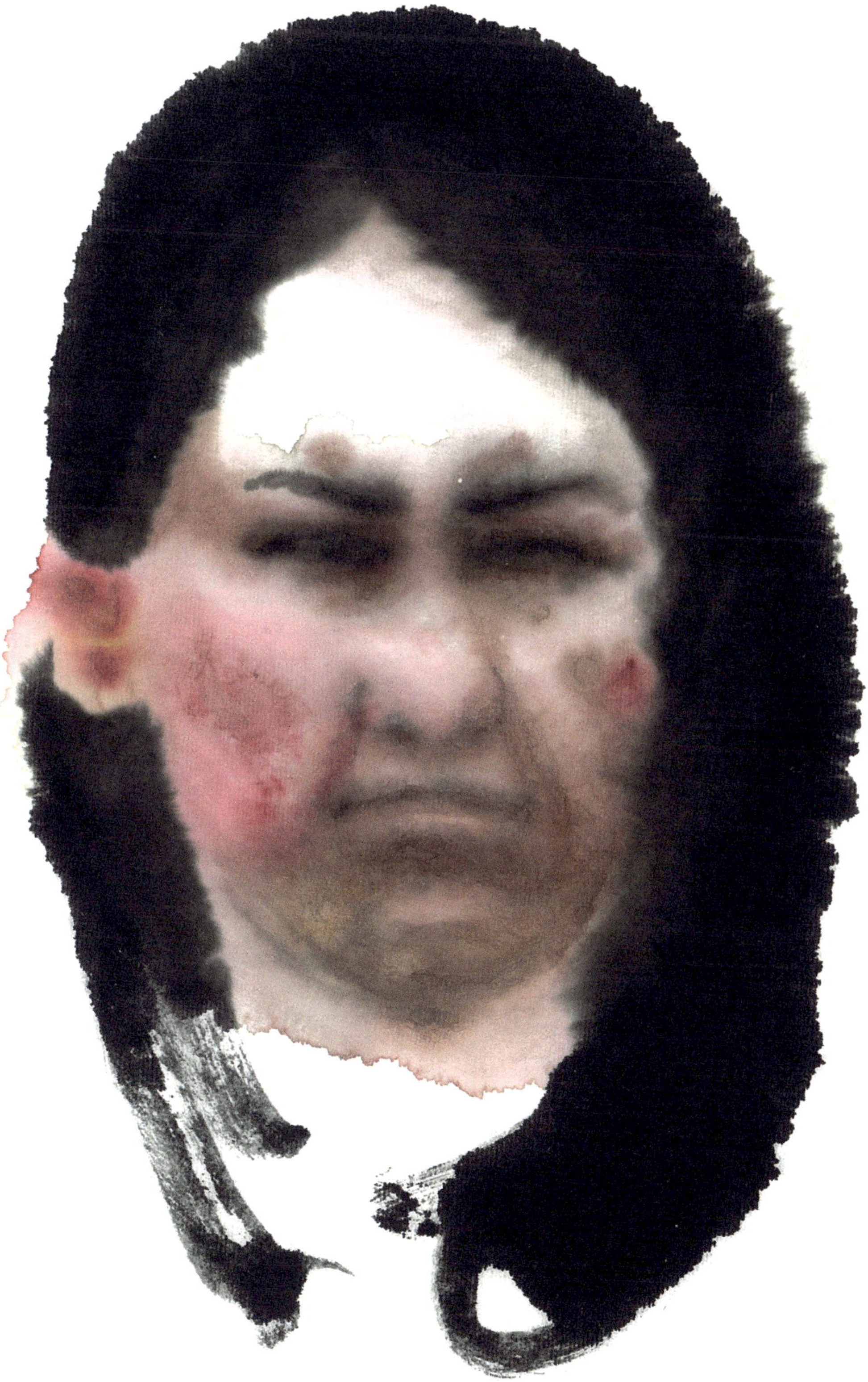

certes, un emploi du temps intensif de douze heures, mais d'excellentes conditions de travail (transport assuré, bonne nourriture, etc.) alors que le pays était déjà en crise. Le projet auquel elle avait été affectée ne correspondant pas à ses aspirations, elle avait préféré démissionner. Le statut de professeur-chercheur qu'on lui proposa ensuite se rapprochait davantage de ses attentes : elle pouvait donner des cours et faire de la recherche dans le champ qui l'intéressait. Ainsi, malgré l'éloignement de son domicile et les maigres avantages qui lui étaient accordés, elle avait rejoint l'université où plusieurs postes étaient libres.

Pendant les années de crise, il y eut un exode massif de professionnels vers d'autres activités et le secteur le plus affecté fut l'éducation. Lassés des bas salaires et de leurs médiocres conditions de travail, beaucoup d'instituteurs et de professeurs choisirent de quitter l'enseignement public et certains même, le pays, comme tant d'autres Cubains. Pour la première fois depuis 1959, l'éducation qui avait été un des points forts de Cuba, avec des résultats remarquables, entrait en crise.

Les conséquences de cette détérioration et des nombreuses expériences malheureuses avancées pour y remédier se font encore sentir.

A un tel point qu'il y a environ deux ans, le ministère de l'Education a commencé à faire marche arrière sur bien des aspects en modifiant progressivement le système d'évaluation et les méthodes d'enseignement aux niveaux primaire et secondaire qui s'en étaient trouvés les plus affectés. De plus, on a transformé le mode de formation des instituteurs qui, au cours des dix dernières années, avait été désastreux, et l'on essaie d'attirer d'anciens professeurs qui ont abandonné les salles de classe pour donner des cours particuliers comme "répétiteurs"; figures nouvelles du panorama éducatif indépendant.

Combien de temps faudra-t-il au système éducatif pour être restauré ? Nul ne le sait, mais l'Enseignante espère que ce ne sera pas trop long, bien qu'une génération entière d'étudiants ait déjà fait les frais de cette situation. Pendant ce temps, de nombreux pères de famille ont pris l'habitude de payer des cours particuliers à leurs enfants pour renforcer ce qu'ils apprennent à l'école. Le travail de "répétiteur" est déjà reconnu comme une profession indépendante. Cela dit, les enseignants en activité ne sont pas autorisés à l'exercer. La vie cubaine est ainsi jalonnée d'interdictions et de restrictions arbitraires. En général, les professionnels ne peuvent pas se mettre à leur compte dans leur spécialité ; seuls y ont droit les universitaires et les techniciens diplômés d'avant 1964, et qui ont exercé pendant toutes ces années. Cela explique qu'autant de professionnels se retrouvant sans travail se voient dans l'obligation de se recycler en vendeurs de nourriture ou réparateurs de n'importe quoi pour s'intégrer au marché du travail indépendant. C'est là un véritable gâchis des compétences, des efforts et de l'argent investi pour les former.

A 5 heures et demie de l'après-midi, l'Employée domestique a fini de travailler et, malgré la fatigue, elle en profite toujours pour marcher un moment avant de prendre l'autobus, car elle aime bien le quartier. Il est arboré, les façades sont peintes et jolies ; tout le contraire de l'endroit où elle habite. Une fois rentrée à la maison, elle doit s'occuper de ses garçons et faire quelques achats. Sa mère l'aide à la cuisine, mais tout le reste lui incombe ; c'est pourquoi elle prend souvent le temps de marcher un peu et de souffler.

elle prend souvent le temps de marcher un peu et de souffler

Au même moment, mais très loin de là, l'Enseignante descend d'un autre autobus. Elle habite dans un quartier aux rues défoncées, bardées de logements sociaux, la plupart construits par les "microbrigades", aux façades peintes il y a si longtemps qu'elles ne sont plus que grisâtres. Mais l'Enseignante n'y attache pas grande importance. Elle y a vécu quasiment toute sa vie et ne les remarque presque plus. Elle passe demander si quelque produit du carnet de rationnement est arrivé, achète des légumes à un vendeur ambulant, va chercher son fils au jardin d'enfants et rentre chez elle où, avant de préparer le repas, elle boit un café avec sa mère. Comme la Vendeuse, il y a des années que l'Enseignante a fait des travaux chez elle, mais elle n'a pas pu acheter un autre logement, se contentant d'agrandir celui qu'elle partageait avec sa mère et ses frères et d'y créer une entrée indépendante. A Cuba, en raison des éternels problèmes de logement et des interdictions qui existaient avant la nouvelle loi, il est fréquent que plusieurs générations d'une même famille partagent le même toit. C'est pourquoi nombre de maisons et d'immeubles présentent d'étranges annexes où vit la famille élargie.

Vers 19 heures, l'Enseignante s'assied pour faire dîner son enfant. A la même heure, le Docteur arrête de travailler. Il lui faut maintenant aller récupérer sa fille, en auto-stop, chez la personne qui est venue la chercher à l'école, et de là, rentrer à la maison pour préparer le repas, s'occuper de la petite et revoir certains points de son travail. Elle a passé la journée à établir des diagnostics et à recevoir ses étudiants. L'établissement où elle travaille possède un équipement de haut niveau et s'occupe surtout de pathologies peu fréquentes, c'est pourquoi les gens viennent la consulter de toute l'île. Une fois le dernier patient sorti de son cabinet, elle est épuisée ; mais être médecin a toujours été son rêve, rêve qui lui a coûté six années d'études, quatre de spécialisation et deux pour sa thèse.

Dans le langage populaire, si le Cubain "n'a pas", alors il "lutte"

A Cuba, les services de santé sont gratuits, comme l'éducation. La santé publique est organisée selon trois niveaux : le premier englobe, par quartiers, les polycliniques et les cabinets de médecins de famille, dont la fonction est de garantir les soins élémentaires ; le deuxième comprend les hôpitaux, et le troisième, les établissements spécialisés. Même s'il n'a pas été épargné par les années de crise et les dérèglements, le système de santé continue de fonctionner. Néanmoins, la diminution du nombre de médecins a gravement affecté le premier niveau des soins élémentaires. Comme les enseignants, de nombreux médecins ont quitté le pays.

Dans les années 1960, Cuba a commencé à envoyer des brigades d'aide humanitaire en Amérique latine, en Afrique et en Asie. C'étaient les dites "missions spéciales", que l'on trouve aujourd'hui en Haïti ou en Angola. Au Venezuela, sur la base des accords de coopération signés en 2000, Cuba offre des biens et des services (d'éducation et de santé) en échange de pétrole et de dérivés. Que ce soit par solidarité, ou par intérêt, les missions absorbent un grand nombre de médecins, dont l'absence, pour leurs collègues restés au pays, a pour conséquence une détérioration de la qualité des soins et une surcharge de travail aucunement compensée par une augmentation de salaire ou une quelconque amélioration des conditions d'exercice.

Même si elle aimerait recevoir d'autres compensations, le Docteur s'épanouit dans sa profession ; son travail la passionne. Dans le langage populaire, si le Cubain "n'a pas", alors il "lutte", c'est pourquoi le Docteur collabore depuis des années avec un artisan. Celui-ci produit des objets qu'elle livre le samedi dans différents points de vente ; service pour lequel elle reçoit une commission en pesos convertibles. Son salaire, et la pension que lui verse son ex-mari pour leur fille, ne suffisent pas. Grâce à cette deuxième activité, elle peut, entre autres choses, payer le transport à l'école dont le coût représente quasiment la moitié de son salaire de médecin.

A 9 heures du soir, en deux endroits de la ville, la Vendeuse et l'Artisane finissent leur travail. Elles ont passé presque toute la journée debout, à s'occuper des clients. Elles sont fatiguées.

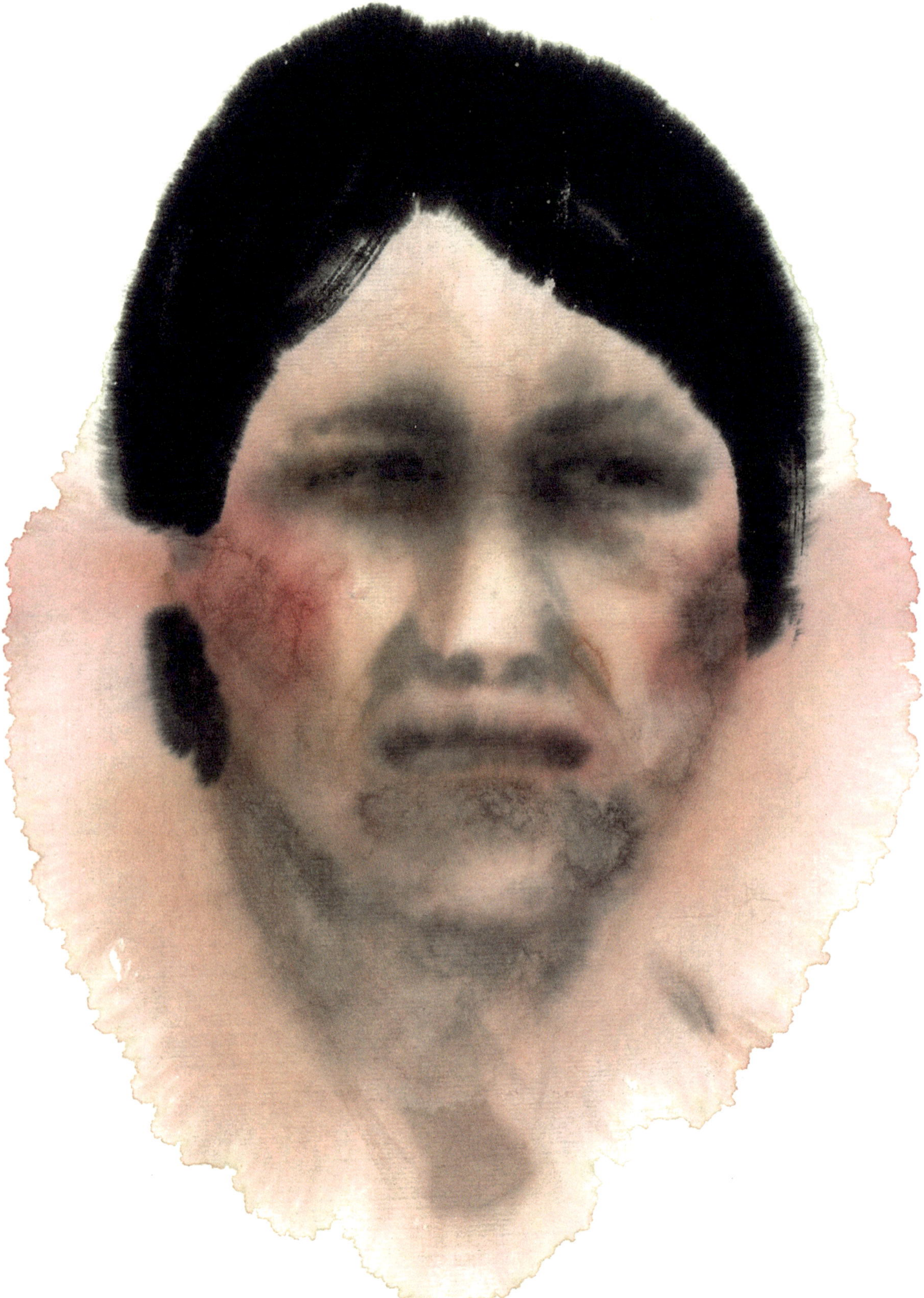

Beaucoup de gens sont passés devant les vitrines. Les deux femmes ont vu défiler des Cubains et des étrangers, des Havanais et des provinciaux ; certains ont procédé à de nombreux achats, d'autres presque aucun ou ne sont entrés que pour regarder.

La Vendeuse regagne rapidement le logement de son compagnon, qui est proche. Il a déjà préparé le repas. Elle prend une douche et ils dînent. Le trajet de l'Artisane est un peu plus long. Il fait déjà nuit quand elle rentre et les rues ne sont pas bien éclairées, mais elle les connaît. Elle marche en évitant les trous des trottoirs, au milieu du ronflement des moteurs d'autobus, des avertisseurs de voitures, des conversations des piétons. L'Artisane va prendre un taxi collectif. Ses enfants et son mari l'attendent déjà à la maison. Elle préparera rapidement le repas et ils se mettront tous à table.

La plupart des taxis collectifs sont des voitures nord-américaines datant d'avant 1959, mais il existe aussi d'autres modèles plus "modernes", de fabrication soviétique, que le propriétaire destine à la location. On paie la course en pesos cubains, ce qui les rend plus rentables. Ils proposent des trajets et des tarifs fixes, selon la distance parcourue. Ces taxis existent depuis longtemps, mais après avoir obtenu l'autorisation de se mettre à leur propre compte, ils ont proliféré, si bien qu'on peut voir dans la capitale des autos bondées, portant des plaques de différentes provinces.

Vers minuit, un journaliste annonce à la télévision le début de la récolte de patates. Tandis que son mari fait la vaisselle, l'Artisane accueille la nouvelle par des bâillements ; elle sait que le lendemain matin, lorsque les enfants seront sortis, elle replongera ses mains dans la glaise, et même si elle trouve un travail plus lucratif, elle ne renoncera jamais à la poterie qui est devenue pour elle une "saine addiction". Son salaire s'élève à 2 050 pesos cubains.

Quelque chose de profondément aberrant plane sur tout cela

L'Employée domestique n'entend pas l'information car elle est en train de parler au téléphone. Les enfants dorment déjà. Elle fera le ménage chez elle demain – c'est son jour de repos –, aussi prolonge-t-elle la conversation avec son ami. Son salaire s'élève à 1 175 pesos cubains.

Assise devant son ordinateur, en train de lire un courriel de son fils, la Vendeuse ignore également la nouvelle. Un jour, il lui a dit qu'il voulait quitter le pays, et il est parti, comme tant d'autres, tenter sa chance ailleurs en faisant ce qui se présenterait. Il lui manque. Mais chacun vit sa vie… Elle espère qu'il viendra la voir cette année. Son salaire s'élève à 900 pesos cubains.

Après avoir entendu l'information, et tout en préparant ses affaires et celles de son enfant pour le lendemain, l'Enseignante dit à son mari qu'il y a longtemps que les patates sont absentes du carnet de rationnement. Elle devra donc passer tous les jours au marché pour guetter leur arrivée car, parfois, les produits disparaissent très rapidement. Son salaire s'élève à 821 pesos cubains.

Le Docteur finit de remplir des papiers quand elle lève les yeux sur l'écran où défile le générique du journal télévisé. Elle a encore raté les informations, mais elle est morte de fatigue et demain sera un autre jour. Elle doit recevoir des étudiants. D'autres rendez-vous l'attendent également. Elle range ses papiers dans une chemise. Son salaire est de 800 pesos cubains.

Quelque chose de profondément aberrant plane sur tout cela. La société cubaine a été déformée au point qu'une employée domestique ou une vendeuse de magasin en arrivent à gagner davantage qu'un médecin spécialiste ou un professeur d'université. Un des objectifs affichés par Raúl Castro lors de son accession à la présidence était de permettre au salaire de retrouver son rôle et que le niveau de vie de chacun soit lié au revenu légal, mais, aujourd'hui, la plupart des salaires demeurent insuffisants par rapport au coût de la vie, c'est pourquoi nombreux sont ceux qui continuent à vivre un pied dans la légalité, l'autre dans le "pas trop légal". On le sait : si le Cubain ne "peut pas", il "s'arrange". Les conséquences en sont évidentes : la corruption à tous les niveaux et une échelle de valeurs totalement bouleversée.

Il est minuit passé, un lundi ordinaire à La Havane. Je vais au balcon et contemple ma belle ville endormie. Hors de Cuba, j'entends parler passionnément des succès et des échecs de la révolution, de dissidence et de transition, de la nécessité du pluralisme et de prévisions. Mais, ici, les efforts épuisants d'une vie quotidienne hérissée d'obstacles ne laissent à la plupart des gens pas d'autre loisir que celui de se contenter de penser au lendemain. D'un logement voisin me parviennent les accords de l'hymne national qui annonce la fin des programmes. Quelqu'un éteint la télévision.

"24 horas en la vida de una mujer cubana", traduit de l'espagnol (Cuba) par François Gaudry, est un texte inédit.

QUELQUES EXEMPLES DE PRIX DANS LES DEUX ECONOMIES

Carnet de rationnement mensuel / Magasin en peso convertible
(par personne)
115 gr de café : 14 pesos / 1,85 C.U.C. (46,25 pesos)
¼ litre d'huile : 0,11 peso / 0,60 C.U.C. (15 pesos)
10 œufs : 0,10 peso / 0,15 C.U.C. (3,75 pesos)
226,8 gr de haricots : 0,40 peso / 0,50 C.U.C. (12,50 pesos)
400 gr de pâtes : 1,20 peso / 1 C.U.C. (25 pesos)

Autres : Le carnet de rationnement permet également d'obtenir à bas prix : du lait (seulement pour les enfants jusqu'à l'âge de sept ans ou les personnes suivant un régime), du riz, du sucre blanc ou brun, du sel, des yaourts de soja (enfants entre sept et treize ans), du bœuf haché (pour les enfants de moins de treize ans), du poulet, du pâté de soja (pour les adultes).
Certains produits ne peuvent s'acheter qu'en pesos convertibles : lait, shampoing, produits de nettoyage, détergent, meubles, électroménager, ainsi que la plupart des produits pour la maison.

Bibliographie cubaine

Granma
ÓRGANO OFICIAL DEL COMITÉ CENTRAL DEL PARTIDO COMUNISTA DE CUBA
Exhortan a demostrar unidad del pueblo el Primero de Mayo
Despidió Raúl a Chávez
Reprimen a estudiantes chilenos durante protesta contra lucro en educación
Primer operador de combinada biomillonario en Mayabeque
Esta tarde, documental *La doctrina del shock*

Granma, histoire d'un journal

Le premier numéro du journal *Granma* paraît le 4 octobre 1965. Avec cette publication, le Parti Communiste cubain se dote d'un organe de presse officiel. *Granma* tire son nom du *yacht* sur lequel embarquèrent Fidel Castro et ses fidèles lieutenants rebelles pour rejoindre Cuba et renverser le gouvernement fantoche de Batista à la solde des Etats-Unis et lancer la révolution cubaine. Publié quotidiennement, ce journal rencontre vite un large écho dans la société. Il reproduit les discours des membres du gouvernement, les déclarations officielles, des hymnes à la révolution fort angéliques ; bref un organe de propagande en bonne et due forme. Il en existe des éditions anglaise, espagnole, française et portugaise. Sa diffusion s'opère dans les milieux gauchistes occidentaux et tiers-mondistes des années 1960 qui annonaient des vérités officielles prises automatiquement pour paroles d'Evangile. Le numéro daté du 20 avril 2012 porte la mension "Année 1954 de la révolution". Et on peut y lire : "Déjà un million de touristes cette année." En fait de révolution, ce journal ne parle aucunement des réalités sociales, des misères quotidiennes, des privations, de la prostitution, véritable fléau de la société cubaine. Nombreuses sont les filles et les femmes qui s'y adonnent. On appelle cela couramment "faire le pain", c'est-à-dire gagner de l'argent pour nourrir sa famille. Ajoutez à la prostitution, le tourisme, vous aurez les deux secteurs économiques d'une dynamique tout à fait "révolutionnaire" que le régime cubain a réussi à mettre en place.

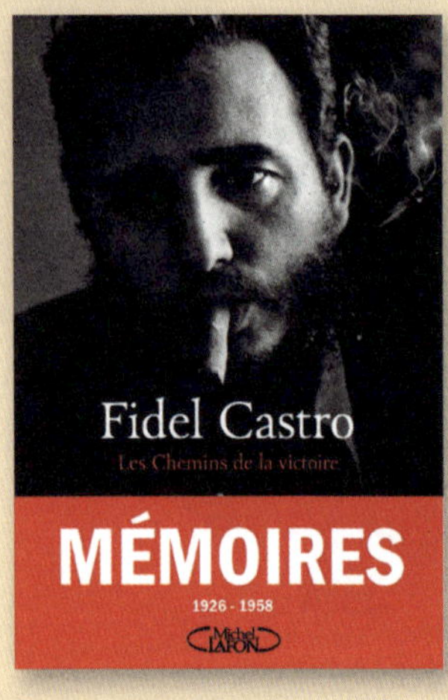

Les Chemins de la victoire, Mémoires (1926-1958)

FIDEL CASTRO
Editions Michel Lafon

Les Mémoires de Fidel Castro publiées par les presses gouvernementales de la République cubaine, sont composées à partir de conversations avec la journaliste Katiuska Blanco, déjà auteur de la première biographie officielle de Fidel Castro et sa famille, *Guerrillero del Tiempo* (*Guerrillero du temps*), qui retrace la vie du *leader* cubain jusqu'en 1958.
Et de voir Michel Lafon, fondateur du magazine yéyé, *Podium*, et éditeur de moult *best-sellers*, publier les mémoires du tyran cubain, prête à sourire. A moins qu'il ne s'agisse d'une affaire juteuse, en espèces sonnantes et trébuchantes s'entend, sous forme de contrats avec les autorités cubaines pour la bonne livraison de manuels pédagogiques. Mises à part quelques pages consacrées à son enfance, mensongères d'ailleurs, ou de considérations du genre : Je préfère les vieilles horloges, les vieux miroirs et les vieilles bottes, mais en politique, je préfère tout ce qui est neuf, l'ensemble de l'ouvrage est un journal de bord retraçant l'histoire de la bataille de la *sierra* Maestra jusqu'à l'entrée dans la Havane et le renversement du gouvernement de Fulgencio Batista. En fait de Mémoires, rien n'est dit de ses origines bâtardes, de sa prétendue victoire sur Batista qui n'a été rendue possible que par le seul fait du lâchage de Batista par les Américains, pas plus de ses rapports avec le Komintern. Bref, on assiste à une véritable réecriture de l'Histoire et de sa propre vie, au détriment de toute vérité historique alors qu'existent de nombreux ouvrages venant contredire presque chaque fait rapporté dans celui-ci, passablement grossier. Le tout est imprimé, dans sa version française, avec un luxe inouï. Tout cela prêterait à rire, jaune, si ce n'était l'état d'abandon et de misère du peuple cubain dont Fidel Castro porte, c'est le moins que l'on puisse dire, l'entière responsabilité.

Du coq à l'âne : Le Frankfurter Allgemeine Zeitung *rapporte en mai dernier que la firme*

La Lune et le Caudillo
Le rêve des intellectuels et le régime cubain (1959-1971)
JEANNINE VERDÈS-LEROUX
Editions L'Arpenteur

"Tous les hommes ont droit à tout ce qu'ils demandent...
– Et s'ils demandent la lune? dis-je, sûr de la réponse."
Il reprit son cigare, vit qu'il était éteint, le laissa et se tourna vers moi: "S'ils demandent la lune, c'est parce qu'ils en ont besoin. J'ai peu d'amis parce que j'attache une grande importance à l'amitié. Après cette réponse, je compris que lui, Castro, était devenu l'un d'eux." C'est ainsi que Jean-Paul Sartre rapportait ses échanges avec Fidel Castro en 1960.

Et c'est ce que rapporte entre autres choses Janine Verdès-Leroux dans *La Lune et le Caudillo* procédant à une véritable démystification du régime cubain et de ses prétentions à la libération du peuple. C'était une époque où les intellectuels étaient invités à Cuba aux grands dîners révolutionnaires d'un régime politique qui savait si bien flatter la vanité de ses hôtes que ceux-ci se gardaient bien de voir quoi que ce soit. La même impression subsiste si l'on relit, avec le recul, ce qu'écrivait Claude Julien, correspondant du *Monde* à Cuba à l'époque. Les promesses de Castro étaient sans limite. Ce qui donna pour résultat, le rétablissement de la peine de mort, la suppression de la liberté de la presse, du droit de grève, l'expropriation par l'Etat des terres, le rationnement et la classification comme délinquants d'une bonne partie de la population. Cet ouvrage retrace la prise de pouvoir par Fidel Castro à la lumière de la réalité et en mettant en regard la position des intellectuels occidentaux. Encore une fois tout cela serait comique si le peuple cubain n'avait été pris en otage.

La Havane, année zéro
KARLA SUÁREZ
TRADUCTION DE L'ESPAGNOL (CUBA) PAR FRANÇOIS GAUDRY
Editions Métailié

Avec *La Havane année zéro*, Karla Suárez signe son troisième roman traduit en français. La trame romanesque mise en place par l'auteur tourne autour de trois hommes avec lesquels notre héroïne a eu ou a encore une relation amoureuse. Outre que ces trois hommes ont en commun l'attirance envers Julia, ils partagent aussi un même secret. Ils s'intéressent à Antonio Meucci, Italien débarqué à la Havane en 1835 et aurait inventé le téléphone bien avant Graham Bell. Destin d'un homme promis à la gloire et qui se termine dans la déchéance. Commence alors une énigme policière et mathématique, intégrant même un dialogue avec le lecteur. La trouvaille de Karla Suárez est de nous raconter une histoire sentimentale et policière qui lui permet de revisiter la réalité sociale cubaine contemporaine. Le tout sans pathos ni misérabilisme, par petites touches qui font mouche à chaque fois. Le quotidien des Cubains épuisés par toute sorte de démarche pour l'obtention du sous-minimum dans un monde de pénurie. Son tour de force consiste à nous proposer un roman à tiroirs, à nous intéresser à la société cubaine et enfin à nous donner l'envie d'aller voir de plus près, par nous-même, tant son sens évocateur est contagieux. Un récit plein d'espoir et d'énergie qui ne s'assombrit aucunement de la réalité glauque qu'il décrit. Un roman à la manière d'une équation à trois inconnues, voire plus.

BIBLIOGRAPHIE KARLA SUAREZ

Espuma, editorial Letras Cubanas, 1999
Carroza para actores, ediciones Norma, 2001
Tropiques des silences, traduit de l'espagnol (Cuba) par François Gaudry, éditions Métailié, 2002
La Voyageuse, traduit de l'espagnol (Cuba) par Claude Bleton, éditions Métailié, 2005
Lézardes, traduit de l'espagnol (Cuba) par Claude Bleton, éditions Husson, 2007
Cuba, les chemins du hasard, traduit de l'espagnol (Cuba) par Claude Bleton, Le bec en l'air éditions, 2007
La Havane année zéro, traduit de l'espagnol (Cuba) par François Gaudry, éditions Métailié, 2012

Ikea aurait fait fabriquer des tables et des canapés dans les prisons de La Havane.

ГЕРКУЛЕС

POLYGONES

AVANT-PROPOS JULIE DAVID DE LOSSY | PORTFOLIO COLIN DELFOSSE

En 1991, l'U.R.S.S. s'écroule après un peu moins de soixante-dix ans de soviétisme répandu sur quinze républiques. Si ses héritages sont nombreux et divers, révélant parfois ses côtés bénéfiques comme la santé ou l'éducation, l'effondrement de la sphère soviétique a également mis en lumière ses aspects les plus inquiétants voire les plus dangereux, parmi lesquels les polygones. Ces zones de tests d'armement soviétique disséminées dans les vastes plaines du Kazakhstan ont été le théâtre de ses expérimentations. Ils sont nombreux, hommes et femmes, à pouvoir témoigner de cette période de gloire aux retombées nocives et simplement désastreuses.

Zone irradiée

Dekova Feodorovna se souvient de l'alerte avec la même douleur mêlée de curiosité dans les yeux qu'il y a trente ans : "Les soldats faisaient le tour des villages pour prévenir : *Restez loin des fenêtres, et surtout ne regardez pas, c'est dangereux.* Puis, la terre a tremblé." Dans un déluge de feu et de poussière, une explosion d'apocalypse libérait alors son champignon caractéristique. Dekova se rappelle des moments qui ont suivi les conflagrations. Un dirigeable survolait la zone dévastée, l'arrosant, pompier dérisoire, pour tenter de disperser la nuée toxique. Entre 1949 et 1989, la scène s'est répétée quatre cent cinquante-six fois dans le polygone de Semipalatinsk, au nord-est du Kazakhstan.

A soixante kilomètres de l'épicentre de la zone de test, une ville que ne répertoriait pourtant aucune carte, abritait les scientifiques, les officiers et les familles des soldats attachés au polygone expérimental. Ce fleuron scientifique de l'Union soviétique, directement relié à Moscou, ne manquait jamais de rien. Pour fantôme qu'elle soit, la ville fermée de Kurchatov pouvait se vanter de posséder de bonnes écoles, un complexe sportif et des restaurants gastronomiques. "La qualité de vie y était comparable à celle de la capitale", nous raconte Ludmila Vitalivna. En 1968, elle y rejoint son mari militaire et coule des jours heureux dans la *datcha* qu'ils se construisent au bord de l'Irtych. Ignorant superbement les conséquences des explosions, Ludmila aujourd'hui veuve continue de consommer les légumes de leur potager, dénonçant la "radiophobia" qui s'est installée depuis l'indépendance.

Semipalatinsk vit sa première explosion nucléaire le 29 août 1949. Il s'agit de tester l'impact de la bombe sur différentes infrastructures civiles et militaires mais aussi sur des "objets biologiques": des cochons car ils ont le même type de peau que l'homme, des chevaux, seuls à supporter les masques à gaz et des lapins choisis pour leurs structures oculaire. L'histoire officielle nie évidemment tout essai sur des humains. Mais les scientifiques qui nous font visiter le site, eux, ne cachent pas leur doute. Après le mémorandum historique sur l'interdiction partielle des tests nucléaires contresigné par l'U.R.S.S. en 1963, les essais migrent sous terre sur les sites de Shagan et Balapan, toujours dans l'enceinte du polygone de Semipalatinsk. Koloskova Mironovna travaillait pour le service du rail à cette époque. Bien que vivant loin de la zone de test, dans la ville de Semipalatinsk, elle se rappelle les secousses avec précision. Les tests, dépendant du vent, avaient lieu entre 8 h 45 et 9 h 15. Un soir, en rentrant chez elle après le travail, elle découvre son lit brisé. Ce matin-là, l'explosion a été si violente que l'onde de choc a ébranlé toute sa maison.

Lorsque le polygone est définitivement fermé en 1989, la ville de Kurchatov, se vide peu à peu de sa population et est en partie laissée à l'abandon. Selon les chiffres officiels, elle passe de soixante-dix mille habitants avant 1991 à dix-huit mille en 2000. Aujourd'hui, Kurchatov connaît un regain d'intérêt grâce à l'implantation de l'Institut nucléaire national du Kazakhstan qui fait un important travail de recherche civile dans le polygone.

la ville n'en reste pas moins fantomatique

Mais la ville n'en reste pas moins fantomatique. La moitié des immeubles sont désormais inhabités et démembrés jusqu'à l'os. L'hiver suivant la chute de l'U.R.S.S. fut si rude et la situation économique si mauvaise que la population qui n'avait pas pu partir faute de moyens, arracha le bois des appartements abandonnés pour se chauffer.

Vingt ans après, le constat sanitaire résultant de ces soixante-neuf années de test nucléaire, reste alarmant. Des chercheurs américains y répertorient le plus haut taux de cancers de la thyroïde, associé à d'autres maladies telles que la microcéphalie ou l'hydrocéphalie

^ Maquette spatiale. Musée du cosmodrome de Baïkonour.

PAUSE SUR...

COLIN DELFOSSE

Photographe indépendant né à Bruxelles en 1981, après des études de journalisme, Colin Delfosse se consacre à la photographie documentaire et fonde Out of Focus, un collectif dont l'objectif est de donner à voir l'humanité dans toute sa complexité, couvrant de par le monde événements culturels, conflits politiques et environnementaux... Il est aussi membre de l'agence photographique coopérative *Picturetank*. Ses reportages au Mali, en Chine, au Kazakhstan ont fait l'objet de multiples expositions et publications (*New York Times*, *Jeune Afrique*...). En 2011, sa série de photos consacrées à des catcheurs congolais a reçu le P.D.N. Photo Award.

et un très haut taux d'anémie, typiques des zones irradiées. Mais les autorités kazakhes refusent d'ouvrir les yeux sur la situation, prétextant d'autres raisons pour ne pas débourser les aides nécessaires.

Dans cette zone proche de l'enfer, certains ont cependant trouvé le moyen de tirer profit de la situation. Alors que l'Union soviétique se disloque pièce par pièce, les laissés-pour-compte démantèlent les infrastructures abandonnées par les miliaires.

A Shagan, ancien aéroport stratégique du polygone de Semipalatinsk, les militaires sont partis du jour au lendemain. Dans la débandade générale, ils laissent derrière eux télévisions, mobilier et réfrigérateurs encore remplis de nourriture. Les soldats et leurs familles n'emmènent que leurs passeports et autres documents importants. Après avoir vidé et revendu ce qui restait de mobilier, les habitants se tournent vers les *buildings* et les sites militaires du polygone.

Soigneusement démembrés et dénudés de leur métal, câbles de cuivre ou tout autre élément de valeur revendable sur le marché chinois, rien n'est offert au hasard du vent. A vingt tenge le kilo de métal (dix centimes d'euro), les quelques personnes vivant de ce métier à risque, comme Raikhat et Valer, ne réalisent pas le danger invisible des radiations. Ils ont toujours vécu là, et sont attachés à leurs maisons et aux souvenirs de cette ville qu'ils ont vu naître et mourir.

Course à l'armement sur le lac Balkhach

Le Kazakhstan est immense : neuvième plus grand pays du monde avec des steppes très peu peuplées. Ce sont les raisons principales, martelées comme des excuses, de l'implantation des polygones dans cette ancienne république soviétique. Au sud de Semipalatinsk, le long du lac Balkhach, la deuxième plus grande étendue d'eau du Kazakhstan, se trouve le polygone de Sary Shagan et son ancienne ville fermée : Priozersk. A l'image d'autres polygones comme celui de Semipalatinsk ou de Baïkonour, le polygone de Sary Shagan s'étend sur des milliers de kilomètres carrés. Il est doté d'une ville qui fut jusqu'à la chute de l'U.R.S.S., en liaison directe avec Moscou. Fondé en 1956, en réaction aux premières tensions de la guerre froide, le site se développe comme zone test de défense aérienne, autrement appelé bouclier anti-missile. Dans l'arrière-salle de l'ancien Q.G. des officiers se trouve le musée d'Histoire de la ville de Priozersk qui, tel une ambassade, est un territoire de la Fédération de Russie, drapeau à l'appui. Le guide du musée connaît son sujet par cœur, mais se refuse à répondre dès que les questions se font plus précises. Au contraire du polygone nucléaire, le polygone de Sary Shagan est encore en semi-activité, cogéré par la Russie et le Kazakhstan. La culture du secret reste profondément ancrée chez les habitants des polygones et des villes fermées. La méfiance et la suspicion sont une seconde nature qui permet d'éviter les problèmes.

A son apogée (entre 1958 et 1991), quatre-vingt-trois tests balistiques ont été effectués à Sary Shagan. Un premier missile est envoyé, le missile balistique est alors lancé pour détruire le premier ; on teste la distance qu'il parcourt, sa portée. A l'heure actuelle, les essais se font plus rares ; une à deux fois par an, tout au plus.

Les tests s'espacent dans le temps, les militaires russes rentrent progressivement chez eux et les infrastructures sont abandonnées et démontées à leur tour. Les fils de militaires, rentrés depuis longtemps parfois, se font chercheurs de métal tout comme dans le polygone de Semipalatinsk. C'est le cas de Sergey, la quarantaine, dont le père est rentré en Ukraine après sa démobilisation. Lorsqu'on lui demande pourquoi il

n'est pas parti d'ici, il répond que c'est une histoire trop personnelle, qu'il préfère parler de ses parents et de la ville de Priozersk. Ces souvenirs sont heureux. Ne manquant jamais de rien, la ville était approvisionnée par Moscou directement, il a grandi avec les autres fils d'officiers et de militaires.
Aujourd'hui, il récupère le métal de vieux radars abandonnés et le revend à bas prix pour une société. Il ne veut pas aller ailleurs, dans une ville chaotique. Il ne se rend d'ailleurs presque plus à Priozersk. Il a aménagé l'ancienne station de pompage pour en faire sa maison dans laquelle il vit avec sa femme et deux amis. C'est ici qu'il se plaît, le long du lac.
Bien que le territoire du polygone de Sary Shagan ait été rétrocédé par la Russie au Kazakhstan, les deux pays sont gestionnaires du programme balistique, prônant une amitié et une entente militaire cordiale. En se promenant dans la ville de Priozersk, on constate que les militaires des deux pays se côtoient au bazar et dans les cafés de l'ancienne ville fermée de Priozersk, sans toutefois se mélanger.

La conquête de l'espace

Bien qu'il soit le plus connu des trois polygones abordés ici, Baïkonour demeure le plus inaccessible et le plus mystérieux. Vitrine de la "course aux étoiles" lors de la guerre froide, il reste le seul polygone entièrement actif et uniquement administré par la Fédération de Russie elle-même, quoique le territoire soit loué au Kazakhstan depuis l'accord de 1994, et ce jusqu'en 2050.
Le cosmodrome et la ville fermée de Baïkonour ont été fondés en 1955 à deux cents kilomètres à l'est de la mer d'Aral. Deux ans plus tard, et après le premier Spoetnik, en 1957, la chienne Laïka fut le premier être vivant à être placé en orbite autour de la terre. Après cet uppercut psychologique asséné aux Etats-Unis, le programme spatial soviétique réussit quatre ans plus tard un nouvel exploit : au cours de la mission Vostok ("Est" en russe), Youri Gagarine effectua le premier vol d'un homme dans l'espace et revient en héros.
En ce cinquantième anniversaire de ce vol décisif, la ville porte haut le souvenir de cet homme resté longtemps l'emblème d'une Union soviétique qui aimait à vanter les exploits de ses "fils et de ses filles héroïques". La chambre dans laquelle Gagarine dormit la veille de son vol est restée intacte et est ouverte aux curieux. Galina Milkova, secrétaire scientifique au musée de Baïkonour confie que, sous la période soviétique, les gens pensaient différemment. Il était important alors d'être fier et patriotique. On affichait donc les héros sur les bas-reliefs des façades, on les érigeait en statues.

La chambre dans laquelle Gagarine dormit la veille de son vol est restée intacte et est ouverte aux curieux

A trois cent soixante-dix kilomètres au nord se trouve la véritable ville de Baïkonour, qui longtemps servit de diversion dans l'échange avec les pays étrangers. Affublée d'une imitation de cosmodrome pour parfaire le subterfuge, la ville laissait alors au vrai cosmodrome le soin de s'appeler Leninsk et de rester tapie dans le désert. Ce secret de polichinelle ne fut pas long à être éventé par la communauté internationale, pourtant ce programme n'encourait aucun risque vu qu'il était entièrement destiné aux lancements civils et non militaires.
Deux décennies après l'écroulement de l'U.R.S.S., le legs idéologique est encore quasi palpable dans la zone. Personne n'accepte de raconter trop précisément le passé ou de répondre aux questions trop pointues. Galina s'y résout sachant qu'elle sera la seule, toujours avec réserve et toujours à véhiculer les grandes lignes du programme spatial désormais russe. Lorsque lui est posée la question des accidents engendrés par les retombées de plaques de métal lors des lancements des fusées, elle récuse et dit que ce sont des légendes. Peut-être. Le doute subsiste. Depuis quelques années, le Kazakhstan développe lui aussi son programme spatial dont un projet conjoint avec la

Russie nommé Bayterek (du nom de la fameuse tour à Astana et emblème national). Galina souligne qu'il n'y a aucune compétition entre les deux pays. Ils travaillent côte à côte.
Avec ses sept mille kilomètres carrés, le cosmodrome de Baïkonour est aujourd'hui le plus grand du monde, comprenant entre autres trois grands complexes de lancement de fusées : Soyouz, Zénith et Proton. Toutefois, la Russie cherche doucement à déménager son cosmodrome vers l'intérieur de ses frontières, voulant laisser loin derrière le souvenir d'un passé glorieux. Galina acquiesce : "Oui, je pense que tout ça est un héritage soviétique." Tout en retenue, elle nous accorde au moins ça.
Parce que la République soviétique du Kazakhstan était peu peuplée, gigantesque, exactement située sur l'Equateur et dotée d'une structure géologique favorable, elle est devenue le polygone attitré de l'Union soviétique pendant plus de quarante ans. Aujourd'hui, le Kazakhstan vit avec cet héritage lourd et ce passé qui continue de marquer les générations à venir. Ne prenant en charge que la partie émergée de l'iceberg, le Kazakhstan revêt trop souvent le manteau du silence hérité du Petit Père des peuples.

Deux futurs mariés russes posent à l'ombre d'un monument. Ville fermée de Baïkonour.

Lancement d'un satellite russe depuis le cosmodrome de Baïkonour, à l'ouest du Kazakhstan.

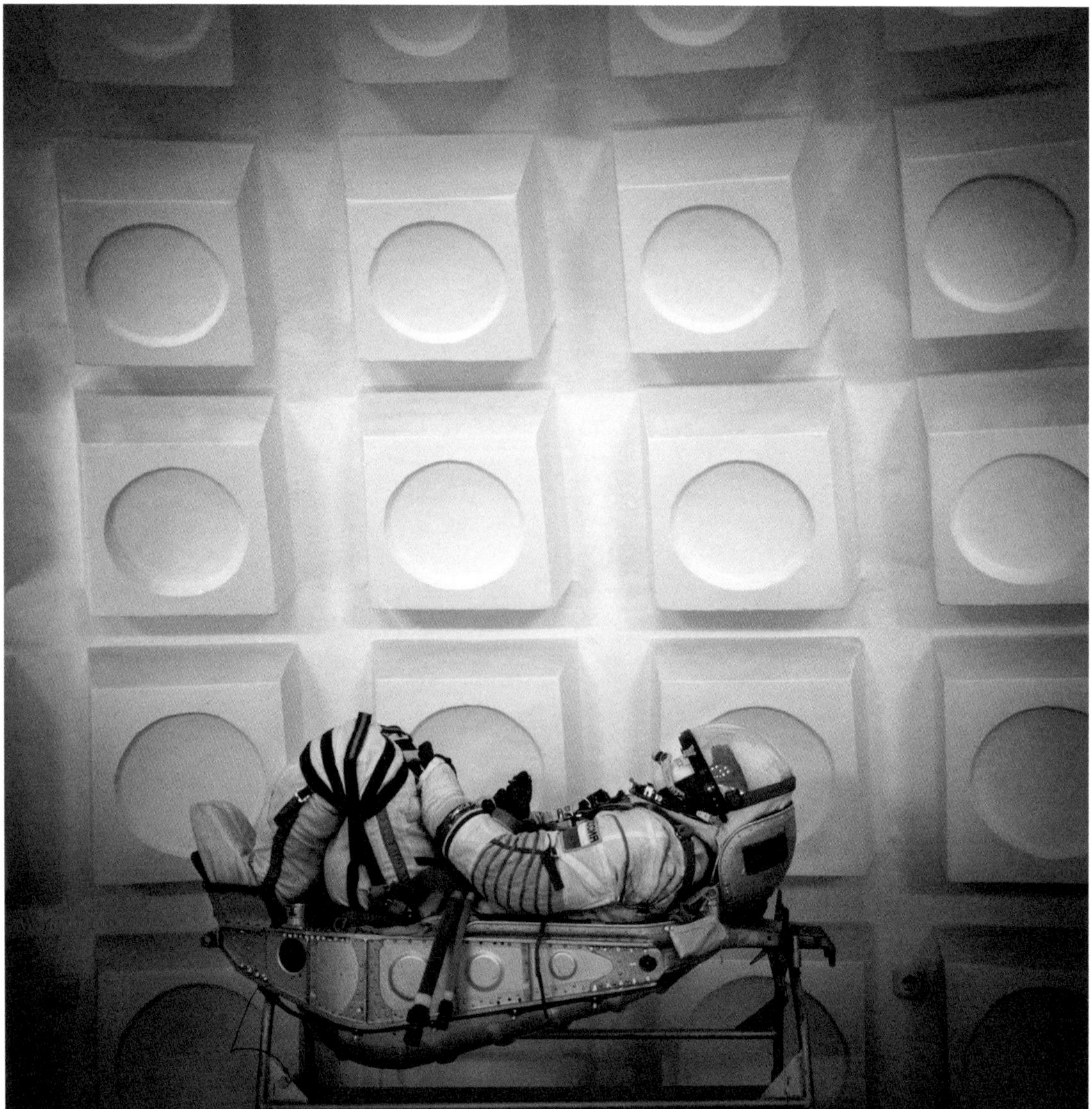

Musée du cosmodrome de Baïkonour.

Un touriste russe regarde une ancienne fusée installée sur une stèle, ville de Baïkonour.

Plage du lac Balkash, Priozersk. Ville fermée à l'époque soviétique, Priozersk abritait les familles de soldats et les scientifiques qui travaillaient dans le polygone de Sary Shagan. Aujourd'hui, la population y est toujours majoritairement russe.

Des Kazakhs démontent l'objet militaire russe n° 38, ancienne antenne d'observation, pour en extraire du métal.
Sary Shagan était une zone de test pour les missiles balistiques.

L'objet militaire russe n° 38 en démontage.

Sergeï, fils de soldat, anciennement basé à Sary Shagan, près du lac Balkash. Après le départ des troupes russes, il s'est installé dans l'ancienne station de pompage de la ville militaire. Il survit en pillant les *buildings* pour en retirer le métal.

Statue de Lénine. Ancien aéroport du polygone de Sary Shagan.

Raikhath
et sa famille
déterrent les
anciennes
canalisations de la
ville de Shagan,
polygone de
Semipalatinsk.

Mine d'uranium
à l'abandon.

LES MORTS DE MA COUR

PAWEŁ PIOTR RESZKA | TRAD. AGNIESZKA ZUK

Il ne restait nulle trace du massacre de Rechta, si ce n'est celle imprimée dans la mémoire de quelques habitants de cette petite commune polonaise, tous appliqués à taire cet encombrant souvenir. Or, il y a quelques années, le journaliste Paweł Piotr Reszka et l'historien Dariusz Libionka ont publié un texte relatant l'histoire de ce pogrom perpétré une nuit de l'année 1943. Aujourd'hui, des gens se déplacent à Rechta pour rendre hommage aux défunts. La construction d'une stèle commémorative est même envisagée. Mais le projet ravive d'obscures passions…

Ils veulent mettre une stèle en granit de quatre mètres sur quatre. Et après quoi ? On va faire le tour avec le tracteur ou la moissonneuse-batteuse ?

Barbara K. : – J'en peux plus, moi ! Ils arrêtent pas de venir, tous les ans à la même période. On est devenu un lieu d'excursion, quoi !

Zofia D., la mère de Barbara : – C'est le monsieur de cette fondation qui les fait venir.

Barbara K. : – Ça va bientôt faire quatre ans que ça n'arrête pas. Un coup, ils viennent de Varsovie, un coup, des alentours d'Oświęcim. Ils passent la nuit chez Gienka Baran, là, pas loin d'ici. Elle fait du tourisme rural. C'est-à-dire qu'elle loue des chambres. ('Faudra lui dire un jour que si elle veut le faire, son gîte rural, alors il faut qu'elle partage ses bénéfices cinquante-cinquante avec nous.) Ils dorment chez elle, mais après, ils viennent chez nous. Plusieurs personnes, "bonjour, bonjour", et, après, direct, toute l'excursion fonce à travers la cour pour aller derrière la grange.

Qu'est-ce que vous voulez que je sente, moi ?

La ferme est un peu en retrait, à flanc de colline. Un ruisseau coule en contrebas. Au loin, on voit le village de Rechta, situé sur la commune de Strzyżewice, dans le district de Lublin.

Barbara K. m'offre un café. Je lui demande : "Les visiteurs, ils vont où exactement ?
– Ils vont là où il y a la moissonneuse-batteuse, devant la grange et là-bas, un peu plus loin, dans les champs, répond Barbara K. Vous prenez du sucre ?
Moi : – S'il vous plaît.
Zofia D. : – Les gens disent que c'est parce qu'on les a enterrés en deux groupes.
Moi : – Et comment vous vous sentez avec ça ?
Barbara : – Qu'est-ce que vous voulez que je sente, moi ? Je suis née en 1958, longtemps après cette tuerie. En plus, je n'ai même pas grandi ici, mais dans le village d'à côté. Je dois sentir quoi, alors ?
Zofia : – Et moi, à l'époque, j'avais six ans, alors, que voulez-vous ?
Barbara : – Encore deux ans et notre fils va reprendre la ferme. On sait même pas s'il va vouloir rester ici. Et après, qui voudra acheter une ferme avec un cimetière ? Cette fondation qui amène les visiteurs, veut mettre une stèle commémorative. Devant la sortie du garage, en plus.

Un voisin sous la grange

David Rajs faisait le commerce du cuir à Bychawa. Grand, un peu voûté, avec un gros grain de beauté sur la joue gauche. Il avait aménagé sa boutique au rez-de-chaussée d'un immeuble ; la réserve se trouvait à l'arrière. Il avait deux fils et une fille. Son beau-père faisait des affaires dans le même immeuble ; il vendait des talons de chaussures, des soies de porc, des épingles, du goudron et, le dimanche, des glaces.
En 1942, la famille a disparu. Les voisins étaient persuadés qu'ils avaient été déportés par les Allemands.
Pour leur cachette à la ferme, les Rajs payaient avec du cuir. C'est au printemps 1943 qu'ils sont arrivés à Rechta. Adam Kułaga, un menuisier, leur a construit un abri dans un coin de sa grange. Il a d'abord creusé une fosse. Comme la terre y est sablonneuse, il a étayé les parois avec des planches. Il a recouvert la fosse avec des poutres, puis a mis des branches. Il a jeté de la paille par-dessus pour masquer.
Il fallait qu'il y ait de la place pour treize personnes. Les Rajs et d'autres – on ne connaît pas leurs noms, ni leurs prénoms, mais c'étaient surtout des femmes et des enfants.
Kułaga avait des ruches. Tous les jours, sa fille ou son beau-fils apportaient du village de la nourriture dans des bidons. Aux voisins, Kułaga disait que c'était pour ses abeilles.
Parfois, ils sortaient de leur cachette, pas longtemps et seulement la nuit. Le fermier répandait de la soude caustique sur le sol pour désinfecter au moins un peu. Parfois, il leur apportait du savon que son beau-fils fabriquait avec de la graisse de vache ou de cheval. Il y ajoutait de la soude, de l'eau, et encore un ingrédient. Il faisait bouillir le tout dans un chaudron, remplissait le moule, puis coupait en morceaux. Dans un coin de la cachette, il y avait un seau. La nuit, le fermier enterrait les excréments dans un cabanon où il gardait sa vache.

Le fermier a voulu leur trouver une nouvelle cachette. Il n'a pas eu le temps

Un soir, Kułaga a vu un voisin ramper jusqu'à la grange, puis écouter. Une fois, deux fois, encore une fois.
Le fermier a voulu leur trouver une nouvelle cachette. Il n'a pas eu le temps. "Sauvez-vous ! Fuyez !" criait sa fille. Ils avaient peur de sortir.

Un cadavre dans la maison

Nuit du 1er au 2 novembre. Extraits du dossier d'instruction.
Les témoins racontent :
"Nous avons vu une quarantaine d'hommes, beaucoup d'entre eux étaient armés ; en même temps des gens du coin se sont attroupés du côté des bâtiments de la ferme de J. T., ils regardaient ce qui se passait chez les Kułaga."
"Un certain temps plus tard, après avoir démoli une partie de la construction pour ne pas être gênés dans ce qu'ils avaient à faire, plusieurs hommes se sont mis à tirer dans la cachette. Ils ont tiré

PAUSE SUR...

PAWEŁ PIOTR RESZKA

Né en 1969, il travaille pour le quotidien polonais *Rzeczpospolita* depuis 1991. Correspondant à Moscou pour le journal entre 2003 et 2006, Reszka a été violemment agressé dans la capitale en 2005, après avoir publié un article dénonçant les violences perpétrées en Russie contre des ressortissants polonais. De 2006 à 2009, il est chef du service d'investigation au *Dziennik* puis revient en 2010 à *Rzeczpospolita*. Professeur de journalisme à l'Université de Varsovie, Reszka a publié en 2007 un recueil de reportages sur la Russie, *Miejsce po Imperium*. Le journaliste a reçu de nombreux prix récompensant son travail.

à plusieurs reprises, et après, ils ont fait sortir les Juifs. Je ne sais pas qui a tiré, parce qu'ils me tournaient tous le dos…"

"Avec son sabre, T. M. a frappé les blessés qu'on avait fait sortir de la grange."

"A. K. a frappé les blessés à coups de hache."

"R. M. aussi a frappé les blessés avec une hache."

"On a sorti toutes sortes de choses de cette fosse, dont du linge ; en plus, j'ai vu qu'on fouillait les vêtements que portaient encore les morts."

"Après la tuerie, tous les meurtriers sont allés chez F. M. pour se partager le butin."

"Peu de temps après la tuerie, mon mari m'a dit que lui aussi y avait participé, et qu'il avait apporté beaucoup de chaussures (deux sacs) et des sous-vêtements ; il m'a demandé si je voulais une doublure en soie, mais j'ai refusé."

"Moi, H. B., enquêteur, j'ai constaté au cours de l'enquête que lors du carnage, T. M. avait volé une bague en or qu'il a ensuite offerte à sa fiancée pour leurs fiançailles ; ils sont actuellement mariés."

Les meurtriers étaient des gens du coin. Certains faisaient partie des détachements locaux des Forces armées nationales, une fraction du Mouvement de la résistance.

Le massacre est bien documenté. Après la guerre, plusieurs procès ont eu lieu. Trois participants du massacre ont été incarcérés dont deux sont morts en cours de peine ; plusieurs personnes ont été innocentées. A maintes reprises, les voisins qui avaient témoigné sont revenus sur leurs déclarations pour finalement retirer leurs accusations.

Le lendemain du massacre, la police allemande est venue sur les lieux. Peu de temps après, Adam Kaługa a été arrêté et condamné pour avoir caché des Juifs. Il est probablement mort dans le camp de concentration de Maidanek. Les Allemands ont ordonné au maire du village d'enterrer les victimes. C'est une habitante de Rechta et son mari, un couple de pauvres, qui ont creusé la fosse.

"Le maire est venu chez nous, et il a dit à mon mari de prendre une bêche et d'aller enterrer les cadavres. A ce moment-là, J.T. [l'un des meurtriers] est arrivé et il a dit que c'était à la femme de Kułaga d'aller creuser la fosse, parce que c'était elle qui les avait cachés. Après, il a dit d'enterrer trois cadavres devant la fenêtre des Kułaga ; il a même dit de les enterrer dans la maison, mais les voisins n'ont pas laissé faire ; à la fin, on les a enterrés devant la fenêtre. Les gens sont venus et ils ont pris sur les Juifs tués tout un tas de choses alors, moi aussi, j'ai demandé au maire si je pouvais prendre quelque chose, et il m'a répondu que si jamais je le voulais, je pouvais. J'ai fait ça parce que je suis pauvre, et que je n'ai aucun bien à moi ; alors j'ai pris une couette, un oreiller et une veste légère, et un habit d'enfant."

Il y a quelques années, avec Dariusz Libionka, historien à l'Institut de philosophie et de sociologie de l'Académie polonaise des sciences, nous avons retracé le massacre de Rechta. Notre texte a paru dans le trimestriel *Karta*[1]. Zbigniew Niziński de la fondation "La mémoire qui dure" l'a lu. Aujourd'hui, la Fondation aimerait ériger une stèle commémorative à Rechta afin que la sépulture ne reste pas anonyme.

Zbigniew Niziński : – On est en cours de négociations. Je pense que l'environnement y est favorable.

On aurait dit des harengs alignés

Longtemps après la guerre, le frère de Zofia D. a acheté la ferme d'Adam Kułaga. Il a démoli la maison.

Moi : – Ça ne vous a jamais gêné qu'ils soient enterrés ici ?

Zofia D. : – Qu'est-ce que ça peut me faire ? C'est pas mon problème. Je me suis juste demandé comment il avait

[1] *Święto zmarłych w Rechcie*, Karta, 46/2005.

réussi à la faire, cette cachette, parce qu'ici, il y a rien que du sable.
Barbara K. : – Vu que moi, je suis de 1958, en quoi ça me concerne ?
Zofia : – Quand mon petit Janusz, mon frère, a acheté la ferme de 1,65 hectare, 'y avait pas une marque pour indiquer où ces Juifs étaient enterrés. C'est seulement maintenant, après toutes ces années, que, d'un seul coup, tout le monde s'y intéresse.
Moi : – Mais vous, vous saviez où ils avaient été enterrés, tout le monde le savait.
Zofia : – Oui, oui, plus ou moins !
En 1943, la famille de Zofia D. vivait à côté. Seule une clôture en branche de bouleaux la séparait de la maison des Kułaga.
Zofia : – Cette nuit-là, quand ils ont massacré les Juifs, c'était impossible de sortir, sinon on risquait une balle dans la tête, direct. Pépé a dit : "Ils s'en sont pris aux Kułaga. Ils doivent être en train de leur bousiller leurs ruches", ça faisait un tel boucan. Mais on pouvait pas mettre le nez dehors. C'est seulement le lendemain matin qu'on a su ce qui c'était passé. La foule avait déjà commencé à s'agglutiner, parce que les gens passaient par là pour aller à l'église à Kiełczewice. Quelqu'un a demandé à ma mère qui était devant la maison : "Et vous, vous voulez pas voir les harengs ?" Parce qu'ils étaient alignés comme des harengs dans une boîte. Maman et pépé étaient effondrés. Je suis allée voir. Il y avait des morts par terre. On les avait déshabillés. Pas complètement, non, ils étaient en slip ou en caleçon long. Je ne suis pas restée longtemps, on m'a vite fait rentrer. Après, j'ai entendu dire que des gens étaient venus avec des petites pinces et qu'ils leur avaient retiré leurs dents en or. Il y en avait qui riaient de ces pinces.
Moi : – Mais comment peut-on comprendre ça ?
Barbara : – Notre génération ne pourra jamais comprendre ça.
Zofia ajoute : – Avant, l'or était cher.
Barbara : – Maintenant, on ne vit plus dans le même monde. Les gens voyagent à l'étranger. Ils rencontrent des Noirs ou autres. Moi, et mon mari, quand on a travaillé à Rome, lui sur des chantiers, moi en tant que femme de ménage, on a même habité avec un musulman d'Egypte.
Moi : – Vous vous entendiez bien ?
Barbara : – On se parlait en italien. Il y a juste eu un problème une fois quand j'ai engueulé mon mari. Il a jamais pu encaisser ça. Pour eux, une bonne femme, elle a pas son mot à dire.
Zofia remarque : – Vous comprenez, monsieur, avant, même la religion, elle était pas pareille. Nous, on nous apprenait au catéchisme que "c'étaient les Juifs qui avaient martyrisé le Christ", c'était présenté sous cet angle-là. Il y avait de la haine entre les chrétiens et les Juifs. On se moquait des Juifs ; on se sentait tout permis. Mais, d'un autre côté, eux aussi, ils étaient pas tendres avec nous. Quand ils achetaient aux fermiers, jamais ils auraient donné un kopek en plus.

On se moquait des Juifs ; on se sentait tout permis

A la sortie du garage, on ne sème pas d'herbe

Les autorités de la commune soutiennent le projet de la stèle commémorative. Le bourgmestre, Jan Dąbrowski, affirme que le conseil de la commune a même voté un arrêté en ce sens.
"Nous sommes pour, dit le bourgmestre. Seulement, en ce qui concerne l'épitaphe, mieux vaut ne pas écrire que c'étaient des Polonais. Je pense qu''A la mémoire des victimes du massacre' suffit. A quoi bon échauffer les esprits ? C'est une réconciliation qu'on veut, pas vrai ? Mais, en fin de compte, nous n'avons pas grand-chose à dire à ce sujet, parce que le terrain est privé. C'est la fondation qui doit s'arranger avec les propriétaires."
Barbara : – Ça a été le silence pendant soixante-dix ans ! Et maintenant ça n'en finit pas ! On ne nous laisse pas tranquilles ! Mettre des monuments, ça oui, mais nous proposer une compensation, pour ça, il n'y a plus personne ! C'est clair qu'on compte là-dessus.

J'en ai parlé à un juriste, et on n'est pas du tout obligés de dire oui. Ce type de la fondation a parlé d'une stèle en granit de quatre mètres sur quatre. Et après ? Vous croyez peut-être qu'on va la contourner avec le tracteur ou la moissonneuse-batteuse ?
Zofia : – C'est ça !
Barbara : – On fait exprès de ne pas y semer d'herbe pour avoir une sortie de garage.
Moi : – Pourquoi on n'exhume tout simplement pas les Rajs ?
Barabara : – Il paraît que c'est pour des raisons religieuses.
Zbigniew Niziński, de la fondation "La mémoire qui dure" : – Selon la religion hébraïque, le lieu de la mise en terre est inviolable jusqu'au jour du Jugement dernier, sauf si la sépulture est menacée, par exemple par la construction d'une route, mais ce n'est pas le cas ici. Les membres de la Commission rabbinique ont examiné la situation. Mais je préférerais que vous posiez cette question à Michael Schudrich, le grand rabbin de Pologne.
Le rabbin : – Je ne me prononcerai pas sur ce sujet tant que les négociations ne seront pas closes.
Marcin K. (trente ans), le fils de Barbara, petit-fils de Zofia, qui bientôt reprendra la ferme, se montre ouvert aux négociations avec la fondation : – En ce qui nous concerne, il n'y a aucun problème pour poser la stèle, et ce sans aucune compensation financière. Mais pas là où on veut la mettre. Pour moi, il faudrait soit les exhumer, soit poser cette stèle un peu plus loin et y inscrire par exemple : "Ici, cinquante mètres plus loin, il s'est passé ça et ça."
Moi : – Mais s'il n'y a pas de monument, vous continuerez à passer sur ces dépouilles pour aller dans les champs.
Marcin : – C'est vrai, j'y ai pensé. Mais finalement, je ne m'en sens pas plus coupable que ça, point. Je ne peux pas exhumer ces corps moi-même. Pour ça, il faut des spécialistes.
Moi : – Eh que faire si la religion hébraïque interdit l'exhumation ?
Marcin : – Et bien, ma religion, par exemple, elle dit autre chose, et je ne vais pas obéir à une autre religion. Pour moi, si c'est un peu plus loin, je n'y vois aucun problème. Que les gens viennent, qu'ils visitent. Mais si c'est au milieu de la cour, comment savoir si c'est des vrais visiteurs ou disons, quelqu'un qui a de mauvaises intentions ? Je ne connais pas tout le monde, moi.
Barbara : – Dans la ville d'à côté, il y a un cimetière juif. Vous avez vu ce qu'il y a comme herbes folles là-bas ?! Mais ici, il faut à tout prix monter un monument. On dirait que c'est fait uniquement pour nous embêter.

"*Pomordowani z mojego podworka*", traduit du polonais par Agnieszka Zuk, a paru pour la première fois dans *Duzy Format*, en avril 2011.

CONFESSIONS D'UN GOBEUR D'ECSTASY

ANONYME | TRAD. CAMILLE DE CHEVIGNY | ILL. THOMAS ROCHON-CONNÉTABLE

Un écrivain relate comment une rencontre (al)chimique lui a permis d'échapper aux enfers. Plus enclin aux délectations de l'intellect qu'aux plaisirs des sens, l'homme ne s'est jamais drogué. Mais, alors qu'il vit une profonde crise existentielle, son fils lui tend une pilule d'ecstasy, qu'il accepte. Dès lors, il ne sera plus jamais le même. Tel une réécriture hallucinée du livre de Job, un témoignage anonyme aux accents initiatiques dans lequel morale et raison s'entretiennent sans complaisance avec désir et folie.

Mais qui sont-ils (cette classe entière de mangeurs d'opium)?
Lecteur, je suis obligé de le dire: cette classe est très nombreuse…
Je suis fort éloigné d'admettre qu'un homme, après avoir savouré les divines voluptés de l'opium, se dégrade par la suite jusqu'aux grossiers et mortels plaisirs de l'alcool.
Ce qui me paraît bien établi c'est que:
Ceux-là en usent aujourd'hui, qui n'en avaient jamais usé auparavant
Et ceux qui en avaient usé auparavant en usent aujourd'hui plus que jamais.
Thomas de Quincey, Confessions d'un mangeur d'opium,
The London Magazine, *1821 (traduit par V. Descreux, 1903)*

Au lecteur. Par la présente, je vous livre un compte rendu d'un certain genre d'une période remarquable de ma vie. D'après mon propre usage, je crois, tout autant que j'espère, qu'il pourrait s'avérer non seulement intéressant, mais aussi, dans une très large mesure, utile et instructif. C'est dans cet espoir que j'ai pris la peine de l'établir, même si je me sens par avance obligé de m'excuser de rompre l'honorable et délicate réserve qui m'a, jusqu'à une période récente – lorsque certains éditeurs ont pris conscience qu'il existait, pour la commercialisation de telles révélations, un lectorat apparemment sans limite, c'est-à-dire un lectorat prêt à être v(i)olé –, retenu d'exposer au public mes propres erreurs et infirmités.

Ce qui n'affaiblit pas ma répugnance à la rompre, car bien que nombreux soient ceux qui se feraient un plaisir de le remettre en question – ils ne me connaissent pas assez, ou ne connaissent que trop ce versant particulier de ma personne –, je suis, au fond, un homme mortifié. De fait, je suis si sensible à la condamnation professionnelle et à l'humiliation publique qu'une telle exposition ne manquera pas d'éveiller, que j'ai résisté pendant des mois aux sollicitations de certains à autoriser la publication d'un quelconque passage de mon récit. Et ce n'est pas sans une angoisse gigantesque, ni en l'absence de nuits sans sommeil, que je me suis, enfin, résolu à le faire, bien que je sois contraint à garder ce témoignage anonyme.

Cela ne découle pas, comprenez-le, d'une auto-accusation qui constituerait un aveu de culpabilité, pas plus que d'une manifestation d'orgueil. Je ne me sens pas coupable, absolument pas. Je ne peux douter de la véracité de cette déclaration car je suis aussi sensible à la culpabilité (à la honte, et au dégoût de soi) qu'à la mégalomanie et, en l'occurrence, je n'en ressens, comme c'est d'ordinaire le cas, ni le pincement, ni la perceptible pique. Pour ce qui relève de ce qui suit, de tels sentiments sont foncièrement hors de propos.

Ceci dit, je ne suis pas, Dieu merci, Thomas de Quincey (ou Coleridge, Baudelaire, Cocteau, Huxley, Paul Bowles, Carlos Castenada, William Burroughs, Ken Kesey ou Hunter S. Thompson pour ne citer que les présumés coupables les plus courants) et le dommage irréparable qu'infligerait la révélation de mon identité, non seulement à ma réputation professionnelle mais aussi à ceux que j'aime et qui comptent pour moi, n'est tout simplement pas proportionné aux bénéfices que je pourrais en escompter. Un jour peut-être, un jour où nous serons tous plus – quoi ? – adultes ? suffisamment adultes, tout du moins, pour aborder le sujet en question d'une manière moins hystérique et apocalyptique. Mais pour le moment, c'est bien dommage, ce n'est pas le cas. Si je ne courtise pas la censure, je ne recherche pas non plus les louanges et donc, pour le moment, je ne suis pas mécontent, comme il est nécessaire, de me dissimuler derrière le masque de l'anonymat.

Ceci dit, je ne suis pas, Dieu merci, Thomas de Quincey

J'approche à grande vitesse – je serais tenté de dire à bien trop grande vitesse si cela ne cessait de me frapper comme le plus improbable des miracles – de ma cinquantième année, et la plus grande partie de ma vie adulte s'est déroulée confortablement, du bon côté de la loi, d'abord comme journaliste, puis comme romancier, poète en prose et essayiste. Je suis aujourd'hui, d'après ce que je comprends, ce que j'ai explicitement aspiré à devenir depuis si longtemps, un homme de lettres.

Dès ma naissance, je me suis avant tout défini, c'est ce qu'il me semble à présent, comme une créature intellectuelle – je sortis du ventre maternel (si on en croit ma mère, et comment pourrais-je ne pas la croire) les sourcils froncés, le visage saisi d'une expression de la plus singulière concentration et perplexité : "Où puis-je bien me trouver et pourquoi suis-je ici, que se passe-t-il exactement et existe-t-il à tout cela, je vous prie de me le dire, s'il y en a une, ce qui semble de plus en plus improbable, une quelconque raison d'être ?". Et cela ne m'étonne guère, puisque je continue de me poser ces questions, sans avoir trouvé de réponses adéquates. Et mes motivations et plaisirs ont toujours été de cet ordre, intellectuels au plus haut sens du terme, même à l'école primaire.

Il y a peu de chose que je tienne pour des certitudes immanentes, mais celle-ci l'est sans conteste pour moi (il n'est nul besoin d'être Stephen Hawking pour apprécier une vérité à ce point évidente) –, rien ne surpasse la vie de l'esprit, cet esprit qui constitue, comme l'a très justement observé William Gass, la "seule griffe que possède l'homme". Et donc, si gober de l'ecstasy est en premier chef un plaisir sensuel dont l'esprit est par conséquent absent et si, comme je le confesse, je m'y suis adonné à l'excès, il n'en est pas moins vrai que je me suis efforcé de comprendre ma manie, même si je n'ai pas encore déployé le zèle quasi religieux requis, à raison, pour m'en débarrasser.

Mais, à bien y réfléchir, peut-être que je ne souhaite pas m'en débarrasser, pas réellement, ou pas vraiment assez. Et ce n'est qu'une des nombreuses leçons, dans la mesure où on est prêt à les recevoir, que l'ecstasy a coutume de donner : les grands principes – de la vie, l'amour, Dieu, la beauté – volent en éclat et il n'est pas de notre ressort de nous efforcer d'en réassembler les morceaux, mais seulement de faire en sorte de tenir à la vie, cette chère vie, de naviguer dans la tempête, et, de recueillir au passage, autant qu'il nous est possible, quelques petits plaisirs. Tout le reste n'est pas seulement une profonde perte de temps, mais un exercice de mensonge à soi-même, de leurre et une manifestation de la plus monstrueuse et outrancière vanité. L'extase – et pas seulement la drogue – n'a jamais eu vocation à être intellectualisée.

L'ordre, même l'ordre agencé d'une manière créative, peut-être tout particulièrement l'ordre agencé d'une manière créative – celui qu'il plaît aux intellectuels comme moi de baptiser "Art" (et ô combien nous insistons sur le caractère solennel de notre *satisfecit* en parlant d'art avec un grand "A") –, est impuissant face au chaos, parce que le chaos existe non seulement au dehors, dans le monde "réel", mais aussi en chacun de nous. Il est gravé dans la double hélice, dans l'anarchie de notre âme collective, et son seul adversaire, son seul antidote efficace, c'est la mort. Contre laquelle, je le crains, il n'existe pas de vaccin – tout du moins, pas encore. (Cependant, si la science est capable de nous proposer l'extase, l'immortalité est-elle réellement hors de portée ?)

On m'a parfois demandé comment j'ai commencé, c'est-à-dire, comment je suis devenu un mangeur d'ecstasy régulier, le postulat étant, je présume, que j'étais à la recherche d'une stimulation bon marché (j'ai parfois payé à peine dix dollars la pilule en achetant "par lots", rarement plus de vingt-cinq dollars) et éphémère, en quête d'un état temporaire d'excitation, certes totalement artificielle mais néanmoins agréable, les charmes du *high*, le flot viscéral du *shoot*, le *trip* ultime. Et peut-être qu'au début, je l'étais. Je connaissais sa réputation de "drogue de l'amour", on me l'avait décrite – je ne me rappelle simplement pas où – comme un "orgasme de quatre heures envahissant tout le corps" – j'avais lu l'article fondateur que Sean Elder avait écrit en 1986 "Sur l'ecstasy", et je trouvais tout ceci – quoi ? – intriguant, attirant, séduisant ? En fait, je trouvais que cela méritait une investigation plus approfondie.

Ce qui est étrange, parce que d'ordinaire, je n'aurais pas daigné y prêter la moindre attention. Même à l'université, à la grande époque de ces années enfiévrées – dans mon cas, de 1969 à 1976 –, je n'en faisais pas l'usage, chronique, occasionnel ou autre. Malgré un environnement dans lequel l'expérimentation de substances illégales était, selon les *diktats* culturels de l'époque, une forme alternative de récréation, ou à peine plus, dans lequel, de fait, fumer de l'herbe et prendre de l'acide (si ce n'était sniffer de la coke ou s'envoyer du smack) n'était pas seulement toléré mais vous valait des sourires bienveillants, je choisis de ne pas m'y prêter. (D'accord, une fois j'ai pris du speed. Je m'étais laissé déborder dans une matière et je me voyais contraint à faire une nuit blanche. J'ai avalé la pilule, entière – une dénommée "croix blanche" puisque, pour une raison qui m'échappe, je m'en rappelle –, et je suis resté éveillé, chacun de mes sens sur le qui-vive, avec l'impression que mon cœur jouait de la caisse claire dans mes oreilles, que mes yeux suaient littéralement, que tout, autour de moi, se tenait droit comme un "I" au parfait garde-à-vous, pendant les quarante-huit heures qui suivirent. Je vis des tigres partout et j'entendis un incessant ululement de sirènes. J'ai appris plus tard que je n'aurais dû en ingérer qu'une moitié. Je n'en ai jamais repris.) Et cela, quiconque doté d'un minimum d'humilité devrait le reconnaître sans hésitation, exigea une bonne dose d'autodiscipline ainsi qu'un vrai affermissement de la volonté. La came était partout, elle semblait parfois être jusque dans l'eau du robinet, dans l'air même, et tout le monde – y compris mes amis (le plus proche était un jazzman, imaginez), la plupart de mes copines, et la majorité de mes professeurs, puisqu'ils se faisaient un plaisir de le raconter à qui voulait l'entendre – en prenait.

A part moi. Je n'en prenais pas. Et cela n'avait rien à voir avec un sentiment de supériorité ou une forme d'intolérance (même si j'ai effectivement pu refuser de souffrir les hédonistes avec le sourire), ni avec un rejet des conventions de la contre-culture, et pas davantage avec la morale, la politique ou la religion. (J'étais à l'époque, jusqu'au bout des ongles, un existentialiste pour ce qui est de la première, un anarchiste pur et dur de l'école de Malatesta pour la seconde, et un crypto kierkegardien pour la troisième – si j'en crois mes souvenirs complaisants.) Ce n'était lié qu'à la peur. Je ne craignais pas seulement de "m'envoyer en l'air", j'étais pétrifié à l'idée de ne jamais redescendre. Je me prenais au sérieux, bien trop au sérieux – c'était une époque sérieuse pour ceux d'entre nous qui se prenaient au sérieux, aussi sérieusement que moi – et je refusais avec obstination d'écouter les sirènes de l'agitprop tox/*trip*/défonce à la mode. Lire *The Electric Kool Aid Acid Test* ou *Las Vegas Parano*, écouter Hendrix ou les Doors, Cream ou the Airplane était plus que suffisant pour moi. Je n'étais absolument pas tenté d'expérimenter par moi-même les psychédéliques de ce "trip", pas plus que je ne ressentais la moindre exigence de faire plus ample connaissance avec Dieu.

Je ne craignais pas seulement de "m'envoyer en l'air", j'étais pétrifié à l'idée de ne jamais redescendre

Non que j'étais dépourvu, malgré l'éducation calviniste que j'ai reçue dans le Middle West, de toute ouverture d'esprit et de curiosité, ou que je n'étais pas dans le coup. Si j'étais loin d'être un quelconque parangon du Nègre blanc de Mailer, après tout, même les Nègres que je connaissais – je traînais beaucoup dans les clubs de jazz – n'étaient pas des parangons du Nègre blanc de Mailer. (De fait, avec le temps, j'en suis venu à la conclusion que seul Mailer lui-même – et peut-être Mick Jagger – en ont été.) Simplement, j'avais peur. Il n'est donc pas surprenant qu'à de nombreuses reprises, les quelques privilégiés qui connaissent ma pratique actuelle m'aient fait remarquer – moins atterrés, peut-être, qu'incrédules – que j'étais la personne "la moins disposée au monde" à en devenir la proie.

Eh bien, oui. Et en même temps, non. Car, bien que je ne puisse le jurer avec une extrême certitude, je crois que ma rencontre avec l'ecstasy – ou sa rencontre avec moi – va plus loin qu'une simple recherche de sensations fortes. Je crois qu'elle touche au cœur de ma vie à cette époque, une vie qui était, pour employer une expression qui est devenue familière, un beau bordel. Ma boussole indiquait le sud, un sud sans soleil, désagréable et froid. Il m'est difficile, encore aujourd'hui, d'en parler. Nous avons tous nos blessures de guerre. Sur le champ de bataille, la mienne ne se distingue que par ses complications. Je ne prétends pas qu'on lui reconnaisse quelque statut élevé ou vanté. Je n'ai pas le désir d'exalter ce qui ne mérite pas de l'être (et encore moins de l'esthétiser). Si l'ecstasy n'a pas vocation à être intellectualisée, la souffrance n'a pas non plus vocation à être phénoménalisée, en particulier quand elle n'est pas d'une espèce supérieure à celle à laquelle est confronté tout un chacun. Si elle est spéciale, différente d'une certaine manière, ce n'est que

parce que cette douleur m'appartient et n'appartient qu'à moi. C'était une période de dévastation personnelle. Au bout du compte, nous traversons tous des périodes comme celle-ci. Nous rencontrons tous de ces obscurs feux au travers desquels nous devons marcher ou inévitablement nous immoler, et qui vit sa vie de la manière dont elle doit être vécue ne devrait pas s'attendre à en émerger indemne. Nos cicatrices ne sont pas des galons ; elles n'ont pas à être brandies comme des stigmates.

Cela a commencé avec mon enfant unique, un fils – c'était à l'époque mon meilleur ami, de temps en temps, il l'est encore – et je n'ai rien vu venir (non que j'aie été particulièrement attentif ; je comptais sur une balle rapide, mais pas dans la direction qu'elle emprunta finalement), et cela a culminé dans l'ecstasy, et à cela, je ne vois pas de fin. Il était beau et sensible – peut-être trop sensible, plus que je ne le pensais, et plus qu'il n'avait le droit de l'être, cette perméable membrane – et extraordinairement doué, assez doué pour qu'à treize ans, ses poèmes aient été jugés dignes d'attention tant par des universitaires que par des éditeurs new-yorkais ; de la trempe de Rimbaud. Donc, quand il entreprit de se détruire, il emporta sa mère et son père avec lui. Ce n'était pas, ce n'est pas, sa faute. Il avait treize ans et ne disposait ni des capacités ni du contexte qui lui auraient permis de se rendre compte de ce qu'il faisait. Il était à l'époque tenu en otage par ses propres problèmes, des problèmes qu'il n'avait pas plus le pouvoir d'ordonner qu'un chien, le pouvoir de faire de longues divisions, que les arbres, celui d'effectuer des saltos ou que le tonnerre d'analyser la syntaxe d'une phrase, et qu'il aurait tout bonnement récusés s'il l'avait pu. Et s'il avait été capable de connaître la peine et la douleur que son comportement causait aux deux personnes qu'il aimait le plus au monde, il ne s'en serait pas soucié. Il ne jouissait pas, à l'époque, des ressources nécessaires.

On peut toujours être plus précis, décrire davantage, on peut toujours rendre une expérience plus concrète. La seule question est de savoir jusqu'à quel point on souhaite entrer dans le détail, être concret, préciser les descriptions. Donc : il tenta de se suicider. (Les détails ne sont pas importants, le diable en personne s'y tapit.) Il fugua, à plusieurs reprises. Il acheta un pistolet à un camarade de classe. Il vola, parfois dans des magasins, le plus souvent ses parents, habituellement au milieu de la nuit. Il fut arrêté pour vol. Il fut condamné à des travaux d'intérêt général. Il commit divers actes de vandalisme, pas des plus imaginatifs. Il provoqua et insulta des passants dans la rue. Il se soûla – bière, vin, alcools forts, tout ce sur quoi il pouvait mettre la main – et quand il était ivre, il devenait violent. Il agressa verbalement et physiquement sa mère. Il essaya, à l'aide de deux bougies, de mettre le feu à ses cheveux. La seconde fois, il utilisa de l'essence. Il mit les meubles en pièce, cassa la porcelaine, brisa le cristal et, sans qu'on l'ait provoqué, cassait les vitres et tapait dans les murs. Il déchiqueta sa garde-robe à coup de ciseaux, la moindre maille de ses vêtements, et quand il en eut terminé, s'attaqua à ceux de sa mère. Il saccagea sa chambre, la réduisant aux seules poutres, huisseries et à des blocs de bois calcinés. Il couvrit ce qui en restait de tags, usant de tous les termes raciaux et sexuels possibles et imaginables. Il dormait sur le sol au milieu d'aliments moisissant, de lait caillé, des crottes de souris qui les escortaient et des décombres de morceaux de plâtre, de mur et de verre brisé. Il refusait de se laver. Il déféquait dans le jardin et pissait dans des canettes de Coca qu'il déployait dans sa chambre sous forme de pentagrammes, ces poupées vaudous

Il était beau et sensible – peut-être trop sensible, plus que je ne le pensais, et plus qu'il n'avait le droit de l'être

de métal rouge. Il se scarifia les bras avec les extrémités aiguisées de trombones. Il découvrit la marijuana, puis la cocaïne. Puis le P.C.P. Puis le Special K (un tranquillisant vétérinaire, qu'il appelait la "bouffe pour chat"). Il se battait avec ses amis. Une escarmouche entraîna un interlude de jeu de couteaux qui se conclut par une éraflure au visage qui nécessita dix points de suture. Les quelques amis qui lui restèrent, il les manipula et les maltraita, ce Svengali[1] adolescent. Il fut projeté au travers d'une baie vitrée par un camarade de classe, un joueur de football américain, et échappa à de graves blessures, d'après le principal, "uniquement par l'intervention divine". Il fut renvoyé du lycée. Il mit une fille enceinte. Il y eut un avortement. Il disparaissait parfois des jours entiers, le plus souvent à New York où il dormait sur le seuil de magasins ou dans des bâtiments abandonnés ou sur un banc dans les jardins publics ; à au moins deux reprises, il fut délogé sous la menace d'un couteau. Il vendit ou troqua ses effets personnels, la plupart d'entre eux étant des cadeaux de Noël ou d'anniversaire – guitares, équipement stéréo, collections de CD, montres-bracelets, vestes en cuir – pour se faire de l'argent pour acheter de la drogue. Il attrapa une maladie sexuellement transmissible, puis une autre. Il était mineur, donc quand il conduisait les voitures de ses amis, il était dans l'illégalité. Sous cocaïne, au volant de l'une d'elles, il finit sur l'autoroute, à plus de cent trentre kilomètre-heure. Que lui et ses deux passagers, dont sa petite amie, ne furent pas instantanément tués – la voiture s'immobilisa sur le capot dans le lit d'un ruisseau ; ils s'en dégagèrent couverts de bleus et de sang par le coffre ouvert – ne pouvait être imputable, selon l'expression désormais familière de l'agent de police, "qu'à une intervention divine". Il échappa à une incarcération dans la prison d'Etat pour les mineurs uniquement parce que la cour fit preuve d'une clémence inexplicable. Il abandonna une seconde école, une école "alternative". Il travaillait sporadiquement, une succession de petits boulots à temps partiel, dont aucun ne dura plus de quelques semaines : laveur de carreaux, manutentionnaire, employé de pompe à essence, garçon d'hôtel. Finalement, il fut écarté de son foyer et assigné – exilé en réalité –, d'abord à réclusion dans une institution psychiatrique privée puis dans une école spécialisée située hors de l'Etat. On l'envoya voir un conseiller. On lui diagnostiqua une série d'acronymes : T.D.A[2]., T.D.A.H[3]., T.O.P[4]., I.C.D., B.P. potentiel. On lui prescrit des médicaments : Zoloft, Depakite, Paxil, Wellburtin. Lorsque cette école et ce conseil et ce traitement ne "prirent" pas, on lui donna un nouveau traitement, et davantage de conseils et il fut envoyé dans une autre école hors de l'Etat, un lycée privé à quarante mille dollars l'année. Pendant son séjour là-bas, au cours d'un week-end hors les murs, il fut arrêté et incarcéré pour la nuit pour possession et condamné à des travaux d'intérêt général. Il participa brièvement à une combine pour faire circuler des faux billets. Il passa l'examen et eut son permis de conduire. Deux mois plus tard, il avait perdu tous ses points. Son permis lui fut retiré. Il continua à conduire quand même. Désormais, il ne se contentait pas de prendre de la drogue, il *dealait*, et le volant était aussi indispensable à ce qu'il appelait son "gagne-pain", qu'il était nécessaire à son mode de vie, un mode de vie évoquant celui d'un vampire, puisqu'il vivait à rebours, dormant tout le jour, se droguant toute la nuit. Au bout du compte, au cours d'une virée en enfer qui dura cinq jours, il inscrivit au score deux automobiles, dont celle de

Il découvrit la marijuana, puis la cocaïne. Puis le P.C.P. Puis le Special K (un tranquillisant vétérinaire, qu'il appelait la "bouffe pour chat")

[1]Svengali est est un personnage de fiction du roman *Trilby* de George du Maurier, paru en 1894. Hypnotiseur, Svengali incarne l'archétype du personnage maléfique manipulateur, capable d'amener les gens à faire ce qu'il désire. Son nom est rentré dans l'anglais courant pour désigner un individu extrêmement manipulateur et aux intentions mauvaises.

[2]Trouble du déficit de l'attention (en anglais Attention deficit disorder, *A.D.D.*).

[3]Trouble du déficit de l'attention avec hyperactivité (en anglais : *Attention-deficit hyperactivity disorder, A.D.H.D.*).

[4]Trouble oppositionnel avec provocation (en anglais, *Oppositional defiant disorder, O.D.D.*).

son père, pulvérisant si bien sa cheville au passage qu'il fallut vingt-six agrafes, dix vis et deux plaques de métal inoxydable pour la remettre d'aplomb. Je ne jurerais pas de la chronologie précise de tout ceci – même aujourd'hui, cette période reste confuse – mais de cela je peux jurer : il sema partout ses ravages. Il représentait une autre forme de réalité, une irréalité peut-être, une antiréalité, et ceux qui étaient aspirés dans le chaos de son orbite, ceux qui se trouvaient pris dans les rets de sa toile en subirent inévitablement les dommages.

Pendant ce temps-là, le mariage de ses parents, la totalité de ses vingt années d'existence, périclitait. Mon épouse était et demeure une femme belle, attentionnée, généreuse, douée. C'est l'âme la plus avisée que je connaisse, l'esprit le plus insouciant, et je n'hésiterais pas à donner ma vie pour elle, et bien que nous ne vivions plus ensemble, que cela fait des années que nous ne vivons plus ensemble, je l'admire et dans une certaine mesure, je l'aime encore et je sais que je l'aimerai toujours.

je l'aimerai toujours

Mais parfois, cela ne suffit pas. Parfois rien ne suffit, comme parfois tout ne suffit pas. Notre mariage avait ses problèmes de fond, ses failles, ses fractures et ses fanges, et quand il fut assiégé puis pris d'assaut, quand notre fils amorça avec tant d'intensité, ce que nous avons fini par dénommer, son "tout-à-l'égout", la pression fut trop forte. Nous nous sommes perdus, nous avons fait naufrage, et puis, en fin de compte, nous nous sommes séparés.

Nous avons essayé encore et encore de faire face aux difficultés, de raccommoder les problèmes, de reboucher les fissures, de les calfeutrer, de les recouvrir, de les combler, peu importe la manière dont on décrit ce qu'on fait lorsqu'on pressent une démolition imminente sans qu'on sache vraiment pourquoi, qu'on se débat comme on patauge et qu'on n'a pas la moindre idée de ce qu'on devrait faire. Nous avons essayé parce que nous avions eu quelque chose de précieux, parce que nous avions partagé une histoire intime d'investissement mutuel, parce que nous avions adoré le son du rire de l'autre, parce ne pas essayer nous semblait grotesque. Nous avons essayé parce que nous nous aimions et parce que nous aimions notre fils, face à l'autodestruction duquel ni l'un ni l'autre n'aurait survécu intact. Si cela vous paraît mélodramatique, c'est normal. C'était une période mélodramatique.

Donc nous nous sommes séparés et je suis parti. Oh, pas d'un seul coup – la rupture a été tout sauf nette ; elle s'est muée en supplice à mesure qu'elle devenait byzantine – et je ne suis jamais parti bien loin. Un appartement en sous-sol de l'autre côté de la rue, un autre infesté de rongeurs dans la ville voisine. J'allais et je venais, je venais et j'allais, je revins et repartis pendant des années. Je n'avais pas la moindre idée de la manière dont je devais m'y prendre pour partir une fois pour toutes et je n'étais pas sûr de vouloir la connaître. Mais à l'époque, je n'étais pas sûr de grand-chose, je ne l'étais plus, et c'était pour moi autant un sujet d'étonnement que de déprime parce que ma propension à être sûr et certain, même quand j'avais tort et architort, était une qualité que je n'avais jamais prise en défaut. La quintessence de la façade virile, et une façade derrière laquelle je tremblais.

Il me semblait que je ne pourrais pas m'arrêter de trembler.

En fin de compte, je trouvai un endroit juste assez inhospitalier pour refléter la manière dont je me sentais, et je me sentais affreusement mal, misérable, irrécupérable, je me sentais sale et avili, et je me sentais perdu. Et solitaire. Et dans l'erreur. Tout entier dans l'erreur. J'ai arrêté de me raser, de me laver, de dormir. A un moment, j'ai arrêté de manger. (En trois mois, j'ai perdu vingt kilos). Je ne reconnaissais plus mes traits. Il y a une multitude de mots poétiques qui se prêtent à l'état dans lequel j'avais chuté, mais un seul mot de six lettres sonne juste : démuni – "privé de, mis au ban, rejeté, sur la touche". J'étais en quelque sorte devenu radioactif, le monde s'était transformé

en une jungle d'aspérités, et on m'avait abandonné ici pour y errer sans attache et sans carte, dangereux à moi-même, le cœur meurtri et écorché.
L'endroit était composé d'une unique chambre sans fenêtre à peine plus grande qu'une cabane à outils, une resserre attenante à un garage abandonné, et je m'y vautrais, dans ses toiles d'araignées, dans son rideau de fange et sa crasse – je n'étais naturellement pas en mesure de tenir le lieu propre –, seul. Et c'est donc seul que j'ai commencé à me désintégrer.
J'ai continué à écrire frénétiquement, incessamment, désespérément, parce que l'écriture était le seul moyen que je connaissais pour garder la tête hors de l'eau, bien qu'en y repensant je ne peux pas dire si j'écrivais pour sortir de ce que je pressentais comme une folie approchante ou si j'écrivais pour m'y plonger plus profondément.
Les cauchemars arrivèrent en série. Non pas des images de l'enfer et de ses cerbères – ceux-là, j'aurais pu les supporter – mais des trombes et des rivières de mots. Pas des images, pas des symboles, juste des mots, déconnectés, décontextualisés, flottant, seuls. Des mots comme des déluges d'eau, des tourbillons et des contre-courants et des remous. J'étais le terrain de crues et de torrents, emporté dans l'écume de leurs flots. Cascades, cataractes, débordements, une cadence sans fin, toujours recommencée dont le courant filait en arabesques syntaxiques. Rimes, pieds et syllabes fuyaient de mes veines en une constante hémorragie, ct chaque matin, 4 heures, 5 heures, matin après matin, pendant des mois, je me suis levé submergé et trempé jusqu'à la moelle. Et je me demandais, comme je me le demande encore, lequel d'entre nous possède la témérité de suggérer que nous ne sommes pas en train de nous noyer? De réfuter que nous ne sommes pas tirés par le fond, encore et encore, et toujours? D'une façon ou d'une autre, je ne me rappelle tout simplement pas comment et je préfère encore aujourd'hui ne pas le savoir, j'ai achevé le premier jet, cinq cents pages, d'un roman sur, aussi étrange que cela puisse paraître, Lizzie Borden[5], mais quand je l'ai soumis à mon agent, il a assuré que c'était "l'un des plus beaux morceaux de folie" qu'il ait jamais lu, l'a déclaré parfaitement impropre à la commercialisation et a refusé de s'en occuper. (Il avait, je m'en aperçois maintenant, alors que j'étais incapable de m'en rendre compte à l'époque, tout à fait raison d'agir ainsi. Aussi brillant que ce texte ait pu être, sa folie demeure indiscutable.) Nous nous sommes séparés et, dans la foulée mon éditeur a démissionné de ses fonctions au sein d'une éminente maison d'édition new-yorkaise.
Mon mariage était mort – bien que je persistais à n'y voir qu'un coma partiel –, mon fils était toujours bien vivant, j'étais sans agent, sans éditeur, apparemment impubliable, je vivais comme un clochard et un reclus, avec des revenus proches de zéro et lentement, puis plus si lentement que cela, j'étais en train, je m'en étais convaincu, de devenir fou. M'étant moi-même banni – de mon foyer ainsi que de tout contact humain –, j'étais devenu, de toutes les façons imaginables, un exclu. L'homme du souterrain de Dostoïevski. Le "ex" qui sert de préfixe à exister.
Il y a, il n'est pas inutile de le mentionner, une veine suicidaire dans la famille – le frère de ma mère (à treize ans, avec un vingt-deux, dans la tête) – et bien qu'une telle histoire, ou son spectre, vienne à sa manière vous hanter dans les moments les plus critiques, je n'ai jamais envisagé de l'exploiter. J'avais atteint le point culminant de la désolation sur le seuil de cette porte des années auparavant pour finir par décider au dernier moment possible – dans ces situations, c'est toujours le dernier moment possible et on vit perpétuellement son propre présent – de ne pas l'ouvrir. Je n'avais tout simplement pas cela en moi. Le suicide, permettez-moi de le suggérer, est un acte de vanité, l'avant-dernier geste du narcissisme fait homme et bien que j'aie été, que je sois toujours,

Le suicide, permettez-moi de le suggérer, est un acte de vanité

[5]Lizzie Andrew Borden (19 juillet, 1860 - 1er juin, 1927) était une vieille fille de Nouvelle-Angleterre, qui fut la figure centrale d'une affaire judiciaire autour du double meurtre à la hache de son père et de sa belle-mère, le 4 août 1892 à Fall River, dans le Massachusetts, aux Etats-Unis.

doté de cette qualité en abondance, c'est aussi – ne laissez personne vous dire le contraire – une occasion de démontrer un courage infernal, un geste d'une bravoure brute. Je voulais avoir le cran alors que je n'avais pas l'aplomb.

Donc pour la première fois de ma vie, je cherchai de l'aide. Mon thérapeute était un homme prévenant, attentionné et sage, et malgré ses efforts – lorsque j'ai raclé le fond financièrement parlant, il a continué à me suivre pendant des mois gracieusement – un an plus tard, il n'avait toujours pas réussi à trouver les clés de mon mal-être.

Je voulais avoir le cran alors que je n'avais pas l'aplomb

Je continuais à rêver en mots, seulement désormais je le faisais tout éveillé, cette radio déambulatoire de l'esprit, et moi incapable de l'éteindre. Ce que j'entendais, ce n'était pas des voix, il n'y avait aucune intonation, inflexion, insinuation – ce que j'entendais était sans caractère, sans qualité, robotique, désincarné –, j'entendais simplement des mots, tressés et imbriqués, entrelacés et chevauchés, des tissages et des treillis de mots et leurs allées et venues, le *tempo* organique de leur architecture. Chaque jour plus profond dans la grande bleue, ces marées brutales et ces lames de fond. Chaque jour plus loin, au-delà de la crête de la prochaine vague prête à se briser, dans les eaux stagnantes de son roulis – plus bleu, bleuissant, bleui encore.

Donc – n'est-ce pas une évidence ? – j'ai commencé à visiter les allées des clubs de *bowling*, des dizaines, mois après mois. Probablement à cause du bruit assourdissant de la boule et la collision des quilles qui se carambolent, un son distinct de mon enfance, le seul dont j'imaginais qu'il pourrait faire taire ceux qui se jouaient dans ma tête. Quant à moi, je ne jouais jamais ; je me contentais de m'asseoir, voûté au-dessus de n'importe quel comptoir de bar que je venais renflouer, une bière dans les mains et lisant des lèvres telle ou telle prose que j'avais sous la main : Rimbaud et Rilke, Leonard Cohen et Jim Carroll, Heaney, Ashbery et Charles Olson. Et Paul Metcalf, avec qui j'avais récemment entrepris une correspondance animée et régulière. Je lisais Metcalf – l'arrière-petit-fils d'Herman Melville – par-dessus tout. (Quelques mois plus tard, il mourut d'une crise cardiaque à l'âge de quatre-vingt-un ans et je ne me sentis pas seulement triste, mais bizarrement responsable.) Cependant, en fin de compte, cela s'avéra trop déprimant. Les joueurs commencèrent à m'apparaître trop étrangers, leurs manifestations de triomphe ou d'échec collectif ne faisaient que souligner mon propre manque d'affect, et, finalement, je débarrassai une fois pour toutes le plancher des allées de *bowling*. Désormais, je pouvais la sentir, l'apparition sournoise d'une chose aussi dure et sombre qu'elle était froide. Cela faisait des dizaines d'années que j'avais lu, voire seulement accordé la moindre pensée à la nouvelle de Fitzgerald *La Fêlure* mais désormais, je commençais à suspecter que cela pouvait bien être quelque chose de très similaire : l'implosion imminente. Quelque chose s'était introduit en moi, une chose surdimensionnée et étrangère, une chose plus forte que moi et plus puissante et qui ne me voulait que du mal. Ma vie c'est précisément la sensation que cela donnait – m'avait enfin acculé.

Peut-être que certaines questions s'imposent à l'esprit : qu'en est-il de la religion par exemple, ou du cul, la consolation et le refuge qu'ils offrent, le salut qu'on en attend en s'y adonnant. Bien qu'à une époque, j'aie été abreuvé de religion – alors que j'avais à peine plus de vingt ans, je reçus une bourse de l'école Vanderbuilt de la Divinité, à laquelle, à la vingt-troisième heure, je choisis de ne pas donner suite –, avec le temps, j'ai fini par prendre une autre voie. Je suis devenu journaliste, reporter de presse, et j'ai perdu au passage le peu de foi que j'avais pu posséder. J'étais mêlé à la vie "réelle" à cette époque, aux problèmes quotidiens qui gouvernaient la vie des autres, et au moment où j'abandonnai ma florissante carrière quelques années plus tard, j'en avais beaucoup trop vu pour m'y engager davantage. Non que j'aie vécu l'expérience de ma perte de foi d'une manière particulièrement active ou révélatrice. Dieu est simplement, progressivement, imperceptiblement, devenu aussi anecdotique et finalement indifférent à ma vie que nos vies, j'en suis convaincu, le sont pour Lui. Ceux qui ont la foi, ceux qui ont d'une manière ou d'une autre réussi à trouver la profondeur et la force de caractère de la garder, trouveront sans doute une telle affirmation excessivement triste. Moi pas. Le fait est que cette option-là m'était fermée. Le désespoir que je ressentais, même Dieu ne pouvait l'apaiser.

Quant aux plaisirs du sexe, malgré quelques périodes prolongées de célibat consenti au sein de mon mariage, je les avais toujours appréciés, le peu que j'en avais eu et, à présent ils me manquaient terriblement, ils devinrent pour moi une abstraction du fait de leur absence. L'amour physique tend à être, je pense – et je le déplore –, tenu pour acquis quand on y a un accès facile et routinier, mais lorsqu'on se trouve privé de cet accès, eh bien, on brûle de désir. Tout le jour, tous les jours. Tout du moins, c'est mon cas. C'était mon cas. Malheureusement, alors que j'ai toujours adoré les femmes – avec qui j'ai des affinités plus développées qu'avec les hommes –, je suis constitutionnellement inapte aux coups d'un soir, aux relations légères ou même à ce qui serait ces temps-ci considéré comme un degré acceptable de papillonnage discret. Non que je n'aie eu quelques opportunités, mais je n'ai jamais manqué, sauf une fois, de proposer un second rendez-vous. L'infidélité, le flirt, le libertinage, les dérapages sexuels, la débauche, la chasse à la minette – appelez cela comme vous voudrez –, aucun ne figure parmi les raisons pour lesquelles mon mariage se délita, bien que la maigre quantité et qualité de nos rapports sexuels en faisait certainement partie. Et ma réticence, si c'est ce dont il s'agissait, n'avait que très peu à voir avec l'épidémiologie – avec le Sida et ses petits cousins –, pas plus qu'avec la morale. De fait, ce à quoi elle était liée, Dieu seul sait. Le fait est que cette option ne m'était pas non plus ouverte.

Donc, le suicide, la religion, le cul. Trois coups, comme on dit, et vous avez perdu. Sur la touche. Vidé. Démuni. Trois fois de suite.

Et puis, l'impensable se produisit, ou plutôt, deux choses se produisirent. Je rencontrai quelqu'un, une femme, et tandis que, dans mon style récalcitrant, je donnai suite à notre rencontre pour lui permettre finalement de me garder (et c'est à elle que je dois en fin de compte mon salut), mon fils se métamorphosait – brutalement, puisque c'est son style, le seul style qu'il connaisse, le crâne dur et la tête baissée – en ce qu'on appelle dans le jargon un "*raver*". Et il semblait pour la première fois depuis des années – il avait alors dix-sept ans – heureux. Non pas béat ou euphorique, mais content, en paix avec lui-même, en lui-même. Je ne veux pas par là évoquer l'imagerie zen ou bouddhiste – mon fils est à peu près aussi zen qu'Eminem –, mais la transformation était aussi saisissante que palpable, un revirement complet. De fait, elle semblait si radicale, que je ne pus m'empêcher de le questionner à ce sujet et quand je le fis, il sourit – je me rappellerai toujours ce sourire ; il a le sourire le plus incandescent du monde – et me dit simplement : "Hem hem. Je le suis." Et quand je lui demandai pourquoi, ce qu'il s'était passé, à quoi c'était dû, il me sourit à nouveau et me dit : "Oh, tu ne comprendrais pas. Mais, c'est toute ma vie maintenant. Je sais pourquoi je suis en vie."

mon fils est à peu près aussi zen qu'Eminem

Je me souviens de ma réponse. Et peut-être que si j'avais répondu d'une autre manière ou que je n'avais simplement pas répondu du tout, ce qui était sur le point d'arriver ne serait jamais arrivé.

Ou peut-être que ce serait arrivé. Peut-être que cela serait arrivé d'une façon ou d'une autre. Peut-être que cela devait arriver et peu importe ce que j'ai dit ou préféré ne pas dire ; du moins est-ce la façon dont les choses se sont passées. Voici ce que j'ai dit : "Félicitations, je suis content pour toi. Vraiment. J'aimerais bien le savoir, pour ma part." Parce que, malgré tout, mon fils et moi ne nous étions jamais dissimulés, en tout cas pas l'un à l'autre. Il se livre à moi et moi à lui. Il me dit des choses qu'aucun enfant ne devrait dire à ses parents, des choses qu'aucun parent ne veut entendre, des choses écœurantes souvent, des choses moralement répréhensibles, des choses d'une cruauté à vous soulever le cœur, des choses à vous faire pâlir jusqu'à la transparence, si lourdes de menaces, si dépourvues de toute considération des conséquences, de tout sentiment humain et de tout jugement que cela me laisse, comme rarement je peux être, parfaitement sans voix. Parce qu'on ne peut pas parler lorsqu'on grince ainsi des dents et qu'on est occupé à les broyer comme des plaques tectoniques.

Et donc il se tourna vers moi et me dit : "Sérieusement ?" Et lorsque je lui répondis non seulement par l'affirmative mais au déclaratif, il me raconta une histoire et me fit une offre, et c'est ainsi qu'éclôt un nouveau pan de notre relation, un pan qui est tout aussi parfaitement illégal qu'il est moralement répugnant, et un pan qui se perpétue à ce jour.

Nous savons tous deux que c'est mal, cet aspect de notre relation, l'arrangement, le dilemme qu'il pose, mal de la manière la plus intime et sacrilège qui soit, comme nous savons tous deux que cela ne nous préoccupe ni l'un ni l'autre suffisamment pour y remédier. Pourquoi devrions-nous nous en soucier ? Nous nous sommes déçus l'un l'autre si souvent par le passé qu'il semble que cela n'ait plus la moindre importance. Désormais, nous partageons ce fardeau de honte ; c'est quelque chose que nous avons tous les deux que les autres n'ont pas, et c'est devenu, à l'image de notre immuable consanguinité, une partie intégrante et vaste de ce qui nous relie – père et fils, parent et enfant. Peut-être qu'aucune vérité n'est plus fondamentale, ni plus difficile à affronter, que la plus noire, la plus abjecte à propos de soi-même. Mon fils me fournit de la drogue, de l'ecstasy, et si je dois être condamné à la perdition, si je dois rôtir en enfer, ceci serait, il me semble, la première des raisons qui le justifierait. Et il me semble, en allant plus loin, que c'est une sacrément bonne raison, parce que si on en juge objectivement, c'est une infamie, un conte d'épouvante moderne, sauf que ce n'est pas un conte, ce n'est pas une fiction, c'est si loin d'être une fiction qu'on ne peut s'en éloigner davantage. C'est tout aussi réel et vrai que c'est inconcevable, et il y a des moments où l'obscénité de cette situation me coupe le souffle et fait vaciller cette partie primitive de mon âme noyée dans le dégoût.

Et donc, la première fois que j'ai gobé de l'X – ou de l'exta, du taz, de l'e, de l'EX, du X.T.C., du M.D.M.A. (methylenedioxymethamphetamine) –, c'était uniquement parce que j'avais donné la permission à mon fils de me la vendre. Je devins son client, un acheteur, un consommateur de confiance, régulier, le plus bas maillon de la chaîne alimentaire d'un commerce multimilliardaire qui travaille sans s'affaiblir, chaque jour, chaque heure, dans toutes les grandes villes et petites bourgades de chaque Etat de cette union, dans ce qui est appelé par ceux qu'on paie pour leur "faire la guerre" comme par ceux qui en assurent la circulation, les "substances contrôlées[6]".

Je vous demande de m'excuser – ce n'est pas pour paraître suffisant – mais je trouve ça drôle. Je trouve ça ironique. Cela me titille, me distrait et m'amuse. Parce que je n'arrive à penser à aucun autre bien de consommation dans notre pays – un pays auquel, aussi artificiel que cela puisse paraître, je suis profondément attaché, que je connais bien et pour lequel mon père et le père de mon père se sont battus et ont tant

[6] Les produits dits stupéfiants en France sont connus aux Etats-Unis sous l'appellation *"controlled substances"*.

sacrifié – qui ne soit moins contrôlé que le sont ces substances, ni à aucune "guerre" qui ne soit si pathétiquement futile, pompeusement chimérique et perdue d'avance que celle-ci. Ce n'est pas que je ne ressente aucune sympathie pour ceux qui, après tout, ne font que leur boulot (souvent au péril de leur vie) – bien que j'aimerais suggérer à ces fantassins qu'on envoie au front qu'ils feraient mieux de se trouver un autre métier –, mais je suis on ne peut plus ouvertement hostile à ces lois et à ces politiques (ou plutôt, à l'espèce de logique à cent sous, la logique torturée, inversée qui les a produits et continue à les reconduire) qui, malgré leurs bonnes intentions, sont indéfendables à force de stupidité, monstrueusement mal conçues, implicitement malhonnêtes, et qui se révèlent par l'impossibilité à les appliquer, ou à les appliquer de manière équitable, aussi injustes qu'elles sont idiotes.

Je suis allé, la semaine dernière seulement, voir le film *Traffic*[7]. Un bon film, même s'il n'est pas tout à fait aussi bon que les critiques semblent le penser, mais il faut dire que les critiques, comme cela leur arrive souvent, sont passés à côté du film. *Traffic* n'est pas un film sur les dangers de la drogue et sur la cruauté du trafic de drogue, c'est un film sur l'idiotie de notre politique de lutte contre la drogue et sur les maux que non seulement elle favorise, mais dont elle garantit les conditions d'épanouissement futures.

Pourquoi est-ce si difficile à saisir ? Qu'est-ce qui nous empêche de posséder l'humilité de caractère suffisante pour embrasser les leçons durement conquises sur nos défaites ? Pourquoi faisons-nous semblant ? Est-ce réellement nécessaire de citer les statistiques ou de solliciter la rhétorique aussi vaine qu'usée des "experts"? Nous savons ce qu'il en est, ou nous devrions le savoir ; le glas sonne, les rats ont quitté le navire, Rome a depuis longtemps brûlé corps et biens, l'empereur est nu, et notre sottise mûrit ses fruits amers. Vous pouvez vous battre contre un empire, mais vous aurez beau faire, vous ne pouvez pas davantage réformer ou endiguer l'appétit humain que vous ne pouvez d'un coup de baguette magique changer un homo en hétéro ou convoquer la voix de Dieu pour qu'Il répande la lumière œcuménique de Son omniscience sur le sujet.

L'ecstasy a été définie comme une drogue illégale de niveau 1 en juin 1985 – ce pour quoi nous pouvons tous remercier cette étoile du berger de l'intelligence qu'est Lloyd Bentsen, sénateur du Texas. Ce qui, aujourd'hui, la met sur un pied d'égalité avec l'héroïne du point de vue pénal. Cette absurde incongruité est précisément le genre d'extravagante folie furieuse gouvernementale qui est garantie d'assurer que les gens comme moi – et, ce qui est plus grave, nos enfants – jugeront ce gouvernement et ceux qui font appliquer sa législation antidrogues irrécupérables puisque totalement détachés des réalités, coercitifs, corrompus et, oui – réveillez-vous les gars ! réveillez-vous et mettez-vous au parfum ! –, non américains. Parce que l'idéal américain ne consiste pas ou ne consistait pas à jeter des gamins de seize ans en prison parce qu'ils ont – dans le plus pur esprit du libre marché capitaliste et de l'entrepreneuriat – fait pousser un peu de cannabis chez eux, pendant que le reste d'entre nous fume des Camel à la chaîne, sirote des Absoluts en cocktail, et que nous nous gavons de Prozac.

Aller voir un centre de désintox à l'occasion. Vous apprendrez deux choses au cours de cette première heure. D'une, qu'il y a des personnes en ce monde – certaines sont assez admirables et d'autres le sont ostensiblement moins – qui sont plus sujets que d'autres à l'addiction ; il y a toujours eu, il y aura toujours, des toxicomanes. Et de deux, que la théorie de l'"escalade" est aussi simpliste que fallacieuse. La drogue n'est pas en train de nous voler nos enfants. Nous avons perdu nos enfants parce que nous n'avons pas eu le temps, l'inclinaison, la force de caractère ou la volonté politique de prendre la bonne

[7] *Traffic* est un film américain réalisé par Steven Soderbergh, sorti en 2001, dans lequel plusieurs histoires de drogue s'entrecroisent et se télescopent.

décision en leurs noms, à savoir : éliminer le marché noir qui les exploite sans pitié – et la violence effrénée qu'elle propage – en légalisant, taxant et régulant son commerce.

Des "substances contrôlées" ? Ce n'est, on peut le déplorer, qu'une expression inappropriée qui mérite qu'on en rie, alors qu'on devrait en pleurer. Il n'y a aucun contrôle. Il y a une bureaucratie, et une soi-disant politique, et des lois et tout ça n'est qu'une imposture et un écran de fumée qui, de plus en plus, ne trompe personne. Il n'existe qu'un seul moyen de "venir à bout du fléau et d'éliminer le chiendent", autrement dit de gagner la soi-disant guerre contre la drogue – de gagner pour qu'il y ait des chances, mêmes minces, que la victoire soit définitive – et ce moyen consiste en deux mots, deux mots qui sont plus américains qu'aucun autre couple de mots auquel je puisse penser (à part, peut-être, "Oncle Sam") : Wall Street.

Mais après tout, qui se soucie de ce que je pense ? Tout le monde peut penser ce qu'il veut de ce qu'il souhaite, et tout le monde le fait inévitablement. Je ne prétends pas avoir le monopole de la sagesse sur le sujet. Mais j'ai quelques connaissances sur l'extasy, peut-être même que j'en sais beaucoup, ou plus que la plupart des gens, et certainement plus que la plupart des gens de mon âge, c'est-à-dire les gens d'âge mûr. Ce que je sais, je le sais parce que j'en ai gobé et que je continue à en gober beaucoup. Je suis un gobeur d'ecstasy expérimenté, chevronné, vétéran – je ne me hasarderai pas à une estimation du nombre exact, mais je dirais sans mentir une bonne quantité – et c'est un fait dont je ne suis ni fier ni mortifié.

Avalez cette pilule, laissez-la couler, sentez-la glisser, et détendez-vous. Apaisez votre esprit. Calmez votre cœur. Dans une heure, peut-être un peu moins, vous allez vivre une expérience que vous n'avez jamais vécue auparavant

Donc voilà, en un mot, un mot sobre, solennel, voire grave, ce que je sais : miam. L'ecstasy, c'est délicieux. Ou, si vous voulez, l'ecstasy c'est délicieux et je recommande haut et fort et pour longtemps à tous ceux dont la santé – physique *et* psychologique – ne présente aucune contre-indication ni n'en interdit l'ingestion, d'en prendre. Jeune/vieux, homme/femme, riche/pauvre, homo/hétéro, noir/blanc, saint/pécheur, génie/idiot, chrétiens et juifs et musulmans, démocrates, républicains et indépendants, législateur et hors-la-loi, tombeur et âme sensible, pervers et célibataires, toute la satanée coalition arc-en-ciel. (Suis-je délibérément provocant ? Bien sûr. Tout comme je suis parfaitement sérieux.)

Sortez de chez vous, je vous en conjure, vous tous, hâtez-vous hors d'ici, sortez en ville, ou alpaguez ce gamin du quartier, appelez un contact, faites affaire, rentrez chez vous, baissez la lumière, mettez de la musique – la meilleure –, servez-vous un pichet d'eau glacée, peut-être deux, gardez sous la main une boîte de pastilles Vichy, ainsi qu'un tube d'inhalateur Vicks et deux pains de glace, mettez-vous à l'aise, allongez-vous et… avalez. Avalez cette pilule, laissez-la couler, sentez-la glisser, et détendez-vous. Apaisez votre esprit. Calmez votre cœur. Dans une heure, peut-être un peu moins, vous allez vivre une expérience que vous n'avez jamais vécue auparavant. Vous allez faire une expérience que vous n'oublierez jamais. Vous allez faire une expérience qui changera pour toujours le temps qu'il vous reste à vivre sur cette Terre. Vous allez faire une expérience qui divisera votre vie en deux parties, l'avant et l'après : av. X/ap. X. Vous allez faire une expérience qui est, de A à Z, délicieuse – délicieusement, positivement, incomparablement m-e-r-v-e-i-l-l-e-u-s-e.

C'est votre auto-onction et je vous l'envie. Je vous envie cette première fois. Donc goûtez-la, savourez, faites durer le plaisir, prenez-en soin. Consacrez-les, ces quatre heures sacrées. Vous venez tout juste d'avaler la merveille, l'ambroisie et l'hydromel, vous avez partagé l'éclat et la grâce.

Assurez-vous simplement avant d'avaler que la pilule est authentique, véritable, de la vraie, de la bonne came, et pas quelque innocente arnaque ou quelque méchante contrefaçon. Faites ceci, et le reste, comme on dit, c'est du gâteau, un gâteau qui en l'occurrence, ne ressemble en rien à ce que vous avez déjà pu goûter. Pensez au meilleur jour de votre vie, ou représentez-vous la chose la plus agréable, la plus pure, la plus singulière qui vous soit arrivée – personne, endroit, moment, souvenir, sentiment, expérience, accomplissement. Compris ? Maintenant multipliez cela par dix. Ce n'est que le degré zéro duquel partir pour décrire à quel point l'X est outrageusement délicieuse.

Ce n'est que le degré zéro duquel partir pour décrire à quel point l'X est outrageusement délicieuse

Je n'ignore pas combien ce que je viens de dire évoque le prosélytisme parfois loufoque de Timothy Leary en faveur du L.S.D., et je sais combien le genre d'éthique dont il vanta si largement les mérites à une époque – "Allume-toi, trouve le "la", et lâche prise[8]" – est démodé mais ça n'a rien à voir. L'ecstasy agit comme un clarificateur. C'est cela, au bout du compte, sa vraie valeur. C'est qu'elle nous permet de voir, de sentir, de penser, si ce n'est plus profondément, alors et de manière certaine, plus clairement. C'est qu'elle balaye tout ce qui n'est pas clair afin que nous puissions plus clairement – et de manière plus immédiate – faire l'expérience de cette clarté. Et pas seulement sur le moment. L'euphorie, comme toutes les euphories, retombe, mais la lucidité perdure. Comme un souvenir de *voyage*. En ce sens, sans parler de sa composition chimique, c'est franchement l'opposé du L.S.D., qui à son pic de consommation apparut – et pour ce que j'en sais, apparaît toujours ; je n'ai jamais pris de L.S.D. et je ne possède aucune inclinaison à en prendre – sous toutes sortes d'oripeaux et de connotations religieuses. (À propos, on n'hallucine pas sous X, même pas légèrement, tout du moins ça ne m'est jamais arrivé. Pas plus qu'on ne devient ou qu'on ne se perçoit comme quelqu'un ou quelque chose d'autre. On reste indubitablement soi-même, mais d'une manière plus vaste, plus profonde.) L'ecstasy n'a rien à voir avec la religion, à part pour rendre évident à celui qui en prend que la religion – la quête de quelque chose de plus, ou de plus haut, la signification de Dieu et de l'existence, le miracle de la foi, appelez cela comme vous voulez –, quoique compréhensible (on comprend bien des choses sous X, beaucoup plus que ce que l'on ne comprend sans elle), est largement inepte. Il n'y a plus lieu de chercher, plus maintenant, puisque ce qu'on cherche est précisément ici et maintenant – la naissance d'un état de mieux-être.

L'ecstasy est un clarificateur, mais c'est un clarificateur personnel. Ce n'est pas – malgré toute la vogue *peace and love*, respect et unité qui l'entoure – un clarificateur universel. Ses leçons sont peut-être universelles par leurs implications, mais elles sont destinées à être appliquées à soi-même, pas à être partagées avec ses voisins, ses amis, ses collègues ou une quelconque communauté. Cela ne veut pas dire que cette drogue n'a pas une dimension sociale ni qu'on ne doit pas prendre d'X en présence des autres. De fait, je trouverais déplaisant – et je ne l'ai jamais fait – d'en prendre seul. (La fois où je m'en suis le plus approché eut lieu dans une petite rue peu fréquentée du cœur de Londres, de nuit, et il pleuvait, et cela fut l'une des plus mémorables expériences de ma vie – les néons, scintillant, le menthol, appliqués comme un vernis en couche

[8] "*Turn on, tune in, drop out*" : slogan de la contre-culture que l'on doit essentiellement à un discours que Thimothy Leary prononça lors du grand rassemblement hippie Human Be-In de 1967 à San Francisco.

superposées de miel épais. Les jolies rues de Londres, et sa pluie jolie, si jolie.)

Mais, c'est beaucoup mieux d'en prendre avec ceux qu'on aime, et mieux encore avec votre cher et tendre. La seule chose, c'est qu'il faut le faire soi-même pour vraiment "piger". Ecouter les histoires et les anecdotes des autres ou les leçons qu'ils ont pu tirer de leur expérience, lire un article comme celui-ci ne peut certainement pas faire de mal, mais chacun retire de l'X quelque chose de différent, quelque chose qui est tout aussi idiosyncratiquement et exclusivement privé que la personne qui en prend. Et si ce qu'on en retire au sens le plus large tourne principalement autour des connexions humaines et de l'empathie – l'X s'est révélée extrêmement efficace dans certains types de thérapies de couple –, l'expérience consiste principalement à entrer en contact avec soi-même et à ressentir de l'empathie pour soi-même. Contrairement à son image actuelle de drogue de prédilection des adolescents, majoritairement consommée à l'occasion de leurs rites bachiques de danses tribales nocturnes – leurs "*rave parties*" – c'est la plus intime des drogues.

La première fois que j'en ai pris, c'était avec la femme que j'ai mentionnée précédemment, la femme qui m'a sauvé. C'était sa première fois, elle aussi. Ni l'un ni l'autre ne consommions ni n'avions la moindre expérience des drogues illégales – nous nous contentions d'habitude de vin, de bière et de cigarettes, et ceci avec modération – et nous étions, tandis que l'heure H approchait, visiblement pleins d'appréhension, une attitude qui, je crois, est saine, autant qu'elle est légitime. Peut-être – qui sait ? – que cela a même exagéré l'impact de ce qui était sur le point de se produire.

C'était, dans notre cas, une paire de Calvin Kleins. On trouve l'X sous une grande diversité de formes, de tailles, de couleurs, et de marques – Nikes, Mitsubishis, Motorolas, Versaces, Rolling Stones, etc. – des milliers de variétés, chacune avec ses subtiles distinctions quant à la qualité et à la longueur du *trip*. Je me rappelle qu'elles étaient rondes, peut-être oblongues, à peu près de la taille d'un comprimé de Nurofen, ou plus petit, et d'une couleur ambre qui semblait d'une certaine façon rassurante. Comme je l'ai dit, j'étais trop inquiet pour enregistrer tous les détails. Mon cœur, son violent battement, me barrait la vue.

Nous avions libéré nos agendas bien à l'avance, éteint nos téléphones, et nous étions chez elle, rien que nous deux, en peignoir, dans le salon, sur le canapé – un canapé avec lequel, il est bon de le dire, nous avions déjà noué une solide relation à l'époque. Nous écoutions Van Morisson, *Astral Weeks*, *Moondance*, *Common One*, le *Best of* volume 1. Un feu ronronnait dans la cheminée et nous l'alimentions. La lumière de la lampe de la table basse était réglée au plus bas. C'était en milieu de soirée et nous avions à disposition, sur les conseils que mon fils s'était donné la peine de nous donner, deux verres et deux pichets d'eau minérale glacée. L'X augmente la température corporelle et le rythme cardiaque et accroît la pression artérielle, c'est pourquoi boire de l'eau – et non de la bière, ou de l'alcool – est recommandé pendant le *trip*. Et on a envie de boire, parce que l'X entraîne une déshydratation – son effet secondaire le plus immédiat est une sensation de bouche sèche. (C'est intéressant, parce qu'elle agit sur les émotions d'une manière totalement opposée. Elle lubrifie, émulsifie les sentiments comme un gel, une pommade ou un baume.)

Pris d'une nervosité mutuelle, avec tout un bavardage cérémonieux mi-sérieux, mi-comique, nous avons alors sorti nos pilules, avalé, attendu, et – rien.

Nous avons fermé les yeux très fort. Nous étions encore vivants. Je crois que nous n'étions qu'à moitié surpris. Je sais que nous étions soulagés. Van continuait à s'époumoner comme lui seul sait le faire. Si j'étais en train de mourir, c'était tout à fait de cette manière, j'en étais sûr, que je voulais mourir ; il y a des voix plus désagréables, je pense, pour accompagner un dernier souffle que celle du *cow-boy* de Belfast gémissant "*It's too late to stop now!*" ("Il est trop tard pour s'arrêter maintenant !"), comme c'était effectivement le cas à ce moment-là. (Les jeunes ont un faible pour d'autres styles : techno, électronique, transe, *jungle*, *house*, *hardcore*, *gabba*, *drum and bass*, et ces styles ne sont pas, si je peux le suggérer à ceux d'une autre génération, la précédente, la mienne, dépourvus de mérites. De fait, ils constituent le type même de musique avec ses assauts acoustiques, son immersion dans les sons, qui semble taillée sur mesure pour maximiser les bénéfices d'un certain genre d'expérience plus, dirons-nous, cinétique. Chacun ses goûts.)

D'ordinaire, l'ecstasy met un peu de temps à faire effet. Trente-cinq minutes, c'est précipité, le double, lent. Cela dépend – de la pilule principalement, mais aussi du contenu de votre estomac (il vaut mieux qu'il soit vide que plein), de votre humeur (joyeuse vaut mieux que sombre), de votre état physique et mental (alerte vaut mieux que fatigué). Donc, en cette première fois, vous vous asseyez et vous vous demandez, précisément parce que vous avez le temps de le faire, si ce qui va arriver va réellement arriver, et si c'est le cas, quand cela va se produire, et comment vous le saurez. Et ça arrive, le *trip* commence – le monde autour de vous s'ouvre comme l'œil d'un tourbillon. Et vous cessez de vous posez ces questions. Vous vous arrêtez pile et vous partez ou plutôt êtes élevé et enlevé – auréolé, coiffé, couronné, constellé, semblable à un réverbère qu'on allume, votre visage souriant flamboie comme cent chandeliers.

L'un des premiers effets les plus perceptibles – il se manifesta en cette première fois, bien que cela ne soit pas souvent le cas, puisque cela dépend de la composition chimique de la pilule –, c'est ce que j'ai entendu décrire comme une vision "flottante", mais que je préfère décrire comme "titubante" ou "intermittente" ou "basculante". Ce phénomène est ce qui approche le plus d'une quelconque qualité hallucinogène imputable à l'X et elle est si modérée – et étrangement agréable – que l'étiqueter de cette manière serait franchement inexact. Quand cela nous arriva, nous le sûmes d'emblée – c'est-à-dire, nous sûmes que quelque chose se produisait, quelque chose… d'extra – nous nous sommes regardés, souri et virtuellement à l'unisson, nous avons commenté ce qui se passait. Dans mon souvenir – nous avons tous deux cinquante ans, rappelez-vous – nous avons trouvé ça "cool".

C'est un peu difficile à décrire. La vue ne devient pas floue, les images ne deviennent pas plus sombres ou plus claires, ne pulsent pas, ne s'étendent ni ne se contractent, ne se fragmentent ni ne se désintègrent, ni ne changent de couleur, mais elles deviennent un peu, je crois qu'*entrecoupées* est le mot juste, entrecoupées mais pas hachées. C'est-à-dire qu'elles restent intactes et stables – une lampe est une lampe, une fenêtre est une fenêtre, un feu est un feu –, elle se contentent juste de bouger légèrement, comme si déchiqueté était un verbe, dans la texture de leurs propres lignes. Des stries. Pas du tout menaçant et très, disons, cool. (Ouf. Chanmé. Peu importe). Il y a certainement une explication médicale à cela, il y a même peut-être un nom, mais j'en demeure ignorant et je compte bien le rester.

Et puis tout à coup, Van s'est mis à chanter loooooin là-bas, et puis loooooin en moi, précisément à l'intérieur, à la source, l'extrême épicentre, la moelle de mon cerveau, cheminant au travers, et en même temps à des kilomètres au dehors, et au-dessus, et en dessous et tout autour aussi, voltigeant dans les déclivités, virevoltant en boucles, volplanant, Vanplanant, passant par-dessus bord, jaillissant, envahissant et enveloppant la pièce alors même qu'il remplissait et s'étendait et embrassait dans l'ampleur de sa voix à tomber, dans les ailes de sa gracieuse oisiveté, chaque coin et couloir et recoin de la maison dans ma tête. Un envahissement de chacune des notes de sa musique, pas seulement en tant que son, mais en tant qu'espace de résonance – particule, onde – et comme je l'ai compris depuis, en tant qu'unité de temps. Et ça l'était aussi. Cool.

Ce qui s'est passé ensuite c'est que chaque chose soudainement, tout en restant clairement elle-même, une chose ordinaire, n'est pas devenue, mais *existait* en même temps comme son propre double altéré, transfiguré, métamorphosé, un nouvel état d'être, un état simultanément plus profond et plus élevé, plus accompli et plus neuf et donc un état meilleur – tout était plus lisse, et plus doux et plus rond, chaque arête émoussée, chaque surface polie. Et plus chaud. Ce qui était curieux. Parce qu'on n'avait pas la sensation d'avoir chaud, tout avait simplement l'air plus chaud. Mais, l'environnement avait beau… s'épanouir, c'était en moi que la floraison bourgeonnait, jaillissait, enflait, un vent harmonique de bien-être, de même origine et concordant, et dans son sillage, un foyer – le monde comme un nid, et comme un ventre maternel. En tout cas, le monde était soudainement exempt de culpabilité, de souci, de ride et gai d'une manière palpable et belle – par la vue, par le toucher, par l'ouïe – transcendentalement parfait et renouvelé, saisissant et exquis et sublime et glorieux et divin (parfois, les mots sont tellement dérisoires, tellement pitoyables), plus de chacune et de toutes ces qualités réunies que je n'aie cru possible qu'elles le soient un jour. Ou peut-être j'avais cru cela possible, et peut-être que c'est cela le truc : que peu importent les splendeurs que l'on peut imaginer ou qu'on ait pu imaginer, chaque chose accroît d'autant sa mesure de beauté sous X. Je ne peux pas apporter de preuve à cette théorie, et cela voudrait dire que ceux qui ont une imagination plus active, plus féconde ou plus développée sont susceptibles de faire de meilleures expériences, des expériences dont le degré de beauté est encore plus maximisé. Ou peut-être ces personnes sont-elles simplement plus vivement sensibles à la beauté de ces expériences. Comme je l'ai dit, je ne peux pas le prouver et je ne vois aucun moyen de le faire. (C'est une énigme semblable à celle de savoir si les hommes les mieux équipés ont les orgasmes les plus intenses. Mais comment mesurer cela ? Il n'existe pas, il ne pourra jamais exister, de base de comparaison.) Malgré tout, cette proposition me semble correcte.

Et donc, nous nous sommes regardé l'un l'autre et nous nous sommes touchés avec nos doigts, et avec nos lèvres, et avec nos langues, en fait avec la totalité de nos visages redécouverts, tous les circuits de la nouvelle carte de nos corps – des cheveux neufs et plus doux, une peau neuve et plus lisse, des organes génitaux plus roses, plus odorants, chatoyants tout en étant plus duveteux (plus duveteux, c'est bien cela) – et nous nous sommes sentis et goûtés l'un l'autre – elle sentait la pêche écrasée et avait le goût des sels récents de perles – parce que les sens de l'odorat et du goût ne sont pas moins accrus, et intensifiés, aiguisés et exacerbés que ne le sont les autres sens. Autrement dit, nous nous sommes baignés l'un dans l'autre, chacun de nos cinq sens, les dix en tout, parce que c'est cela, ce mélange, qui avait eu lieu, sa rhapsodie, son humanité, et sa caresse. Et comme le monde qui nous entoure nous embrasse et qu'à ce moment-là, ma bien-aimée y était elle aussi indissociablement liée, nous nous voyions l'un l'autre exactement de la même manière que nous nous touchions, que nous nous sentions, que nous nous goûtions : extasiés, célestes, transcendants, sacrés, illuminés. Elle, une déesse resplendissante parée de bijoux, moi, un dieu rayonnant. "Leurs yeux s'ouvrirent dans l'âme de l'autre", a écrit Don DeLillo à propos d'une expérience semblable, "l'écoulement du temps[9]". Ceci, avec tant de mots, est, à l'apostrophe près, ce à quoi cela ressemblait.

Un peu plus tard, encore en plein voyage, je me suis levé et j'ai marché jusqu'à la salle de bains – marcher sous X n'est pas plus difficile que de marcher sur l'eau ou de flotter dans l'air – et j'ai

[9]Extraits de *Body Art*, roman de Don DeLillo paru en 2001 aux éditions Actes Sud.

regardé dans le miroir. Je voulais voir à quoi je ressemblais – je suis tout simplement assez vain pour que l'idée me vienne à l'esprit, même au beau milieu du *trip* – alors que j'avais déjà vu par réflexion dans les yeux de mon amante que j'avais l'air suffisamment, il n'y a pas d'autres mots, superbe. (Si je paraissais ne serait-ce que moitié moins splendide qu'elle me semblait à moi, je pensais que j'allais avoir une excellente raison de me réjouir.) Et la personne que j'ai vue en train me regarder était, superbe, mais superbe d'une manière aussi profondément déconcertante qu'excitante.

Comme je l'ai indiqué, j'ai presque cinquante ans, et à cet instant-là, alors que je fixais le miroir en grimaçant de stupeur, j'en faisais vingt-huit. Et pas une version cinquantenaire de moi-même à vingt-huit ans, mais moi, tel que j'étais alors, à l'époque, quand j'avais vingt-huit ans. Je me suis approché, et j'ai scruté plus intensément. Je pouvais à peine en croire mes yeux. Je m'étais retrouvé. Dorian Gray. La fontaine de Jouvence. La nourriture des dieux. La régénération spontanée. La métempsycose. D'une manière ou d'une autre, j'avais été restauré et je ressentais ce que je ne peux décrire que comme une nostalgie dévorante du présent.

Dorian Gray. La fontaine de Jouvence. La nourriture des dieux

Et puis, après nous être aidés l'un l'autre à nous défaire de nos peignoirs, nos vieux peignoirs rêches en serge de coton – soudainement tissé dans le cachemire le plus précieux et l'angélique, des nuages de talc et de plume –, nous nous sommes enlacés, embrassés, et plus, et nous sommes passés, comme on dit et comme on le disait, aux choses sérieuses, et elle m'a murmuré à l'oreille : "Nous avons trouvé de l'or, putain, de l'or."

Ce n'était clairement pas une expérience où l'on quitte son propre corps, et ce n'était pas non plus une expérience par laquelle l'esprit franchit les portes de la perception.

C'était explicitement une expérience où l'on rentre plus profondément dans son corps et où l'esprit s'éclaircit. Une expérience impénétrablement pénétrante. Une excavation du moi. Une exhumation de l'autre. Parce que c'est ainsi qu'on trouve de l'or – on l'exhume, on l'excave, on creuse à sa recherche, profond, plus profond encore.

Et c'est ce que nous avons fait. Nous avons creusé. Pendant quatre heures, nous avons creusé, plongeant plus profondément l'un dans l'autre, ainsi qu'en nous-mêmes, et au bout du compte, après quatre heures passées à creuser, alors que chaque déclin de cette opération était mutuellement synchronisé, après quatre heures qui étaient en tout point similaires à quarante minutes – car avec l'X, contrairement à ce que l'on dit de l'herbe, par exemple, le temps s'envole, file, condensé, abrégé, atténué et effroyablement écourté –, nous avons trouvé. Seulement ce n'était pas de l'or. C'était beaucoup mieux que ça. C'était le sexe, précisément le "ex" dans sexe – et l'ascension et les sommets du sexe – comme révélation. Et comme âme. Donc je retire ce que j'ai dit. Peut-être que l'ecstasy a finalement quelque chose à voir avec la religion, bien que le mot spiritualité me semble plus heureux en l'occurrence, parce que la paix que l'on ressent, et la compréhension à laquelle on accède – le mot épiphanie serait peut-être plus juste – sont d'une ampleur tout simplement océanique. L'amplitude des marées n'a d'égal que son éclectisme. Vous savez, après-coup, que vous portez en vous des océans, des océans dont auparavant vous n'aviez jamais soupçonné l'existence, et que ces océans sont emplis de beauté et de grâce et de lumière et d'amour – encore des mots, des mots corrompus – et qu'ils sont à vous, à vous de les partager comme cela vous plaira et vous enchantera.

Et ceci, si je puis me permettre, n'est pas une mauvaise chose. De fait, c'est à tel point l'opposé d'une mauvaise chose que je crois qu'elle vaut le coût que l'on doit payer pour l'acquérir. Parce qu'il y a un coût et ce coût est élevé, il est aussi exorbitant qu'il est extravagant, et d'une manière très similaire à l'expérience elle-même, c'est un coût qui varie à chaque occasion tout comme il fluctue en fonction de la personne qui va au-devant de ce sombre créancier.

La simple vérité c'est que quand vous gobez de l'ecstasy, vous créez délibérément un désordre dans votre esprit, ou plus exactement dans votre cerveau, plus exactement encore dans la chimie de votre cerveau. Vous libérez un torrent, semblable au déluge ou à la mousson – et ce torrent n'est pas naturel, pas naturel dans le sens ou si Dieu avait souhaité que vous en fassiez l'expérience, cela ne nécessiterait pas l'intervention d'une flopée de "cuisiniers" vêtus de blanc, réunis dans un laboratoire clandestin quelque part en Hollande ou en Israël ou en France pour composer et personnaliser une pilule qui vous permette de le faire, et la livraison et la distribution de ces pilules ne profiteraient pas si généreusement à la mafia – ce que vous faites, disais-je, c'est que vous déclenchez un véritable *tsunami* de sérotonine, le suc de plaisir du corps humain, qui à son tour, en s'appuyant fortement sur les ressorts des sens et des sensations, inonde votre conscience, qui à son tour, convertit tout en "or", ou plutôt, rend tout doré. (A nouveau, il existe – c'est toujours le cas – une explication physiologique exacte du phénomène et des circuits anatomiques ou des passerelles neurologiques impliquées, et à nouveau, je n'ai aucune raison de la rechercher. Pourquoi démystifier ce qui est dans sa globalité, si ce n'est dans chacune de ses parties, si mystique ?) Et dans le sillage de ce torrent – peut-être pas le lendemain, alors que vous êtes encore en train de vous prélasser, délicieusement fatigué, dans ses dernières effluents (quoiqu'une profonde et brûlante gêne hypomusculaire dans le cou, les épaules et le dos ne compromettent bien souvent ce plaisir) mais le jour d'après, ou le suivant, ou le prochain, ce que j'ai entendu décrire comme le "mardi noir" – vous courez le risque non seulement de vous effondrer émotionnellement, mais aussi de vous sentir si à vif et à bout (parce que votre pompe à sérotonine ne fonctionne plus que sur quelques vapeurs), que vous êtes tenté de prêter serment "Jamais de ma vie je ne me suis senti si horriblement mal, à ce point vide, vidé, à plat, l'âme éteinte, et si étranger à moi-même, si amputé, mis en abscisse, émotionnellement exsangue. Jamais, plus jamais on ne m'y reprendra." Et aussi, "A quoi est-ce que je pensais ?"

véritable tsunami de sérotonine

Mon conseil, pour ce qu'il vaut : attendez au minimum quatre semaines, le temps requis à cet effet pour que la sérotonine reconstitue ses réserves et pour mettre de l'ordre dans vos pensées et vos sentiments et vous remettre d'aplomb, avant de répéter la performance. Faites-le plus souvent, devenez trop gourmand, et le résultat c'est l'"X-tardisme" – une coupe sévère, un raccourcissement et un amoindrissement des effets de la drogue, sans parler des éventuels dommages à long terme sur le réseau nerveux sérotonergique de votre cerveau, le genre de dommages qui peut vous laisser dans un tel état de confusion que non seulement contrôler votre salive deviendra un *challenge* à plein temps mais qu'il ne vous sera pas moins difficile de vous rappeler que les mots sont composés de lettres et que chaque lettre représente un son réel, un son qui est censé être prononcé à voix haute. Donc : modération en toute chose, même dans les choses qui sont extrêmement revigorantes, parce que parfois, c'est un fait, les remèdes tuent.

Mais survient alors le problème inextricable que l'on doit inévitablement affronter, ou du moins ce fut mon cas, et ça l'est toujours. Car voilà précisément ce qu'on pense – si on arrête de réfléchir à la question : "Qu'est-ce qu'un esprit, sinon une chose destinée à être chamboulée ? Qu'est-ce que la conscience, si ce n'est un état destiné à être altéré ?" Je dis ceci assez sérieusement, assez littéralement, et si cela vous aide de remplacer le verbe "chambouler" par le verbe "clarifier" ou "purifier" ou "alchimiser" ou "embellir" ou "béatifier", alors peut-être que le message est passé. S'il y a une chose qu'il est terrible de gâcher, c'est l'esprit, et il y a beaucoup à gâcher lorsqu'on choisit délibérément de ne pas explorer l'extase de ses horizons profonds.

"Chacun fait du mieux qu'il peut pour empêcher l'obscurité de grimper sur son dos", écrit Charlie Smith dans son brillant et nouveau recueil de poèmes, *Heroin*[10]. "La vie devrait être une extase", a dit Allen Ginsberg à un journaliste peu avant sa mort. Ils ont raison. A notre manière, nous faisons tous de notre mieux pour nous dérober à l'obscurité tout en ménageant un espace où un peu d'extase pourrait avoir la possibilité de s'épanouir. Je ne fais que suggérer que notre mieux peut être encore meilleur, et qu'il existe un moyen de le rendre meilleur, et qu'il ne tient qu'à nous, littéralement, d'en user.

[10] *Heroin: and other poems*, recueil de poèmes de Charlie Smith paru en 2000 aux éditions W. W. Norton & Company.

Peut-être qu'il y en a qui ne ressentent pas le besoin de le faire, de vivre l'expérience d'une telle extase, qui ont la chance divine d'en recevoir suffisamment dans leur vie quotidienne. Peut-être qu'il y en a qui croient qu'une telle extase, parce qu'elle n'est pas "naturelle", qu'elle est suscitée de manière artificielle, chimique, "sous influence", ne peut en aucune manière être "existentiellement authentique" et doit par conséquent être fausse, qu'il s'agit d'une escroquerie et d'un mensonge, et qu'on ne peut envisager de soutenir de tels procédés. Peut-être qu'il y en a qui craignent que la disparité ne soit trop grande, qu'après avoir fait l'expérience d'une telle extase, ils trouveront trop décourageant d'endurer les rigueurs et les aspérités d'un monde trivial, largement prosaïque, souvent extraordinairement corrompu et laid. Peut-être qu'il y en a qui trouvent qu'une telle extase ne peut pas être compatible avec leur ordre du jour religieux, politique, philosophique ou familial, que cela menace ou viole l'essence même de ce en quoi ils se sont si complètement investis. Peut-être qu'il y en a qui ont des réticences à s'engager dans ce que notre culture définit comme un comportement socialement inacceptable, voire légalement transgressif. Peut-être qu'il y en a qui craignent d'en payer le tribut physique et émotionnel ou de devenir psychologiquement dépendants. Et peut-être qu'il y en a qui tout simplement, sans aucune honte, ont franchement peur. Peur de la beauté. Peur de la félicité.

Ceux-là existent. Ils constituent la majorité, presque la totalité et ils ont parfaitement le droit de nourrir ces sentiments, ces croyances, ces valeurs et ces convictions. Ils ne sont après tout que le fruit de vies que nous ne pouvons pas imaginer, qui ne peuvent être imaginées que par ceux qui les ont vécues honorablement. Je le sais, parce que j'ai été, pendant la plus large partie de ma vie, un des leurs.

Je ne suis plus un des leurs. Je ne me reconnais plus dans aucun groupe. Je suis, aussi banal que cela puisse paraître, simplement moi, et par ici, ces derniers temps, c'est plus que suffisant. C'est beaucoup. Et il y a autre chose, un secret: à certains moments, une fois par mois, parfois plus, parfois moins, cette vérité me rend, disons-le, extatique.

Mon fils? Il a dix-neuf ans maintenant, et à ses heures perdues – ayant lui-même décroché de l'ecstasy il y a quelque mois –, il mixe dans des *rave parties*, et cet automne, il entre à l'université, une université assez réputée, où il va étudier la psychologie. Et il écrit de la poésie à nouveau. De la bonne came, plus belle que jamais. Le rétablissement de son navire, et le compas de sa trajectoire. De petites victoires peut-être. Pourtant, cela soulève vraiment des questions. Aurait-il pu rentrer sain et sauf sans X? Aurait-il obtenu ce que nous méritons tous et que si peu parviennent à décrocher, son ticket pour le bonheur? Et cela fait réfléchir, aussi, vous savez, sur ce qu'ils disent: une vie meilleure grâce à la chimie.

"Confessions of a Middle-Aged Ecstasy Eater", traduit de l'anglais par Camille de Chevigny, a paru pour la première fois dans *Granta*, à l'été 2001.

L'anonyme de Granta

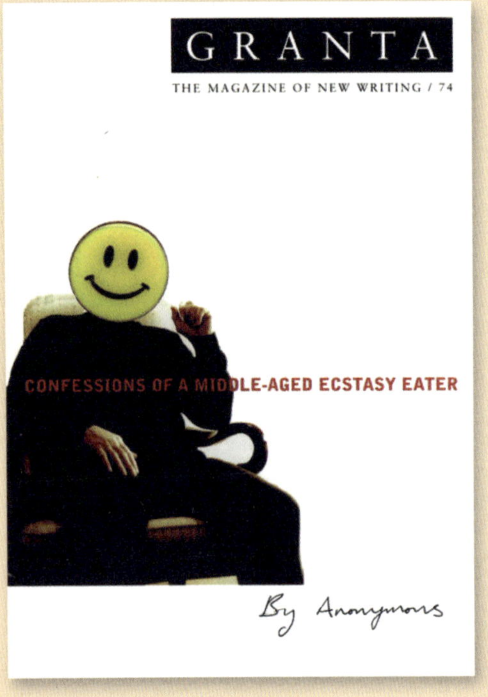

Il y a très exactement onze ans, en juin 2001, paraissait au Royaume-Uni, dans la revue littéraire *Granta*, un texte singulier, la confession d'un anonyme tombé à cinquante ans dans l'addiction à l'ecstasy. Le titre, "Confessions d'un gobeur d'ecstasy" (*"Confessions of a Middle-Aged Ecstasy Eater"*), est une référence évidente à l'œuvre de Thomas de Quincey, point de départ d'un pastiche adapté aux psychotropes de la modernité. La couverture de la vénérable revue présentait, pour l'occasion, un *anonymous* assis confortablement dans un fauteuil, comme prêt à commencer un récit au coin du feu, le visage remplacé par ce fameux smiley jaune, caractéristique des petites pilules d'ecstasy.
En 2001, seule la revue *Granta* sans doute est capable de proposer un tel article fleuve au croisement du journalisme et de la littérature. Première revue entre le livre et le magazine, la revue *Granta* invente une manière différente de penser le journalisme. Décloisonner d'emblée, ne privilégiant a priori aucun genre, mais proposant une alternance de textes littéraires, de reportages au long cours, de portfolios et d'illustrations originales, la revue innove. Avec son aspect entre le livre et le magazine, et bien avant que l'on accole à ce type de format des concepts mots-valises bons pour le marketing de presse, *Granta* invente un format et trouve son lectorat. Initialement universitaire, *The Granta* est fondé par des étudiants de Cambridge en 1889 (le titre de la revue est une référence au vieux nom de la rivière traversant la ville, désormais appelé *The River Came*). En 1979, Bill Bufford, jeune étudiant américain, reprend le titre et le transforme radicalement. D'une revue classique et plutôt ennuyeuse, il en fait un magazine hybride jouant des va-et-vient entre réel et fiction, sous-titré "revue de la nouvelle littérature" (*"new writing"*). Les grandes plumes du reportage y participe, ainsi de Ryszard Kapuściński, mais aussi des écrivains prestigieux : de Don DeLillo à Martin Amis en passant par Gabriel García Márquez ou Milan Kundera. *Granta* transcende les frontières et insuffle un style nouveau au journalisme.
Trimestriel, vendu environ quinze euros, avec plus de deux cents pages de textes de haut niveau, la revue détonne dans le paysage éditorial anglais de la fin des années 1970, et le succès, contre toute attente, est au rendez-vous. Le principe de privilégier l'histoire, le supplément d'informations, le narratif à la brève et aux papiers vite édités vite oubliés, rencontre un public vaste outre-Manche avec près de cent mille lecteurs à chaque livraison ! Désormais, la diffusion avoisine les cinquante mille exemplaires, ce qui reste, nous le savons, pour une revue, un succès inouï. Bill Bufford, âme de ce journal, propose le pas de côté en offrant à son lectorat des plumes littéraires plutôt que des professionnels de la profession, ce qu'il définit, dans le *New Yorker*, en affirmant chercher cette "capacité propre aux vrais écrivains à rendre compte du monde qui les entoure". En 1995, Bill Bufford quitte le journal pour rejoindre la section "fiction" du *New Yorker*, et Ian Jack (auteur de *Klever Jaff*, traduction Boris Terk, éditions Allia) en devient le nouveau rédacteur en chef. En 2007, Jason Cowley prend le relais. La revue continue d'être à la pointe de la création littéraire en accueillant des auteurs comme Dinaw Mengestu, Brian Chikwava, Carlos Labbé, etc., dessinant encore et toujours les contours d'une littérature-monde. (A. B.)

Les paradis artificiels

Confessions d' un chasseur d' opium
NICK TOSHES
TRADUCTION DE L'ANGLAIS PAR JEAN-MARC MANDOSIO
Allia

"J' étais né, écrit Nick Tosches, pour fumer de l' opium." Fort de cette certitude, il se lance dans une quête rocambolesque qui l' emmène à Hong-Kong où la vésicule du cobra est un mets recherché, à Bangkok où le scarabée frit est un délice, et finalement dans le Triangle d' or, eden présumé de cette drogue légendaire et rare. Vouant un culte à l' interdit, Nick Tosches prend le contre-pied de l' impératif de l' efficacité, dont notre société a fait son adage. Il lui préfère l' onirisme, les mythes et les plaisirs délicats d' autrefois. Ce que confirme son écriture décalée : "Vous comprenez, il fallait vraiment que j' aille en enfer. J' avais, pour ainsi dire, le mal du pays. Mais d' abord, en guise d' explication, l' oignon."

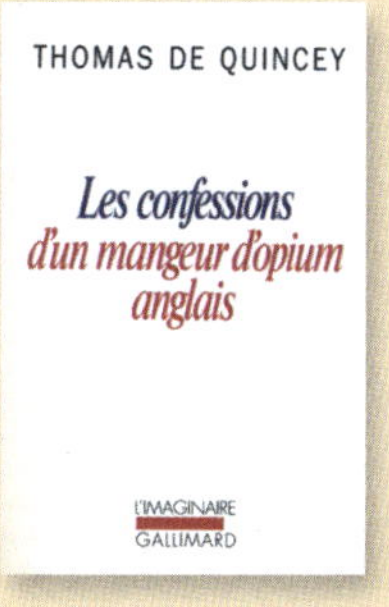

Les Confessions d' un mangeur d' opium anglais
THOMAS DE QUINCEY
TRADUCTION DE L'ANGLAIS PAR PIERRE LEYRIS
Gallimard

Texte fondateur d' une certaine littérature clandestine, se déclinant de *Roman avec cocaïne* d'Aguéev publié en France en 1936 à – dans une version sans doute plus puritaine et plus moralisatrice – *L'Herbe bleue* (publié anonymement en 1971), *Les Confessions d'un mangeur d'opium anglais* de Thomas de Quincey ont paru pour la première fois en 1821, et pour la seconde, revue et corrigée, en 1852. En langue française, ce texte passa, certes d' une façon jugée fantaisiste, entre les mains d' Alfred de Musset, puis, entre celles, plus expérimentées (en toxicomanie s' entend), de Charles Baudelaire. De telles filiations ne pouvaient qu' augmenter et poser encore davantage la réputation d' un tel joyau littéraire. Thomas de Quincey y évoque son rapport intime à la "noire idole", autrement dit l' opium.
En creusant dans des éléments touchant à sa plus tendre enfance et à son adolescence, De Quincey tente d' abord d' expliquer sa soumission à la drogue, pour se lancer ensuite dans la narration pure de son expérience illicite.
Dans un second temps, il s' attache à noter les aspects les plus amers de son aventure : insomnies, cauchemars, visions hallucinatoires, douleurs physiques. Cependant, la séduction qui aliène son écriture, ne parviendra pas à empêcher certains de ses détracteurs à continuer de dire de son livre qu' il est peut-être pire que le plus insidieux des poisons.
Les Confessions de Thomas de Quincey atteignent le statut de livre culte et deviennent *de facto* le passage obligé à quiconque veut écrire sur les paradis artificiels. (F. L.)

Monsieur Morphée
ROGER-GILBERT LECOMTE
Allia

A la fois pamphlet et apologie. Que l' on ne s' y trompe pas. Pas d' hypocrisie, direct et sans détours, voilà un texte qui fait l' apologie de la drogue et pas de n' importe laquelle : l' héroïne. Nous avons entre les mains l' expérience authentique d' un homme d' une sensibilité extrême et dont l' amour de la drogue l' aura conduit jusqu' à la mort. Et pas de n' importe quelle manière : Roger Gilbert-Lecomte est mort du tétanos, avec sa seringue. Il est mort noyé dans les affres et les illuminations. L' auteur réclame haut et fort non l' hyperacuité que procure la drogue mais purement et simplement le changement d' état qu' elle autorise. La subversion bat son plein et dénigre au passage "les gens d' humeur égale", le Français moyen. Un texte hallucinant et hallucinatoire.

Edition complétée par le très émouvant témoignage de Madame Firmat, qui a logé Roger Gilbert-Lecomte dans un p' tit "boui-boui" du 14ᵉ arrondissement et évoque les derniers jours de sa mort. Pierre Minet, ami de Roger-Gilbert Lecomte, en a recueilli les souvenirs.

GUEULETON

AGATA FELLUGA & DELPHINE ZAMPETTI | PHOTO. ROMAIN HYMONNET

Gueuleton : repas d'ordinaire entre amis où l'on mange et boit avec excès. Menu de saison : l'été.

CALAMARES IN SU TINTA

L'utilisation du terme "calmar" est attesté en français depuis le XVIe siècle sous la forme "calemar". Ce nom vernaculaire semble emprunté à l'italien "calamaro", lui-même issu du latin "calamarius", "étui à roseaux pour écrire", qui servait à désigner une écritoire portative jusqu'au XVIIe siècle. On l'a donc vraisemblablement appliqué à l'animal, étant donné que celui-ci peut expulser un liquide noirâtre semblable à de l'encre et possède une coquille interne comparable à une plume, ou encore "calamus" qui, toujours en latin, désigne une "plume pour écrire", le tout enfermé dans son manteau en forme d'étui. Le calmar est une créature à la beauté intrigante, non pas une fois mort ou trouvé congelé chez le poissonnier, mais quand on peut l'admirer dans son propre habitat, la mer, nageant avec une harmonieuse élégance et une grâce du mouvement.

Animal marin (mollusque) qui appartient à la famille de cephalopodes (*Cephalopoda*, du grec *képhalé*, la tête, et *pous*, *podos*, le pied), il ne dispose pas d'os comme les vertébrés mais d'une coquille, composée de chitine, un matériau dur qu'il possède en commun avec les insectes, les crustacés et les champignons. Certaines espèces peuvent également utiliser des changements de couleurs, de motifs et autres clignotements pour communiquer ou lors de comportements à composantes sexuelles. Les calmars ont colonisé tous les océans du monde et la plupart des mers depuis des millénaires. On les trouve aussi bien dans les eaux chaudes des récifs coralliens, que dans les eaux froides des deux cercles polaires.

Dans certains marbres rouges, parmi les ammonites, on retrouve des fossiles de calmars anciens, sous la forme de rouleaux coniques.

Dans la culture occidentale, les grands calmars ont grandement nourri l'imagination des marins et inspiré les auteurs de la littérature fantastique comme en témoignent les écrits autour de la légende scandinave du Kranken, monstre marin à l'allure d'un calmar géant. Jules Verne décrit dans *Vingt Mille Lieues sous les mers*, en 1869, "un monstre horrible, digne de figurer dans les légendes tératologiques, un calmar de dimensions colossales, ayant huit mètres de longueur" qui s'en prend à l'équipage du Nautilus commandé par le capitaine Nemo, pour le précipiter dans les abîmes.

INGRÉDIENTS POUR SIX PERSONNES

3 kg de calmars. On peut pêcher des calmars toute l'année, mais les meilleures périodes s'étendent de mars à mai et d'octobre à fin novembre.
S'ils sont de petite taille, ils ont une chair tendre et agréablement douce.
2 branches de céleri, 3 oignons jaunes, 2 gousses d'ail, 500 gr de tomates concassées, 1 cuillère à café de cumin en poudre, 1 cuillère à café de paprika, sel, poivre, 3 cuillères à soupe d'huile d'olive, 1 demi-verre de vin blanc, 1 citron jaune, une botte de persil plat.

PRÉPARATION

Comment nettoyer les calmars ?
Séparer la tête du corps, les intestins suivront. Retirer la poche d'encre des intestins et réserver-la dans un bol d'eau. Couper les tentacules au ras de la tête et appuyer pour faire sortir le bec. Jeter la tête et le bec. Retirer la plume transparente de la poche d'encre (la sépia, ou encre de seiche, est un liquide opaque sécrété par certains mollusques tels que les seiches et les calmars dans un organe appelé poche du noir ; l'encre leur est utile en cas de danger pour masquer une manœuvre de fuite).

Rincer les calmars à l'eau froide courante et enlever la peau.
Essuyer avec du papier absorbant.

Chauffer l'huile d'olive dans une cocotte et y faire suer les oignons émincés, les gousses d'ail (entières, non pelées), les deux branches de céleri coupées en morceaux. Lorsque les oignons deviennent translucides, ajouter une pincée de cumin, de paprika, du sel et du poivre. Laisser cuire deux minutes en mélangeant. Puis verser le demi-verre de vin blanc.
Couper les tentacules en morceaux et les ajouter aux oignons. Bien mélanger.
Ajouter la boîte de tomates concassées, laisser bien confire, puis les blancs des calmars coupés en morceaux de trois centimètres environ.
Baisser le feu et incorporer l'encre. Petite astuce : ajouter un bouchon de liège dans la casserole, cela empêchera aux calmars de devenir trop durs et élastiques.
Mélanger et laisser cuire une bonne heure et demie.
Bien réchauffer avant de servir. Garnir de persil plat haché et de zeste de citron jaune.

Vous pouvez accompagner ce plat de pommes de terre grenailles cuites doucement dans de l'eau salée, ou de riz blanc vapeur.

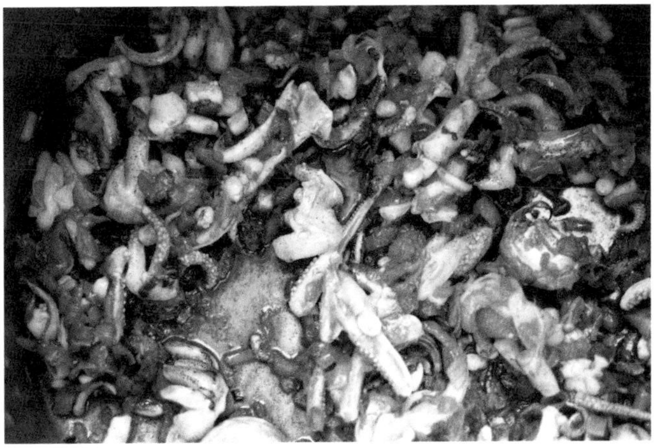

IKEA PARANO

LAUREN COLLINS | TRAD. DAMIEN AUBEL | ILL. MIKE LEMANSKI

Fermement attaché à la tradition suédoise dont il célèbrerait l'idyllique quintessence, le modèle Ikea fait florès de par le monde. La vision de la firme, résume un de ses cadres, consiste à "créer une vie meilleure pour les masses". Ainsi, quiconque entre chez Ikea doit se sentir comme à la maison. Toutefois, à l'instar de la personnalité complexe de son fondateur, l'esprit – chaleureux ? glaçant ? – promu par Ikea sème le trouble. Interpelée, la journaliste américaine Lauren Collins mène l'enquête : de quoi Ikea est-il le nom ?

Il n'y a pas très longtemps, un dimanche, je me suis réveillée vers 8 heures du matin. J'avais dormi sur un matelas Sultan Hagavik. J'ai effacé les plis du drap-housse Dvala et bordé la couette Henny Cirkel sous quatre oreillers, recouverts chacun d'une taie à pois assortie. Dans la cuisine, il restait quelques feuilles de laitue collées à la demi-sphère du saladier Blanda Blank. Dans l'évier, il y avait des verres à vin Rättvik teints en rouge et des fourchettes sales Dragon. Au salon, je me suis assise sur le canapé Kivik. Ce dernier a quelques années et ses lignes sont donc plus fines que celles des modèles actuels, élargis pour s'adapter à nos habitudes contemporaines et accueillir un ordinateur portable sur l'accoudoir.

Kivik – tout comme une pléthore d'objets que j'utilise au quotidien – est un produit Ikea, le fabricant de mobilier suédois. Avec leurs trois cent vingt-six magasins, l'entreprise est implantée dans trente-huit pays. A la clôture de l'exercice 2010, elle avait vendu pour vingt-trois milliards de dollars d'articles, soit une hausse de 7,7 pour-cent par rapport à l'année précédente. Ikea se veut, selon ses propres termes, "l'entreprise qui améliore la vie". C'est le *designer* invisible de nos foyers : elle ne se contente pas de refléter nos routines et nos comportements, elle les modèle tant elle est omniprésente.

Lorsqu'Ikea a cessé de vendre des ampoules à incandescence l'an dernier, il y a eu six cent vingt-six millions d'écologistes en plus.

L'hégémonie d'Ikea dans mon appartement est plus le résultat des circonstances que le fruit d'un véritable désir ou d'un choix éclairé. Depuis le bac, il y a neuf ans, j'ai déménagé huit fois, au gré des habituelles péripéties financières, amoureuses et professionnelles. Ma rencontre initiale avec Ikea a eu lieu lors de ma première année de fac à la résidence universitaire : j'étais stupéfaite par la prodigalité de certains de mes condisciples, qui, à la rentrée de septembre, à la rentrée, puis à toutes les rentrées suivantes, commandaient un nouveau canapé chez Ikea – et payaient les frais de livraison de quatre-vingt-dix-neuf dollars ! (Avec mes camarades de chambre, on avait choisi un canapé d'occasion, qu'on a recouvert d'un sac de couchage et aspergé de désodorisant Febreze.) Une fois en licence, j'avais ma propre chambre et j'ai fait l'acquisition d'une causeuse bleu marine : c'était mon premier meuble Ikea, un modèle d'exposition juste un peu défraîchi. Ensuite, je suis passée à un appartement en colocation à Manhattan. Il souffrait d'un mal dont Ikea a reconnu l'existence dans un rapport interne intitulé "La vie en location": le sort tragique de la pièce commune est de souvent faire office de dépotoir. Se sont succédés plusieurs appartements dans le West Village et un autre, plus au sud, où j'ai passé une longue nuit avec mes parents à essayer de monter une étagère Ikea, avec pour toute assistance un personnage muet, dessiné en quelques traits et arborant un sourire idiot. Ikea élimine les instructions écrites de ses modes d'emploi : ajouter des mots rallongerait les brochures et les rendrait plus coûteuses. Les vis se défont facilement. L'humoriste Amy Poehler a dit un jour qu'Ikea signifiait "dispute" en suédois. Lorsque j'ai emménagé dans le quartier de Tribeca, j'ai fièrement refusé tout mobilier Ikea, comme une fillette qui annonce qu'elle ne jouera plus à la poupée. Ikea peut aussi vouloir dire, en suédois, qu'on a l'impression d'être condamné à ne jamais grandir.

Je loue aujourd'hui un appartement dans l'ouest de Londres. Comme beaucoup de locations dans le coin, c'est un meublé – ce qui signifie qu'au lieu d'aller vous-même chez Ikea acheter votre mobilier, c'est le propriétaire qui y va et le choisit pour vous. Ikea propose plus de neuf mille produits, répartis en quatre "groupes de styles": traditionnel, scandinave, moderne et populaire (ces catégories se subdivisent à leur tour et on trouve le style continental foncé, le continental clair, le contemporain, l'ethnique). J'ai emménagé dans cet appartement en janvier. La personne avec qui je vis avait ajouté quelques touches personnelles au style essentiellement "moderne" de l'installation, créant ainsi ce qu'on pourrait appeler une atmosphère d'"indifférence nomade" – il y avait un cadre vide, des objets variés offerts par sa mère et pas un seul couteau susceptible de couper la viande. J'ai rangé le cadre dans un tiroir. Quant aux couteaux, la question me préoccupait suffisamment pour que j'aille acheter un *set* digne de ce nom dans un supermarché. Dans un article intitulé "L'Ikeanisation de la France", le sociologue Tod Hartman suggère qu'Ikea résout le dilemme posé par Georges Perec dans son roman de 1965, *Les Choses* : on y trouve un jeune couple rongé par l'incapacité d'être heureux, tant il y a d'écart entre le logement déprimant qu'ils occupent et le foyer raffiné qu'ils croient mériter. "Questionnez vos petites cuillers", conseillait Perec dans un texte ultérieur.

On a fini par faire le trajet jusqu'à l'Ikea de Wembley pour choisir des coussins et une orchidée papillon. C'est le vase Snärtig, en forme de bourgeon, qui nous

PAUSE SUR...

LAUREN COLLINS

Après l'obtention d'un diplôme d'anglais à Princeton et un stage dans le cabinet d'avocat de son père, elle se tourne vers le journalisme. Assistante de rédaction chez *Vogue*, elle rejoint en 2003 la rubrique The Talk of the Town du *New Yorker*. Lauren Collins signe ensuite un premier article remarqué pour le magazine, consacré à E. Rosenfeld, un fourreur new-yorkais dont les stars du hip-hop s'arrachent les manteaux. Depuis, ses articles sur Michelle Obama, le street artiste britannique Bransky, ou Donatella Versace lui ont valu d'obtenir la reconnaissance méritée de ses pairs.

a séduits, avec sa surface constellée de petites bulles, comme de la dentelle. Il était vendu à cinquante-neuf pence, ce qui en fait, selon Ikea, un “article à couper le souffle” – un article tellement économique qu’on ne peut pas faire l’économie de ne pas l’acheter. On en a pris deux. Ikea propose des trouvailles dignes d’un vide grenier, sans la naphtaline.
Bill Moggridge, le directeur du Musée Cooper-Hewitt, le Musée national du *design* de New York, qualifie l’esthétique d’Ikea de “minimalisme fonctionnel global”. “C’est une esthétique moderniste, explique-t-il, qui reste très neutre afin d’échapper aux particularismes locaux et de réaliser les économies d’échelle dont ils ont besoin pour garder leurs prix bas.” Les produits Ikea sont conçus pour être adoptés aussi bien à Riyad qu’à Reykjavík (les motifs de cochons ou de squelettes sont ainsi proscrits). L’an dernier, le chiffre d’affaires des huit magasins Ikea en Chine a augmenté de vingt pourcent. Ikea propose quelques produits (des fontaines à eau, des baguettes, des moustiquaires) adaptés à sa clientèle chinoise, mais les articles standard représentent quatre-vingt-quinze pour-cent de la gamme. Il paraît qu’un Européen sur dix est conçu sur un lit Ikea.
Les hommes se sont toujours passionnés pour la décoration de leurs intérieurs depuis les premières peintures rupestres. Nous sommes attachés à nos biens parce qu’ils constituent des réceptacles pour nos souvenirs et nos aspirations. Dans une lettre à Martha Bernays, Freud écrit ainsi à sa fiancée et future épouse : “Des tables et des chaises, des lits, des miroirs, une horloge pour rappeler à l’heureux couple le passage du temps, un fauteuil pour une heure d’agréable rêverie, des tapis pour aider la maîtresse de maison à garder un plancher immaculé, du linge noué avec de jolis rubans dans les placards, des robes à la dernière mode et des chapeaux décorés de fleurs artificielles, des photos et des tableaux aux murs, des verres pour tous les jours, d’autres verres pour le vin et les grandes occasions [...]. Faut-il que nous donnions notre cœur à ces petites choses ? Oui, et sans hésiter.”
Nos vitrines remplies de bibelots, nos canapés Chesterfield : telle est la toile de fond de notre existence domestique, le paysage immuable de notre intérieur, qui sert de décor à nos vies, avec ses montagnes d’acajou, ses prairies de chintz. Le choix d’un meuble était autrefois une décision importante, puisqu’on ne prévoyait pas d’en changer. On dit que les Américains gardent leurs canapés plus longtemps que leurs voitures et qu’ils remplacent la table de leur salle à manger à peu près aussi souvent qu’ils se remarient. Ikea a rendu les intérieurs éphémères. Le mobilier Ikea est un mobilier provisoire, dont le renouvellement est imminent – un prélude à une installation plus luxueuse. On l’utilise jusqu’à ce que quelque chose casse ou que ses propriétaires se séparent. Il est vierge de toute trace. (Comme le dit la chanson de Jonathan Coulton, “Ikea” : “Rien que du chêne, du pin et une poignée de Vikings/Qui vendent du mobilier aux étudiants et aux hommes divorcés”.) Dans *Fight Club*, le film de David Fincher sorti en 1999, le personnage joué par Edward Norton feuillette un catalogue Ikea aux toilettes. “Comme bien d’autres, j’étais devenu esclave du *trip* Ikea, observe-t-il en voix *off*. Le moindre truc bien vu, comme une petite table basse ying-yang, il me le fallait.” Ikea facilite l’invention de soi : c’est une forme de libération, mais on peut regretter qu’il en coûte si peu pour se construire une vie ou pour la mettre au rebut.

Les magasins Ikea, à l’instar des chihuahuas et de la coriandre, provoquent des réactions excessives

Les magasins Ikea, à l’instar des chihuahuas et de la coriandre, provoquent des réactions excessives. Certains, comme les membres du groupe Facebook officiel "Ikea, c'est l'enfer sur Terre", ne peuvent pas les supporter. D'autres les prennent pour des maisons de poupées à taille humaine et flânent uniquement pour le plaisir au milieu d'un mobilier ravissant. Depuis quelques mois, des quarantenaires célibataires ont fait de l'Ikea de Shanghai un lieu de rencontres; ils sont tellement nombreux que la direction a dû délimiter un "espace réservé aux rencontres". "Avant qu'on leur attribue une zone à part, ils monopolisaient les fauteuils de l'espace restaurant et les autres clients n'avaient pas de place", a déclaré Shen Jinhua, un employé d'Ikea, au *Shanghai Daily*. Chaque magasin Ikea est soigneusement conçu pour stimuler certains comportements. "On pourrait décrire les choses ainsi: tout se passe comme si Ikea vous prenait par la main et vous guidait délibérément à travers le magasin afin de vous inciter à acheter le plus possible", explique Johan Stenebo, qui a travaillé pour Ikea pendant vingt-cinq ans, dans son ouvrage *Sanningen om Ikea* (*La Vérité sur Ikea*) paru en 2009. En juin, j'ai visité le nouveau magasin Ikea, à Hyllie, dans la banlieue de Malmö, en Suède. Il a ouvert ses portes en septembre 2010 et est la vitrine des "bonnes pratiques d'Ikea au quotidien". Martin Albrecht, le directeur du magasin, a bien voulu me servir de guide. "Tout ce qu'on a appris dans nos autres magasins, toutes les leçons de ces derniers s'incarnent dans celui-ci", m'a-t-il déclaré.

A l'entrée du magasin, on trouve un bac de sacs de toile bicolore bleu et jaune. Où que se trouve le client, m'a expliqué Albrecht, il doit toujours être en vue d'un de ces bacs. Nous étions dans l'allée grise que suivent les clients dans les magasins Ikea. "On l'appelle l'allée principale, m'a dit Albrecht. Le client doit être sûr qu'il ne va rien manquer en suivant l'allée." Cette dernière est censée faire un coude environ tous les quinze mètres, pour maintenir en éveil l'intérêt du visiteur. Une allée rectiligne sur plus de quinze mètres, quelle que soit sa longueur, est appelée une *Autobahn* ("autoroute" en allemand) – et c'est une erreur grossière, qui engendre la monotonie. Les clients qui souhaiteraient s'écarter du trajet agréé par Ikea n'arrivent souvent pas à trouver la sortie. Les magasins Ikea ont des portes dérobées, comme dans *Le Lion, la sorcière blanche et l'armoire magique*: en les franchissant, on peut aller directement des modèles de salons (qui sont toujours les premières salles d'exposition des magasins Ikea) aux chambres d'enfants ("les lits d'enfants nous permettent de démarrer une relation longue – toute la vie – avec notre cœur de clientèle", juge un rapport interne) sans pour autant avoir à passer devant deux cents tapis de bain. Mais il est presque impossible de trouver ces portes cachées: si le succès d'un site internet se mesure au nombre d'internautes dont les paupières sont collées par la conjonctivite, celui d'Ikea se reconnaît aux chaussettes collantes de sueur. Alan Penn, qui enseigne l'architecture et l'informatique urbaine à l'University College de Londres, a consacré une étude au labyrinthe qu'est Ikea: il en a conclu qu'il s'agissait de sadomasochisme. La seule structure commerciale comparable à Ikea qui lui soit venue à l'esprit est le bazar d'Ispahan, ce marché persan du XVIIe siècle, a-t-il déclaré au *Times* de Londres.

"les lits d'enfants nous permettent de démarrer une relation longue – toute la vie – avec notre cœur de clientèle"

Albrecht, vêtu d'un polo bleu et jaune, m'a guidée aimablement, mais avec ferveur, à travers plusieurs pièces d'exposition. Dans le catalogue Ikea, les pièces de la maison sont toujours parfaitement recréées mais, dans les magasins, la qualité de la reconstitution est inégale. Les experts en *design* apprécient beaucoup les produits d'Ikea mais considèrent que se déplacer pour aller les chercher est un mal nécessaire. Maxwell Gillingham-Ryan, cofondateur

ÄNGA

DESIGN
Eva Lilja Löwenhielm

GOOD TO KNOW
Only for flat-screen TV.
This furniture must be fixed to the wall with the enclosed wall fastener.
Different wall materials require different types of fixing devices. Use fixing devices suitable for the walls in your home (not included).

TV at the centre
In ÄNGA storage system focus is on the flat screen TV. There's plenty of room on the open glass shelves for your movie memorabilia collection, DVDs or whatever else you want to show off. Game consoles, remote controls and things you want to hide away fit in the smooth-running drawers. The cables you make disappear quickly and easily inside the posts. And the materials, glass and steel, give a light, airy feeling, even if you have lots of things competing for space.

Handle glass with care
Glass is a beautiful and practical material that adds dimension to your furniture. But it's also fragile and needs to be handled properly. Because your safety is always our highest priority, we only use tempered glass in our furniture. If damaged, tempered glass splits into small pieces that are safe to handle; not sharp shards. Regardless - you should always be sure to handle glass with care.

IKEA®
Design and Quality
IKEA of Sweden

du blog *Apartment Therapy*, vante l'"inventivité des *designs*" d'Ikea, ainsi que la "facilité d'utilisation de leurs meubles", cependant, ajoute-t-il, "un magasin Ikea flambant neuf, qui a tout en stock, peut être un endroit agréable, mais celui qui a été envahi par les hordes du samedi n'est pas beau à voir".

Au magasin de Malmö, Albrecht et moi sommes tombés sur Gabrielle Granath et Linda Eriksson, qui nettoyaient une des pièces d'exposition. "Les gens jettent des choses n'importe où, a observé Granath. On trouve des détritus dans les poubelles de démonstration." "Parfois même dans les toilettes", a ajouté Eriksson. Granath et Eriksson m'ont expliqué que leur travail consistait à s'assurer que les pièces restent nettes. Elles changent les housses de couettes une fois par semaine. Elles coupent les mèches des bougies et époussettent les faux écrans d'ordinateurs. Elles vérifient que toutes les étiquettes de prix sont orientées vers la gauche.

"Testament d'un vendeur de meubles"

Albrecht m'a montré un bac de couvertures en laine polaire verte, conçues pour aller avec un des canapés exposés. "C'est ce que nous appellerions une 'extension'", m'a-t-il expliqué. Les extensions ne sont pas le seul moyen qu'a trouvé Ikea pour encourager ce qu'on qualifie, en interne, d'"achat non prévu". "Et voici un coin célèbre, celui de 'la main au portefeuille'", a annoncé Albrecht lorsque nous avons atteint la section "Bazar" du magasin, où l'on trouve les batteries de cuisine et autres petits articles. On y trouve une profusion d'articles bon marché – des vases, des pantoufles, des brosses adhésives pour textile – destinés à encourager le visiteur à faire un achat, n'importe lequel, l'idée étant que le client d'Ikea n'achète rien du tout ou bien qu'il achète en masse. Le côté visuel de cette incitation à la consommation a aussi quelque chose d'artistique. Albrecht m'a montré comment Ikea utilise une technique appelée "bulla bulla", qui consiste à entasser délibérément des articles en pagaille dans des bacs, afin de donner une impression de grande quantité et, partant, de prix bas.

Ikea constitue une sorte d'Etat-nation sans frontières, avec ses centres de pouvoir, ses bastions de conservatisme, ses villes secondaires, ses avant-postes impériaux, ses foyers de créativité et ses régions arriérées. Dans sa lettre-préface au "Testament d'un vendeur de meubles", le texte qui fait office de Constitution pour l'entreprise, Ingvar Kamprad, le fondateur d'Ikea, remarque qu'"un industriel et politicien célèbre a un jour déclaré qu'Ikea avait un impact plus fort sur le processus de démocratisation que toute une série de mesures politiques mises bout à bout".

La capitale d'Ikea est Almhult, un petit village de la péninsule méridionale de la Suède. Kamprad, qui a quatre-vingt-cinq ans, y a ouvert le premier magasin Ikea en 1953. Almhult est situé à mi-chemin de la mer du Nord et de la Baltique, dans le Småland, une région isolée de plaines stériles et rocheuses. Les Smålander sont plus ou moins les Ecossais de la Suède. Confrontés à des hivers rigoureux et au manque de terres arables, beaucoup ont émigré dans le Minnesota au XIXe siècle. Ceux qui sont restés sont réputés pour leur obstination et leur sens de l'épargne. L'esprit du Småland est au cœur de la mythologie que s'est créée Ikea. "A l'instar des paysans du Småland, nos valeurs sont prosaïques", pouvait-on lire sur une publicité pour Ikea datant de 1981. "Nous avons travaillé dur sur une terre ingrate et obtenu d'excellentes récoltes." Les sabots et le *snus*, ce tabac en poudre qui gonfle la lèvre supérieure, tels sont encore aujourd'hui les signes de reconnaissance favoris des fidèles de Kamprad.

Les grands-parents paternels de Kamprad, Achim et Franziska, sont arrivés au Småland durant l'hiver 1866. Ils émigraient d'Allemagne et, incités par une publicité au dos d'un magazine de chasse, avaient acheté quatre cent quarante-neuf hectares de bois près d'Agunnaryd, à environ six kilomètres d'Almhult. Ils se sont établis comme fermiers. Ils ne parlaient pas le suédois. La ferme, baptisée Elmtaryd, a coulé. Au printemps 1897, comme les caisses d'épargne locales avaient refusé sa demande de prêt, Achim Kamprad a abattu ses chiens avant de se suicider. Sa veuve a continué à diriger la ferme, avant de la transmettre, en 1918, à son fils aîné, Feodor. Ce dernier a épousé la fille du propriétaire de la plus grosse épicerie de la région – une épicerie à l'ancienne, "avec quatre ou cinq vendeurs, une odeur de hareng, de caramel et de cuir", comme la décrivait Ingvar Kamprad à Bertil Torekull dans sa biographie officielle, *Leading by Design*, publiée en 1998. Ingvar est né en 1926. A Elmtaryd, raconte Torekull, "il y a plus de chance pour que le silence soit brisé par l'aboiement d'un chevreuil que par le bruit d'un tracteur ou d'une voiture". Un cousin de Kamprad, I.-B. Bailey, se souvient de la vie que menait le jeune Ingvar: "Nous lui avions appris à danser au son du gramophone sous les épaisses frondaisons des chênes à côté de l'église [...]. Il attrapait des poissons et des écrevisses et, audacieux et téméraire comme il était, il fourrait ses écrevisses dans son caleçon long." En 2007, à Noël, les employés d'Ikea reçurent un D.V.D. retraçant les soixante premières années de la vie de Kamprad. Sur la jaquette, on voit un mur de pierre édifié dans le style du Småland ainsi que le visage de Kamprad en gros plan, comme un Mao ou un Padre Pio. Kamprad raconte qu'il a monté sa première opération commerciale à l'âge de cinq ans, lorsqu'il a signé un contrat avec une tante qui vivait à Stockholm pour l'achat de cent boîtes d'allumettes. "Puis j'ai vendu les boîtes deux ou trois öre pièce, voire cinq öre parfois, confie Kamprad à Torekull. Tu parles d'une marge! N'empêche que je me rappelle toujours le plaisir que j'ai éprouvé." Kamprad a fini par se diversifier et est passé aux cartes de vœux et aux tentures murales. Il a fait de la pêche et de la cueillette d'airelles. A l'âge de onze ans, il a touché le pactole en vendant des graines. A entendre Kamprad, il était l'équivalent à Agunnaryd de Lee Iacocca, l'ex-président de Chrysler: "Lors de ma dernière année de collège, ma première entreprise, qui avait plutôt commencé comme un jeu, prenait l'allure d'une véritable société."

le visage de Kamprad en gros plan, comme un Mao ou un Padre Pio

C'est assis à la table de la cuisine de son oncle Ernst, en 1943, que Kamprad a fondé Ikea. (Le "i" est l'initiale d'Ingvar, le "k" de Kamprad, le "e" d'Elmtaryd et le "a" d'Agunnaryd.) Il vendait des stylos-plume, des encyclopédies, des chemins de table, des crèmes hydratantes, des chaussettes renforcées. En 1948, à l'imitation d'un concurrent, il a ajouté le mobilier à son portefeuille d'activités. Les ventes se faisaient principalement par correspondance: à sept heures moins dix, tous les matins, la camionnette du laitier passait prendre les bidons de lait et récupérait les articles commandés pour les déposer à la gare. En 1949, Kamprad a diffusé une lettre publicitaire dans le journal national des agriculteurs. "Vous trouvez peut-être qu'il est difficile de joindre les deux bouts, lisait-on dans son appel 'Aux gens de la campagne'. A quoi cela est-il dû? Vous-mêmes, vous proposez des produits variés (du lait, des céréales, des pommes de terre, etc.) et je présume que vous n'êtes pas grassement rétribués. J'en suis même sûr. Et pourtant tout est extraordinairement cher. C'est en grande partie la faute des intermédiaires. Comparez ce que vous rapporte un kilo de porc aux prix pratiqués dans les boucheries [...]. Avec nos tarifs, nous faisons un pas dans la bonne direction: nous proposons nos produits aux prix auxquels vous vendez les vôtres à vos acheteurs – voire, dans certains cas, à des prix inférieurs." Mais la vente par correspondance avait ses écueils: les clients n'étaient pas toujours satisfaits des articles acheminés jusqu'à leurs

ALL THE PARTS AND PRICES

Bedframe/midbeam. *

140x200 cm (W149xL206xH121 cm)

White	698.497.88	**£179**
Black-brown	498.497.70	**£159**

160x200 cm (W169xL206xH121 cm) *

White	298.497.90	**£199**
Black-brown	298.497.71	**£179**

180x200 cm (W189xL206xH121 cm) *

White	098.497.91	**£219**
Black-brown	098.497.72	**£209**

* Bed slats sold separately

Daybed 80 cm, (L211xW87xH86 cm).

White	500.803.15	**£259**

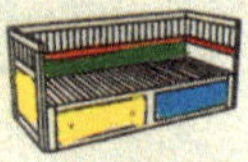

Daybed 80 cm, (L211xW87xH86 cm).

Black-brown	601.628.86	**£259**

Bedside table. W39xD39xH75 cm.

White	101.418.58	**£49**
Black-brown	701.418.60	**£49**
Grey-brown	501.805.41	**£49**
Blue	801.805.49	**£49**

Bedside table. W45xH75 cm.

White	901.212.29	**£79**

Bedside table 70 cm. W46xD35xH70 cm.

White	701.212.30	**£39**
Black-brown	901.212.34	**£39**
Red	501.241.59	**£39**

Bedside table round. W76xH75 cm.

White/glass	601.080.88	**£79**

Side table. W55xD55xH50 cm.

Black-brown	201.762.82	**£69**

Chest of 2 drawers. W55xD39xH67 cm.

Black-brown	001.805.53	**£69**

Chest of 3 drawers. W110xD51xH97 cm.

White	200.678.29	**£129**
Black-brown	901.595.71	**£89**
Red	101.212.47	**£89**
Grey-brown	301.805.42	**£89**

Chest of 6 drawers. W110xD51xH132 cm.

White	500.671.68	**£179**
Black-brown	701.212.49	**£169**
Grey-brown	301.920.45	**£169**

Chest of 8 drawers. W162xD51xH97 cm.

White	000.678.30	**£199**
Black-brown	501.212.50	**£189**
Blue	401.805.51	**£189**
Grey-brown	901.920.47	**£189**

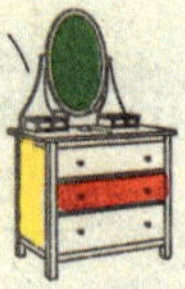

Mirror chest. W110xD51xH191 cm.

White	801.607.06	**£179**
Black-brown	701.212.54	**£169**

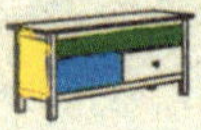

Storage bench. W140xD41xH58 cm.

White	501.418.56	**£139**

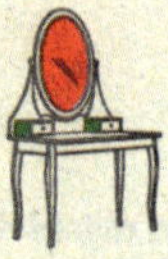

Dressing table with mirror. W100xD50xH159 cm.

White	101.212.28	**£179**

Linen cabinet. W110xD132xH159 cm.

Red	001.805.48	**£199**

Wardrobe. W110xD61xH198 cm.

White	701.418.55	**£299**
Black-brown	901.418.59	**£229**
Grey-brown	901.805.44	**£229**

Shoe cabinet. W107xD22xH101 cm.

White	601.561.21	**£79.99**
black-brown	801.561.20	**£79.99**

PAX HEMNES* door. W50xH229 cm.

Black-brown	401.209.96	**£60**

*For more information regarding PAX frames and interior fittings, see PAX buying guide.

Mirror 75x165 cm.

White	700.349.16	**£69**
Black-brown	101.212.52	**£69**
Blue	501.820.50	**£69**

Mirror 60x90 cm.

Black-brown	001.228.22	**£45**

Prices are valid until 18 July 2010

portes. En 1952, Kamprad a acheté un atelier de menuiserie à Almhult – l'épicerie de son grand-père avait autrefois occupé ces locaux – et a ouvert une salle d'exposition, où les clients avaient la possibilité de voir à quoi ressemblaient les articles proposés. "C'est à ce moment que furent jetées les bases du concept moderne d'Ikea, dont les principes s'appliquent encore à l'heure actuelle. La clé de voûte, c'est le recours au catalogue, qui incite les gens à aller voir les modèles, exposés aujourd'hui dans nos magasins", a expliqué plus tard Kamprad. En 1963, Ikea a ouvert son premier magasin à l'étranger, à Oslo. Dix ans après, une telle fièvre d'expansion s'était emparée d'Ikea que des cadres allemands ont ouvert par erreur un magasin à Constance alors qu'ils avaient l'intention de l'ouvrir à Coblence.

En juin, j'ai pris l'avion pour Copenhague. De là, le train m'a emmenée à Almhult. Je voyais défiler par la fenêtre des lacs étincelants – leurs rives donnaient l'impression d'être peuplées par ces robustes mères et ces chérubins qu'on trouve dans les brochures de La Leche League, l'association pour la promotion de l'allaitement maternel. De petites fermes abandonnées voisinaient avec des cottages en bois, peints dans la couleur traditionnelle du pays, le rouge de Falun. Au bout de deux heures et demie de trajet, le train est entré en gare d'Almhult. La ville était silencieuse, comme si elle venait d'essuyer une tempête. J'ai traversé la voie ferrée et, en cinq minutes, je suis arrivée à ce qu'on appelle le "village Ikea": autour d'un parking spacieux, on trouve les bureaux de l'entreprise, un magasin, un musée et un hôtel Ikea. Sur les huit mille cinq cents habitants d'Almhult, deux mille cinq cents travaillent pour Ikea. On ne progresse dans sa carrière qu'à condition d'avoir séjourné à Almhult, où la vie sociale est aussi intense que la vie professionnelle. "C'est une atmosphère très bizarre, m'a dit John Stenebo, l'ancien employé d'Ikea. Si vous viviez au fond des bois, sans voir le jour et sans rien à faire, ce ne serait pas très différent de la vie à Almhult." A l'entendre, on aurait dit un mélange de ville industrielle, comme Lowell, dans le Massachusetts, de camp d'été et du New Canaan tel qu'il apparaît dans le film d'Ang Lee, *Ice Storm.* Une brochure d'Ikea explique qu'"à première vue, Almhult paraît tout à fait normale. Mais avec le temps, le sentiment d'une folie positive se fait jour."

A Almhult, j'avais d'abord rendez-vous au "centre Tillsammans de la culture d'entreprise" (*Tillsammans* signifie "ensemble" en suédois). Michele Acuna, qui venait de s'installer à Almhult, à son retour de Shanghai, m'a servi de guide. Originaire de Californie, cette quarantenaire parlait couramment l'Ikéen. Les produits Ikea apportent des "solutions" à des "défis". Les employés sont des "collaborateurs". On appelle Kamprad "Ingvar" ou "le fondateur". Les pièces d'une maison sont des "situations de vie" qu'occupent, comme l'expliquait un diagramme circulaire, huit catégories d'habitants: les "bébés", les "tout petits", les enfants "tout juste scolarisés", les "préados et ados", les "célibataires qui entrent dans la vie active", les "célibataires installés", les "couples qui entrent dans la vie active" et les "couples installés". (Quand j'ai essayé, avec beaucoup d'hésitations, de déterminer à quelle catégorie j'appartenais, je me suis souvenue à quel point les courses chez Ikea peuvent être la source d'une angoisse existentielle.)

je me suis souvenue à quel point les courses chez Ikea peuvent être la source d'une angoisse existentielle

Au musée, j'ai joué à un jeu d'aimants où il s'agissait d'associer les produits à leurs *designers*. La tradition veut que les étagères Ikea portent des noms de métiers, les rideaux des noms inspirés des mathématiques et que le mobilier de salle de bains soit baptisé d'après des lacs et des cours d'eau. Des fiches rangées dans un classeur portaient des noms maladroits : Anis, Dick ("bite" en anglais), Fanny (les "fesses" ou la "chatte"), Bracken (qui se prononce comme "vomir" en hollandais), et Gutvik (un lit d'enfant, dont le nom ressemble à "bonne baise" en allemand). Assise à une table de poker, j'ai consulté d'autres fiches où étaient recensées des anecdotes de la vie de Kamprad : une fois, quelqu'un a tenté de lui vendre un système d'interphone et le fondateur a hurlé à un de ses collaborateurs : "Nous en avons déjà un !"; une autre fois, lors d'un voyage en Roumanie, Kamprad s'est demandé, devant un congélateur rempli de canards, ce que pouvaient bien devenir leurs plumes (il voulait s'en servir pour rembourrer des oreillers). L'histoire des plumes est l'équivalent, pour Kamprad, des récits édifiants qu'on raconte sur la jeunesse de George Washington. J'ai entendu une autre version dans laquelle il s'agissait de poulets en Chine.

Bracken (qui se prononce comme "vomir" en hollandais), et Gutvik (un lit d'enfant, dont le nom ressemble à "bonne baise" en allemand)

Près du coin où étaient exposées les tables Lack, nous sommes tombées sur un cadre européen d'Ikea – il avait des lunettes de lecture et portait son pull sur les épaules. "C'est un des modèles les plus copiés, a-t-il indiqué, en parlant des tables. Les tentatives d'imitation sont innombrables, mais elles les rendent un peu plus laides qu'elles ne le sont." Un accès de fou rire les secoua tous les trois – lui, Acuna et la personne de la com' qui nous avait accompagnées. En sortant, j'ai remarqué une vidéo de Kamprad qui passait sur un écran télé : il portait une chemise en chambray et une chaîne en or. On voyait aussi des hommes et des femmes qui déterraient des pierres du sol du Småland avec ce qui ressemblait à une grande cuillère. "Tant qu'il y aura des maisons sur Terre pour les gens, on aura aussi besoin d'un Ikea fort et efficace", psalmodiait une voix. "Vous savez que c'est exactement la vision de l'entreprise : créer une vie meilleure pour la multitude ?", m'a dit Acuna, en me regardant droit dans les yeux.

Cette nuit-là, j'ai dormi à l'hôtel Ikea. Son site internet promet que "les clients dormiront bien et se réveilleront frais et dispos, dans une atmosphère simple et sans artifice". Le salon était pimpant, avec des teintes vives, comme extrait d'un catalogue Ikea. Je me suis assise dans un fauteuil Karlstad à rayures multicolores et j'ai écouté la conversation de mes voisins, des responsables de l'approvisionnement qui évoquaient, dans leur anglais mondialisé, la période charnière que traversaient l'un comme l'autre la Chine et le Pakistan. Des hommes en chemisettes à carreaux moustachus buvaient de la bière Eriksberg et parlaient suédois. C'était un espace prétendument public mais j'avais l'impression d'être entrée dans un bar où tous les consommateurs auraient été invités au même mariage. Des bocaux de confiseries, remplis d'oursons en gélatine et de caramels, étaient alignés derrière le bureau du réceptionniste. Pourquoi ce dernier arborait-il un aussi large sourire ? Les vendeurs qui trinquaient étaient-ils les seconds rôles d'une version du *Truman Show*, le film de Peter Weir, transposée à Almhult ?

Chez Ikea, on est obsédé par la nécessité de "se débrouiller" (*lista* en suédois). Les employés, y compris le P.-D.G., se déplacent en car. Pour réduire les dépenses, l'entreprise recrute les mannequins de ses catalogues parmi ses employés. "A cause de ma taille, les meubles ont l'air trop petits si je suis debout à côté, m'a dit l'un d'eux. En général, je dois donc m'asseoir ou m'allonger sur les canapés." Dans son "Testament d'un vendeur de

KRAMFORS

DESIGN
Mia Gammelgaard

MODELS
Footstool
Cornersection
Right hand chaise longue
Left hand chaise longue
Right hand 2-seat sofa unit
Left hand 2-seat sofa unit
2-seat sofa
3-seat sofa

Removable cover

Choice of cover

Genuine leather

Dry-clean

0:-
Available to order

10 YEAR
EVERYDAY QUALITY GUARANTEE
IKEA

Read more in the guarantee brochure.

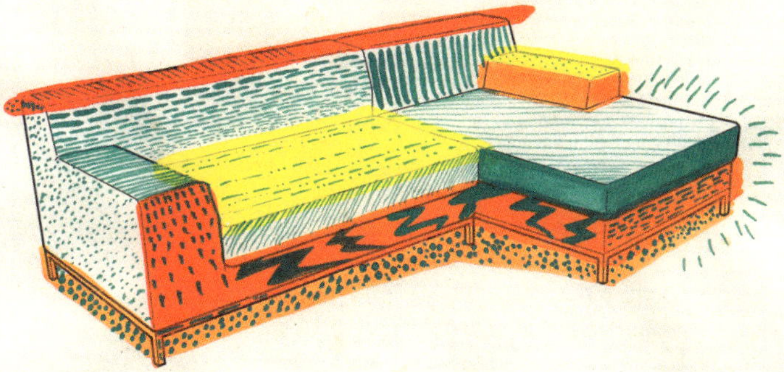

The sofa that furnishes a complete room
KRAMFORS is so much more than a sofa! You can use the footstool as a table or an extra seat, combine the chaise longue and the 2-seat sofa to make a cosy corner den, or furnish with seats enough for all your family and friends. You can choose between fixed leather covers that are easy-to-care-for and durable - and removable fabric covers that can be dry-cleaned.

Stretch out and relax
You can take up space in KRAMFORS stylish sofa series without feeling guilty about it. There's plenty of room to stretch out and relax. Choose a 2-seat sofa with one armrest and combine it with a chaise longue and what you have is a sumptuous corner sofa. If you would rather have a 4-seat sofa, just combine two 2-seat sofas with left and right-hand armrests respectively.
You are free to choose whatever combination suits your space, your family and your lifestyle. All the link fittings you need are included.

IKEA®
Design and Quality
IKEA of Sweden

All the products (shown here) may not be available at all stores. Please contact the staff or look at www.ikea.co.uk for more information. For more detailed product information, see the pricetag and the Internet. All units require assembly.

meubles", Kamprad affirme que "ce n'est pas seulement pour des raisons de coût que nous évitons les hôtels de luxe. Nous n'avons pas besoin de voitures tape-à-l'œil, de titres ronflants, d'uniformes ou d'autres symboles de statut social. Nous nous fions à nos forces et à notre volonté!" (Défense de commander le ficus dont vous rêviez!) Kamprad conduit une Volvo déglinguée. On dit qu'il recycle les sachets de thé. On sait qu'il récupère les sachets de sel et de poivre au restaurant. Il a atteint la cinquième place du classement des hommes les plus riches du monde établi par *Forbes.*

"Si tu ne t'intègres pas, tu t'en vas"

La veine utopiste d'Ikea vient en partie d'une tradition suédoise. Au XIXe siècle, les aquarelles de Carl Larsson ont eu énormément d'influence – elles représentaient des scènes idéales de la vie familiale : des enfants blonds, des meubles en bois blond, des théières, des chatons, des tapis rayés en coton. Au XXe siècle, dans les années 1930, le mouvement social-démocrate a mis en avant l'idée de *folkhemmet* – soit la "maison du peuple": la maison était la métaphore d'une vision harmonieuse de la Suède, sans classes sociales. Après la guerre, le *folkhemmet* s'est traduit dans le mouvement du *design* scandinave, qui envisageait un monde dans lequel la production de masse mettrait la beauté à la portée de tous. L'Etat-providence suédois a construit plus d'un million de nouveaux logements et a émis des recommandations en matière de *design* intérieur, de santé et d'hygiène.

"La démarche d'Ikea a consisté à commercialiser cette idée", analyse Cilla Robach, conservatrice du Musée national des beaux-arts de Stockholm. "Ingvar Kamprad a très vite compris comment transformer l'idéologie social-démocrate en source de revenus et comment en faire une industrie." Ikea est le Lego des grandes personnes et établit un lien entre nos meubles d'adultes et nos jouets d'enfants.

Ikea s'enorgueillit de son égalitarisme. Les avantages en nature – places de parking réservées ou restaurants d'entreprise – ne sont pas considérés comme étant "Ikea-*mässigt*", c'est-à-dire compatibles avec la vision du monde d'Ikea. On ôte vite leurs prétentions, ou leurs postes, aux collaborateurs soupçonnés de snobisme : "Si tu ne t'intègres pas, tu t'en vas." Dans un récent numéro de *Lisez-moi*, le magazine interne d'Ikea, on trouvait un article intitulé "Entrez! – visite des salles de bains de deux collaborateurs", dans lequel une employée des ressources humaines de Lisbonne évoquait son bidet. On ressent aussi cette absence de cérémonie dans les rapports avec la clientèle. Une récente campagne de promotion exhortait les Britanniques à "fiche tout ce qui est en chintz à la poubelle". Il y avait des couples gay dans les publicités d'Ikea dès 1994 : cette année-là, une photo destinée à accompagner l'ouverture d'un magasin en Sicile montrait ainsi deux hommes se tenant par la main et était accompagnée de la légende : "Nous sommes ouverts à toutes les familles."

Chez Ikea, on est convaincu que l'entreprise fait plus que proposer des futons ou des boulettes de viande. L'an dernier, en octobre, Ikea a publié son premier rapport annuel. On y trouve la justification de leur approche à la fois effrayante et géniale de la réduction des coûts : "Une rentabilité durable fournit les ressources qui nous permettront de croître et d'offrir une vie quotidienne meilleure à une plus grande fraction des masses." Le P.-D.G., Mikael Ohlsson, a promis une ère nouvelle dans le domaine de la transparence. Il a décidé, a-t-il déclaré, de publier ce rapport en raison de l'intérêt manifesté par les collaborateurs d'Ikea. Cependant, le *Financial Times* a observé que "les efforts d'ouverture de M. Ohlsson viennent bien tard et sont destinés à rétablir la réputation d'une entreprise éclaboussée par le livre extrêmement critique d'un ancien cadre supérieur d'Ikea, Johan Stenebo".

Ohlsson, tout sourire, avec ses cheveux blonds et son treillis froissé, m'a expliqué que le rapport avait pour objectif de dissiper un peu du mystère qui entoure Ikea, dont Kamprad a transféré les droits de propriété à une fondation privée en 1982. “Si on reste muet, les gens commencent à se poser des questions”, m'a-t-il dit.

Il a presque semblé blessé quand j'ai suggéré qu'Ikea était une entreprise commerciale qui brassait des milliards de dollars plutôt qu'une firme altruiste. “Ikea est et restera fondée sur des valeurs, a-t-il répondu. Vous voyez, le but est de créer une vie meilleure pour les masses.” L'esprit d'équipe est la solution qu'a trouvée Ikea pour tenter de résoudre ce paradoxe, donnant l'image altruiste d'une entreprise fanatique de la réduction des coûts. Les employés d'Ikea croient, avec une foi quasiment messianique, que leur cause est juste, d'où, parfois, une forme déconcertante de repli sur soi. “On ne peut pas s'empêcher de plaindre ceux qui ne peuvent pas ou ne veulent pas nous rejoindre”, jugeait Kamprad en 1976 dans son “Testament d'un vendeur de meubles”. La communication interne d'Ikea a recours à des contes moraux dont Kamprad est le héros exemplaire : “Lorsqu'il vivait à la ferme paternelle, le jeune Ingvar Kamprad renâclait toujours quand il s'agissait de s'extirper de son lit pour traire les vaches. ‘Paresseux ! l'invectivait son père. Tu ne feras jamais rien de ta vie !’ Puis Ingvar reçut un réveil en cadeau d'anniversaire. ‘Nom de nom ! Désormais, se promit-il, je commence une nouvelle vie.’ Il régla la sonnerie pour six heures moins vingt et enleva le bouton d'arrêt.” La lettre d'information *Lisez-moi* contenait aussi l'histoire de Nicole Wiesmüller, qui avait déménagé, pour des raisons professionnelles, de Vienne à Salzbourg, pour revenir à Vienne, puis s'installer à Linz et repartir enfin pour Salzbourg. “Nicole Wiesmüller, lisait-on dans l'article, est directrice de magasin et elle a beaucoup bougé. Le prix à payer ? Sa vie privée. Ce qu'elle a gagné ? L'estime de ses collaborateurs.” “Dans ce qu'elle a de plus négatif, l'entreprise ressemble à une secte”, a déclaré Goran Carstedt, un ancien dirigeant d'Ikea pour l'Amérique du Nord. Selon Stenebo, les employés décortiquent les fax manuscrits qu'envoie fréquemment Kamprad comme s'il s'agissait de pages du Talmud : “S'il s'adresse à vous avec un ‘cher Untel’, c'est neutre. S'il commence avec votre seul nom, c'est une demande impérieuse. Si le fax commence par un ‘très cher Untel’, alors vous êtes dans ses petits papiers.” L'atmosphère qui règne à Ikea m'a évoqué une campagne politique : il y a les vrais croyants, les sceptiques qui murmurent, des blagues d'initiés et les questions les plus anodines sont éludées. Un ancien cadre supérieur m'a confié que, même s'il avait gardé toute son admiration pour l'entreprise, il avait trouvé l'ambiance oppressante. “J'avais l'impression, m'a-t-il dit, d'être en Corée du Nord.”

Le soir où j'ai dormi à l'hôtel Ikea, le soleil ne s'est pas couché avant minuit. A Tillsammans, je suis entrée dans une espèce de salle de jeux (qui accueille des conférences) équipée d'un karaoké. Sur les murs, quelqu'un avait écrit les paroles de la version Ikea du “My Way” de Frank Sinatra : “Tant qu'il y aura de la vie humaine sur Terre/La force d'Ikea sera précieuse/Nous répondons aux multiples besoins des hommes/Cette force d'Ikea qui triomphe/Notre culture nous montre la voie/C'est la voie d'Ikea !” J'ai fini par monter dans ma chambre. Il y avait deux lits individuels, d'allure spartiate. Sur le bureau en pin trônaient deux livres : le catalogue Ikea et le Nouveau Testament.

Sur le bureau en pin trônaient deux livres : le catalogue Ikea et le Nouveau Testament

La table Lack fait partie de ces biens de consommation, comme le sel ou la morue, à travers lesquels on peut raconter l'histoire du monde. Avec l'étagère Billy, c'est l'article le plus emblématique d'Ikea. Vous n'en avez

UDDEN

DESIGN
Ehlén Johansson

CARE INSTRUCTION
Wipe clean with a cloth damped in water or a non-abrasive detergent.
Wipe dry with a clean cloth.
Do not use scouring-powder, steel wool, hard or sharp tools which can scratch the stainless steel surface.
Always wipe and rub the sink along the steel grain when cleaning.

SAFETY
Different wall materials require different types of fixing devices.
Use fixing devices suitable for the walls in your home, sold separately.
Screws are sold separately.

Two consoles form the foundation of UDDEN freestanding kitchen; one with a sink, the other with a worktop in stainless steel. You build on this foundation by adding cabinets, drawer units, open wire shelves and a kitchen trolley. Above it, you can hang either open wall shelves or wall cabinets. Complement with extractor hood, cooker and fridge in the same range to create an integrated look. It's an affordable system that helps you customise your kitchen –even on a small space.

The best thing about UDDEN freestanding kitchen is its flexibility. Because you buy the pieces separately, you can install, combine, change and add on to them later as your space or needs change. You can even take the kitchen with you when you move house. The units have adjustable legs, so you can be sure they stand steady on uneven floors too.

IKEA
Design and Quality
IKEA of Sweden

peut-être pas conscience, mais vous en avez déjà vu : c'est cette table basse de 55 cm x 55 cm qui ressemble un peu à ces protections en plastique qu'on trouve dans les boîtes de pizzas.

La table Lack est apparue sur le marché en 1979 et coûte 7,99 dollars. Le prix constitue le point de départ du *design* d'un objet, plutôt que la dernière étape. "En règle générale, on reçoit des instructions qui spécifient le prix et un modèle de style", m'a expliqué Marcus Arvonen, qui travaille en interne chez Ikea, avec onze autres *designers*. "On nous dit : 'O.K., pouvez-vous concevoir une spatule en plastique ? Elle ne doit pas coûter plus d'un euro, doit remplir la fonction d'une spatule et être de couleur grise et en plastique.'"

Le prix constitue le point de départ du design d'un objet

La table Lack est d'abord un arbre, ou une pièce de bois. (Ikea est le troisième consommateur de bois dans le monde, derrière Home Depot et Lowe's, et devant Walmart.) On utilise le bois pour les produits plus coûteux. Avec ses dérivés, on fabrique de l'aggloméré qu'on découpe en carrés de 55 cm x 55 cm : ce seront les dessus de table. Parallèlement, on réalise l'intérieur du meuble : Ikea utilise une technique de construction dite "panneau sur cadre de bois", où les parties extérieures, en bois, dissimulent des entrailles en papier. Les papeteries Scott produisaient des robes en papier ; Ikea fabrique des meubles en carton.

Ikea a inventé le mobilier en kit en 1951, lorsqu'un employé du nom de Gillis Lundgren, qui s'efforçait en vain de faire entrer une table à l'arrière de sa Volvo, a décidé d'en ôter les pieds. Le but de la société est de concevoir des produits aussi compacts que possible une fois emballés : lors des expéditions internationales, on réduit ainsi les risques de les abîmer et on maximise les profits. "Nous détestons l'air !", telle est la devise de l'entreprise.

Les tables Lack sont fabriquées en Chine, en Pologne et à Danville, en Virginie, dans une usine appartenant à Swedwood, la filiale de production d'Ikea. L'usine a ouvert en 2008. La population locale, pouvait-on lire dans un article du *Los Angeles Times*, a d'abord été majoritairement ravie d'apprendre qu'Ikea avait choisi d'ouvrir son usine – la seule qu'ils possèdent aux Etats-Unis – à Danville, une ancienne ville industrielle spécialisée dans le textile et où le revenu moyen annuel est de vingt-neuf mille dollars.

L'entreprise avait beau avoir la réputation d'être un employeur consciencieux (le magazine *Fortune* a inclus Ikea dans sa liste des "cent entreprises les plus attractives pour les employés"), il y a eu des problèmes à Danville dès le début. Six anciens employés ont porté plainte auprès de la Commission pour l'égalité des perspectives d'emploi, l'Equal Employment Opportunity Commission, en invoquant la discrimination raciale. Ils ont dénoncé des heures supplémentaires obligatoires, imposées souvent sans qu'on les prévienne. Mike Ward, le directeur d'Ikea aux Etats-Unis, a admis, lorsque je l'ai rencontré en juillet, que les heures supplémentaires obligatoires étaient un problème. "En ce moment, m'a-t-il déclaré, quatre-vingt-quinze pourcent des heures supplémentaires se font sur la base du volontariat : ils ont fait d'énormes progrès." Ikea a commandé un audit interne de l'usine mais n'a pas trouvé d'autres motifs d'inquiétude.

Mais cet été, les ouvriers de Danville ont menacé de se syndicaliser. J'ai demandé à Ward s'il trouvait juste que leur salaire minimum horaire soit de huit dollars et qu'ils aient douze jours de congés (dont huit choisis par Swedwood), alors que leurs homologues suédois gagnent au moins dix-neuf dollars de l'heure et bénéficient de cinq semaines de vacances. "Je crois, m'a-t-il répondu, que si on regarde les choses de près, la situation à Danville répond à nos critères. Nous travaillons activement sur les questions préoccupantes et nous respecterons les décisions prises par nos collaborateurs." Le 27 juillet, les ouvriers de Danville ont décidé, par deux cent vingt-et-une voix contre soixante-neuf, de rejoindre l'Association internationale des

machinistes et des travailleurs et travailleuses de l'aérospatiale – l'International Association of Machinists and Aerospace Workers, I.A.M.A.W. (le code éthique d'Ikea stipule que les ouvriers sont autorisés à se syndicaliser s'ils le souhaitent). Quelques jours après, j'ai parlé avec Bill Street, qui est à la tête de la division des ouvriers du bois de la I.A.M.A.W. Il m'a expliqué que les conditions de travail à Danville étaient toujours inacceptables. "Je crois vraiment que la direction, à Danville, a une mentalité de planteurs du Sud des Etats-Unis, m'a-t-il déclaré. Ils s'imaginent qu'ils sont propriétaires de ces ouvriers et qu'ils peuvent en faire ce que bon leur semble."
Tawanda Tarpley est une syndicaliste et travaille à Swedwood depuis 2008. Elle a été moins virulente que les autres mais elle se plaint des mêmes abus. Les directeurs de Swedwood, m'a dit Tarpley, engageaient leurs amis blancs et les membres de leur famille au détriment des ouvriers noirs, même plus qualifiés. "Je crois qu'il s'agit plutôt d'une inégalité structurelle, car ils ne sont pas méchants." Puis elle a ajouté : "Le directeur de l'usine, il est venu me voir et m'a dit : 'Tawanda, nous sommes prêts à faire tout ce qui est en notre pouvoir pour travailler ensemble et créer un meilleur environnement de travail pour tous.' C'est ce qu'il m'a dit, alors je prie pour que ça arrive."

Tous les ans, Ikea organise des milliers de "visites à domicile" : des collaborateurs rentrent chez les gens et furètent – comme ces fêtes où les organisateurs viennent chercher les invités chez eux et les emmènent dans la tenue où ils les ont trouvés, à ceci près qu'ici, la fête a lieu dans votre salon. En juillet, j'ai accompagné, au cours de l'une de ces missions, deux collaborateurs d'Ikea, Kerrice Hayward, architecte d'intérieur dans un des magasins de Londres, et Tom James, vendeur. "En deux mots, nous allons chercher les sources de frustration du consommateur", m'a annoncé Hayward.
Après une demi-heure de trajet, nous sommes arrivés à Chatham, un village du Kent. Hayward s'est garée dans une rue escarpée. Nous nous sommes dirigés vers une de ces maisons mitoyennes anglaises, identique à ses voisines et construite dans les années 1930, en brique et en crépi. Il y avait une grande fenêtre en encorbellement, avec des carreaux en vitrail représentant des roses rouges.
Une femme en *leggings* et en tunique rayée nous a accueillis. "J'enlève mes chaussures ?", a demandé Hayward. "Oui, s'il vous plaît", a répondu la maîtresse de maison, qui s'est présentée (elle s'appelait Sandra Denbow) et nous a fait entrer dans le salon.
Denbow est mère au foyer. Son mari, Paul, travaille pour une entreprise qui recycle des transformateurs haute tension. (Ils sont membres du programme de fidélité d'Ikea et avaient consenti à recevoir une visite à domicile en échange d'un chèque-cadeau de soixante-quinze livres.) Ils vivent avec leur fils de vingt-quatre ans et une fille de quatre ans qui s'était installée sur la table basse pour dessiner avec ses crayons de couleur.
La chambre de leur fille était rose et sans un grain de poussière ; celle du fils, au grenier, était peinte d'un vert fluorescent et étonnamment bien rangée. Dans la chambre de Sandra et de Paul, il y avait une moquette bleue, un lit avec un matelas à eau et une frise de papier peint représentant une scène tropicale, avec des palmiers et des bancs de poissons jaune et noir. "Notre autre fils est mort il y a dix ans ; c'était sa chambre et nous n'avions pas vraiment envie de la redécorer", a expliqué Sandra.
Nous sommes redescendus et avons examiné une petite pièce qui n'avait pas de fonction particulière. Hayward a poliment fait remarquer qu'ils utilisaient une lampe de bureau pour éclairer toute la pièce. Elle se demandait s'ils avaient déjà songé aux luminaires Ikea. "Eh bien, vous voyez, a répondu Paul, Ikea c'est comme qui dirait trop loin pour faire un saut juste pour une lampe." "Vous pourriez m'en dire plus ?" "Je déteste Ikea, a annoncé Paul. On tourne en rond et

on n'en sort jamais." Hayward a hoché la tête. "Mais j'aime bien ce qu'ils font." Pendant que Denbow répondait aux questions de Hayward, j'avais envie de crier : "Faites quelque chose pour les pieds du canapé !", pour ces grossiers cubes de pin sur lesquels reposent tant de canapés Ikea qui auraient sinon tout pour plaire. Comme des Reebok avec un costume Armani…

Cet automne, en réponse aux réactions des consommateurs, Ikea mettra en vente une nouvelle version de la bibliothèque Billy, que *Gawker*, le blog *people* américain, décrit ainsi : "Comme le consommateur est un pathétique mouton de Panurge, c'est l'étagère que tout le monde, partout où il y a un Ikea, se doit d'avoir chez soi." Les rayonnages de la nouvelle version seront plus profonds et mieux adaptés aux figurines en plastique et photos de mariage – aujourd'hui, les gens ont de plus en plus tendance à stocker ce qu'ils lisent sur leurs disques durs et non dans leurs bibliothèques.

"Comme le consommateur est un pathétique mouton de Panurge, c'est l'étagère que tout le monde, partout où il y a un Ikea, se doit d'avoir chez soi"

En 2002, Spike Jonze a tourné un spot publicitaire pour Ikea : l'occupant d'un appartement débranche une lampe hideuse – de couleur orange, flexible et fine comme une paille – et sort la poser sur le trottoir. La lampe reste dehors sous la pluie. Un homme s'approche. "Parmi vous, beaucoup auront mauvaise conscience à cause de cette lampe, déclare-t-il avec un accent comparable à celui du cuisinier suédois du *Muppet Show*. Mais c'est de la folie. Cette lampe n'a pas de sentiments ! Et sa remplaçante est tellement mieux."

Le bilan écologique d'Ikea est en général excellent. Mais on peut faire deux réserves. Ikea s'implante là où le terrain est bon marché : il faut prendre sa voiture pour aller dans leurs magasins. Et c'est l'entreprise qui a plus ou moins inventé le mobilier jetable. On a vu des déménageurs suggérer à leurs clients que les articles Ikea ne valaient pas le coût du transport. Je ressens un certain malaise quand je compare mon appartement et son abondance de produits Ikea à la maison de mes parents, qui en est dénuée. Je ne peux pas ignorer que des dizaines d'objets m'appartenant ont été déversés dans des décharges un peu partout dans le monde, alors que mes parents ont été des gardiens attentionnés de leurs biens. Les objets Ikea sont neufs, mais ils n'ont pas d'histoire. Songez à la beauté des pupitres d'écoliers.

Dans son livre *Cheap: The High Cost of Discount Culture* (*Pas cher : le coût élevé de la culture discount*), Ellen Ruppel Shell affirme que la politique de prix bas d'Ikea a des répercussions environnementales, esthétiques et sociales qui ne sont jamais évoquées. Ikea, juge-t-elle, est parvenu à réaliser "une des manœuvres d'anthologie du *marketing* du XXe siècle : transférer en toute discrétion les coûts du vendeur à l'acheteur" (elle parle du coût du travail).

Pourtant, Ikea propose des affaires irrésistibles. En 2007, le modèle Bjursta – une table de salle à manger à rallonges en chêne plaqué – était vendu deux cent quatre-vingt-dix-neuf dollars. Ikea a pris note de la récession et de l'essor du prix du bois en optant pour des pieds creux (d'où une réduction du poids et du coût du transport) et en intensifiant la fabrication des pièces détachées (une commande plus importante est moins onéreuse). Les clients ont apprécié cette table désormais plus légère et moins chère. Plus ils en achetaient, plus Ikea baissait son prix. En 2011, elle coûtait cent quatre-vingt-dix-neuf dollars. Un professeur de l'école de commerce de Harvard a écrit un essai sur "l'effet Ikea" : le petit effort demandé à l'acheteur lui rend plus précieux le produit de son travail. Si le mobilier Ikea est l'équivalent d'une préparation instantanée en pâtisserie, la clé coudée utilisée par le client est l'œuf qu'on y rajoute.

A Almhult, j'ai demandé à Jeanette Skjelmose, la responsable du développement durable, si Ikea était, au moins en partie, coupable d'avoir créé une culture du tout-jetable. Elle m'a répondu en affectant une fausse humilité : "Je crois que la durée de vie réduite des produits est une tendance qui trouve ses origines chez le consommateur. Si seulement nous pouvions exercer autant d'influence… J'ose espérer que nos produits sont d'une qualité telle qu'ils peuvent vivre une deuxième et une troisième vie chez d'autres personnes." La démarche d'Ikea a un avantage : ses produits ne sont pas en retard sur l'usage qu'en font effectivement leurs clients. Un jour que je me promenais dans le magasin de Wembley, je suis tombée sur un article qui a éveillé mon intérêt : une demi-lune en polypropylène noir surmontant une partie inférieure de couleur grise et rembourrée un peu comme un fauteuil-sac. Après examen, j'ai vu qu'il s'agissait du "support Bräda pour ordinateurs portables". Bräda, le plateau-télé de notre époque, a été développé en 2004 par Hanna Ahlberg lorsqu'elle était étudiante à l'université technique de Lund. Dans le cadre de sa thèse en *design* industriel, elle a choisi de réaliser un accessoire souple qui permettrait aux adolescents de faire leurs devoirs au lit. Son idée empêche aussi l'ordinateur de provoquer des brûlures aux jambes (une pathologie qu'on appelle, dans le jargon, le "syndrome de la peau grillée"). Une fois diplômée, Ahlberg a été recrutée par Ikea dans son équipe de développeurs de produits. Les employés d'Ikea sont les principaux anthropologues de la vie domestique. Ils m'ont appris que les gens demandent des espaces de rangement deux fois plus importants dans leur salles de bains, car les hommes possèdent maintenant autant de produits de soin que les femmes. Les gens veulent aussi des récipients alimentaires pour, explique le catalogue Ikea, "toutes ces recettes qui exigent cinq olives, une demi-boîte de tomates et trente grammes de semoule". Michael Jopling, pair d'Angleterre, a un jour déclaré avec mépris que Michael Heseltine, le vice-Premier ministre, "avait dû acheter son propre mobilier" et que c'était là le "problème". Sauf que Michael Heseltine n'a pas été obligé de percer des trous au dos de l'armoire Chippendale familiale pour pouvoir brancher la télévision.

Le catalogue est un manuel pour débutants destinés à ceux qui aspirent à la "vie bonne et pure" recommandée par Ikea. L'entreprise a publié cent quatre-vingt-dix-sept millions de catalogues l'an dernier, dans vingt-neuf langues et soixante-et-une éditions. Il compte à peine moins de lecteurs que la saga *Harry Potter*. On y retrouve le même plaisir voyeuriste qu'on prend à feuilleter les albums photos d'autrui sur Facebook (dans le catalogue, on épie les intérieurs d'autres personnes) que dans les rêveries de prestige que suscite une revue comme *Architectural Digest* (n'importe qui, en déboursant les 39,99 dollars d'une bibliothèque Ikea, peut devenir un architecte suédois érudit).

L'entreprise a publié cent quatre-vingt-dix-sept millions de catalogues l'an dernier, dans vingt-neuf langues et soixante-et-une éditions

Le catalogue Ikea est aussi un manuel de développement personnel destiné à un mode de vie bien précis. Le chanteur français Renaud observe, dans "Les Bobos", que "leur livre de chevet, c'est Cioran/Près du catalogue Ikea/Ils aiment les restos japonais/Et le cinéma coréen". Ils aimaient les fougères autrefois, maintenant ils aiment les orchidées. A Almhult, j'ai visité les bureaux d'Ikea Communications, où le catalogue est élaboré. J'ai eu pour guides Selin Hult, un des responsables de la communication, et Henrik Palmberg, qui s'est présenté comme "créateur d'une grille de compétences". Nous avons fait la pause-café suédoise – la *fika* – autour d'un gâteau d'été et de tasses de thé, puis ils m'ont fait visiter les lieux. Notre première étape était un vaste entrepôt dont les murs étaient tapissés sur une hauteur vertigineuse d'étagères garnies de produits Ikea. C'était une sorte

LYCKSELE

MODELS
Chair-bed
Sofa-bed

Removable cover

Choice of cover

Washable cover 40°

Washable cover 60°

Stock item

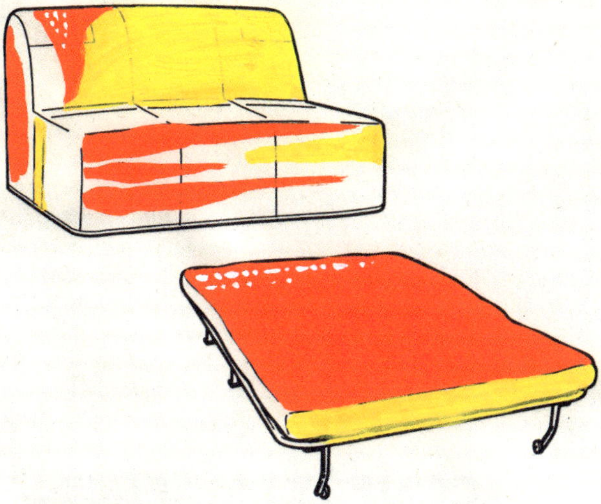

Easy to place, easy to use
LYCKSELE sofa-bed is perfect when you want to be able to both sit and sleep. It's easy to fit in any room and easy to convert to a bed. You choose the mattress and cover yourself, so you can make it just the way you like it. You can even take off the cover to wash it - or to have a little fun by changing to a new cover. You're also free to choose between two widths when you buy your LYCKSELE. If you need a double bed, choose the sofa-bed. If a single bed is big enough, there's also a chair-bed. Both can be complemented with a practical storage box for bed linen.

You choose the mattress
Do you like a soft or firm mattress? With LYCKSELE sofa-bed, you choose the mattress you like best. There are three mattresses to choose between and they feel quite different when you sit or lie on them. Try them out to find the one that's most comfortable for you. Once you do, you will have a pleasant place to be – both day and night.

IKEA®
Design and Quality
IKEA of Sweden

All the products (shown here) may not be available at the store. Please contact the staff or look at www.ikea.co.uk for more information. For more detailed product information, see the pricetag and the Internet. All units require assembly.

de bibliothèque de meubles – là, les *designers* d'intérieur pouvaient se référer au berceau ou à la commode dont ils avaient besoin. On avait l'impression qu'une tour avait vomi le contenu de tous ses appartements. Autour de nous, j'ai remarqué des pièces à trois murs, qui ressemblaient à des plateaux de *sitcom*. "Quand nous tournons à plein régime, vingt-cinq de ces pièces peuvent être utilisées", m'a dit Palmberg.

Dans un coin, à l'autre bout du bâtiment, j'ai vu un décor dressé et meublé pour ressembler à une maison d'hôtes de la campagne suédoise. Chaque fois qu'un *designer* Ikea recrée la pièce d'une maison – que ce soit pour le catalogue ou pour un magasin –, il en donne une description détaillée. Voici celle de la maison d'hôtes : "L'histoire : ce qui était une activité du week-end est devenu une affaire à temps plein. Cette maison d'hôtes est nichée dans un coin de la campagne à l'abri des touristes. Elle est réputée auprès des citadins qui souhaitent s'échapper de la ville pour trouver le calme et le repos. Malgré son environnement rural, elle est décorée avec goût pour séduire des clients urbains." La conceptrice du décor, Sarah Bohlin, avait défini le moment de la journée ("matin/petit-déjeuner") et le prix ("moyen"). Elle avait même rédigé une brochure fictive pour le lieu, qu'elle avait baptisé Alanda. Elle en était encore à mettre les dernières touches. "C'est un peu l'affolement", m'a-t-elle confié. La cuisine avait une allure rustique et accueillante avec son parquet aux larges lames blanches et ses murs blancs. Le regard était attiré par une grande table grise Stornäs, entourée de chaises Stefan et placée sous un lustre Månljus. Sur les étagères, on avait rangé des jeux de société et une pile de couvertures en laine pour les clients. La lumière d'un spot imitait un rayon de soleil matinal sur la table. (Il y a trois modes d'éclairage dans le catalogue Ikea : "laissez rentrer le soleil", "on allume les lampes" et "mi-journée".) Un charpentier avait installé un authentique poêle à bois, déniché par Bohlin, dans un âtre de "briques" en contreplaqué. On avait posé un pot à lait en céramique sur la table. Pour compléter le tableau, Bohlin était sortie acheter du pain frais et de la confiture. Tout comme le but d'une véritable pièce est de ressembler à un décor, le but d'un décor est de ressembler à une véritable pièce. Au quartier général des concepteurs du catalogue, Hult et Palmberg m'ont fait entrer dans une vaste pièce remplie d'accessoires pour la cuisine. Je m'extasiais devant les bacs de nourriture en plastique – on y trouvait des champignons, des fraises, des pommes, des citrons, des poivrons, des grappes de raisin vert. "Quand ça se passe tout près, m'a expliqué Palmberg, on prend des produits frais. Sinon, on en choisit des faux." Les miches de pain qui apparaissent sur le catalogue Ikea sont entamées. Si on photographie une scène de cuisine, il est bon qu'il y ait de la graisse dans la poêle à frire, mais pas partout sur la cuisinière. Quelques éclaboussures d'eau dans l'évier sont du meilleur effet. "Les oreillers doivent être un peu tassés", m'a dit Bohlin. "S'il y a une tasse de thé quelque part, elle peut fumer un peu." Et Palmberg a ajouté qu'on pouvait montrer "de l'eau sur le sol de la salle de bains !"

Ikea s'efforce de concevoir des décors susceptibles de plaire universellement mais il y a des cas où les différences culturelles exigent des aménagements. "Nous avons l'habitude de dire qu'il faut être aussi global que possible et aussi local que nécessaire", a résumé Palmberg. On verra un golden retriever à l'air affectueux couché près de la table de la salle à manger dans le catalogue britannique mais pas dans celui des Emirats arabes unis. Les Européens aiment s'asseoir sur leurs meubles, les Américains *dans* les leurs. "Un lit suédois doit être moelleux, accueillant et ouvert, de façon à ce que vous ayez presque envie de vous y glisser", m'a expliqué Hult. (Malgré l'arrivée des couettes dans les années 1970, la plupart des Américains restent indéfectiblement attachés au drap de dessus.) Dans la salle des accessoires de cuisine, j'ai compté quinze machines à café. “Pour prendre un exemple, m’a dit Hult, en Suède nous faisons notre café nous-mêmes, mais pour l’Italie, on aura peut-être besoin d’une machine à *espresso*. C’est ce genre de chose qui peut faire la différence. Ce sont des détails, mais ils ont leur importance.”

Chez Ikea, on est convaincu qu’on peut améliorer le sommeil et la vie de famille des consommateurs. Il suffit d’acheter des produits Ikea, comme le pot à crayons à compartiments multiples Flört, qu’on peut suspendre à son lit “pour ne pas oublier l’affaire géniale à laquelle vous avez pensé avant de vous endormir, ou le titre de votre prochain roman !” Ikea a une vision de la vie protégée et douillette. Dans les pièces recréées, on ne trouve pas de gens qui arrivent en retard ou qui se disputent ; les occupants ont des enfants mais pas de rapports sexuels. Parfois, la vocation pédagogique d’Ikea a quelque chose de présomptueux. “Nous voulons être les premiers dans la sphère de la vie domestique, m’a confié Albrecht à Malmö. Les premiers, non seulement pour vendre du mobilier, mais aussi pour vous montrer comment vivre !” Quelques minutes plus tard, il me montrait un article qui, m’a-t-il dit, ne s’était pas très bien vendu car Ikea n’avait pas suffisamment expliqué sa fonction. “Si on ne montre pas au client comment ça fonctionne, le client ne comprendra pas”, a-t-il ajouté. L’article en question était un balai.

> *“Si on ne montre pas au client comment ça fonctionne, le client ne comprendra pas.” L’article en question était un balai*

Ikea n’est pas vraiment une entreprise suédoise. Elle est contrôlée par Ingka Holding, une société elle-même contrôlée par la *stichting* hollandaise – une fondation à but non lucratif exonérée d’impôts – à laquelle Ingvar Kamprad a transféré ses parts de propriétaire en 1982. Sur son site internet, Ikea présente la *stichting* comme un moyen de créer “une structure propriétaire et une organisation permettant l’indépendance et une approche à long terme”. Mais le transfert a allégé le poids des impôts payés par Ikea et a réduit la surveillance financière à laquelle l’entreprise est soumise.

En 1982, Kamprad a également monté une société baptisée Inter Ikea Systems B.V., qui possède le concept et la marque Ikea. Trois pour-cent des recettes de tous les magasins Ikea reviennent à Inter Ikea, à la manière d’une redevance. Ces recettes viennent ensuite alimenter les comptes d’une série de sociétés *off-shore*. “Il y a peu de choses plus exaspérantes que de tenter de monter du mobilier Ikea en kit, lisait-on dans *The Economist* en 2006. Mais même là, la tâche paraît simple comparée au puzzle que sont les comptes du plus grand vendeur de mobilier domestique au monde.” *The Economist* soulignait que les donations charitables d’Ikea par le biais de la fondation hollandaise n’étaient guère considérables – “à peine l’équivalent d’une erreur qu’on aurait commise en arrondissant les actifs de la fondation”. Plus récemment, Ikea a intensifié ses engagements philanthropiques. Le mois dernier, la fondation Ikea a promis de donner soixante-deux millions de dollars sur trois ans pour aider les réfugiés somaliens au Kenya.

Kamprad est un évadé fiscal depuis les années 1970. Il vit dans le village suisse d’Epalinges, près de Lausanne. “Kamprad n’a que très peu d’impôts à payer”, a déclaré Yvan Tardy, le maire d’Epalinges, au journal hollandais *Algemeen Dagblad*. “Malheureusement, il n’a jamais rien fait pour le village.” Là-bas, Kamprad est surnommé l’Avare.

La réputation de Kamprad a été plus sérieusement ébranlée en 1994 lorsque le journal suédois *Expressen* a révélé, preuves à l’appui, que Kamprad avait autrefois été membre actif du mouvement nazi suédois. Les articles de Pelle Tagesson montraient qu’entre seize et vingt-quatre ans, Kamprad avait été un disciple de Per Engdahl, leader du mouvement néonazi suédois. En 1948, Kamprad a financé la publication d’un recueil d’essais politiques d’Engdahl. En

1950, il écrivait à Engdahl pour l'inviter à son mariage et lui disait qu'il était fier d'appartenir au cercle néonazi. Après les révélations de l'*Expressen*, Kamprad a envoyé un fax manuscrit à ses employés intitulé "Mon plus grand échec". "Chers membres de la famille Ikea, lisait-on, vous avez été jeunes vous-mêmes et peut-être trouvez-vous aujourd'hui, dans votre jeunesse, si longtemps après, la trace d'un épisode ridicule et stupide. Dans ce cas, vous me comprendrez mieux. Rétrospectivement, j'ai conscience que j'aurais dû mettre très tôt cette affaire au nombre de mes échecs, mais c'est trop tard maintenant." La réponse a pris la forme d'une lettre collective, signée par des centaines d'employés : "Ingvar, nous sommes là si tu as besoin de nous." Bertil Torekull, le biographe que Kamprad a choisi pour lui-même, raconte que "le père de famille a éclaté en sanglots et pleuré comme un enfant".

En 1950, il écrivait à Engdahl pour l'inviter à son mariage et lui disait qu'il était fier d'appartenir au cercle néonazi

D'autres révélations sur ses liens avec les Nazis se sont succédé et Kamprad a rédigé son plaidoyer, publié dans le livre de Torekull, dans un chapitre intitulé "Les erreurs d'un jeune homme". Il a expliqué qu'ayant été élevé à Elmtaryd, il avait été tout particulièrement proche de sa grand-mère, *Grossmutter* Franziska, qui venait des Sudètes. (Pour Torekull, si Kamprad n'a pas avoué son affiliation avec les Nazis, c'est parce qu'il ne s'en souvenait pas.) Kamprad conclut par une question : "Pendant les nuits d'insomnie où j'ai réfléchi à cette triste histoire, je me suis demandé : quand un vieil homme peut être pardonné pour ses péchés de jeunesse ? Est-ce un crime d'avoir été élevé par une grand-mère et un père allemands ?"

Pourtant, Kamprad jouit encore d'un statut de héros en Suède. "Tout ce qui a trait à Ingvar Kamprad fait la une des journaux, m'a expliqué Fredrik Sjöshult, reporter à l'*Expressen*. C'est comme s'il avait vécu notre version du rêve américain : le rêve suédois." L'an dernier, on a donné au Théâtre de la Ville de Malmö la première d'*Ingvar ! Une saga du mobilier en musique*. Au cours du spectacle, le personnage de Kamprad est crucifié sur un arbre de mai. Mais il chante : "Croyez-vous que cela suffise à arrêter Ingvar ?" En 2009, S.V.T., la plus grande chaîne de télévision suédoise, a révélé que l'argent d'Ikea – les trois pourcent versés par chaque magasin – n'allait pas à une fondation charitable en Hollande, comme on l'avait fait croire au public. Au contraire, expliquait Magnus Svenungsson dans son reportage, Inter Ikea appartient à une fondation du Liechtenstein, Interogo, un fonds d'urgence pour l'entreprise. Interogo, qui a engrangé douze milliards de dollars, est contrôlé par la famille de Kamprad. Ikea est en pleine crise de succession. Kamprad a trois fils de sa seconde femme, Margaretha : Peter, Jonas et Matthias. Aucun n'est connu du public. Aucun ne s'est particulièrement distingué au sein de l'entreprise. Au début, Kamprad évoquait une sorte de guerre des prétendants qui aurait permis au fils le plus compétent d'hériter de la direction de la société. Plus récemment, ses associés et lui ont laissé entendre qu'aucun des trois n'avait la trempe suffisante.

"Peter, Jonas et Matthias Kamprad continueront à occuper d'importantes positions au sein du conseil d'administration et participeront activement à la future direction des sociétés qui appartiennent à la sphère d'Ikea. La répartition exacte des rôles fait l'objet de discussions." Telle est la seule déclaration qu'a bien voulu me faire Ikea.

Même Bertil Torekull, qui a comparé Kamprad, en tant que dirigeant, à un "vénérable guérillero africain", a reconnu que la réticence de Kamprad à désigner un successeur compromettait la stabilité d'Ikea. "Ce qu'il fait est risqué, m'a dit Torekull. Il est vraiment temps que d'autres personnes aient plus de poids dans les décisions ou jouent un rôle plus important." "Tout sera possible quand le puissant Ingvar Kamprad sera parti", a-t-il conclu.

L'héritage de Kamprad dans le domaine de la salle à manger n'a jamais été remis en question. Ce dimanche où j'ai traîné sur le canapé du salon, je suis allée déjeuner chez une amie. Elle m'a servi de l'agneau dans un plat Ikea et a versé le vin dans des verres Ikea identiques à ceux que, un peu plus tôt, j'avais oublié de laver. Fin septembre, elle emménage avec son petit ami. "La question d'Ikea est un vrai dilemme, m'a-t-elle écrit. C'est inévitable, on fera des courses là-bas, mais j'ai vraiment envie de prendre un peu plus de temps cette fois. Je voudrais éviter la 'déco en deux coups de cuillère à pot', essayer de trouver plus de choses pour la maison dans des ventes aux enchères de mobilier ancien, etc. Mais bon, qui a le temps et la patience (et l'argent !) pour ça ?

"*House Perfect*", traduit de l'anglais (Etats-Unis) par Damien Aubel, a paru pour la première fois dans *The New Yorker*, en octobre 2011.

RATIONELL

WASTE MANAGEMENT

DESIGN
Marcus Arvonen

CARE INSTRUCTION
Wipe clean with a cloth damped in a mild cleaner.

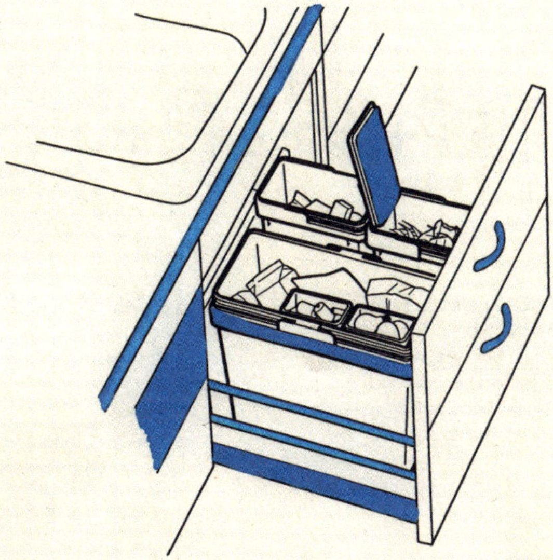

Makes waste sorting easier
The practical waste sorting bins in the RATIONELL series help you to organise and recycle your household waste simply and easily. The bins are available in several different sizes and are specially designed to be used with FAKTUM kitchen cabinets. To make your waste sorting even easier, the bins are designed for different types of household waste – from glass bottles and newspapers to food scraps and batteries – and easy to clean. That's good for you and for the environment.

LA LISTE IKEA DE

Dans le deuxième tome de la saga *Millenium* de Stieg Larsson, *La fille qui rêvait d'un bidon d'essence et d'une allumette*, Lisbeth Salander, revenue d'un long voyage et désormais riche à millions, s'achète un immense appartement dans Stockholm et l'aménage comme il se doit. Ce passage donne lieu à un inventaire en novlangue Ikea digne d'un poème consumériste que Prévert n'aurait sans doute pas renié. Reproduite sur cette double page, la liste détaillée d'un montant total de quatre-vingt-dix mille couronnes suédoises soit environ neuf mille cents euros.
Extrait : "Après avoir rapidement déjeuné d'une baguette au brie et d'un *caffé latte* à l'Eden dans Götgatan, elle se rendit à l'agence de location de voitures dans Ringvägen où Irene Nesser loua une Nissan Micra. Puis elle mit le cap sur le magasin Ikea de Kungens Kurva où elle passa trois heures à parcourir l'ensemble du magasin et à noter les références de ce dont elle avait besoin. Elle prit quelques décisions très rapides. [...] Sa tournée achevée, elle passa à la caisse avec sa liste. Elle paya avec la carte au nom de Wasp Enterprises et montra le passeport d'Irene Nesser pour étayer son identité. Elle paya aussi d'avance la livraison et le montage. L'addition s'élevait à un peu plus de quatre-vingt-dix mille couronnes."

CHAISES POANG X5

LACK X4

HEMNES

BONDE X2

CONSOLES HEMNES X2

PAX NEXUS

LISBETH SALANDER

KARLANDA

CONSOLE TÉLÉ

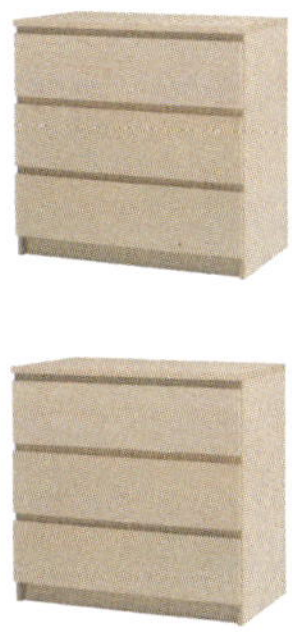

MALM X2

GALANT

FILING CABINET

VERKSAM

IVAR

LILLEHAMMER

MAGIKER

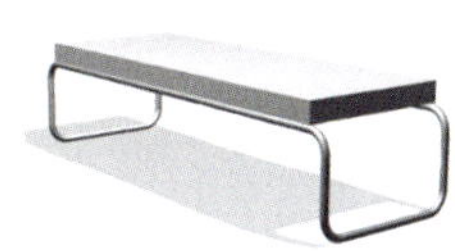

SVANSBO

“Inferno” de Gyrđir Elīasson

Entre les arbres
TRADUCTION DE L’ISLANDAIS PAR RÔBERT GUILLEMETTE
Books éditions

Si vous vous demandiez ce qu’il était advenu d’August Strindberg après sa mort, vous trouverez la réponse dans l’une des quarante-sept saynètes qui composent *Entre les arbres*. On y croise Strindberg assis, seul, devant une bière à la cafétéria d’un Ikea de la banlieue de Reykjavík, au milieu des badauds venus là s’empiffrer de boulettes de viande suédoise et de confiture aux airelles. “Inferno”, reproduit ici dans son intégralité est extrait de ce recueil de nouvelles.

Nous venions d’emménager dans un appartement en banlieue, avec tout le remue-ménage et les allées et venues que cela entraîne, et une foule de détails dont il faut tenir compte, de mauvaise grâce, pour se conformer aux usages sociaux. Au septième jour, ma femme décida que le moment était venu d’aller à Ikea acheter un fauteuil plus assorti au canapé que l’ancien. Je n’avais absolument rien à reprocher à ce fauteuil, mais je m’abstins de tout commentaire.
– Tu te souviens du fauteuil que je t’avais montré ? demanda-t-elle.
– Quel fauteuil ?
– Celui du catalogue.
– Non, répondis-je.
– Tu ne te souviens jamais de rien.
– Sans doute.
Nous avions passé la journée à accrocher des tableaux et à ranger des livres sur les étagères. L’heure de la pause café approchait quand nous partîmes chercher le nouveau fauteuil.
L’automne était déjà dans l’air, les feuilles commençaient à tomber et les ombres pâles des troncs d’arbres s’étiraient sur l’herbe dans le soleil de l’après-midi.
La circulation était effroyable à cette heure-là, comme toujours d’ailleurs dans cette petite ville qui se donne des airs de grande cité. J’avais allumé la radio. Bob Dylan chantait un air de Street Legal. J’écoutais, en regardant droit devant à travers mes lunettes de soleil.
– Tu as toujours l’air d’être ailleurs quand tu es au volant, dit-elle en baissant le volume de la radio.
– Ah oui ?
– Oui, toujours.
Les 4 x 4 nous dépassaient en trombe, l’un après l’autre.
L’ancien sanatorium de Vifilsstadir surgit, au milieu des bouquets d’arbres et des pelouses jaunissantes, avec son allure de manoir à l’abandon, quelque part en Suède peut-être ; en tout cas, chaque fois que je passe à côté, je pense aux romans de Margit Söderholm. Derrière l’édifice, les petites collines arrondies couvertes d’arbustes prenaient des teintes brunes dans la lumière automnale. Au loin apparut le bâtiment d’Ikea. Personne ne comprend comment on a pu autoriser cette construction à deux pas des magnifiques sentiers du parc naturel de Heidmörk. Impossible toutefois de revenir en arrière une fois le méfait accompli.
– Quelle horreur, cette bâtisse, dis-je.
– Laquelle ? demanda-t-elle en tournant les yeux vers moi.
– Ikea.
– Je ne trouve pas. Puis elle ajouta : Gare la voiture au plus près.
L’ombre bleutée de la bâtisse nous enveloppa quand je me garai, et nous descendîmes de voiture. Nous entrâmes par les portes à tambour. Maintenant qu’elles sont toutes automatisées, les portes à tambour n’ont plus rien de drôle : même Chaplin serait incapable d’en tirer un gag. Il y avait du monde à l’intérieur. Les gens affluaient vers l’escalator où ils se laissaient hisser, le nez en l’air. Il était impossible de déterminer ce qu’il y avait dans leur regard, l’espérance d’un avenir radieux grâce au design suédois ou bien le vide, sans espoir.
Nous nous tenions chacun sur notre marche, et nous ne regardions pas dans la même direction.

*

Nous déambulions entre sièges et sofas dans l’espace “Salon”, sans trouver le fauteuil que voulait ma femme. Comme j’avais complètement oublié à quoi il ressemblait, je n’en laissai rien paraître et fis semblant de chercher, moi aussi.
Un jeune homme en chemise jaune passait, ma femme le héla.
– C’était ce fauteuil-là, assura-t-elle.
– Quel fauteuil ? demanda le vendeur.
– Celui-ci, dit-elle en extrayant de son sac à main le catalogue.
Arrivée à la bonne page, elle le pointa de son index.
– Ah oui, il est en rupture de stock.
– En rupture de stock ?
– Oui, désolé.
– C’est toujours comme ça chez vous.
– Pas toujours, tout de même, dis-je d’un ton conciliant.

– Si. Toujours, s'obstina-t-elle.
– Je vais quand même vérifier, hasarda le vendeur. Il se retourna vers nous en s'éloignant, buta contre le coin d'un sofa et chancela avant de poursuivre son chemin.
Un quart d'heure plus tard, il n'était toujours pas revenu. Aucun autre vendeur, réel ou supposé, n'apparut non plus. Il ne venait d'ailleurs presque personne dans ce coin canapé, comme s'il avait été mis à l'écart du circuit fléché. J'eus un instant l'impression de me trouver dans un conte pour enfants de Jens Sigsgaard.
Je m'étais installé dans un canapé de cuir brun plutôt confortable, tandis que ma femme restait debout, exaspérée, et parcourait inlassablement les lieux d'un œil rapace.
– Tous des abrutis dans ce magasin, décréta-t-elle.
– Vraiment ?
– Parfaitement.
Nous finîmes par abandonner la partie et continuâmes à avancer dans le magasin en suivant les balises du circuit, laissant les flèches décider pour nous. Nous ne regardâmes rien d'autre en chemin.

*

Arrivés au restaurant, nous fûmes accueillis par un arôme de boulettes de viande suédoises. Je commençais à avoir faim. Je fis une pause à l'entrée de la salle et jetai un coup d'œil. Il n'y avait pas trop de monde, juste quelques personnes attablées. D'autres, debout près du comptoir, attendaient qu'on déverse dans leur assiette leur ration de boulettes de viande, pommes de terre en sauce et confiture d'airelles.
Le soleil d'automne filtrait à travers les baies vitrées, et mon regard s'arrêta sur un homme seul attablé près d'une fenêtre. Légèrement voûté, le cheveu roux et la barbe clairsemée, il portait un manteau noir au col relevé dont la ceinture, également noire, pendait jusqu'au sol. Il avait devant lui un verre de bière dans lequel il plongeait son regard comme si rien d'autre n'existait pour lui, ou comme s'il était le miroir de tout un univers.
J'avais le sentiment d'avoir déjà vu cet homme, sans pouvoir cependant mettre un nom sur son visage. Soudain, la lumière se fit.
C'était August Strindberg.
Strindberg, qui avait craint l'enfer plus que toute autre chose et avait couché toute cette terreur sur le papier, avait donc échoué ici après sa mort, à Ikea, en Islande. Lui pour qui Lund était l'enfer sur terre, mais savait si peu de chose de l'Islande, et rien du tout d'Ikea, qui n'existait pas de son temps. Je le voyais s'affaisser peu à peu devant son verre, cet homme condamné pour l'éternité, qui avait écrit dans son journal : "Celui qui dit que la vie est merveilleuse est soit un cochon, soit un imbécile."
– Regarde là-bas, dis-je à ma femme en indiquant le côté opposé de la salle.
– Où ça ?
– Là-bas, près de la fenêtre.
– C'est qui ?
– August Strindberg.
– C'est le directeur ? demanda-t-elle avec indifférence.
Puis une lueur traversa son regard et elle ajouta :
– Je lui dirais bien ce que je pense de son magasin à celui-là.
– Non, c'est un écrivain. Puis je me corrigeai : Ou plutôt c'était.
– Ce vieux, là-bas ?
– Oui.
Elle me lança un regard incisif.
– Tu vois des zombies maintenant ?
– J'ai vu "La Sonate des spectres" quand ils l'ont jouée.
– Mais qu'est-ce que tu me chantes là ?
– C'est pourtant bel et bien lui.
Elle m'empoigna par la manche et m'entraîna jusqu'aux portes à tambour.

*

L'ombre s'était obscurcie sur le parking, et il y faisait plus frais. Nous montâmes dans la voiture et je démarrai lentement.
J'avais envie d'allumer la radio, mais je me ravisai.
– Jamais je ne remettrai les pieds ici, jura-t-elle en bouclant sa ceinture d'un coup sec.
– Il ne faut jamais dire jamais, me hasardai-je à commenter.
Je revoyais Strindberg, assis sur cette chaise, sans le moindre espoir de salut, avec cette ceinture noire qui pendait au sol comme une chaîne. Les grands pans de son manteau ressemblaient aux ailes du diable des mers.
La lumière douce rendait fascinantes les collines qui dominaient la route, avec tous les sentiers qui serpentaient entre les arbustes. J'aurais voulu m'y promener avec Strindberg, le sauver de cet enfer moderne. Je lui aurais dit que j'étais allé à Lund et qu'il s'était mépris sur toute la ligne.
Mais je ne le fis pas.
Et je ne revins jamais.

Terrorisé par la mort, François Mitterrand, s'était octroyé les services d'un philosophe qu'il rémunérait grassement dans l'espoir d'y trouver un quelconque apaisement. Mais pour quel résultat ? Si ce n'est la sanctification anxiogène de son trépas ?
Puisque les philosophes sont désormais devenus hors de prix, les églises fermées à clé, le transhumanisme réservé aux grosses fortunes, il ne nous reste plus qu'à nous rabattre sur des techniques ordinaires. Mais, pour tirer quelques précieuses leçons de vie, qui nous permettront de mieux accepter notre sort, non comme le bœuf aperçoit l'abattoir mais comme le papillon ignore la fin du jour, il faut d'abord apprendre à abandonner les objets qui représentent la mort de façon stéréotypée. Une tombe en marbre, de l'encens ou des chrysanthèmes proposent des moyens par trop évidents d'accéder à la sérénité. Le caractère solennel des protocoles mortuaires ne mène qu'à cette vaine terreur que, précisément, nous cherchons à fuir. Pour déjouer ces pièges, il faut revenir à cette chape d'habitudes que l'amnésie finit par élever au rang de certitudes. Dans ce bourbier de convenances et de routines, la fonction attribuée à certains objets doit être repensée. Il nous suffit, pour ce faire, de biaiser notre regard au point de redécouvrir leurs usages oubliés.
Ainsi, nous focaliserons-nous, pour cette expérience, sur l'étrange inquiétude émanant des notices de montage Ikea et, en particulier, celle du meuble Faktum. Sésame des sésames, tournevis métaphysique, voici la notice du meuble Faktum, véritable Livre des morts. Reprenons l'observation de cette notice cent fois parcourue à la seule fin de bâtir un meuble en un minimum de temps. Reprenons-la afin de disséquer son ossature oubliée et les évidences enfouies de sa technicité. Observons d'abord l'effet produit par le papier recyclé sur lequel elle est imprimée. Quelle est cette lumière grise qui baigne la construction de Faktum ? Ses tonalités de blanc-grège projettent l'homme de raison dans un vide mécanique et dramatique, cadre silencieux d'un huis-clos inespéré où, bientôt délivrée des

La ligne claire de la notice Ikea

contingences, sa pensée pourra advenir. Mais ce cadre idéal ne vaut rien sans l'introduction de votre avatar, seul acteur crédible de l'Expérience. Qui êtes-vous dans une notice Ikea ? Voilà bien la question que l'on ne se pose jamais. Et pourtant… Au stade préalable du mode d'emploi, apparaît un être – homme ou femme qu'importe – bipède chauve et glabre, voué à la mécanicité de trois modes expressifs : la joie, la contrariété, la perplexité. Les esprits retors verront là un schématisme de circonstances, mais il faut oublier ces fausses évidences et se concentrer sur l'être universel qui vous représente de la sorte.
Contrairement aux apparences, il n'est pas une réduction de vous-même. Il est bien plus que cela. Avec lui, vous êtes délivré des contingences du corps au profit d'une élaboration métaphysique de vous-même. Et rien de puissant ne saurait désormais se penser sans lui. Ajoutons que le minimalisme du discours de la notice souligne cette épure idéale, éradiquant tout mot au profit d'une codification adéquate. La réflexion se produira sans les afféteries dialectiques qui embrument les productions des soi-disant spécialistes du mourir. Un tournevis, un marteau, quelques vis, tourillons, écrous et clous, une patte de fixation, une équerre, un protège-équerre, suffisent pour fixer les panneaux en bois de l'objet Faktum qui constituera bientôt le support de l'Expérience. Notons que l'usage de la ligne claire optimise grandement le potentiel de ce protocole. L'économie du trait est remarquable. Il n'est rien dans ce dessin qui ne puisse intégrer le cœur de l'Expérience. L'Hergé suédois qui a conçu la notice doit être adoubé, car au-delà de la ligne claire qu'il a créée, l'arrière-plan – qui n'est qu'éther – devient omniprésent, emplissant cette arrière-chambre où vous vous trouvez pour construire *quelque chose* qui vous concerne dans d'insondables proportions.

Dès la première phase du montage, lorsqu'il vous faut visser les deux équerres à l'aide des vis cruciformes, vous n'êtes plus en train de construire un meuble de cuisine, mais une boîte, de votre taille à peu près, qui pourrait aisément contenir votre avatar. En phase dix, la construction d'un cercueil surgit plus clairement, mais de façon aberrante, puisque ce lit de mort est compartimenté en deux parties égales au moyen d'un panneau de bois. À ce moment-là de l'Expérience, l'envie peut vous prendre de renoncer. Ce serait une erreur. Il vous faut simplement diriger autrement votre acuité. Car, au cœur de ce porte-à-faux psychosomatique, apparaissent quelques questions qui, au début, vous sembleront sans doute étranges. Qui êtes-vous dans ce cercueil conçu par vos soins, dans lequel vous ne pouvez cependant pas prendre place sans dédoubler votre corps ? Percevez-vous l'ergonomie aberrante du cercueil Faktum ? Une image mentale apparaît : vous-même dans la Matrice Inepte; vous qui avez construit de vos mains ce cercueil qui à présent ne sert à rien d'autre qu'à vous faire éprouver l'insensé de la vie. Poursuivez l'expérience : biaisez encore. Retirez le panneau intermédiaire qui permet de diviser le meuble en deux. Maintenant, allongez-vous mentalement dans le Faktum. Que ressentez-vous ?
La suite vous appartient, et elle sera fertile, assurément. De toute façon, l'expérience ne vous engage pas à grand-chose ; il vous en coûtera en tout et pour tout une photocopie de la notice de montage Ikea. C'est peut-être même la seule vraie leçon à retenir : dans la nuit totale, il faut apprendre à mourir à bas prix. (Eric Chauvier)

Ikea France Parano

"Le concubin serait a priori 'gitans' [*sic*] et considéré comme dangereux"

mail du 19 août 2003 de J.-F. Paris, responsable de la gestion du risque Ikea France

Tout commence le 29 février dernier. Une information révélée par *Le Canard enchaîné*, fait état d'un accord conclu en 2003 entre le responsable de la gestion du risque d'Ikea France, Jean-François Paris, et la société privée de sécurité "Sûreté internationale". La firme suédoise "éthique et responsable" aurait organisé, *via* cet accord, le flicage systématique de ses employés voire de ses clients. Les échanges de mail entre le responsable de la société de sécurité et Jean-François Paris sont sans équivoques : les informations seront monnayées quatre-vingt euros par consultation ; informations issues du fichier de la police S.T.I.C. (Système de traitement des infractions constatées) et du fichier des plaques d'immatriculation et des cartes grises. Leur correspondance conclut par "Vendu" ouvre la porte d'Ikea Parano. Bien évidemment, ces requêtes sont illégales et tombent sous le coup de la loi (communication de données bancaires – création de fichiers avec des données personnelles – consultation de fichiers des plaques d'immatriculation, etc.). Suite aux révélations du *Canard enchaîné*, le site d'informations en ligne *Mediapart* prend le relais et s'intéresse de près à la gestion à la *Big Brother* des magasins Ikea de Brest et de Gonesse. Le premier aurait soumis à vérification le profil de cent quatre-vingt-dix salariés en cours d'embauche. Cette vaste opération illégale aurait été faite en accord avec le directeur du magasin de Brest et sa responsable des ressources humaines. Une série de mails entre les deux responsables attestent de la mise en place d'une telle vérification, ainsi de ce mail où il est question d'un employé "connu pour usage de stupéfiants en 2006". A la surveillance des employés s'ajouterait le flicage des clients. La deuxième affaire provient d'un magasin du Val d'Oise : Ikea Gonesse. Moins *Big Brother* davantage *Ripoux* : le directeur du magasin, afin de s'attirer les bonnes grâces de la police locale, aurait arrosé ces derniers de nombreux "bons cadeaux" de cent euros en octobre 2002. Ces affaires au moment même où la firme suédoise s'apprêtait à fêter en grande pompe les trente ans de son arrivée en France, ternissent l'image d'une marque déjà affectée par les liens de son fondateur au nazisme (cf. reportage Lauren Collins). L'affaire Ikea aboutit à la mise à disposition de Jean-François Paris, à la plainte du syndicat F.O. 93 pour "utilisation frauduleuse de données personnelles", à l'ouverture par le parquet de Versailles d'une enquête préliminaire et d'une saisie de la D.C.P.J. (Direction centrale de la police judiciaire) ; enfin, une association "des victimes d'Ikea" a été constituée afin de se porter partie civile. La firme finit par rompre le silence le 6 avril en se fendant d'un communiqué dans lequel elle regrette les "pratiques intolérables [...] contraires à ses principes les plus fondamentaux et notamment celui du droit à la vie privée" ; pratiques qui, toujours selon les fabricants du petit *Billy*, ne seraient pas "à la hauteur ni de leurs valeurs ni de leurs standards éthiques". Du matérialisme à la théorie morale, un programme. (A. B.)

Bonsoir monsieur Foures,
Demande du magasin de Toulouse.
POurriez vous me dire si les personnes citées ci dessous sont connues ?

NOM: [redacted]
Prénom: [redacted]
Née le [redacted]/1960 MAUVEZIN (gers)
Situation familiale: UNION LIBRE
2 enfants: [redacted] né le [redacted]84
[redacted] née l[redacted]/92
Sous N° secu [redacted]

Adresse: [redacted]
Tél: 05[redacted]

N° INSEE: [redacted]

Son concubin: [redacted]JOSEPH né lé [redacted]1945 sous N° secu de
Mlle [redacted] Viviane

Le concubin serait a priori "gitans" et considéré comme dangereux.

Merci
JF Paris

FEUILLETON

PASSE EN REVUE LE MONDE

"Les revues modernes sont en général comme les maisons modernes. Dès le vestibule, on sait déjà où on est."
Julius Meier-Graefe

Directeur de la publication
Adrien Bosc
Rédacteur en chef
Gérard Berréby
Assistance des veuves et des orphelines
Julie Le Floch
D'après une conception graphique originale de
Pauline Gourlet
Conception de la couverture
Mike Lemanski
Responsable des fonds perdus et de l'ornithologie
Amélie Fontaine
Rédaction dossiers et infographies
Natalie Beunat, Adrien Bosc, Eric Chauvier, Sébastien Coffy, Lionel Froissart, Alice Léna, Fabienne Lesage
Relecture
Fabienne Lesage
Correctrice, chasseuses de coquilles
Claire Bélet, Aude Jeanson
Droits, équipe de nuit
Marine de Castro
Rédaction et conception de Gueuleton
Agata Felluga et Delphine Zampetti
Conseillers rédaction
Natalie Beunat, Laura Brimo Evin, Christine Bourdier, Victor Claass, Samuel Forey, Heiner Scheel (Allemagne), Agnieszka Zuk (Pologne)
Relations presse
Anne Quemin
Site internet www.revuefeuilleton.com
Complexe + Riquet

Remerciements
Les éditions Actes Sud, Inaki Aizpitante, Maïté Aizpitante, Natalie Beunat, Laurène Bosc, Alexandre Brachet, Laurent Cairoli et la galerie Since / Upian, Laurent Cabut, Marie-Hélène Caroff, Pascal Didier et le festival de l'Eté du livre à Metz, Sébastien Chatillon, Olivier Cohen, Virginie Petracco, Nathalie Zberro et les éditions de l'Olivier, Benoît Demarle, Louis Dumoulin et Books éditions, Marc Epstein, Bruno Felluga, Francesco Franchi, Christian Rocca et *Intelligence Lifestyle*, *Granta*, Karine Henry, Marie Fritsch, Maud Mihami et la librairie Comme un roman, William Irigoyen, Dominique Kalifa, Aurélien Laffon, Etienne Tron et le Comptoir général, Sandra Lücke, Anne-Marie Métailié et les éditions Métailié, Hélène Mouralis, Danielle Orhan, Basile Panurgias, Olivier Pilz, les éditions Tristram, Philippe Vasset, Marianne Véron, Anne-Lorraine Vigouroux

Auteurs
Anonyme (p. 197), Fabrice Arfi (p. 7), Lauren Collins (p. 227), Andrew Curry (p. 47), Julie David de Lossy (p. 171), Agata Felluga (p. 223), Jonathan Franzen (p. 19), Lionel Froissart (p. 105), Gabriel García Márquez (p. 93), Carlos Labbé (p. 139), Josefina Licitra (p. 145), Richard Marosi (p. 69), Paweł Piotr Reszka (p. 191), Roberto Saviano (p. 63), Karla Suárez (p. 155), Hunter S. Thompson (p. 3), Lawrence Wright (p. 117), Delphine Zampetti (p. 223)

Illustrateurs / Photographes
Javier Arcenillas (p. 62, p. 64, p. 67), Robert Crumb © Actes Sud, 2007 (encart, 3ème de couverture), Colin Delfosse (pp. 170-171, pp. 176-189), Laure Fissore (p. 144, pp. 148-149, pp. 152-153), Amélie Fontaine (pp. 44-45, pp. 58-59, pp. 113-114, p. 138, pp. 142-143), Alexis Gallissaires (p. 68, p. 75, pp. 82-83), Robert Hallam © B.P.I. / Corbis (p. 104, pp. 108-109), Romain Hymonnet (p. 222, pp. 224-225), Gwendal Le Bec (p. 18, pp. 22-23, pp. 26-27, pp. 30-31, pp. 34-35, pp. 38-39, p. 42), Mike Lemanski (1ère et 4e de couverture, pp. 60-61, p. 226, p. 231, p. 234, p. 237, p. 240, p. 245, p. 249), Marrel (p. 115, pp. 120-121, p. 127), Louise Pianetti (p. 154, p. 158, p. 161, p. 164, p. 167), Pierre Piech (p. 2, p. 6, p. 11, p. 14), Thomas Rochon-Connétable (p. 196, p. 201, p. 204, p. 213), Pierre Roy-Camille (pp. 92-93, pp. 96-97, pp. 100-101), Riccardo Vecchio (pp. 46-47, p. 53)

Traducteurs
Damien Aubel (p. 227), Christine Bourdier (p. 145), Camille de Chevigny (p. 197), Hugues de Verdelhan (p. 3), Laura Brimo Evin (p. 69), François Gaudry (p. 155), Alexandra Gompertz (p. 63), Pedro Jiménez Morrás (p. 139), Annie Morvan (p. 93), Didier Queneutte (p. 47), Marianne Véron (p. 117), Anne Wicke (p. 19), Agniezska Zuk (p. 191)

Edité par les éditions du sous-sol
SAS au capital de 180 000 €

Siège social
8 rue des Goncourt, 75011 Paris

Bureaux de la rédaction
Le Lawomatic / 21, rue Sainte-Marthe, 75010 Paris

Actionnaires
Adrien Bosc & Famille (51 %), Pierre Bergé, Gérard Berréby, Olivier Diaz, Victor Robert

Diffusion-Distribution
Le Seuil / Volumen

Abonnement
Abomarque / 05. 34. 56. 35. 60.
feuilleton@abomarque.fr
www.boutique-feuilleton.fr

Photogravure : Printmodel
Impression : Deckers (Belgique) en juin 2012
Commission paritaire : 1113K91220
ISSN: 2118-6650
ISBN : 978-2-36468-010-4